Inhaltsverzeichnis

Einleitung

Die Zeitschrift „Kinder“ veröffentlichte im Januar 1975 (Nr. 1/75, S. 6—7) eine private Umfrage von Dina Frank zum Thema: „Eine gute Mutter, wie ist die eigentlich?“
Die Kinder, deren Alter nicht genannt und deren Namen geändert wurden („um sie vor ihren Müttern zu schützen“), gaben vorsichtige, einsichtige, nachsichtige Antworten.

> „Niemand verlangte, sie müsse jedes Versprechen halten und immer nett sein.“ — „Keins der Kinder erwartete, daß eine gute Mutter niemals wütend wird. ‚Sie muß‘, meint Thomas, ‚sonst platzt sie.‘“ — „‚Sie muß verbieten‘, erklärte Peter, ‚das Leben ist gefährlich.‘“ — (Nachdem ein Kind Angst vor Tigern äußerte:) „‚Eine gute Mutter schützt also ihr Kind vor Tigern‘, fragte ich. ‚Wie macht sie das denn?‘ ‚Wenn man im Zoo ist, verbietet sie, daß man in den Käfig springt.‘“ — „Selbst das Gebot, ‚wasch dir die Hände und das Gesicht‘ findet Verständnis. ‚Gute Mütter‘, meint Tim mit frommem Blick, ‚gute Mütter halten ihre Kinder sauber.‘ Ich war erschlagen. ‚Meinst du‘, fragte ich und beäugte zweifelnd den Milch-Schnurrbart unter seiner Nase, ‚soll das heißen, du wünschst dir, daß deine Mutter verlangt, daß du dich wäscht?‘ Die Antwort kam sehr heftig: ‚Nein. Wünschen würde ich, daß sie möchte, daß ich mich nie wasche. Aber dann wäre sie eine nette Mutter, nicht eine gute.‘
> Gebote gehören zu einer guten Mutter ...“

Um den Unterschied zwischen einer netten und einer guten Mutter, einem netten und einem guten Vater, Lehrer, Erwachsenen, geht es in diesem Buch. Wodurch wird dieser Unterschied gerechtfertigt? Halten sich Kinder von netten Müttern nicht sauber? Springen sie in den Tigerkäfig?
Die These dieses Buches ist, daß der Unterschied zwischen einer netten und einer guten Mutter abgeschafft, überwunden werden kann und muß. Tims scharfsinnige Differenzierung zwischen dem Erwachsenen als Mitmenschen und dem Erwachsenen als Erzieher beinhal-

tet eine prägnante Definition der Erziehungsideologie, die vielleicht in vergangenen Zeiten einen Sinn hatte, heute aber nicht mehr aufrecht erhalten werden kann.
Die allseits respektierte Anthropologin Margaret Mead hat (zuerst 1961) drei Kulturformen analysiert:

a) Die *postfigurative* Kultur „bezieht ihre Kontinuität aus den Erwartungen der Alten und dem Umstand, daß diese Erwartungen den Jungen fast unauslöschlich eingeprägt werden" (144, S. 27).
b) Die *kofigurative* Kultur „ist eine Kultur, in der die Mitglieder der Gesellschaft ihr Verhalten nach dem Vorbild der Zeitgenossen ausrichten" (144, S. 52).
c) Die *präfigurative* Kultur: „Wie ich meine, sehen die heutigen Kinder einer Zukunft entgegen, die so weitgehend unbekannt ist, daß man sie nicht, wie wir es gegenwärtig zu tun versuchen, als einen Wandel auf Generationsbasis mit Kofiguration innerhalb einer stabilen, von den Älteren kontrollierten und nach elterlichem Vorbild geformten Kultur unter Einschluß zahlreicher postfigurativer Elemente behandeln kann" (144, S. 80). „Nunmehr müssen wir offene Systeme schaffen, die sich auf die Zukunft konzentrieren — und damit auf die Kinder, auf diejenigen, über deren Fähigkeiten wir noch am wenigsten unterrichtet sind und deren Entscheidungsfreiheit nicht vorgegriffen werden darf. Damit anerkennen wir ausdrücklich, daß die Wege, die uns in die Gegenwart geführt haben, nicht mehr gangbar sind und nie wieder begehbar sein werden" (144, S. 108 f.).

„Erziehung" als Funktion guter, verantwortungsbewußter Erwachsener konzentrierte sich auch früher „auf die Zukunft" und „auf die Kinder". Der fundamentale Wandel aber, den Mead diagnostiziert, besteht darin, daß in einer präfigurativen Kultur die Erwachsenen nicht mehr wissen können, wie die Zukunft sein wird, demgemäß auch nicht mehr bestimmen können („bestimmen" weder im beschreibenden noch im befehlenden Sinne), wie die Kinder sein sollen. Nur so viel ist klar: Der Entscheidungsfreiheit der Kinder, ihrer Selbstbestimmung darf nicht mehr vorgegriffen, die „Irreversibilität" des „Phänomens Generationslücke" (Mead, 144, S. 84) nicht länger ignoriert werden. Zwar „müssen wir erkennen, daß wir keine Nachkommen haben — wie unsere Kinder keine Vorfahren haben" (144, S. 96). „Aber da wir wissen, was wir nicht wissen und was sich der Prognose entzieht, können wir eine Umwelt schaffen, in der ein jetzt noch unbekanntes Kind in Geborgenheit aufwachsen und sich und die

Welt entdecken kann“ (144, S. 105). Während es nach Meads Typologie früher legitim war, Kinder um ihrer Zukunft willen gemäß den Vorstellungen der Erwachsenen gezielt zu beeinflussen, zu führen, ihnen Fremdbestimmung aufzuerlegen, kann heute Zukunft nur noch werden, wenn „die Jungen Eigeninitiative in vollem Umfang entfalten und den Älteren den Weg ins Unbekannte weisen können“ (144, S. 110). Daraus folgt, daß in Zukunft ein Kind nicht mehr als jemand gesehen werden darf, der auf sein späteres Leben vorbereitet werden muß, sondern als jemand, der hier und heute selbstverständlich und selbstbestimmt lebt und lernt. Punktum. Margaret Meads Buch „Der Konflikt der Generationen“ endet mit dem Satz: „Die Zukunft ist jetzt“ (144, S. 113).

Aus einer solchen Behauptung ergeben sich einige schwerwiegende Fragen. Welche Funktion verbliebe dem Begriff „Erziehung“? Wie müßten Erwachsene sich konkret gegenüber Säuglingen und Kleinkindern verhalten? Wie wären Erwachsene zu dem geforderten Verhalten zu befähigen?

Um diese Fragen wird es im folgenden gehen. Die Behauptung, daß in Zukunft nur noch eine nette Mutter auch eine gute Mutter ist, wird begründet, die Hindernisse, die dieser Erkenntnis theoretisch und praktisch entgegenstehen, werden untersucht, ein Ansatz zu ihrer Überwindung (bzw. zur Vorbeugung) wird dargestellt. Damit dieser Versuch überhaupt sinnvoll sein kann, mit anderen Worten: damit der Anspruch dieses Buches realistische Dimensionen nicht sprengt, ist eine strikte Begrenzung der Thematik erforderlich.

Wer etwa mit der Lupe die Feinstruktur eines Kleiderstoffes untersucht und dort Fehler entdeckt und nachzuweisen trachtet, die bei geringer Belastung zur Auflösung des ganzen Gewebes führen müssen, der wird schwerlich zur gleichen Zeit ein Organ haben für die Schwärmereien eines Couturiers oder auch für die Klagen einer Kundin beispielsweise darüber, daß das Kleid ihr nicht paßt. Ihn interessieren in diesem Augenblick nicht Farbe, Muster, Preis des Stoffes, nicht Paßform, Schönheit, Originalität des Kleides.

Damit soll gesagt sein, daß dieses Buch nicht von soziologischen und auch nicht von ökonomischen Bedingungen handelt, die für Erwachsene wie für Kinder zunächst einmal gleichermaßen Wirklichkeit sind. Ohne Zweifel haben sozialschichtenspezifische Unterschiede zwischen den Familien für die Sozialisation der Kinder allergrößte

Bedeutung und ebenso sicher sind Einflüsse gesellschaftlicher Arrangements für das Leben und Lernen der Kinder von der Pädagogik lange Zeit unterschätzt worden, aber dieser „Grobstrukturen" hat sich die Sozialisationsforschung inzwischen angenommen — ohne an der Wirklichkeit des Umgangs zwischen den Generationen Nennenswertes ändern zu können. Gelänge aber der Nachweis, daß nur nette Eltern in einem höheren Sinne auch gute Eltern sind, daß also „Erziehung" (Fremdbestimmung) in jedem Falle in Zukunft nicht mehr vertretbar ist, wäre ein erster Schritt dahin getan, innerhalb jedweder „Grobstruktur" — deren Änderung logischerweise dann nicht Aufgabe der „Erziehung" sein kann — Kinder in einer relativ gedeihlicheren Atmosphäre aufwachsen zu lassen. (Definitiv böse oder lieblose sowie stark sozial-geschädigte Erwachsene bleiben in diesem Buch außer Betracht: sie lesen es nicht, und über Abwesende soll man nicht verhandeln.) Das objektive Unrecht, das Kindern durch den Status ihrer Eltern angetan wird, zu analysieren und zu bekämpfen, ist eine außerordentlich wichtige Sache. In *diesem* Buch aber geht es darum, das subjektive Unrecht, das Kindern aller Schichten im Namen der „Erziehung" und „Pädagogik" angetan wird, nicht unerkannt zu lassen. Der soziologischen Perspektive wird nichts von ihrer Wichtigkeit abgesprochen, wenn der individuell-psychologische Spielraum des „Erziehungsfeldes" — wie klein er objektiv sein mag — von einzelnen Subjekten in konkretem Verhalten gegenüber Kindern qualitativ anders genutzt würde.

Die Vermischung der Perspektiven zeugte von einem unsauberen Denken, dem man sich unter keiner von beiden anvertrauen dürfte, auch wenn man weiß, daß die Trennung der Perspektiven niemals eine absolute sein kann, weil Verhältnisse im Makrosystem immer auch das Mikrosystem betreffen, ebenso wie Veränderungen in Mikrosystemen (Stichwort: Basisarbeit) proportional zu deren Anzahl Rückwirkungen auf das Makrosystem haben, die sich bei wirklich qualitativen Veränderungen obendrein nicht in bloßen Gegenwirkungen, also Abwehrmechanismen, manifestieren können.

Obwohl diese Arbeit einen Beitrag zur Sozialisationsforschung darstellt, beschränkt sie sich auf einen kleinen Sektor der Sozialwissenschaften (die anderen Sektoren vernachlässigend, aber nicht diskreditierend). Dieser Sektor umgreift im wesentlichen Systeme von Grundsatzaussagen der Fachpädagogik, der Tiefenpsychologie und der Anthropologie. Aus praktischen Gründen werden dabei die erheblichen, teils historisch, teils politisch-weltanschaulich, teils wissenschaftstheoretisch begründeten Positionsunterschiede der einzelnen Autoren ignoriert: Diese Unterschiede sind, so wichtig man sie auf ihrer Ebene nehmen muß, solche des Überbaus, während sich das vorliegende Buch mit Basisphänomenen befaßt, damit, was da in der Wirklichkeit mit Kindern geschieht, besonders während ihrer ersten Lebensjahre. Selbst die Erziehungsideologie ist insofern als Basisphänomen anzusehen, als sie Fundament jeder Erziehungskonzeption ist. (Eine *bestimmte* Erziehungsideologie oder -konzeption wäre dagegen dem Überbau zuzurechnen und auf dieser Ebene zu diskutieren.) Der Pädagogikprofessor Heinrich Kupffer verwendet das Basis-Überbau-Modell in ähnlichem Sinne:

> „Als pädagogischer *Überbau* ließe sich das verstehen, was sich in Gestalt von formulierten Programmen, Zielen, Wesensbestimmungen, allgemeinen Weisheiten und Begründungen für Maßnahmen — kurz: im Sprechen *über* Erziehung — niederschlägt, während die *Basis* durch die zwischenmenschliche Konstellation gebildet würde, in der sich die faktisch wirksame gegenseitige Einschätzung der Erziehungspartner ausdrückt“ (55, S. 27).

Wie diese gegenseitige Einschätzung heute noch in aller Regel aussieht, ist kein Geheimnis. Nur notorische Heuchler können die folgende Charakterisierung bestreiten:

> „Es ist blanke, naturwüchsige Anarchie, was heute um und mit und gegen Kinder vor sich geht“ (H. Saussure/O. F. Gmelin in der Zeitschrift „vorgänge“, Nr. 3/1973, S. 83).

Sogar die eingangs zitierten schönfärberischen Antworten der Kinder bestätigen diese Diagnose. Obwohl Peter weiß, daß das Leben gefährlich ist, traut er sich eigene Konsequenzen aus diesem Wissen nicht zu und akzeptiert die Dompteursrolle der Mutter. Die Mutter ihrerseits war offenbar nicht nur nett (indem sie das Kind auf Gefahren aufmerksam machte, es notfalls rettete), sondern sie war gut, sie schützte, ebenso wie Tims Mutter, durch Verbote, d.h. sie schätzte das Kind als Dressurobjekt ein. Und die gedemütigten Kinder müssen diese Einschätzung übernehmen, sie müssen, um nicht alles zu verlieren, Sklavenseelen entwickeln. (Tim kommt nicht auf die Idee, sich zu wünschen, daß seine Sauberkeit seine Sache wäre, er wünscht sich, daß *seine Mutter* möchte, daß er sich nie wäscht.)

Dies ist die Basis, die zwischenmenschliche Konstellation. *Über* dieser Basis mögen, als Überbau, mehr oder weniger sinnvolle Begründungen oder Vorwände stehen, natürlich auch wohlmeinende Absichten. In diesem Buch aber soll gezeigt werden, was *hinter* dieser Basis steht (teils bewußt, teils unbewußt) und durch seine Allgegenwart selbst wieder basalen Charakter angenommen hat, unabhängig davon, ob es mit dieser oder jener pädagogischen, tiefenpsychologischen, anthropologischen Begründung überbaut wird.
Eine andere Frage, die im folgenden stark vernachlässigt wird, ist die der Altersunterschiede von Kindern. Pädagogische Bücher, besonders solche mit detaillierten Ratschlägen, müssen dem Alter der Kinder (also Erkenntnissen der Entwicklungspsychologie) naturgemäß größte Beachtung schenken. Unternimmt man aber — mit Heinrich Kupffer: „einen Angriff auf eines der letzten Tabus, die sich der moderne Mensch noch bewahrt hat: das Tabu, einen anderen erziehen zu dürfen“ (130, S. 29), so ist es nur logisch, wenn man der Altersfrage wenig Beachtung schenkt. (Entsprechend wenig beachtet die Antipsychiatrie Unterschiede der „Krankheits“-Bilder ihrer Patienten — ich verweise hier nur auf David Coopers Buch „Psychiatrie und Antipsychiatrie“, 46.) Es gibt aber einen Anlaß, bei ihr dennoch zu verweilen. Während Kupffer in seinen Schriften ohnehin stets von „Jugend“ spricht — „Dieses Buch will zeigen, daß die Jugend kein ‚Gegenstand‘ der Pädagogik sein kann“ (130, S. 8) — und sich auf Altersdifferenzierungen an keiner Stelle einläßt, hat sein Kollege Hartmut v. Hentig in einem Vortrag „Jugend — Oder: Die Unzuständigkeit der Pädagogik“ (abgedruckt in der Zeitschrift „Neue Sammlung“, Heft 6, November/Dezember 1974, S. 492 bis 517) die Meinung vertreten, Jugend sei „nicht mehr Objekt von Pädagogik“ (S. 493), wobei das „mehr“ nicht heißt, sie könne es *heute* nicht mehr sein (obwohl v. Hentig sich auch auf Mead beruft; S. 499, 504), sondern sich auf das individuelle Alter bezieht:

> „Der Pädagoge weiß, daß er das Kind spätestens mit dem 14. Lebensjahr in seiner Selbständigkeit nicht mehr fördern kann, wenn er ihm nicht auch Selbständigkeit gewährt. Er kann es zwar weiter belehren, beraten, disziplinieren, anregen, darf es aber nicht durch ‚pädagogische Maßnahmen‘ um der Selbständigkeit willen von der Selbständigkeit ausschließen. Seine spezifische Funktion endet hier: sie hebt sich selbst auf“ (S. 493).

Diese Ansicht ist unter Pädagogen, unter allen Erwachsenen, heute noch weit verbreitet. Sie bleibt jedoch an der Oberfläche, schränkt den Begriff „Selbständigkeit" auf seine Handlungskomponente ein (ignoriert seine Motivkomponente: das Ideal pädagogischen Denkens ist der Zögling, der selbständig tut, was andere wollen), übersieht, was in diesen 14 Jahren in der Seele des Kindes angerichtet wurde. Der Vorsatz, Kinder irgendwann in die Selbständigkeit zu *entlassen*, hebt sich tatsächlich, aber ganz anders als v. Hentig es meinte, selbst auf: Wer den Status als Objekt von Fremdbestimmung zu Beginn seines Lebens hinnehmen, verinnerlichen mußte, kann später zwar Kenntnisse und Fertigkeiten erwerben, Entscheidungen treffen und eine respektierte Persönlichkeit werden, aber immer zahlt er einen hohen Preis dafür: Er muß „sich zusammennehmen", um „sich nicht zu vergessen", er muß „sich beherrschen", um nicht „aus der Haut zu fahren", er muß „um Haltung ringen", um nicht „den Kopf zu verlieren", er muß versuchen, „zu sich selbst zu finden", um zu erfahren, „was er eigentlich will", er muß „sich selbst in der Hand behalten", um nicht „die Kontrolle über sich zu verlieren", umgekehrt muß er zum Beispiel Alkohol trinken, um „sich gehenlassen zu können", „sich zu entspannen", einmal „aus sich herauszugehen", insgesamt muß er sein Leben so einrichten, daß ihm Ventile und Objekte zur Verfügung stehen, mit deren Hilfe und auf deren Kosten er „sich abreagieren" kann.
In allen diesen Redensarten drückt sich das Problem des „Selbst" aus, für das es keine endgültigen Formulierungen gibt, weil der Mensch — objektiv — immer auch als bloße Summe aller seiner Bedingungen definiert werden kann, als „Produkt" von Anlage und Umwelt. Solcher Definition ist jede Subjektivität nur Schein oder Erkenntnisschwäche — eine Problematik, die zum gegenwärtigen Zeitpunkt noch völlig ungelöst ist, deshalb hier nicht verfolgt werden kann. (Einen vielversprechenden Ansatz zur Durchbrechung monadologischer Zirkelargumentationen bieten Laing/Phillipson/Lee, 136; zum „subjektiven Faktor" wichtig besonders: Klaus Horn, 116.) Wiederum aus praktischen Gründen, schon weil auch die „erziehenden" Erwachsenen gleichermaßen nur als „Produkte" angesehen werden können, wenn sie, objektivistisch (fatalistisch) die Kinder als solche betrachten, verbleibt dieses Buch weitgehend im klassischen Rahmen der Trennung von Selbst und Anderen (ego und alter), legt

freilich auf die Beziehungen zwischen ihnen entscheidenden Wert. Eine Untersuchung dieser Beziehungen zeigt, daß die Versuche des Einzelnen, sein psychisches Gleichgewicht mit Hilfe und auf Kosten anderer zu stabilisieren, zunehmend scheitern: psychosomatische Krankheiten wüten wie eine Seuche. Und in der Tat ist die Seuche ansteckend, denn jedes Kind, das in diese Atmosphäre geboren, zum Objekt erzieherischer Ansprüche degradiert und sich selbst entfremdet — genauer gesagt: entselbstet — wird, findet sich gezwungen, das übliche Spiel des Sichterrorisierenlassens und seinerseits Terrorisierens (sogar sich selbst) mitzuspielen und neigt später dazu, in berechtigter Unschuld seine ebenso berechtigte Unzufriedenheit auf äußere Gründe (die Zustände, das System, die anderen, die Natur des Menschen, das Schicksal) zurückzuführen. Je vollständiger ein Mensch entselbstet (depersonalisiert) wurde, desto aussichtsloser sucht er in sich selbst nach etwas Eigenem, desto schwerer fällt es ihm, auch vor sich selbst die Verantwortung für sein Leben zu übernehmen, desto konsequenter mißtraut er sich selbst und allen anderen, desto intoleranter, pädagogischer, totalitärer ist sein Denken. Sogar das Spiel mit Utopien wird ihm blutiger, unfruchtbarer Ernst. In der präfigurativen Kultur ist er, unabhängig von seinem sozialen Status, zur existentiellen Hilflosigkeit, zur Rolle des Opfers verdammt.

Der Soziologe George Duveau hat einmal die Frage gestellt:

> „Kann die Geschichte nicht als das Psychodrama anmuten, mit dessen Hilfe viele Individuen ihre Neurosen heilen zum großen Schaden einer Gesellschaft, die durch ein derartiges Spiel aus den Fugen gerät?" (161, S. 417).

Aber die Neurosen sind hartnäckiger, das Spiel bleibt Ernst, nicht nur im jeweils privaten Bereich. Wir Deutschen können noch nicht vergessen haben, wie schwer es ansonsten ehrenwerten Menschen in bestimmten Situationen fällt, Widerstand gegen den irrationalen Appell an die verinnerlichten Instanzen von Vater und Mutter (durch Führer und Partei) zu leisten, auch wenn alles Ehrenwerte ohne diesen Widerstand verloren ist. Je unvorhersehbarer die Zukunft wird, desto vorhersehbarer werden Katastrophen großen Stils, wenn es nicht gelingt, Menschen aufwachsen zu lassen, die nicht vor jeder Schwierigkeit kapitulieren, nicht zu infantiler Hilflosigkeit oder infantilem Größenwahn regredieren, deren Identität nicht so labil, weil im Kern gebrochen ist, deren Selbstachtung nicht so total von den Launen der Umgebung abhängig ist, deren Vernunft und Menschlichkeit nicht aus äußerlicher Tünche besteht, die nach jedem kleinen Regenguß mühsam ausgebessert werden muß (und in einem großen Regen ganz verschwindet), sondern deren Vernunft und Menschlichkeit organisch von innen wachsen konnten. Mit der entsprechenden Intention hat George Duveau seine Schlußfolgerung formuliert:

> „Es muß eine Pädagogik geschaffen werden, die dem Menschen ermöglicht, sich der Geschichte zu widersetzen" (161, S. 424).

Es wird zu zeigen sein, daß eben dies unmöglich ist. H. v. Hentig definiert in dem oben genannten Vortrag (S. 493):

> „*Pädagogik* soll heißen: Maßnahmen, die unselbständigen Menschen helfen, selbständig zu werden, wobei Selbständigkeit nicht absolute Unabhängigkeit bedeuten kann, sondern immer nur die in dieser Gesellschaft mögliche Autonomie. Sie kann auf verschiedenen Gebieten in verschiedenem Alter erreicht werden."

Wenn diese Definition gültig ist (anerkannt ist sie fast durchgängig), dann gilt es, Duveaus Forderung anders zu formulieren. Es muß nicht irgendeine Pädagogik geschaffen werden (die unselbständigen Menschen hilft, selbständig zu werden, und sie gerade durch diesen Vorsatz unablässig demütigt), damit der Mensch sich der Geschichte widersetzen kann, sondern es muß die überholte, die gestrige, die pädagogische Interpretation von „Selbständigkeit" und „Selbst" zurückgewiesen werden. Wenn man sich schon in die geschichtliche Dimension begibt, darf man in pädagogischen Vorurteilen (die von der Geschichte hinreichend widerlegt sind) nicht steckenbleiben. Eher wäre aus der Geschichte ein *Auftrag* herauszulesen, der heute, spätestens heute, dahin lauten muß, sich *der Pädagogik, der Erziehungsideologie* zu widersetzen. H. v. Hentig sagte:

> „Die These dieses Referats war: daß die Pädagogik für den Konflikt der Generationen nicht zuständig ist, ihn nicht nur nicht heilen kann, sondern geradezu produziert. Die Pädagogik verführt die Erwachsenen, an den Jugendlichen fortzusetzen, was sie an den Kindern getan haben:

> eine Lenkung des Willens, wie man es neutral, eine pädagogische Manipulation, wie man es häßlich bezeichnen kann. Setzen die Erwachsenen dies fort, versäumen sie ihre jetzt fällige pädagogische Rolle: nicht pädagogisch, sondern sie selbst zu sein, ihre Sache zu tun und darin ein glaubwürdiges Vor- oder Gegenbild zu geben; sie begegnen dem Jugendlichen nicht als selbständiger Person — wonach er in diesem Stadium doch am meisten verlangt" (S. 512).

In dieser Aussage — und in v. Hentigs Schriften überhaupt — bleibt ungefragt, warum die Pädagogik, die den Konflikt der Generationen „geradezu produziert", gegenüber jüngeren Kindern (das heißt konsequenterweise immer auch: gegenüber Säuglingen) irgendeine Berechtigung hat, warum Erwachsene gegenüber jüngeren Kindern nicht „sie selbst", nicht glaubwürdig sein sollen. (Sieht man von v. Hentigs Altersdifferenzierung ab, drückt sich das Dilemma eines Pädagogen, der seine antipädagogische Einstellung noch glaubt verbergen zu sollen, sehr hübsch aus in der Formulierung der „pädagogischen Rolle: nicht pädagogisch ... zu sein".) Die Vorstellung, die irreversible Generationslücke (Mead) beginne erst in irgendeinem Alter zu klaffen, kann nicht aufrecht erhalten werden. Es widerspricht jeder Psycho-Logik, relativ wehrlose Kleinkinder mit pädagogischen Manipulationen zu terrorisieren, dadurch Selbständigkeit zu verneinen und ein Selbst, das da stehen könnte, unmöglich zu machen, sich anschließend aber aus der Affäre zu ziehen, weil Jugendliche sich pädagogische Manipulationen nicht mehr gefallen lassen. Befragt man diese Einstellung (die Hartmut v. Hentig persönlich gar nicht *hat*, nur aus pädagogischer Tradition theoretisch *vertritt*) auf ihre Motive, so kommt, wie zu zeigen sein wird, als ein wesentliches die Feigheit zum Vorschein. Aus welchem anderen Grunde gilt es in weiten Erzieherkreisen als unschicklich, Jugendliche noch zu schlagen, während Kleinkinder weiterhin mindestens mit Klapsen dressiert werden?

Konsequenter denkt Margaret Mead, wenn sie fordert:

> „Statt des aufrechten Alten im Silberhaar, der in der postfigurativen Kultur Vergangenheit und Zukunft in all ihrer Größe und Kontinuität vertrat, muß das ungeborene, das bereits empfangene, aber noch im Mutterleib ruhende Kind zum Symbol des zukünftigen Lebens werden" (144, S. 104).

Nimmt man diese Forderung ernst, dann darf pädagogisches Denken (das, mit v. Hentig „neutral" gesagt, „eine Lenkung des Willens" —

konkret also Gehirnwäsche — anzielt) in einer präfigurativen Kultur zu keiner Zeit eine Rolle spielen. Allerdings, dieses Postulat stößt auf erhebliche Widerstände. Ihnen wird nachzugehen sein. Ausgangspunkt ist die *generalisierte* Annahme v. Hentigs: „die Einpassung der Jugendlichen (bereits der Säuglinge; EvB) in das System ist nicht die Lösung, sondern das Problem" (a. a. O., S. 512).

Paul Watzlawick, John H. Weakland und Richard Fisch sagen über das „moderne Pseudoproblem der Generationenlücke":

> „Die unangenehmen und oft entmutigenden Reibungen zwischen der älteren und der jüngeren Generation bestehen seit längster Zeit und sind immer wieder der Gegenstand erstaunlich stereotyper Klagen. (Anmerkung: Auf einer babylonischen Tontafel, deren Alter auf mindestens 3000 Jahre geschätzt wird, steht zu lesen: ‚Die heutige Jugend ist von Grund auf verdorben, sie ist böse, gottlos und faul. Sie wird niemals so sein, wie die Jugend vorher, und es wird ihr niemals gelingen, unsere Kultur zu erhalten.') Wenn es der Menschheit aber im Laufe der Jahrtausende nicht gelungen ist, dieses ewig aktuelle Problem zu lösen, so muß angenommen werden, daß es wahrscheinlich keine Lösung hat. Heutzutage aber hat sich eine genügend große Anzahl von Personen davon überzeugt, daß die Generationenlücke geschlossen werden kann und muß. *Diese Überzeugung*, und nicht die Generationenlücke selbst, ist nun für eine Unzahl von Problemen verantwortlich, vor allem durch die Verursachung einer verschärften Polarisierung zwischen den Generationen, während vorher nur eine lästige Schwierigkeit bestand, mit der man anscheinend zu leben gelernt hatte. Da die Polarisierung nun aber einmal in Gang gebracht ist, ‚überzeugen' sich mehr und mehr Menschen davon, daß mehr zu ihrer Lösung getan werden muß. ‚Mehr desselben' ist ihr Rezept für diese erwünschte Veränderung, und damit wird die ‚Lösung' zum Problem" (211, S. 53 f.).

Wenn „Erziehung" und „Pädagogik" (es gibt zu viele verschiedene Definitionen dieser Begriffe, als daß es praktisch wäre, sich für eine zu entscheiden. Im üblichen Sprachgebrauch gilt „Pädagogik" als Handlungslehre im Dienste von „Erziehung" als einem Prozeß. Wichtig sind nur zwei Abgrenzungen: Seit sich der Begriff „Sozialisation" für das Gesamt der bewußten und unbewußten, „intentionalen" und „funktionalen" Lern- und Lehrvorgänge weitgehend durchgesetzt hat — eine Ausnahme bildet Heinrich Kupffer —, wird der Begriff „Erziehung" von fast allen Erziehungswissenschaftlern für die geplante, zielgerichtete, letztlich fremdbestimmte Veranstaltung von Erwachsenen reserviert. Damit hebt er sich ab vom *Lernen* der Kinder als deren Aktivität, der gegenüber sich Erwachsene rein mitmenschlich — nett — einstellen können) — wenn „Erziehung" und „Pädagogik" nicht die Lösung für das Generationenproblem sind, sondern dessen Ursache, läßt sich das Problem nicht auf der pädagogischen Ebene überwinden. Mit Watzlawick u.a. muß man sich „gegen die versuchte *Lösung* und nicht gegen die *Schwierigkeit selbst*" (211, S. 103) richten, um zu einer „Lösung zweiter Ordnung" zu kommen:

„1. Lösungen zweiter Ordnung werden auf Lösungen erster Ordnung angewandt, wo diese nicht nur keine Lösung herbeiführen, sondern selbst das zu lösende Problem sind.
2. Während Lösungen erster Ordnung sich meist auf ‚gesunden Menschenverstand' gründen (zum Beispiel auf das ‚mehr desselben'-Rezept), scheinen Lösungen zweiter Ordnung häufig absurd, unerwartet und vernunftswidrig; sie sind ihrem Wesen nach überraschend und paradox.
3. Daß Lösungen zweiter Ordnung sich auf problemerzeugende Pseudolösungen beziehen, bedeutet ferner, daß damit die zu lösenden Probleme *jetzt* und *hier* angegangen werden. Was dabei verändert wird, sind die Wirkungen und nicht die vermeintlichen Ursachen der betreffenden Situation: die entscheidende Frage ist daher *was?* und nicht *warum?*
4. Lösungen zweiter Ordnung heben die zu lösende Situation aus dem paradoxen, selbstrückbezüglichen Teufelskreis heraus, in den sie die bisherigen Lösungsversuche geführt haben, und stellen sie in einen neuen, weiteren Rahmen" (211, S. 105).

Bisher hat sich unter den Fachpädagogen in Deutschland am konsequentesten Heinrich Kupffer in diesen neuen, weiteren Rahmen gestellt und über „Pädagogik" und „Erziehung" „auf einer anderen Ebene", „auf der Metastufe" (Kupffer, 55, S. 18) reflektiert, hält allerdings am Terminus „Erziehung" fest und hat erst spät die Analogie von „Antipsychiatrie und Antipädagogik" (so der Titel seines Aufsatzes in der Zeitschrift „Die Deutsche Schule", Nr. 9/1974, S. 591—604) vollzogen. Aber Kupffer ist unabhängig von der Begriffswahl tatsächlich aus der Ebene des erzieherischen Denkens ausgebrochen und argumentiert auf der Meta-Ebene antipädagogisch. Beispielsweise nennt er die Frage des Erziehers „Was soll ich tun?" „falsch gestellt" (129, S. 91), bestreitet der Erziehung „die Aufgabe, junge Menschen zu *verändern*" (55, S. 19); die — durch und durch pädagogische — Frage: „Wie beeinflusse ich den anderen am wirk-

samsten?" nennt er „unpädagogisch", löst sie durch seine Frage: „Wer ist der andere, wo befindet er sich, in welcher basalen Konstellation tritt er mir gegenüber?" ab, die er freilich als „pädagogisch" bezeichnet (55, S. 28f.), obwohl sie sich immer stellt, nicht speziell nur im „Erziehungsfeld". Weiterhin erklärt Kupffer: „Kritische Pädagogik" (heute würde er sicher „Antipädagogik" sagen) „würde das gesamte Problem der Erziehungsziele, Erziehungsmittel und Erziehungsmaßnahmen nicht lösen, sondern auflösen" (55, S. 37). „Ein Umgang zwischen Älteren und Jüngeren dürfte vielleicht künftig nur auf der Basis einer völligen Entpädagogisierung möglich sein" (130, S. 177).
Diese wenigen Beispiele zeigen deutlich genug, daß Antipädagogik nicht eine Alternativlösung auf der Ebene des Anspruchs Erwachsener, Kinder irgendwohin zu erziehen (also auf der Ebene der Erziehungsideologie) sein kann, sie wendet sich folgerichtig auch gegen die „antiautoritäre" Variante dieser Ideologie:

> „Antipädagogik heißt nicht Befürwortung einer antiautoritären Erziehung, weil sie erkennt, daß diese die Machtstrukturen selbst im Grunde nicht aufhebt" (Kupffer, „Antipsychiatrie und Antipädagogik", a.a.O., S. 604).

(„Keine Aussage, die innerhalb eines Bezugssystems gemacht wird, kann gleichzeitig sozusagen aus diesem System heraustreten und sich selbst negieren. ... denn nichts innerhalb eines bestimmten Rahmens hat die Macht, den Rahmen selbst zu verneinen." Paul Watzlawick, Janet H. Beavin, Don D. Jackson, 210, S. 188)

In der heutigen Zeit, in der die Pädagogik wie ein Krebsgeschwür in immer neue Lebensbereiche hineinwuchert, entstehen natürlich komplizierte Verständigungsprobleme, wenn man sich dergestalt zwischen alle pädagogischen Stühle setzt. Die folgenden Kapitel bleiben mit Sicherheit unfruchtbar, wenn der Leser z.B. Rat und Hilfe sucht, aber den Anspruch, gegenüber Kindern und Schülern doch seinen Kopf durchzusetzen, nicht aufgibt. Innerhalb des durch diesen Anspruch ausgefüllten Rahmens bleibt das pädagogische Tun im Sinne von Watzlawick u.a. ein „Spiel ohne Ende": Druck erzeugt Gegendruck, der Druck wird verstärkt, und so fort. Ebenso erzeugt Fremdbestimmung Abhängigkeit, rechtfertigt Abhängigkeit, zirkelschlüssig, Fremdbestimmung, und so fort — und die dann in die sogenannte Selbständigkeit entlassenen Jugendlichen binden sich an Rauschmittel aller Art: folgerichtig macht die Andragogik (vgl. z.B. Brim/Wheeler: „Erwachsenen-Sozialisation", 39) rasche Fortschritte. Nur die Menschen nicht. Ein Spiel ohne Ende.

> „Spiele ohne Ende ... sind genau das, was der Ausdruck besagt: sie sind in dem Sinne endlos, als sie keine Vorkehrungen für ihr Aufhören enthalten. Aufhören, wie Erwachen aus einem Traum, ist nicht Teil des Spiels selbst, ist nicht ein Element dieser Gruppe; Aufhören ist *meta* zum Spiel, es hat einen anderen, höheren, logischen Abstraktionsgrad als irgendein regelbedingtes Ereignis *innerhalb* des Spiels" (Watzlawick u.a., 211, S. 41f.).

Mit dem Erziehen aufzuhören, aus diesem Alptraum aufzuwachen, dieses Spiel ohne Ende von außen zu betrachten und zu beenden, ist deswegen eine so schwierige Aufgabe, weil es in unserem Kulturkreis kaum Menschen gibt, die sich mit den Regeln dieses Spiels nicht anfreunden mußten, die diesen Traum nicht mit dem Leben verwechseln, die nicht felsenfest davon überzeugt sind, es wäre nicht gut, einfach nett zu sein. Deswegen kann sich dieses Buch nur an Menschen wenden, die unter diesem Spiel wenigstens noch zu leiden vermögen, nicht an die, wie man sagen könnte: total erfolgreich Erzogenen, welche diese Not in der Regel als Tugend ausgeben. „Im Letzten können Bücher sowieso nur ins Bewußtsein heben, was man insgeheim ohnehin schon weiß — und sich nur nicht getraut hat, es selber zu denken" (Saß, 186, S. 32). Denn „wir verstehen nur das, was in seiner Grundstruktur uns bereits — das heißt: auf Grund unserer eigenen lebensgeschichtlichen Erfahrungen — vertraut ist" (Wellendorf, 212, S. 52). Der Unterschied zwischen Lernen und Erziehung, zwischen netten und guten Menschen, zwischen Selbstbestimmung und Fremdbestimmung ist jedermann vertraut. Aber die allgemeine Unsicherheit zu Beginn einer absolut neuen Kulturform erlaubt nur dem Mutigen, selber zu denken, was er insgeheim schon weiß.
Daß sich weniger Menschen als bisher von sogenannten Fachleuten den Schneid abkaufen lassen, ist die Hoffnung dieses Buches. Sie richtet sich einerseits auf die noch ungeborenen Kinder, andererseits auf die Eltern, die noch keine sind. Vielen von ihnen ist eine heute noch utopisch erscheinende Qualität des Lebens und Zusammen-

lebens zu ermöglichen, wenn es gelingt, ihnen erkennbar zu machen, daß kein rationaler Grund sie zwingt, in das Erziehungsspiel ihrerseits aktiv einzutreten.
Dieser — prophylaktischen — Absicht dienen die folgenden Kapitel. Zunächst wird ein Alternativvorschlag zu den gegenwärtigen Programmen der „Erziehung zur Erziehung" unterbreitet. Im Zentrum stehen Analysen der (objektiven) Kinderfeindlichkeit und des Kinderwunschmotivs Jugendlicher. In den Kapiteln 2 und 3 werden die „pädagogische" und die „therapeutische" als konträre Einstellungen analysiert und definiert. Das wichtigste Resultat liegt in der verblüffenden Feststellung, daß Psychotherapeuten der bereits erkrankten Seele entschieden mehr Kraft zutrauen und Eigeninitiative zubilligen als Pädagogen der noch nicht erkrankten. Kapitel 4 versucht zu klären, warum die gestrige Erziehungsideologie ihre menschenfeindliche Herrschaft so ungebrochen ausüben kann, obwohl die Sozialwissenschaften in den letzten Jahren massenhaft (wenn auch untereinander noch wenig verbunden) Erkenntnisse und Theorien geliefert haben, die das pädagogische Denken ad absurdum führen. Kapitel 5 untersucht die andere Seite der Medaille, den Gegenpol der pädagogischen Ambition Erwachsener, und postuliert einen Autonomieanspruch der Kinder (von Anfang an). Das 6. Kapitel dürfte für Vollblutpädagogen am schockierendsten sein. Mit Hilfe bestimmter Differenzierungen moderner kommunikationstheoretischer Aussagen wird der Nachweis erbracht, daß spezifisch pädagogische Akte (für sich genommen) stets das Gegenteil des Beabsichtigten erreichen. In den letzten drei Kapiteln werden die wichtigsten bis dahin aufgetauchten Fragen ansatzweise beantwortet, soweit sie nicht Handlungsanweisungen gelten, sondern Konsequenzen der antipädagogischen Einstellung betreffen. Dabei steht im letzten Kapitel der Vorschlag des ersten noch einmal im Vordergrund, Jugendlichen Informationen über die Konsequenzen ihrer Einstellung gegenüber Kindern nicht länger vorzuenthalten. Aber Handlungsanweisungen werden auch hier nicht gegeben. Die antipädagogische Einstellung ist unteilbar. Sie riskiert es, einerseits aus Prinzip, andererseits (bezüglich dieses Buches) weil der Autor erst seit zehn Jahren konkrete Erfahrungen mit ihr sammelt, viele Fragen offenzulassen. Es hat sich aber immer wieder gezeigt, daß, wer die antipädagogische Einstellung verstanden hat, solche Fragen selbst be-

antwortet. Fremde Antworten (nicht Informationen und Ideen) auf existentiell bedeutsame Fragen sind letztlich immer schlechter als gar keine. Die eigentlichen Studien, nach den folgenden Vorarbeiten, müssen dem Leser anheimgestellt bleiben — schon weil er die Verantwortung für grundgesetzwidriges Tun (Erziehungsrecht und -pflicht der Eltern sind z. B. in Art. 6, Abs. 2 GG verankert) nur selber tragen kann.

Kapitel I
„Erziehung zur Erziehung“?
Notwendigkeit, Probleme, Chancen eines schulischen Beitrags zur Vorbereitung auf die Elternschaft

Bestandsaufnahme

Schon lange ist es kein Geheimnis mehr, daß mit der Elternrolle gewisse Probleme verbunden sind. Wilhelm Buschs Stoßseufzer aus dem „Julchen“, 1877: „Vater werden ist nicht schwer, Vater sein dagegen sehr“, entsprang sicher schon damals nicht einer *neuen* Erfahrung, und wenn auch das Mutterwerden um einiges schwerer ist, so wird doch dadurch das Muttersein um nichts leichter.
Trotzdem gilt es bis in unsere Tage hinein weithin als schiere Selbstverständlichkeit, daß die Elternrolle nicht eigens erlernt zu werden braucht. Dadurch werden den Heranwachsenden objektive Kriterien, mit denen sie ihre Eignung zur Elternschaft prüfen könnten, vorenthalten. In den zahllosen, auch den diskutablen Schriften zur Sexualaufklärung wird die — dann natürlich erwünschte — Schwangerschaft zur Grenze der Information, wie die Unterhaltung in einem Hollywoodfilm mit der Hochzeit endet. Durchgängig gibt es keine Hilfestellung bei der Entscheidung, *ob* eine Schwangerschaft gewünscht wird oder nicht. Der Kinderwunsch ist eine tabuähnlich respektierte Privatangelegenheit.

Exemplarisch sei dies dargestellt anhand der Broschüre „Jedes Kind hat ein Recht erwünscht zu sein“, die 1973/4 im Auftrag des Bundesministers für Jugend, Familie und Gesundheit von der Bundeszentrale für gesundheitliche Aufklärung in Köln herausgegeben wurde. Diese 24 Seiten starke, großformatige, aufwendig gedruckte Broschüre, die in einer Auflage von 4 Millionen Exemplaren verteilt wurde, gibt Auskunft über Verhütungsmittel, die Entstehung einer Schwangerschaft usw. Es werden sogar Gründe erwähnt, „die dafür sprechen, mit einem Kind zu warten“: Ausbildung, Berufstätigkeit und Karrierestreben, sowie „Ziele“ und „Wünsche“ seien solche Gründe. Dann folgt:

„Vielleicht fühlen sie sich auch noch nicht reif genug für ein Kind. Für die Elternrolle. Da ist eine Wartezeit von zwei bis drei Jahren gut. Gut für die Partner. Und gut für das Kind. Das dann, wenn es gewünscht ist, die schönsten Bedingungen hat, glücklich zu sein und glücklich zu machen" (S. 6).

Abgesehen davon, daß der letzte Satz, wie noch gezeigt wird, höchst problematisch ist: Woher nehmen junge Menschen Entscheidungsmaßstäbe, ob sie sich für ein Kind „reif genug" (übrigens eine dubiose Perspektive angesichts des Zustands unserer von reifen Menschen gestalteten Welt) fühlen können, wenn ihnen verheimlicht wird, welche Anforderungen die Elternrolle beinhaltet?
Wie das subjektive Gefühl, und sei es noch so illusionistisch, verabsolutiert und von realitätsgerechten Informationen abgeschirmt wird, zeigen folgende Sätze:

„Es ist nicht materialistisch gedacht, wenn man Kinder nicht in wirtschaftlicher Not groß werden lassen will. Es stimmt nicht, wenn man sagt: Wo zwei satt werden, werden auch drei satt. Es genügt heute eben nicht mehr, Kinder nur satt zu machen. Kinder sind eine Aufgabe. Die schönste Aufgabe der Welt. Und wenn man die Kraft und die Möglichkeit hat, sich Kinder zu wünschen ‚wie die Orgelpfeifen', bitte, dann sollte man es bewußt tun. Denn Familienplanung ist nicht kinderfeindlich" (S. 6).

Der einzige weitere Hinweis, der das Kind mitbetrifft, findet sich auf Seite 21:

„Unbedingt sollte man vor einer Schwangerschaft — spätestens während der Schwangerschaft — Blutgruppe und Rhesus-Faktor beider Partner vom Arzt bestimmen lassen. Auch Infektionskrankheiten während der Schwangerschaft können die Entwicklung des werdenden Kindes beeinflussen. Deshalb sollte jede Frau die gesetzlich gegebenen Möglichkeiten der Schwangerschaftsuntersuchungen nutzen."

Damit wird ersichtlich, daß materielle und medizinische Erwägungen als hinreichend betrachtet werden, die „schönste Aufgabe der Welt" in Angriff zu nehmen. Welche Orientierungshilfen allerdings ein Bewußtsein erhält, das „die Kraft" für Kinder „wie die Orgelpfeifen" zu haben glaubt, bleibt schleierhaft. Und dieser Schleier wird erst gelüftet, wenn die Orgelpfeifen zu Nervensägen geworden sind und Eltern ihre frühere „Kraft" verfluchen, Erziehungsberatungsstellen überlaufen und die schönste Aufgabe der Welt nicht schnell genug an Kindergärten und möglichst Ganztagsschulen übertragen können. Hartmut v. Hentig, der sicher nicht im Geruch der Kinderfeindlichkeit steht, sagt dazu:

„Kinder sind einerseits ein Kristallisationspunkt des sozialen Egoismus: Familien, Schichten, ganze Wohnviertel erkennen sich und ihr Schicksal daran, wie ihre Kinder aufwachsen und vor allem von anderen behandelt werden. Kinder sind aber auch lästig und darum sind Eltern andererseits geneigt, Leistungen, die sie selber für das Kind aufbringen sollten und könnten, auf die Gesellschaft, die gemeinsamen Institutionen abzuschieben. Man interessiert sich also für Kindergärten, Vorschulen, gute Schulen überhaupt — und das sieht dann wie ein soziales Engagement aus. In Wirklichkeit dient die Bürgeraktion häufig der eigenen Entlastung ..." (103, S. 175 f.).

Freilich, Familienplanung ist nicht kinderfeindlich, aber eine Gesellschaft ist kinderfeindlich, die zukünftige Eltern zwar darüber informiert, wie eine Schwangerschaft, nicht aber, wie der Kinderwunsch entsteht, die finanzielle und medizinische, nicht aber psychologische Bedenken rechtzeitig anbietet.

Die Bundeszentrale für gesundheitliche Aufklärung mag solche Ansinnen weit von sich weisen, aber an wen verweist sie uns? Ob der auch von ihr herausgebrachte „Sexualkunde-Atlas" oder die berüchtigte „Sexfibel" oder sonstige Aufklärungsschriften über Sexualität, für alle gilt: Die Lustfunktion der Sexualität ist zwar im Zeitalter der sicheren Verhütungsmittel auf emanzipatorischen Wegen, aber der Fortpflanzungsaspekt der Sexualität ist Stiefkind der Aufklärung geblieben. So nimmt zwar die Zahl der unerwünschten Schwangerschaften ab, aber nichts spricht dafür (und manches dagegen, s.u.), daß damit der Kinderfreundlichkeit gedient ist, und daß weniger Kinder im Laufe ihres nachgeburtlichen Aufwachsens zu unerwünschten werden, weil sie ihre Eltern vor Probleme stellen, die zu bedenken diesen nicht rechtzeitig ermöglicht wurde.
Im Grunde ist es kaum begreiflich, daß Kinder in den Schulen auf läppischste Dinge vorbereitet werden, nur nicht auf die Rolle der Elternschaft. Und doch ist die Erklärung einfach. Schule war ursprünglich (die alte „Lateinschule") lediglich eine Vorbereitung für das akademische Studium. Erst sehr viel später übernahm sie die Funktion, allgemein für das komplizierter werdende Berufsleben auszubilden. Daß die Erfahrungen aus dem Elternhaus auch in vielen anderen Bereichen zur Lebensbewältigung nicht mehr genügen, ist eine sehr junge Erkenntnis und hat, in höchst problematischer Konsequenz, zu neuen Zweigen der Pädagogik geführt. Sozialkunde, Politische Bildung, Konsumentenerziehung, Freizeitpädagogik, Friedens-

pädagogik, Sexualkunde, Polytechnischer Unterricht seien als Beispiele genannt. Und nun droht also „Erziehung zur Erziehung".
Aus dieser historischen Perspektive erklärt sich auch, warum die sogenannte Elternbildung, deren Notwendigkeit schon seit langem erkannt worden war, nicht in den schulischen Raum Eingang fand, sondern auf freiwilliger Basis von Kirchen, Volkshochschulen, Gewerkschaften, Arbeiterwohlfahrt und anderen „freien Trägern" veranstaltet wird.

> „Jedoch ist die Schule, obwohl es so nahe gelegen hätte, nicht der institutionelle Schwerpunkt der Elternbildung geworden. Warum die Schule das ganze ‚Elternproblem' der Jugendhilfe freigab und nicht rechtzeitig als eine auf sie zukommende und in ihre Verantwortung fallende Aufgabe für sich in Anspruch genommen hat, soll kurz erläutert werden" (Bäuerle, 13, S. 23).

In dieser Erläuterung nennt Wolfgang Bäuerle insbesondere die historisch bedingte Distanz zwischen Schule und Elternhaus. Seine Schlußfolgerungen:

> „Bedenkt man die Auslastung des Lehrers durch seinen Lehrauftrag, die geringe Aufmerksamkeit der Lehrerbildung für die Probleme der Familienpädagogik und die vorrangige Orientierung der Schule an Leistungsnormen, so ist zu verstehen, daß sich die Schule der Aufgabe der Elternbildung nur sporadisch annehmen wird" (S. 26). „Die Frage, ob für eine allgemeine Elternbildung auf breiter Basis die Schule der rechte Ort sei, bleibt offen. Die gegenwärtige Schule ist es sicher nicht" (S. 27). „Ob eine Umstrukturierung der Schule unter diesem Gesichtspunkt heute noch notwendig ist, erscheint zumindest fraglich. Die Entwicklung der Jugendhilfe als System von Bildungshilfen für die Jugend und für die Eltern außerhalb der Schule, vor allem seit der Gründung eigenständiger Jugendämter, entlastet die Schule zunehmend von ihrer potentiellen Aufgabe einer systematischen Bildungshilfe für Eltern. Man wird damit rechnen müssen, daß eine generelle pädagogische Hilfeleistung für die Eltern zukünftig von der Schule immer weniger erwartet wird" (S. 28).

Bemerkenswert ist diese resignierte Antwort vor allem deshalb, weil Bäuerle unterderhand die Fragestellung veränderte, nämlich entscheidend einschränkte. Zu Beginn seines Buches nennt er z.B. das Thema des Weltkongresses für Jugendhilfe 1958: „Eltern und Erziehung. Hilfe bei der Erziehung und Vorbereitung der Eltern auf ihre erzieherische Aufgabe" (S. 1). Bis zu der obigen Antwort ist dann der Aspekt der „Vorbereitung" zugunsten der „Hilfe" verdrängt worden. — Auf Seite 2 ist noch von „Bildungshilfen für Eltern und für zukünftige Eltern" die Rede. Auf Seite 15

tritt der Vorbereitungsaspekt bereits zurück, indem nur noch gefordert wird, „die Einsicht zu verbreiten, daß auch Elternschaft im pädagogischen Verständnis etwas sei, was erlernt werden muß." Und obwohl Bäuerle auch C.-L. Furck („Besonders wichtig erscheint ihm die Vorbereitung junger Menschen auf ihre späteren Erziehungsaufgaben", S. 21) und E. Bornemann erwähnt („Im Rat, die Eltern sollen über eine enge Zusammenarbeit mit der Schule das ihnen fehlende pädagogische Wissen sich erwerben, liegt eine Verkennung der pädagogischen Bedeutung der frühen Kindheit. Wer so spät beginnen wollte, sich über Kindererziehung zu informieren, der hätte dem Lehrer bereits heilpädagogische Fragen zu stellen", S. 22), kommt er zu dem Schluß: „Zusammenfassend ist festzuhalten, daß alle genannten Erziehungswissenschaftler aus ihrem tiefen Verständnis für die neuen und schweren Erziehungsprobleme der Eltern die Forderung nach pädagogischen Hilfen für die Eltern ableiten. Die in diesem Zusammenhang wichtige Frage, wie diese Hilfen gegeben werden sollen, wo und in welcher Form Elternbildungsarbeit zu geschehen habe, werden nur ausweichend beantwortet" (S. 22). Damit ist das Problem endgültig reduziert auf Hilfeleistung für Eltern, die schon welche sind, und es nützt auch wenig, wenn Bäuerle an anderer Stelle (in Schleicher, 188, S. 90) ins entgegengesetzte Extrem verfällt: „Viele dieser Mütterberatungen führten auch Kurse über Säuglingsberatung durch." Nach Seibert (192, S. 110) empfiehlt ebenso die Gefängnisleiterin Helga Einsele „Säuglingsberatung"; ob man die Säuglinge über das 4. Gebot berät, damit sie lange leben auf Erden?
Auch Klaus Schleicher fordert zunächst, „daß Eltern frühzeitig mit ihrem ‚Beruf' als Erzieher vertraut gemacht werden" (188, S. 8). Anschließend ist aber an keiner Stelle seines Sammelbandes mehr davon die Rede, daß solche Frühzeitigkeit nur rechtzeitig kommt, wenn das Vertrautmachen mit diesem „Beruf" vorbereitenden Charakter hat. Bäuerle erklärt:

> „Eine solche Vorbereitung auf ihre pädagogischen Aufgaben müßten die Eltern — dem Wortsinn folgend — *vor* Beginn des Leistungsanspruches an sie erhalten. Dieser Überlegung folgen einige sozialpädagogische Institutionen strikt: die Mädchenbildungsseminare, die Bräutekurse und die Arbeitsgruppen für junge, noch kinderlose Ehepaare an den Elternbildungsstätten. Die überwiegende Mehrzahl aller Elternbildungsmaßnahmen treffen jedoch auf Eltern, die schon unmittelbar pädagogisch handelnde sind. So ist also Elternbildungsarbeit weniger Vorbereitung auf spätere Aufgaben als vielmehr eine ‚berufsbegleitende' Bildung" (Bäuerle, 13, S. 76f.).

Gegen Elternbildung als Teil der Jugendhilfe ist mit Klaus Mollenhauer einzuwenden, daß sie prinzipiell zu spät kommt. „Prinzipiell ist diese Verspätung deshalb, weil sie nicht über die Veränderungen der Bedingungen verfügt, die das Eingreifen nötig machen" (155, S. 137). „So kann Jugendhilfe, ohne ihre Absicht und ohne ein Bewußtsein davon zu haben, ein selbst hilfloses und darin ideologisches Instrument sein. Mit dem Erfolg im einzelnen Fall täuscht sie sich darüber, daß sie in der Tat nichts ist als caritative Hilfe, die das angeblich Unvermeidliche erträglich macht" (155, S. 138). Diese Täuschung führt dazu, daß „die Verspätung der Jugendhilfe-Maßnahme geradezu institutionalisiert" wird (ebenda). Wolfgang Bäuerles zitierter Euphemismus über die Jugendämter ist hierfür ein makabres Indiz.

Elternbildung als Teil der Jugendhilfe verspielt die Chance einer breitenwirksamen Vorbeugung. Durch das Prinzip der Freiwilligkeit, auf das Erwachsenenbildung nicht verzichten kann (ein „pädagogischer Führerschein" stellt keine wünschenswerte Alternative dar), werden faktisch diejenigen Personen von der Teilnahme ausgeschlossen, die sie am nötigsten hätten. Bäuerle verweist selbst auf die minimalen Teilnehmerzahlen der wirklich *vor*bereitenden Kurse (13, S. 230f.). Als Begründung gibt er an:

> „Die Erfahrung lehrte, daß die Eltern erst dann in einem größeren Maße bereit sind, das Angebot der Elternbildungsstätten in Erwägung zu ziehen, wenn sie unmittelbar im erzieherischen Prozeß stehen und möglicherweise die beunruhigende Erfahrung machen müssen, daß nicht alles so läuft, wie sie es sich gedacht hatten und wie es ihnen bislang selbstverständlich schien" (13, S. 82).

Nun ist nicht nur das Freiwilligkeitsprinzip der Erwachsenenbildung ein Hindernis für umfassende und effektive Maßnahmen. Selbst wenn es gelänge, alle Eltern, die mit ihren Kindern nicht zurechtkommen, zur Teilnahme an Veranstaltungen der Elternbildung zu motivieren (und selbst wenn man unterstellen könnte, dort würde vernünftige Arbeit geleistet — was man heutzutage durchaus nicht kann), es bliebe die Schwierigkeit, daß Eltern dann in die Lage versetzt werden müßten, aus bereits eingefahrenen Gleisen auszubrechen. Allein dies wäre kompliziert genug und würde eine Zahl von Psychotherapeuten erforderlich machen, wie sie kein Arbeitsmarkt verkraften könnte. Aber es kommt noch ein Faktor hinzu, der meist übersehen wird: Haben Eltern erst einmal erkannt, „daß nicht alles so läuft, wie sie es sich gedacht hatten", dann genügt es nicht mehr ohne weiteres, wenn sie sich selbst ändern. Die Kinder haben die frühere Einstellung ihrer Eltern bereits verinnerlicht und werden nun durch

Änderungen im elterlichen Verhalten erst recht verunsichert und zu Provokationen getrieben, die von den Eltern ihrerseits ausgesprochen therapeutische Qualifikationen verlangen würden.

Einen Einblick in die kaum zu bewältigende Problematik dieser Situation sei mit einem Bericht des Psychoanalytikers Sándor Ferenczi aus dem Jahre 1927 vermittelt, der die Anforderungen schildert, denen der Arzt durch Patienten (Eltern durch Kinder) ausgesetzt ist, wenn eine neue Einstellung auf alte verinnerlichte Erwartungen trifft:

> „Eine recht schwierige, allerdings interessante Aufgabe, die meines Erachtens in jedem einzelnen Fall zu bewältigen ist, ist die stufenweise Abtragung jener Widerstände, die in dem mehr oder minder bewußten Zweifel an der Verläßlichkeit des Analytikers bestehen. Unter Verläßlichkeit muß man aber eine Vertrauenswürdigkeit unter allen Umständen verstehen, insbesondere das unerschütterliche Wohlwollen des Analytikers dem Patienten gegenüber, mag sich letzterer in seinem Benehmen und in seinen Äußerungen noch so ungebührlich gebärden. Man könnte tatsächlich von einem unbewußten Versuch des Patienten reden, die Tragfestigkeit der Geduld des Analytikers bezüglich dieses Punktes konsequent und auf die verschiedenste Art auf die Probe zu stellen, und dies nicht nur einmal, sondern zu ungezählten Malen. Die Patienten beobachten dabei die Reaktionsweise des Arztes, mag sie sich in Rede, Geste oder in Stillschweigen manifestieren, aufs allerscharfsinnigste. Sie analysieren ihn oft mit großem Geschick. Sie entdecken die leisesten Anzeichen unbewußter Regungen im Analytiker, der diese Analysenversuche mit unerschütterlicher Geduld zu ertragen hat; eine oft fast übermenschliche Leistung, die aber die Mühe in jedem Fall lohnt. Denn: ist es dem Patienten nicht gelungen, den Analytiker bei irgend einer Unwahrheit oder Entstellung zu ertappen, und kommt der Patient allmählich zur Erkenntnis, daß es wirklich möglich ist, die Objektivität auch dem schlimmsten Kinde gegenüber zu bewahren, läßt sich also beim Arzt keine Tendenz zur Selbstüberhebung feststellen (bei aller Anstrengung, Anzeichen davon zu provozieren), und muß der Patient zugeben, daß der Arzt willig auch Irrtümer und Unbedachtsamkeiten seinerseits einbekennt, die er gelegentlich begeht, so kann man nicht selten eine mehr oder minder rasche Veränderung im Verhalten des Kranken als Lohn für die nicht geringe Mühe einheimsen. Es kommt mir höchst wahrscheinlich vor, daß die Patienten mit diesen ihren Versuchen Situationen aus ihrer Kindheit wiederholen möchten, bei denen unverständige Erziehungspersonen und Verwandte auf die sogenannten Schlimmheiten des Kindes mit der eigenen intensiven Affektivität reagierten und das Kind in eine trotzige Einstellung drängten. Das Standhalten gegen diesen Generalangriff der Patienten setzt beim Analytiker selbst eine voll beendigte Analyse voraus" (70, S. 232f.).

Nicht nur die fehlende eigene Analyse, sondern auch einfach der Alltagsstreß, in dem Eltern und Kinder miteinander umgehen, erschwert die Lage zusätzlich. Es ist immer wieder festzustellen, daß die Elternbildungsarbeit „für die Eltern nur einen Episoden-Charakter hat: die Wirkung nimmt mit Erhöhung der zeitlichen Distanz ab" (Bäuerle, 13, S. 212). In einer Anmerkung dazu heißt es: „H. Heckhausen berichtet, daß sich seine Versuchspersonen (ausgewählte Lehrer) nach einer Zwischenzeit von 6 Monaten wieder einigermaßen von der Einflußnahme ‚erholt' hätten" (13, S. 253f.).
Diese „Erholung" ist sicher weniger auf das schlechte Gedächtnis der Erwachsenen als auf das gute Gedächtnis der Kinder zurückzuführen, dessen Auswirkungen Ferenczi schilderte. Aus ihm erklärt sich auch die Erfahrung zahlloser junger Lehrer, deren weniger autoritärer Unterricht von den verunsicherten Schülern („In vieler Hinsicht war diese Unsicherheit noch schlimmer als eine eindeutig autoritäre Haltung, bei der die Schüler wenigstens genau wissen, woran sie sind." — Herbert R. Kohl, 126, S. 120) nicht etwa mit der naiverweise zu erwartenden Dankbarkeit honoriert, sondern oft genug sabotiert wird, indem die Schüler alles daranzusetzen scheinen, die Lehrer zum autoritären „Durchgreifen" zu zwingen. Diese Erfahrungen dienen dann zirkelschlüssig als Argument gegen eine menschenwürdige Schule.

Lehrer und Eltern sind also selten in der Lage, therapeutische Prozesse durchzuhalten. Die Fachleute aber sind hoffnungslos überlaufen, und selbst über ihre Möglichkeiten, Fehlentwicklungen zu korrigieren, gibt es die unterschiedlichsten Erfahrungen. Sie können hier nicht dargestellt werden, stattdessen sei aber auf die Wichtigkeit der Unterscheidung zweier verschiedener Standpunkte hingewiesen. Unter der Perspektive der Therapie und in Anbetracht ihrer modernen Mittel mag man zu Optimismus neigen und sich und anderen Abhilfe versprechen durch eine Vermehrung des therapeutischen Angebots. Zweifelsohne ist es nicht zu verantworten, in bezug auf einmal eingetretene Schäden zu resignieren, auch wenn man mit dem Ferenczi-Schüler Michael Balint einräumen muß:

> „Wohl mag der Schaden ausheilen, aber es wird immer eine Narbe bleiben, d.h., ein Rest dieser Folgen wird immer erkennbar sein" (17, S. 222).

Ebenso wenig aber ist es zu verantworten, aus therapeutischem Optimismus die Notwendigkeit der Vorbeugung zu leugnen. Unter der Perspektive der Prophylaxe und Prävention erscheint es durchaus gerechtfertigt, eine These wie die von Arno Kosmale (Bundesministerium für Jugend, Familie und Gesundheit) unbeschönigt zu vertreten:

> „Fehler und Versäumnisse in den ersten Lebensjahren sind weitgehend irreparabel“ (zit. in 188, S. 87).

Um es noch einmal zu sagen: Eine solche These ist nur zu vertreten, solange Fehler und Versäumnisse noch nicht eingetreten sind. Unterscheidet man die beiden zeitlichen Perspektiven (prophylaktisch vs. therapeutisch) nicht strikt, erzielt man — und dies ist heute vielfach zu beobachten — den Effekt, daß Eltern aus Angst vor Fehlern und Versäumnissen jegliche Unbefangenheit verlieren, sich und ihre Kinder unausgesetzt geradezu belauern und zu einem spontanen, unverkrampften Umgang mit Kindern unfähig werden. Pointiert ausgedrückt könnte man dazu sagen, daß diese Angst und Unsicherheit der Eltern (auch der Lehrer, s.o.) in vielen Fällen schlimmere Folgen für die Kinder hat als alle „Fehler“ zusammengenommen, die solche Erwachsenen, wären sie „pädagogisch naiv“ geblieben, begangen hätten. Wenn also im folgenden die Notwendigkeit prophylaktischer Maßnahmen einseitig betont wird, weil sie bisher entschieden mißachtet wurde, bedeutet das nicht, daß Eltern, die schon welche sind, den guten Mut verlieren müßten, eventuell eingetretenen Schaden doch noch wiedergutzumachen. Die beiden Perspektiven sollten nicht vermischt, sondern jeweils realitätsgerecht berücksichtigt werden. Die ideale Einstellung von Eltern in dieser Frage wäre natürlich (wie in diesem Buch gezeigt werden soll) die, vor Fehlern schon deshalb keine Angst zu haben, weil sie, wenn sie nicht erziehen, auch keine Fehler machen *können*. Nette Eltern haben keine Erziehungsschwierigkeiten, sondern nette Kinder, mit denen alle — etwa von außen hereingetragenen — Probleme im freundschaftlichen Dialog gelöst werden. Das setzt freilich eine andere Einstellung voraus als sie heute üblich ist.

Bisherige Vorschläge

Die Forderung nach rechtzeitiger Vorbereitung der zukünftigen Eltern, die nach Lage der Dinge nur während der Schulzeit erfolgen könnte, wird verständlicherweise besonders von Therapeuten erhoben. So meint Friedrich Hacker:

> „Zur Bewältigung der vielleicht schwierigsten menschlichen Aufgabe, nämlich der Kindererziehung, wäre es zweifellos wünschenswert, daß die damit betrauten Personen darauf vorbereitet, intellektuell und emotionell reif und vorgebildet sind. Wie viele Eltern (und zuweilen auch Lehrer) erfüllen heute auch nur minimale Voraussetzungen zur Erziehungsaufgabe? Was geschieht mit jenen ‚natürlichen' Erziehern, die offensichtlich ihrer Aufgabe nicht gewachsen sind? Wer soll die notwendige Überwachung, Beratung und Kontrolle besorgen und in welcher Weise? Soll deshalb, weil diese Kontrollen schwierig durchführbar sind, das Volksvermögen (im doppelten Wortsinn), das im Entwicklungspotential der Jugend besteht, zum Großteil weiter nutzlos verschwendet oder verbildet werden?" (98, S. 52).

Mit weniger Arroganz aber ebensoviel Berechtigung schreibt Thomas Gordon zur Begründung seines „Elterlichen Erfolgstrainings", mit dem er den Schaden gutzumachen versucht:

> „Eltern werden beschuldigt, aber nicht geschult. Millionen neuer Mütter und Väter übernehmen jedes Jahr eine Arbeit, die zu den schwierigsten zählt, die jemand haben kann; sie bekommen ein Kind, einen kleinen Menschen, der fast vollkommen hilflos ist, und nehmen die volle Verantwortung für sein physisches und psychisches Wohl auf sich, um ihn zu erziehen, auf daß er ein produktiver, kooperativer und mitwirkender Bürger werde. Gibt es eine schwierigere und anspruchsvollere Aufgabe? Wie viele Eltern aber sind dafür geschult? Welches ‚Berufsausbildungsprogramm' steht den Eltern zur Verfügung; wo können sie das Wissen und die Kenntnisse erwerben, um in dieser Arbeit erfolgreich zu sein?" (90, S. 11).

Natürlich entweder in der Schule oder überhaupt nicht. Deshalb hat der Deutsche Kinderschutzbund (DKSB) im Mai 1970 einen Antrag an die Kultusminister der Bundesländer gerichtet, „mit Vordringlichkeit ein Fach in den Schulplan aufzunehmen: eine neuartige Erziehungslehre, obligatorisch für alle Schüler beiderlei Geschlechts" („Blätter der Wohlfahrtspflege" 5/1972, S. 112). Motto: „Jeder

Beruf ist in seiner Ausübung an eine Lehre geknüpft, nur nicht derjenige der Elternschaft" (ebenda). Der Antrag endet mit dem Appell: „‚Unsere Gesellschaft muß kinderfreundlicher werden.' gez. Dr. Elisabeth Flitner, Eva Lenke" (ebenda).
Es ist fast überflüssig zu sagen, daß der Antrag des DKSB auf wenig Gegenliebe stieß; wobei schwer zu beurteilen ist, ob dafür seine kinderfeindliche Substanz (s.u.) den Ausschlag gab oder etwa Vorbehalte der Ministerien gegen ein möglicherweise unterstelltes Pharisäertum der professionellen Kinderschützer (deren Basis ohne Zweifel Sinnvolles leistet; aber der Vorstand steht im Verdacht der altbekannten Wohltäterei).
Einen anderen Weg als der DKSB schlug eine Gruppe von Mitgliedern des Münchener Ortsverbandes der Humanistischen Union (HU) ein. Sie konstitutierte sich 1972 als Arbeitskreis „Erziehung zur Erziehung", und die Lehrer in ihr begannen auf eigene Verantwortung, den Rahmen des Lehrplanthemas „Familie" im Sinne der Vorbereitung auf die Elternschaft zu interpretieren und auszufüllen. Der Arbeitskreis veröffentlichte seine Methoden, Probleme und Erfahrungen in der Zeitschrift der HU „Vorgänge — Zeitschrift für Gesellschaftspolitik", Weinheim (Beltz), und zwar insbesondere in den Themenheften „Erziehung zur Erziehung 1 und 2", die als Nummern 3 und 5/1973 erschienen sind. In diesen Heften begründen darüber hinaus führende Wissenschaftler verschiedener Disziplinen die Notwendigkeit einer Intervention der Schule eindringlich — aber auch so ausführlich (und pädagogisch), daß hier auf die Lektüre der Hefte selbst verwiesen werden muß, wenn diese Notwendigkeit noch nicht plausibel geworden wäre.

Der Ideologenstreit

Sicher sind Aktionen wie die des Münchener Arbeitskreises begrüßens- und nachahmenswert. Gerade deshalb drängt sich die Frage auf, wie es zu erreichen wäre, die Vorbereitung auf die Elternschaft nicht von dem außergewöhnlichen Engagement einzelner weniger Lehrer abhängig sein zu lassen. Damit ist natürlich das Problem der Lehrerausbildung angesprochen. Aber wenn man noch einen Schritt weitergeht und fragt, mit welchen konkreten Inhalten denn Lehrerstudenten vertraut gemacht werden müßten, dann werden die bislang angebotenen Antworten kompliziert. So kompliziert, daß darin, nämlich in der Unverträglichkeit, mit der verschiedene pädagogische Theorien sich gegenüberstehen, der eigentliche Grund für die Ängstlichkeit gesehen werden muß, mit der die Schule das Problem der zukünftigen Elternschaft der Schüler aus ihrem Bereich bisher — fast kann man sagen: glücklicherweise — ausklammerte. Wie mag sich ein Lehrer fühlen, der im Jahre 1969 zwei wichtige und aktuelle Fachbücher kauft und sogar liest, dann aber z.B. auf die beiden folgenden Sätze stößt:

> „Der Aufbau von Gesinnungen und die inhaltliche Kennzeichnung der Gesinnung mit Hilfe von Wertbegriffen sind ein wichtiger Gegenstand der Pädagogik" (Oerter, 163, S. 215). — „Erziehung zur Moralität ist nicht Steuerung eines Menschen zu legalem Verhalten, sondern Freigabe von Gesinnung" (Blankertz, 33, S. 88).

Eine Vermittlung zwischen diesen beiden Aussagen ist definitiv unmöglich. Ein antipädagogischer, ein netter Lehrer würde sich natürlich um so etwas wie „Gesinnungen" nicht grämen, aber was macht ein pädagogischer Lehrer? Soll er sie nun aufbauen oder freigeben? Tatsächlich meint Herwig Blankertz mit „Freigabe von Gesinnung" den Verzicht auf ihren durch Wertbegriffe fremdbestimmten „Aufbau", denn er möchte die Menschen „befreien zu ihrer wahren Möglichkeit, und zwar durch Aufklärung, nicht durch sozial-technische Bewußtseinsmanipulationen" (33, S. 113). Eben diese aber („Erziehungstechniken") hat man dem Lehrer beigebracht. Was soll er nun seinen Schülern sagen, wenn über „Erziehung" gesprochen wird? Und hat er es im Jahre 1975 etwa leichter?

Das unveränderte Dilemma zeigt sich deutlich in einem Aufsatz des verdienten Sexualpädagogen Heinz Hunger in der Zeitschrift „psychologie heute" (Heft 2/1975, S. 47—56). Hunger bezeichnet z.B. Helmut Kentlers (heute einzig vertretbaren) Standpunkt, „jeden selbst darüber entscheiden zu lassen, was er unter ‚Glück' verstehen und wie er es wahrnehmen wolle" (S. 54) als „pädagogischen Unfug", als „komplette Bankrotterklärung der Pädagogik", als „Dokument einfältiger Hilflosigkeit" (ebenda). Zwar kennt Hunger „das unbehebbare Elend unseres Amtes": „Wir müssen Farbe bekennen — nicht als Privatperson, sondern als Berufserzieher" (S. 53). Aber genau gegen diese doppelte Heuchelei, diesen totalitären Anspruch einer Pädagogik, die sich nur noch als elender

Selbstzweck am Leben zu erhalten vermag, hatte sich Kentler (auch Blankertz) gewendet. Als *könnte* jemand anders als ich darüber entscheiden, was ich unter „Glück“ verstehen und wie ich es wahrnehmen will!

Ein Lehrer, der nicht so blind missionarisch räsoniert wie Heinz Hunger, der sieht, wie seine Schüler Drogen nehmen und saufen, obwohl er alle pädagogischen Tricks dagegen mobilisierte — soll er nun diesen selben Schülern empfehlen, den gleichen Unfug dereinst mit ihren Kindern anzufangen? Andererseits: Kann er es sich leisten, die bankrotte Pädagogik auch bankrott zu *erklären*, wenn ihm die zuständige Wissenschaft das Folgende verkündet:

> „Es ist auch kein Zufall, daß sich gerade jene Jugendgeneration am stärksten für die ‚anti-autoritäre Erziehung‘ einsetzt, die wie keine zuvor in einem partnerschaftlichen und toleranten Stil erzogen worden ist. Man ist dieser Jugend weniger die Freiheit als die für ihre seelische Gesundheit notwendige Erfahrung der Autorität schuldig geblieben“ (Brezinka, 38, S. 64).

Vielleicht gehört der Lehrer selbst zu „jener Jugendgeneration“ und empfindet es als Hohn, wenn im Zusammenhang mit seiner „Erziehung“ von Partnerschaftlichkeit und Toleranz geredet wird, aber andererseits kommt er mit dem Autoritätsproblem tatsächlich nicht zurecht und träumt schon längst nicht mehr von Summerhill; eher wünscht er sich manchmal ins alte Preußen zurück. „Erziehung zur Erziehung.“ Was *kann* er vermitteln, außer daß Kinder Liebe brauchen — aber natürlich weder zu viel noch zu wenig: und schon ist wieder alles unklar. Was nutzen ihm all die pädagogischen Leerformeln von Zuwendung, Autorität, Mündigkeit?
In dieser heutigen Lage, in der alles darauf ankommt, den Erwachsenen wieder Sicherheit im Umgang mit Kindern zu verschaffen, die doch für immer dahin zu sein scheint, weil (oder seit) Kinder keine Sachen, sondern lebendige und (z.B. durch das Fernsehen) über Alternativen informierte Wesen sind, die jeder Pädagogik sich verweigern können, so daß man sie entweder total (wenn auch listenreich) unterdrücken muß oder eben total respektieren — in dieser Lage ist es unmöglich, unter den Fachleuten wenigstens so viel Einmütigkeit (und damit Mut) herbeizuführen, daß Politiker (z.B. Kultusminister) es verantworten könnten, die Vorbereitung auf die Elternschaft in spezielle Programme der Lehreraus- und -weiter-

bildung einzubringen, solange die zweite Alternative, das totale Respektieren, den meisten Pädagogen einfach undenkbar ist. Weil sie mit ihrer überholten Kunst am Ende sind, weil ihre Kunstwerke (Zöglinge) immer massenhafter von Therapeuten restauriert werden müssen, damit sie nicht vollends zuschanden erzogen werden (die Künstler schieben das dann aufs „Material“, ihren eigenen Anspruch vergessend, mit diesem, wie es jeweils ist, förderlich umzugehen), weil also die Pädagogen faktisch, an der Basis, diesseits aller ideologischen Scheingefechte auf der Ebene des Überbaus, abgewirtschaftet haben, sind von ihnen prophylaktische Aktionen größeren Stils unter den bisherigen Voraussetzungen nicht zu erwarten.
Damit komme ich zu einem entscheidenden Punkt. Die Initiativen des DKSB und des Arbeitskreises der HU zielen vielleicht nicht in eine völlig falsche Richtung, aber sie zielen jedenfalls viel zu kurz. Forderungen nach mehr Liebe, mehr Verständnis, mehr Zärtlichkeit, mehr Zeit, mehr Geduld, mehr Kommunikation, mehr Partnerschaft, kurz: Forderungen nach mehr Kinderfreundlichkeit werden schon seit Jahrhunderten erhoben, mit gegenteiligem Erfolg. Der Grund dafür wird im Kapitel VI (über den „Gegenteileffekt“) untersucht, aber eine Konsequenz will ich schon jetzt ziehen: Forderungen und Appelle haben ihre Berechtigung im politischen Raum; im „Erziehungs“- oder Aufklärungsgeschäft muß man auf sie verzichten. Nicht daß sie in jedem Einzelfall erfolglos wären spricht gegen sie, sondern daß sie Gesetze der Logik, nicht nur der Psycho-Logik, mißachten. Ein Pädagogikprofessor sagt:

> „Es ist eine alte Weisheit, daß niemand erzogen werden *kann*, der nicht erzogen werden *will*. Lernen ist und bleibt eine Leistung der einzelnen Individuen. Der Lernende muß also ein *Motiv* haben, mit dem er für das Lernziel gewonnen werden kann. ... Die Kenntnis solcher Motive ist besonders wichtig; es kann nämlich sein, daß ein Lernangebot an den Motiven des Partners vorbeizielt“ (Hermann Giesecke, 85, S. 51).

Stellt man nun die Frage, auf welches Motiv denn die obigen Forderungen rechnen könnten, gerät man prompt in einen Zirkelschluß: Informationen und Forderungen im kinderfreundlichen Sinne setzen ein kinderfreundliches Motiv voraus. Unterstellt man aber kinderfeindliche Motive, so sind kinderfreundliche Appelle absurd.

Das Kinderwunschmotiv

Der einzige Ausweg aus diesem Dilemma besteht offensichtlich darin, die Motivation derjenigen in Frage zu stellen, denen man mit kinderfreundlichen Ermahnungen („Ermahnungen werden öfter angewandt und bewirken weniger als beinahe jedes andere dem Menschen bekannte Mittel zur Verhaltensänderung." — Mager, 139, S. 53) zur Seele rücken zu müssen glaubte. Wie sich bei der Diskussion über das Programm der Elternbildung zeigte, sprechen deren Freiwilligkeitsprinzip und später Zeitpunkt für eine Intervention der Schule.

> „Der Deutsche Kinderschutzbund hält es für eine dringende Notwendigkeit, die heranwachsende Generation schon während der Schulzeit im Umgang mit kleinen Kindern zu unterweisen. ... Es ist unabdingbar, daß die bildsame Generation beizeiten lernt, wie eine echte Erziehung — die mehr eine Kunst ist als eine Technik — aufgebaut werden muß, damit dem Kinde die ihm im Grundgesetz eröffneten Möglichkeiten und Rechte auch wirklich zuteil werden" (aus dem Antrag des DKSB, a. a. O., S. 111 und 112).

> „Elternaufklärung kommt meist zu spät und schafft es nur selten, die eingefahrenen Verhaltens- und Einstellungsmuster aufzuweichen. Der bessere Ansatzpunkt ist, die nachfolgende Generation zu besseren Eltern und Erziehern zu bilden" (Arbeitskreis der HU, „Vorgänge" 3/1973, S. 86).

Nun hilft aber jede Intervention wenig, die „an den Motiven des Partners vorbeizielt" (Giesecke). Sollen Schüler zu besseren Eltern werden können, muß man sich zunächst einmal Kenntnisse über ihre diesbezüglichen Motive verschaffen. Ich habe deshalb einige Lehrerinnen und Lehrer verschiedener Schularten (insbesondere Mitglieder der HU) gebeten, die bestehende Motivation von Schülern im Hinblick auf ihre spätere mögliche Elternschaft zu erforschen.

Zwangsläufig ergab sich aus dieser Unternehmung, die auf Anhieb rund 500 Aufsätze von Schülerinnen und Schülern zwischen 8 und 19 Jahren erbrachte, die wie ich glaube entscheidende Verlagerung des Interessenschwerpunkts, weg von den fragwürdigen Versuchen, Schüler in der „Kunst echter Erziehung" zu unterweisen (DKSB) oder sie „zu besseren Erziehern zu bilden" (HU) — fragwürdige Versuche schon deshalb, weil die Leerformeln „echte" und „bessere“ Erziehung wie angedeutet mit höchst unterschiedlichen Inhalten erfüllt werden —, hin zum Angriff auf das Tabu des Kinderwunsches. Mit diesem Schritt zur Problematisierung des Kinderwunschmotivs erhalten Schüler, Lehrer und Lehrerausbilder den Schlüssel zu einem Bereich, in dem Informationsangebote die Chance haben, die Motivation, auf die sie angewiesen sind, selbst erst zu ermöglichen.

Kinderfeindlichkeit (Exkurs)

Bevor über einige Ergebnisse der kleinen Untersuchung berichtet wird, ist zu begründen, warum das Kinderwunschmotiv als der „neuralgische Punkt“ der Kinderfeindlichkeit bezeichnet werden kann. Der Kinderfeindlichkeit, die zuallererst einmal definiert werden muß (ein überfälliges Unternehmen). Zu diesem Zweck empfiehlt es sich, den Begriff der „Einstellung“ heranzuziehen.
Die „affektiv-kognitive Konsistenz von Einstellungen“ (Döring, 54, S. 120), die aber „auf verschiedene Weise erworben werden und bis zu einem gewissen Grade auch veränderbar sind“ (ebenda), bereitet der sozialwissenschaftlichen Forschung erhebliche Schwierigkeiten. Robert Mager schreibt:

> „Der wesentliche Grund, warum wir uns mit Einstellungen so schwer tun, ist, daß wir einfach nicht genau wissen, worüber wir reden, wenn wir den Begriff benutzen“ (140, S. 23).

Mit Gänsebeinchen behilft sich Peter Fürstenau:

> „Entscheidend sind in all diesen Fällen nicht ‚äußere‘ Charakteristica des Umgangs der Mutter mit dem Kind, wie Zeitpunkt, Strenge, Unregelmäßigkeit, sondern die unbewußten Phantasien und die von ihnen beeinflußten Gefühle und ‚inneren‘ Einstellungen der Mutter zum Kind ...“ (80, S. 21).

Vom soziologischen Standpunkt aus wird betont, daß Einstellungen sozial vermittelt sind. So fordern die Hessischen Rahmenrichtlinien (108, S. 24) — und geben damit unabhängig von ihren eigenen problematischen Intentionen (s. u.) Raum für das in diesem Kapitel vorgeschlagene Unterrichtsmodell —:

> „das Erkennen der gesellschaftlichen Bedingtheit solcher Erfahrungen; das Nachdenken über die Gründe gleicher bzw. unterschiedlicher Erfahrungen von Mitgliedern der Lerngruppe; das Erkennen von Einstellun-

gen, die beim Versuch, die eigenen Erfahrungen zu deuten, zutage treten; das Erkennen, daß diese Einstellungen Ergebnisse des Sozialisationsprozesses sind; das Erkennen der Funktion bestimmter Einstellungsmuster und das Abschätzen der Folgen. ... Ziel ist es, Einstellungen in ihrer gesellschaftlichen Bedeutung bewußt zu machen und dadurch Lernprozesse in Gang zu setzen."

Dagegen führt die Komplexität des Einstellungsbegriffs gelegentlich zu polemischer Abwehr:

„So kommen wir zu der trivialen Regel, daß man Verhalten am besten ändert, indem man das Verhalten ändert und nicht Einstellungen, Informationen und Überzeugungen" (Jochen Grell, 92, S. 215).

Hartmut v. Hentig kontert: „Wissenschaftler hören heute nicht mehr gern, daß es Einstellungen gibt, die sie haben und ergo lernen müssen: sie kennen nur Verfahren und Gegenstände" (105, S. 129). — Während Mager Einstellung definiert als „eine Tendenz, sich eher auf die eine als auf die andere Weise zu verhalten" (140, S. 26), bestreitet Grell (ebenfalls der Verhaltenspsychologie verpflichtet) „eine direkte kausale Beziehung zwischen Einstellungen und Verhalten" (a. a. O.). Der Sinn des sog. Verhaltenstrainings braucht hier nicht diskutiert zu werden, weil die Beziehung zwischen Einstellung und Verhalten im spezifischen Fall des Kinderwunschmotivs ohnehin keine direkte sein kann. Hans-Jochen Gamm sagt:

„Die Diskrepanzen zwischen Einstellung und Verhalten erscheinen daher als intersubjektive Konfliktbereiche, von denen aus sowohl das Einstellungspotential als auch die Wirklichkeit verändert werden, sofern Verhalten Resultante aus Einstellung und Wirklichkeit ist" (82, S. 143).

Die im Kinderwunschmotiv nur antizipierte Wirklichkeit der Elternrolle beschränkt die Möglichkeit von Verhaltensvoraussagen, mit der Mager den Einstellungsbegriff auch definiert (a. a. O., S. 25), naturgemäß im Sinne bloßer Wahrscheinlichkeit, „Tendenz" (Mager), „Geneigtheit" (Barres, s. u.). Der Ausdruck *bloße* Wahrscheinlichkeit ist aber nicht mißzuverstehen; es handelt sich jeweils um eine *große* Wahrscheinlichkeit.
Eine umfassende und präzise Definition von „Einstellung" hat Egon Barres in seinem Buch „Das Vorurteil in Theorie und Wirklichkeit — ein didaktischer Leitfaden" (21) gegeben.

„Unter dem Begriff ‚Einstellung' wird in den Sozialwissenschaften üblicherweise die Erscheinung verstanden, daß Menschen in bezug zu einem bestimmten Gegenstand oder einer bestimmten Gegenstandsklasse (z. B.: mein VW — der VW als Kategorie — Autos), einer Person oder einer Kategorie von Personen (z. B.: Herr Theodorakis — Arbeiter — Gastarbeiter — Grieche), oder zu einem bestimmten Meinungsgegenstand überhaupt (z.B.: katholische Kirche, Kommunismus, Beamte, Krieg, Schule, Werbung, Parteiprogramm, Land, Hahnenkampf, das Rauchen, Genuß usw.) im Laufe ihrer Lern- und Erfahrungsprozesse bestimmte Reaktionsbereitschaften entwickelt haben, d.h. eine Geneigtheit zeigen, auf diese Gegenstände, Personen oder Personengruppen oder Sachverhalte in bestimmter Weise sowohl affektiv-emotional, wie auch in ihrem Verhalten (verbal, indem beispielsweise bestimmte Ansichten und Meinungen über den Gegenstand geäußert werden; handlungsmäßig, indem beispielsweise eine Person gemieden wird) über eine relativ lange Zeit hinweg relativ ähnlich zu reagieren" (21, S. 22f.).

Nun sind Kinder als Einstellungsobjekte nicht so harmlos wie „klassische Musik" und „Fernsehen" (Mager, 139, S. 27) oder „Mohrenköpfe" und „Fischsuppe" (Mager, 140, S. 24 und 25). Auf diese Gegenstände bezogen fällt es leicht, eine positive oder negative Einstellung zu beobachten oder bei sich selbst zu erkennen. Kinder dagegen sind keine Sachen, sondern Subjekte mit der Fähigkeit zu eigenen Entscheidungen. Deshalb ist es eine unreflektierte Zielsetzung, „den Eltern den Erwerb einer positiven Einstellung zu ihren Kindern ... nahezulegen" (Bäuerle, 13, S. 125). Mit dem Gegensatzpaar positive vs. negative Einstellung ist in bezug auf Kinder wenig gewonnen. Da hierauf noch ausführlich eingegangen wird, sei zur Verdeutlichung nur der Spruch: „Was man liebt, das züchtigt man", erwähnt; dieser Maxime wurde (und wird vielfach noch heute) sowohl aus kinderfeindlicher als auch aus kinderfreundlicher Einstellung gefolgt. Und das gleiche gilt für ihr Gegenteil, das sog. Laissez-faire.
Trotzdem ist der Einstellungsbegriff für unsere Zwecke außerordentlich hilfreich, wenn man, wieder mit Egon Barres (21), berücksichtigt, „daß die dynamisch-motivierende Kraft einer jeweils bestimmten Einstellung zu einem Einstellungsobjekt erst aus der Stellung dieser bestimmten Einstellung im Gesamtgefüge der Einstellungen einer Person verständlich wird" (S. 26). So kann etwa ein Erzieher durchaus eine positive Einstellung zu einem Kinde haben und sich dennoch dem Kind zum Feind machen, wenn seine ebenfalls positive Einstellung zu einem Wert wie etwa Sauberkeit für ihn „eine höhere Bedeutsamkeit" (S. 27) besitzt, so daß er dem Kind, wenn es unsauber ist, ablehnend gegenüberstehen muß. An einem Beispiel von Barres mag das noch deutlicher werden. Er erwähnt, „daß gegenüber dem Sachverhalt ‚Krieg' die meisten Menschen in der Regel wohl eine grundsätzlich ablehnende und verneinende Einstellung haben und äußern", daß aber „Krieg und Töten unter dem Gesichtspunkt der Verteidigung der eigenen Kultur, Religion oder politischen Überzeugung" bejaht und befürwortet werden kann (S. 25). „So mag die positive Einstellung gegenüber einer patriotischen Verantwortung dem eigenen Volk gegenüber ... eine höhere Bedeutsamkeit besitzen als seine negative Einstellung gegenüber Krieg" (S. 27). — Die Beobachtung, daß z.B. Eltern ihren Kindern aus mancherlei (gerade auch kulturellen) Gründen den

Krieg erklären, erlaubt demnach nicht ohne weiteres, solchen Eltern eine positive Einstellung zu ihren Kindern abzusprechen. Ein anderes Beispiel von Barres (S. 26) variierend kann man sagen, daß lediglich die positive Einstellung dieser Eltern gegenüber bestimmten pädagogischen Auffassungen „ein solches Gewicht im Einstellungssystem der Person besitzt, daß sie die grundsätzlich ablehnende Einstellung" gegenüber dem Erziehungskrieg „überdeckt".
Ohne Zweifel sind „Erziehungskriege" kinderfeindlich, aber erst in dieser differenzierten Betrachtungsweise wird die Diskrepanz zwischen der objektiven Kinderfeindlichkeit und der subjektiven Kinderfreundlichkeit der Erzieher verständlich. Nun könnte man an Eltern und Erzieher appellieren, ihre positive Einstellung zu den Kindern höher zu gewichten als die gegenüber den erzieherischen Idealen, aber damit würde häufig nur eine Antwort provoziert wie die von Karl Erlinghagen, der für „das ‚Recht' auf die Ausübung von Autorität und die Notwendigkeit, dieses im Interesse des Kindes — auch gegen die Wünsche des Kindes — auszuüben" (66, S. 70) plädiert und folgert: „Erscheint das Kind dann auch als Objekt behandelt, das nach seinem Willen nicht mehr gefragt wird, so geschieht dies doch eben um der Entfaltung seiner Persönlichkeit willen" (66, S. 97). — Diese Sätze, die für sich genommen lediglich die Höherbewertung des Führungsanspruchs, nicht aber subjektive Kinderfeindlichkeit beweisen, zeigen immerhin, daß an dieser Einstellung so gut wie jeder Appell abprallen muß. Warum das so ist, soll noch einmal Egon Barres zeigen, der damit unsere Diskussion gleichzeitig zu dem angekündigten „neuralgischen Punkt" führt.

> „Meint jemand zum Beispiel, daß eine strenge Erziehung Kindern nur gut tut (Volksmund: wer sein Kind liebt, der züchtigt es!), so enthält diese Auffassung bzw. eine dementsprechende Aussage eines solchen Sachverhaltes eine leicht widerlegbare Verallgemeinerung. Denn in dieser Aussage wird ‚strenge Erziehung' als erzieherische Verhaltensregel auf die Gesamtheit aller Kinder jedweder Altersstufe bezogen und auch unabhängig von der Eigenart des jeweiligen Kindes als grundsätzlich richtiges Erziehungsverhalten behauptet. Der Sachverhalt: strenge Erziehung führt zu positiven erzieherischen Ergebnissen wird hier verallgemeinert.
> Eine solche Aussage (oder Auffassung) stellt aber wegen ihrer generalisierenden Weise allein noch kein Vorurteil dar, wenn der Betreffende in der Lage ist, seinen Irrtum zu korrigieren, sobald er über die mannigfachen Beziehungen zwischen ‚strenger Erziehung' und möglichen unerwünschten Folgen erfährt und nun zumindest auch die Alternative: ‚strenge Erziehung bewirkt unerwünschte Entwicklungsfolgen' nicht mehr ausschließt.
> Soll eine solche Aussage auf ein Vorurteil hinweisen, so müßten wir zusätzlich erwarten, daß der Betreffende, sei es, die Glaubwürdigkeit der die zweite Alternative begründenden Fakten anzweifelt oder leugnet,

sei es, dazu neigt, mit Affekten gegen ‚die modernen Erziehungsansichten' zu lamentieren, sei es, mit Nachdruck erwähnt, daß er viele Menschen kenne, die eine ‚strenge Erziehung' genossen hätten und aus denen doch ‚anständige Menschen' geworden seien, während er andere Fälle nennen könne, wo es eben daran mangele und man auch schon die Folgen absehen könne.
Erst das intensive Haften und Festhalten an der bisherigen Auffassung und an der Überzeugung der Richtigkeit seiner generalisierenden Behauptung, das Leugnen der neuen Fakten und der affektive Widerstand, diese neuen Informationen in sein Denken und Urteilen über Erziehung einzubeziehen, gäbe hinreichend Anlaß für die Annahme eines Vorurteils bzw. einer vorurteilshaften Einstellung gegenüber modernen erziehungspsychologischen Auffassungen" (21, S. 39f.).

Das entscheidende Hindernis für Eltern, die schon welche sind, ihre Einstellungen und Ansichten zu revidieren, kann nun durch die große Wahrscheinlichkeit gekennzeichnet werden, mit der ihre Einstellungen und Ansichten „verfestigt" (21, S. 43) sind, d.h. bereits die Qualität von Vorurteilen haben. Was für Kinder und Jugendliche auf Grund ihrer persönlichen Erfahrungen während des sog. Sozialisationsprozesses nur ein „generalisierendes Urteil" ist, daß nämlich Kinder minderwertige Wesen sind, denen gegenüber ein Erwachsener sogar im Interesse des Kindes die Partei von Normen und Werten ergreifen muß, verfestigt sich erst zum echten Vorurteil, sobald die ehemaligen Zöglinge ihrerseits in die Erzieherrolle eintreten.
Gegen diese Interpretation scheinen alle jene Untersuchungen zu sprechen, aus denen hervorgeht, daß Jugendliche die sozialen Normen verinnerlicht haben und mit der gleichen Mehrheit wie ihre Eltern beispielsweise für die Prügelstrafe eintreten. Man darf aber nicht übersehen, daß diesen Jugendlichen anderslautende Informationen bisher nicht angeboten wurden, zumindest nicht in einer ihre Situation berücksichtigenden und damit erst verständlichen Weise, so daß sie zu dergleichen Selbstschutzbehauptungen greifen. Mager schreibt:

> „Die Entwicklung von Einstellungen zu bestimmten Gegenständen wird von Ereignissen bestimmt, die in Zusammenhang mit diesen Gegenständen auftreten" (139, S. 16).

Verhilft man Jugendlichen dazu, diesen Mechanismus zu durchschauen (die Entwicklung der Einstellung zu Kindern wird von Ereignissen bestimmt, die in der eigenen Kindheit auftraten), eröffnet sich ihnen die Chance, nicht länger vom eigenen Schicksal auf eine Naturnotwendigkeit zu schließen. Und wenn diese Chance nicht ergriffen wird, bleibt noch eine zweite: die Erkenntnis der eigenen Kinderfeindlichkeit. Wer Kinder für so boshafte und gefährliche Wesen hält, daß sie großgeprügelt werden müssen, daß die Gesellschaft, die Sozialisationsagenten und also auch die (zu-

künftigen) Eltern gegen sie Front machen müssen, der wird kaum mehr die Verantwortung dafür übernehmen können, solche Monstren in die Welt zu setzen.
Naturgemäß reagieren Eltern, die schon welche sind, ganz anders. Die Einsicht in ihre eigene Kinderfeindlichkeit ist ihnen versagt, da sie unerträgliche Schuldgefühle mobilisieren würde. Es mag ihrem Verstand einleuchten, daß insbesondere Kleinkinder streng nach dem Motto urteilen: „Wer nicht für mich ist, ist gegen mich“ (vgl. Kapitel VIII), aber daraus die Konsequenz zu ziehen und den „Erziehungskrieg“ einzustellen, gelingt ihnen nur dann, wenn ihre positive Einstellung zu dessen Notwendigkeit ohnehin keinen großen Stellenwert in ihrem Einstellungsgefüge hatte. Zudem wird eine Umstellung der Eltern dadurch erschwert, daß Kinder den aufgezwungenen Krieg als selbstverständliche Existenzbedingung ansehen lernen und plötzliche Friedensangebote der Eltern als Zeichen der Schwäche deuten, die ihnen den totalen Sieg anzustreben nahelegen.
Als vorläufiges Fazit ist festzuhalten, daß objektive Kinderfeindlichkeit nicht einer subjektiv kinderfeindlichen Einstellung entspringt, sondern daß Eltern einer Art Interessenkollision verschiedener Einstellungen ausgeliefert sind, die ihnen einen echten Neubeginn auch deshalb ungemein erschwert, weil eine Änderung des elterlichen Einstellungsgefüges von den Kindern mitvollzogen werden müßte. Dies zu ermöglichen erforderte aber von den Eltern wie gesagt bereits therapeutische Qualifikationen.
Demgegenüber sind Kinder und Jugendliche — konkret gesagt also: Schüler — meist noch nicht in der Situation, Vorurteile abbauen zu müssen, wenn sie mit neuen Informationen, die ausdrücklich zukünftige Kinder betreffen, konfrontiert werden. Für Schüler besteht noch die Chance, die Differenz zwischen subjektiver und objektiver Kinderfeindlichkeit wahrzunehmen, weil sie an dem Teufelskreis, daß aus geschundenen Kindern Kinderschinder werden, noch nicht aus eigener Kraft weitergedreht haben. Für sie steht noch das Motiv des Kinderwunsches zur Disposition. Ihnen ist es noch möglich, dieses Motiv auf seine versteckte Kinderfeindlichkeit hin zu befragen. Jugendliche, deren Einstellungsgefüge in der Pubertät sich ohnehin umstrukturiert, können aus der Enttabuierung des Kinderwunschmotivs noch sehr konkrete Folgerungen ziehen.
Heinrich Roth hat an einem Beispiel gezeigt, wie alte Einstellungen neue Aufgaben behindern, wie leicht aber eine Umstellung initiiert werden kann:

> „Wer die Umstellung nicht vollzieht oder sie nicht gelehrt bekommt, der ist in der Aufgabenlösung behindert, weil eine andere Einstellung nachwirkt und er die adäquate Einstellung zu diesem Verfahren noch nicht erworben hat. Hier wirkt sich die Übertragung der alten Einstellung auf die neue Lernsituation negativ aus, die Lage ändert sich aber oft schlagartig, wenn die neue Einstellung entdeckt und erobert ist. Einige der Kinder, die mit dem Hammerstiel den Stift aus der Fadenrollenrinne herausstoßen sollten und versagten, weil der Hammer in ihnen die Ein-

stellung zum ‚Hämmern' gefestigt hatte, lösten die Aufgabe aber unverzüglich, als ich sagte, ‚der Hammer läßt sich auch anders benutzen' oder ‚der Hammer ist nicht nur zum Hämmern da' usw. Sie vollzogen mit dieser Hilfe eine innere Umstellung, die ihnen plötzlich den Hammer in einem anderen Licht zeigte" (182, S. 292).

Wozu sind Kinder da? In welchem Lichte werden Kinder heute gesehen?

Untersuchung des Kinderwunschmotivs

Die Auswertung von 294 Antworten von Grund- und Hauptschülern zwischen 8 und 13 Jahren auf die Frage, ob sie einmal Kinder haben wollen, ergibt folgendes Bild:

Kinderwunsch	Ja	237
	Nein	52
	Weiß nicht	5

Als Gründe für den Kinderwunsch wurden im einzelnen genannt (es gab häufig Mehrfachnennungen, aber oft wurden auch keine Gründe angegeben, etwa nur die Namen der Wunschkinder niedergeschrieben):

a) Angst vor Einsamkeit, Langeweile	89 mal
b) Wunsch nach Spielkamerad	65 mal
c) Findet Kinder nett, hat sie gern	59 mal
d) Wunsch nach einer Hilfe	41 mal
e) Lust am Erziehen, Kommandieren	33 mal
f) Familientradition	28 mal
g) Bedürfnis, für jemanden da zu sein	15 mal

Beispiele für die verschiedenen Gründe:

a) „Weil man nich so alleine ist. Und etwas zum unterhalten hat. Und dann wenn mann alt ist dann ist man nicht so einsam" (2. Klasse). — „Wenn mein Mann tot ist und ich kann mir keinen Hund leisten, dann hab ich ja ein Kind als beschäftigung" (3. Kl.). — „Ich möchte Kinder haben weil ich mich nicht fürchten brauch. Z.B. bei Gewitter oder Einsamkeit" (4. Kl.). — „Wenn ich einmal groß bin und ich bin Verheiratet möchte ich nicht so alein sein, den mein Mann ist ja doch den ganzen Tag in der Arbeit" (5. Kl.). — „Ich möchte Kinder haben weil ich finde wenn mein Mann stirbt sonst stehe ich alleine da" (6. Kl.). — „Weil die kleinen Kinder so nett sind und weil ich nicht mein ganzes Lebenlang allein sein will" (7. Kl.).

b) „Jetzt möche ich auch ein Kind haben und mit ihm spielen kann" (2. Kl.). — „Weil man mit ihnen spielen kann und eine Frau hat man auch" (3. Kl.). — „Sie sollen auch mit ihrem Vater spielen und brav sein" (4. Kl.). — „Ja, ich möchte ein Kind haben. Denn man hat etwas Unterhaltung und Vergnügung daran" (5. Kl.). — „Wenn man Kinder hat ist es in der Familie nicht so eintönig" (6. Kl.).

c) „Weil ich Kinder so gerne möchte. Weil meine Mutti mich gern hat. Meine Mutti mag die Kinder gern. Kinder sind so nett" (2. Kl.). — „Weil sie mir so gefallen und weil sie eine zertliche Haut haben. Und ich kann sie spazieren fahren, daß habe ich schon einmal getan. Wenn ich ganz schnell mit dem Sportswagen sause und ein bischen wackele dann lacht mein Kind." Die letzten drei Worte sind zärtlich unterpünktelt (3. Kl.). — „Weil man an Kindern seine Freude hat. Und weil Kinder nett und lieb sind. Wenn man grimmig ist heitern sie einen auf" (4. Kl.). — „Weil ich kleine Kinder sehr gerne habe und große auch. Eine Mutter zu sein ist einfach ein schönes gefühl" (5. Kl.). — „Weil ich von natur aus Kinder gern habe. Darum will ich auch den Beruf ergreifen Säuglingsschwester zuwerden" (6. Kl.).

d) „Ich komme fon der Arbeit und die Kinder haben aufgereumt. Wen ich etwas brauche dann holen es die Kinder" (2. Kl.). — „Weil wenn ich Erwachsen bin und 70 oder 80 bin mein Mann ist krank, wir können uns keine Spülmaschine leisten, brauch ich eine Hilfe, den ich schaf das nicht alleine" (3. Kl.). — „Denn wenn ich einmal krank bin das sie mir oder meinem kleinen Baby das Essen kochen kann" (4. Kl.).

e) „Ich will Kinder, weil ich über sie dann bestimmen kann" (3. Kl.). — „Wenn ich Abend heim komme den will mit meine Kinder lehren daß sie beßer werden" (4. Kl.). — „Ich möchte einmal Kinder erziehen, damit ich es auch weiß" (5. Kl.). — „Denn es muß schön sein Kinder zu erziehen und ihnen etwas lernen" (6. Kl.).

f) „Weil ich die Familie weiterführen will" (3. Kl.). — „Weil wenn es ein junge ist kann er den Lagereibetrieb weiter machen. Ich mache nähmlich selbst den Lagereibetrieb von meinen Vater übernehme. Ich hofe auch das es mein Nachkommen meines Lagereibetrieb einmal wird" (4. Kl.). — „Ich möchte Nachfolger in meiner Familie haben. Meine Familie soll immer weitergehen" (5. Kl.). — „Weil ja einer mal meine ganzen Sachen erben muß. Und weil unser Stamm bestehen bleiben muß" (7. Kl.).

g) „Ich will Kinder haben weil ich dan für sie sorgen kann" (3. Kl.). — „Ich möchte ein Kind haben weil ich gern für etwas verantwortlich sein was mir gehört. Ich möchte etwas pflegen" (4. Kl.). — „Weil ich es schön finde wenn man so etwas kleines betreuen kann" (5. Kl.). — „Weil es schön sein muß wenn man Kinder hat. Für die Kinder sorgen zu können und eine Aufgabe zu haben wenn man größer ist" (6. Kl.). — „Der Grund dafür ist, daß ich für einen Menschen die Verantwortung übernehmen will" (7. Kl.).

(Der naheliegende Einwand, hier hätten Kinder kaum mehr als ihre eigene Situation geschildert, weshalb ihre Aussagen keine Schlüsse auf ihr späteres Verhalten zuließen, ist nur halbwahr. Sein zweiter Teil übersieht, daß Einstellung und Verhalten von Eltern üblicherweise — wenn keine Intervention, wie sie hier vorgeschlagen wird, erfolgt — eben von ihrer eigenen Situation als Kinder geprägt wird und wurde; vgl. Kapitel IV.)

Eine Aufschlüsselung der verschiedenen Argumente nach Altersstufen, die eine Entwicklung aufzeigen könnte, erwies sich als unergiebig. Nur drei Tendenzen lassen sich ablesen. Der Wunsch, mit eigenen Kindern zu spielen (b), geht zurück: Ihn äußerten in der 2. Klasse rund 50 %, in der 3. Klasse 25 %, in der 4. 33 %, in den Klassen 5 und 7 niemand, in der 6. ein Schüler.

Der Wunsch nach einer Hilfe (d) nahm ebenfalls ab: In der 2. Klasse äußerten ihn 25 %, in der 3. Klasse 18 %, in der 4. 20 %, in den Klassen 5 bis 7 gab es nur noch je eine Nennung.

Dagegen stieg der Sinn für Familientradition (f) von völliger Ignoranz in der 2. Klasse über eine Nennung in der 3. auf 60 % in der 7. Klasse.

Die Anzahl der Neinstimmen nahm von der 2. zur 7. Klasse folgende Entwicklung: 10, 22, 11, 25, 40, 33 %, in der 5. Klasse gab es außerdem die fünf Weiß-noch-nicht-Stimmen.

Wie steht es nun mit den einzelnen Motivgruppen unter dem Gesichtspunkt der Kinderfeindlichkeit? Diese Frage zu beantworten fällt außerordentlich schwer. Wenn ein Mensch sich ein Kind als Mittel gegen Einsamkeit und Langeweile (a) wünscht, bedeutet dies nicht ohne weiteres, daß er dann zu diesem Kind nicht freundlich sein könnte. Aber der Begriff Kinderfreundlichkeit wird ja hier in einem strengeren, objektiveren Sinne gebraucht. Die Frage ist, ob die positive Einstellung zu dem Kind im Gefüge der übrigen Einstellungen dieses Menschen einen so hohen Rang einnimmt, daß sie im Zweifelsfall, wenn etwa Interessenkonflikte auftauchen, nicht von anderen Einstellungen überdeckt wird. Dieses Problem taucht auch gegenüber den Motivgruppen b), d), e) und f) auf. Wenn die (durch die bejahende Antwort auf die Frage nach dem Kinderwunsch erklärte) positive Einstellung zu einem Kind mit der negativen Einstellung gegenüber Langeweile und Einsamkeit (a), mit der positiven Einstellung zum Spielen (b), mit dem Anspruch auf Hilfeleistungen (d), dem Bedürfnis andere zu belehren (e) und der positiven Einstellung zur Familientradition (f) konkurrieren muß, weil das Kind vielleicht die Langeweile ins Gegenteil verkehrt, nach uninteressanten Spielen verlangt, Hilfeleistungen verweigert, gegen Belehrungen trotzt und der Familie Schande zu bereiten droht, dann erst könnte sich erweisen, welche Einstellung dominiert. Die Wahrscheinlichkeit, daß dann trotz aller Liebe der „Erziehungskrieg" für die Zwecke, zu denen das Kind von vorneherein als Mittel betrachtet wurde, eröffnet wird, erscheint doch außerordentlich groß.

Die Motivgruppe c) sollte solche Befürchtungen nicht herausfordern. Es wäre wohl wirklich etwas defaitistisch, diesen wenigen (59) Kinderfreunden gegenüber (178 Schüler, die Kinder wollen, schrieben *nicht*, daß sie Kinder gern haben) Skepsis anzumelden. Sie mögen zum Teil (auf eine wichtige Einschränkung wird zurückzukommen sein) gute Voraussetzungen dafür mitbringen, die möglicherweise illusionistischen Anteile ihrer Erwartungen bei Gelegenheit zu korrigieren.

Gruppe g) allerdings ist wieder problematischer. Denn hier besteht die Gefahr, daß der Pflegetrieb mit einem besonders starken Besitzanspruch gekoppelt ist (der Unterschied zwischen „*gern* haben" und „gern *haben*" ist beachtenswert) und sich zu kurzsichtig an der Hilfsbedürftigkeit von Säuglingen, der Niedlichkeit von Kleinkindern orientiert. Denkt man an die vielen Mütter, die sich für ihre Kinder ständig aufopfern und später unter deren Undankbarkeit sehr zu leiden haben, weil sie nicht verstehen können, wie beengend ihre Liebe ist, dann muß man wünschen, daß den Schülern dieser Gruppe ein ähnliches Schicksal erspart werden kann. Auch sie betrachten das Kind im Grunde als Mittel zum Zweck (als Objekt ihres Pflegetriebes) und riskieren, später das Opfer von ihrer Kinder Protest zu werden.

Das Kriterium des Mißtrauens

Zu der ad-hoc-Untersuchung über das Kinderwunschmotiv gehören noch 152 Aufsätze aus verschiedenen Gymnasien und 59 Aufsätze von Berufsschülerinnen. Weil es sich dabei aber um zum Teil sehr umfangreiche Abhandlungen über Erziehungsmethoden einschließlich ernsthafter philosophischer Reflexionen handelt, ließen sie sich nicht in mit den obigen Antworten (die alle von derselben Lehrerin in Auftrag gegeben waren) vergleichbaren Kategorien einordnen. Deshalb werden sie in die weitere Diskussion unter einem anderen Gesichtspunkt einbezogen (d.h. im folgenden werden die Antworten von Grund- und Hauptschülern, Gymnasiasten und Berufsschülern zusammen betrachtet). Und zwar soll nun, im Vorgriff auf die späteren Kapitel dieses Buches, ein weiteres Kriterium der Kinderfreundlichkeit eingeführt werden, bevor dann das letzte, für die „Erziehung zur Erziehung" entscheidende, Anwendung findet.
Der im Sinne der Kinderfreundlichkeit strengste an das Kinderwunschmotiv anzulegende Maßstab, dessen Berechtigung wie gesagt erst später begründet wird, stellt die zukünftigen Eltern vor die Frage, ob sie entschlossen und fähig sind, ihr Wunschkind vorbehaltlos anzunehmen, es mit keinerlei Mißtrauen zu konfrontieren.

Man könnte erwarten, daß Antworten von Schülern auf Fragen, aus denen dieser Maßstab nicht erschließbar war, wenige für ihn relevante Aussagen enthalten. Andererseits ist zweifelhaft, ob eine direkt auf ihn bezogene Fragestellung sinnvoller gewesen wäre: Mit leeren Absichtserklärungen und modischen Phrasen, die eine solche Fragestellung nahegelegt hätte, wäre wohl noch weniger Erkenntnis gewonnen. Heinrich Roth sagt dazu:

> „Wenn wir zu direkt fragen, scheut das Kind oder der Jugendliche die Aussage und verschweigt vielleicht gerade das, was wir gern erfahren hätten." — „Psychologisch nicht ungeschickt sind bewußt ganz allgemein gehaltene Themen, die jede Stellungnahme offenlassen und gerade dadurch zu einer persönlichen Richtungnahme zwingen" (182, S. 58 und 59).

Mit der Frage nach dem Kinderwunsch oder — wie in einigen Gymnasialklassen — nach dem angemessenen Elternverhalten in bestimmten Situationen wurden eine ganze Reihe von Äußerungen provoziert, die auf Mißtrauen oder Vorbehaltlosigkeit gegenüber zukünftigen Kindern hinweisen. Bei der folgenden Darstellung geht es aber wiederum nicht um den Beweis einer Behauptung, sondern darum, einen Eindruck zu vermitteln von Gegebenheiten, mit denen „Erziehung zur Erziehung" zu rechnen hat.

Von den insgesamt 505 befragten Schülern erklärten 60, daß sie nicht Eltern werden möchten oder es noch nicht entschieden hätten. Von den restlichen 445 Aufsätzen enthalten 268 keine Äußerungen, die Mißtrauen oder Vorbehaltlosigkeit ausdrücken. In diese „neutrale“ Kategorie wurden beispielsweise die folgenden Aufsätze eingeordnet:

„Möchtest du Kinder haben? Ja! Ich mag es nicht wenn es so ruhig ist, aber das ist ja nicht der Fall wenn Kinder im Haus sind. Am liebsten möchte ich 2 Jungen und 3 Mädchen. Sonst ist es mir egal. Ich bin ja nicht blöd und gebe Geld für Anti-Baby-Pillen aus. Das kostet ja so viel“ (Mädchen, 10 Jahre).

„Möchtest du gerne einmal Kinder haben? Ja weil ja einer mal meine ganzen Sachen erben muß. Und weil unser Stamm bestehen bleiben muß. Ich möchte ungefähr 2 Stück. Und wenn sie einmal heiraten in eine reiche Familie, provitiere ich auch davon“ (Junge, 13 Jahre).

„Warum ich Kinder will. Weil ich eine Familie gründen will und weil ich gerne Fröhlichkeit haben möchte und weil ich dann während des Tages wenn mein Mann arbeitet nicht so allein bin. Damit wenn mein Kind größer ist ich ihm bei den Hausaufgaben manchmal helfen kann, denn wozu habe ich soviel Mathe und lauter so unbrauchbares Zeug in der Schule gelernt“ (Mädchen, 13 Jahre).

Die längeren Aufsätze können hier nicht wiedergegeben werden; es war nur zu zeigen, daß die Einstufung „neutral“ keineswegs illusionistische Motive ausschließt, die sich später zum Nachteil von Eltern und Kindern auswirken können.

In die Kategorie „mißtrauisch“ wurden nur Aufsätze eingeordnet, die ausdrücklich Äußerungen des Mißtrauens, der Vorbehalte und Bedingungen enthielten. Einige Beispiele (Ausschnitte):

„Ja weil sie sind noch nicht so böse sind. Sie machen nich alles kabut. Weil sie noch so niedlich sind“ (Junge, 8 J.).

„Wenn ich nähmlich Kinder habe dann streiten sich die Geschwister und ich habe meine Ruhe“ (Mädchen, 8 J.).

„Weil man stolz auf sein Kind sein kann. Sie müssen aber braf sein. Am liebsten möchte ich zwei Buben haben. Sie sollen gescheiter sein alls ich aber sie sollen stark sein so wie ich aber sie sollen folgen sonst setzt es was“ (Junge, 10 J.).

„Meine Kinder werde ich nicht viel schlagen, aber sie dürfen nicht zu böse werden. Ich werde sie auch auf Proben stellen. z.B. ich werde mein Portmonaix liegen lassen und achtgeben ob es was herausnimmt" (Berufsschülerin, ohne Altersangabe).

„Weil ich manchmal jemanden brauche, an dem ich meine Wut auslassen kann" (Mädchen, 13 J.).

„Das Schlagen nach den Eltern muß dem Kind unbedingt ausgetrieben werden. Wenn ein Kind nur trotzt, muß man ihm eine Strafe geben, damit es mal wieder klaren Kopf krigt, wen es vor sich hat. — Das Klauen von Spielzeug aus dem Kindergarten muß den Kindern ebenfalls ausgetrieben werden, denn die Eltern müssen hinterher Strafe zahlen" (Junge, 13 J.).

„Kind macht etwas kaputt: Auf keinen Fall schlagen. Höchstens auf die Finger klopfen" (Junge, 15 J.).

„Man sollte ihm dann unbedingt sagen, daß zwar Eltern die Kinder schlagen dürfen, wenn es nicht anders geht, dieses begründet ist, doch nie umgekehrt, denn die Eltern sind erfahrener, wissen, was richtig ist und sollen die Kinder erziehen" (Mädchen, 16 J.).

„Kind schlägt nach den Eltern: In der gleichen Art zurückschlagen, denn das Kind muß von allein lernen, wer ‚der stärkere' ist. Somit wird es sich hüten, weitere Versuche dieser Art zu unternehmen" (Junge, 17 J.).

Eine 16jährige, sehr kinderliebe Berufsschülerin aus der Türkei brachte ins Extrem gesteigert zum Ausdruck, was in den meisten Aussagen deutlich mitschwingt: „Die haubtsache ist das das Kind ein ehrliches mensch und ein vorbild ist für die ganze welt."

Von den 177 Aufsätzen mit hinreichend deutlichen Aussagen mußten 157 dieser Kategorie zugeordnet werden, obwohl es in ihnen nicht an kinderfreundlichen Bekundungen fehlt. Entscheidend war, daß Kinder erklärtermaßen als Dressur-, Prestige-, Aggressionsobjekte betrachtet werden, oder daß Mißtrauen die Einstellung bestimmt. In einigen Fällen mußte auch aus der kategorischen Erklärung, *nur* Jungen oder *nur* Mädchen würden akzeptiert, oder *nur* Säuglinge wären erfreuliche Geschöpfe, auf Vorbehalte geschlossen werden. Dagegen wurden einige Aufsätze mit dem Inhalt: Ich will nur ein Kind, weil das Leben mit mehreren Kindern unerträglich ist, noch als „neutral" gewertet.

Die übrigen 20 Aufsätze geben natürlich keine Gewähr dafür, daß die Kinder ihrer Autoren wirklich vorbehaltlos angenommen werden. Aber zumindest stehen die Chancen dafür nicht schlecht. Einige Beispiele (Ausschnitte):

„Ja, ich will Kinder haben, weil sie als Baby so flauschig und zahrt sind. Und wenn sie größer sind, sind manchmal nett oder frech sein" (Mädchen, 9 J.).

„Kind lügt: Ein Kind lügt meistens aus Not. Es hat Angst das die Eltern es schlagen. ... Wenn aber das Kind merkt das es nicht bestraft wird wenn es etwas anstellt das wird er sicher erlich sein, und so würden die Eltern das vertrauen des Kindes gewinnen. — Kind bringt Spielzeug aus dem Kindergarten mit: Das kann man auf keinen Fall stehlen nennen. Ein kleines Kind findet etwas schön und er sieht das man mit spielen kann warum sollte er es nicht mitnehmen? Hier sollte die Mutter oder Vater auf keinen Fall schimpfen, aber lieber erklären das man es nicht darf und warum es so ist. Wenn das Kind weiß wie es ist, wird es bestimmt nichts mehr mitnehmen" (Mädchen, 13 J.).

„Ich möchte mein Kind als Kumpel behandeln und nicht so als klugscheißer Vater. Ich möchte auch keine Gewalt anwenden (Backpfeife, Hintern versohlen usw.) sondern das Kind soll gleichberechtigter Partner sein" (Junge, 14 J.).

Eine 15jährige Berufsschülerin, deren Klasse ein Kinderhaus* besucht hatte: „Ich finde es gut das die Kinder machen dürfen was sie wollen. Sie sind dort wie in einer großen Familie. Diese Kinder kommen in der Schule besser mit den anderen Kindern zurecht. Die Kinder aßen mehr als wenn sie zu Hause nur mit den Eltern essen. Sie lernen Verpflichtungen, wenn sie machen was sie wollen."

„Auch bin ich nicht dafür sich Kinder nur deshalb anzuschaffen um später eine Altersversorgung zu haben. Genauso wenig wie ich später nicht von ihnen verlangen kann, daß sie sich die ganze Zeit nur um mich kümmern sollen. Ich finde den Satz nicht gut: ‚Ich habe mich früher immer um dich gekümmert und war immer für dich da also hast Du genauso zu mir zu sein'" (Mädchen, 17 J.).

„Meine Kinder sind nicht mein Eigentum. Die Verantwortung ist groß und wenn die Babyschuhe nicht mehr passen, werden die Schwierigkeiten immer größer. Die Eltern haben die Aufgabe, den Kindern nicht nur mit guten Worten, sondern mehr mit Taten ein gutes Vorbild zu sein, ihnen bei der Suche nach einem eigenen Lebensstil zu helfen und sie nicht in ein Schema vom braven Kind zu zwängen" (Mädchen, 18 J.).

Auch der ansonsten neutrale Aufsatz einer 13jährigen Gymnasiastin wurde hier verbucht, weil sie am Schluß behauptete:

„Kinder sind nette Artgenossen."

---

* Das Haus wurde 1970 von dem „1. antipädagogischen Club e. V." in Wiesbaden für 40 Kinder zwischen 1 und 6 Jahren eröffnet.

Enttabuierung des Kinderwunschmotivs

Welche Lehren kann ein Lehrer, der „Erziehung zur Erziehung" „lehren" will, aus dieser kleinen Untersuchung und diesen Beispielen ziehen? Zunächst die eine: Schüler, die Kinder für vertrauenswürdig halten, sind selten. Aber es gibt sie. Und erste Erfahrungen zeigen, daß es diesen verblüffend schnell gelingt, ihren Kameraden die Wirkung von Mißtrauen und die Wirkung eines Vertrauensvorschusses verständlich zu machen. Zum zweiten bietet sich an, die Mannigfaltigkeit der Argumente für den Wunsch nach Kindern zum Gesprächsgegenstand zu machen. Zumal die Auseinandersetzung von Schülern, die sich Kinder wünschen, mit den Argumenten derjenigen Kameraden, die keine Kinder wollen, wirkt bewußtseinserhellend (in entspannter Atmosphäre auch erheiternd). Denn die Argumente gegen den Kinderwunsch, über die hier wegen ihrer Offensichtlichkeit nicht im einzelnen berichtet wurde, sind ebenso selten „echt kinderfeindlich", wie die entgegengesetzten „echt kinderfreundlich" sind. Daß Kinder z. B. Lärm und Arbeit machen, kann ebenso für wie gegen den Kinderwunsch sprechen:

Die Angst vor Unruhe und Arbeit ist das häufigste Argument gegen eigene Kinder, die Angst vor Einsamkeit und Langeweile das häufigste für sie. Entsprechend werden genannt als Gründe a) für, b) gegen den Kinderwunsch:

a) Man kann mit Kindern spielen;
b) man muß mit Kindern spielen.
a) Kinder helfen bei der Arbeit;
b) Kinder verursachen Arbeit.
a) Erst wenn man Kinder hat, weiß man, wofür man überhaupt Geld verdient und wem man es vererben kann (sehr häufiger Grund);
b) Kinder kosten Geld (ebenso häufiger Grund).

Sogar die Ansicht, Kinder seien böse, hinterhältige usw. Geschöpfe, wird einerseits zum Grund gegen den Kinderwunsch, andererseits zur Herausforderung an erzieherische Ambitionen.

Anstelle aufwendiger didaktischer Unternehmungen braucht der Lehrer also lediglich die atmosphärischen Bedingungen für fruchtbare Schülergespräche zu ermöglichen, um die Selbstverständlichkeit, mit der Kinder und Jugendliche ihre persönlichen Erfahrungen

generalisieren, fragwürdig werden zu lassen. Denn diese Generalisierung wird hauptsächlich durch das Tabu des Kinderwunschmotivs erzwungen, das die Schüler voneinander isoliert, einen Erfahrungsaustausch verhindert. Dagegen können sich die einzelnen Argumente in einer Schülerdiskussion gegenseitig relativieren und schließlich dem Bild eines Kindes als eines zukünftigen Wesens voller nicht antizipierbarer, nicht präokkupierbarer Möglichkeiten Raum geben, jenseits der Mittel-Zweck-Dimension, die auch die reinste Liebe zu vergiften pflegt.
Während man mit der Unterweisung in Entwicklungspsychologie, Erziehungsmethoden und Verhaltensstilen fast unbegrenzt viel Schulzeit mit Langeweile ausfüllen könnte — was wenig erfolgreich sein würde, weil 1. dies den Kern (das Motiv) nicht berührt, weil 2. Lehrer nur weitergeben können, was sie selbst besitzen, weil 3. solcher Unterricht nicht auf eine aktuelle Lernmotivation der Schüler rechnen darf —, würden schon wenige Stunden pro Schuljahr (und sei es nur eine einzige), die in der angedeuteten Weise das jeweils aktuelle Kinderwunschmotiv der Schüler thematisiert, enttabuiert und relativiert, der ständigen Reproduktion enttäuschter unechter Kinderfreundlichkeit, und damit der objektiven Kinderfeindlichkeit, den allzu sicheren Boden entziehen.

Daß auch damit nicht alle Probleme aus der Welt geschafft sind, braucht nicht betont zu werden. Es ist hier z.B. nur von Wunschkindern die Rede; wer aber kennt den Prozentsatz der Menschen, die ihre Existenz im Grunde einer (Polizeijargon:) „Zechanschlußstraftat“ verdanken? Es kann aber nicht ernsthaft bezweifelt werden, daß die Thematisierung und Problematisierung der Motivation des Kinderwunsches auch die Ignoranz und Risikobereitschaft fatalistischer Jugendlicher stärker im Sinne verantwortbaren Verhaltens beeinflussen wird als die heute üblichen Appelle und Warnungen.

Die mystifizierende Wunschkindideologie

Verantwortbares Verhalten von Eltern gegenüber Kindern setzt voraus, daß es sich vorher gelegentlich befragen ließ. Andernfalls drohen Antworten von Erziehungsberatungsstellen, Schulpsychologen, Therapeuten oder Jugendrichtern. Zukünftiges Verhalten von

Schülern ist aber nicht beobachtbar und deshalb nicht direkt befragbar. So ist es notwendig, die dem zu erwartenden Verhalten zugrunde liegenden Motive und Einstellungen auf ihre Verantwortbarkeit zu prüfen, also in Frage zu stellen. Hierzu kann Schülern Gelegenheit gegeben werden. Schüler können sich gegenseitig bewußt machen, daß z.B. überquellende Kinderliebe und ein starker triebhafter Kinderwunsch keineswegs aus nur kinderfreundlichen Motiven zu stammen brauchen. Das Gegenteil ist sogar wahrscheinlicher.

In dem Buch „Frauenfeindlichkeit — Sozialpsychologische Aspekte der Misogynie" (190) analysieren Christiane Schmerl und Dieter Steinbach die tatsächliche Frauenfeindlichkeit scheinbar frauenfreundlicher Einstellungen und Verhaltensweisen.

> „Das Kavalierstum — verstanden als übertrieben ritterliche Haltung gegenüber Frauen — ist nur eine verdeckte, weniger bewußte und weniger ins Auge springende Manifestation von Misogynie" (S. 58). „Wie man z.B. einem Kind hilft, das seine Schuhe noch nicht zuschnüren *kann*, so ‚hilft' der Kavalier seiner Dame — mit dem Unterschied, daß sie kein Kind, sondern ein Erwachsener, außerdem kerngesund und nicht schwachsinnig ist" (S. 61). „Bezeichnend sind jene Fälle, in denen dauernde Anspielung auf die weibliche Schwäche, Schönheit, reizende Inkompetenz usw. daran mitwirken, das Bild — und vor allem das Selbstbild — der Frau unter dem Vorwand der Schmeichelei darauf festzulegen, daß sie eben nicht ernst genommen werden kann, sondern die Schöne, Hilfsbedürftige und oft genug auch die Naive, das dumme Kind ist" (S. 64).

Damit wird Ritterlichkeit gegenüber Frauen als Herrschaftsanspruch der Männer erkennbar gemacht. In gleicher Weise kann überquellende Kinderfreundlichkeit in Wahrheit nicht konkreten Kindern als liebenswerten Wesen gelten, sondern den Mißbrauchsmöglichkeiten, die Kinder bieten, z.B. der Möglichkeit der affektiven Ausbeutung (wie sie sich schon im Begriff „Erziehungs*berechtigter*" — Anklang an „Nutzungsrecht" — niederschlägt). Arno Plack sagt dazu unmißverständlich:

> „Die Liebe zum Kind aber als dem bloß Niedlichen ist die schlecht nach außen projizierte Eigenliebe: Man liebt im niedlichen Kinde nur das ‚Kind' wieder, das man selber, oral fixiert, im Grunde geblieben ist. Und man genießt dabei zugleich noch die Überlegenheit, die man dem leibhaften Kinde gegenüber verspürt. Man liebt tyrannisch.
> Man liebt tyrannisch und man liebt stolz. Längst hat die Prestigegesellschaft das Kind, das eigene Kind — neben dem eigenen Wagen —, zum

Statussymbol erhoben, mit dem man sich brüstet. Das Kind kommt so in eine Spannung von Erwartungen, die sich ausschließen: Es soll so niedlich bleiben, daß seine vital frustrierten Eltern noch möglichst lange an ihm was zu herzen haben; es soll andererseits aber den anderen Kindern ‚voraus sein'. Der Primus, der zu Hause dümmlich um Süßigkeiten bettelt — das ist der geheime Inbegriff des ‚lieben Kindes': schon morgen ein perfekter Heuchler oder ein Nervenbündel, sofern er die Spannung, die man ihm schafft, nicht erträgt" (165, S. 93).

In solcher Weise problematische Kinderfreundlichkeit spricht aus zahlreichen Schülerantworten, wobei „tyrannische" Liebe vor allem von Mädchen, „stolze" Liebe vor allem von Jungen geäußert wird. Ohne Zweifel kann es manchen Schülerinnen und Schülern schwerfallen, ihre intensiven Gefühle als möglicherweise kinderfeindlich zu erkennen. Hält man aber Kenntnisse darüber, wie Kinder z.B. an beengender Liebe erkranken, vor Schülern nicht länger geheim, wird in den meisten Fällen gerade ihr starkes Gefühl sie für Erkenntnisfortschritte motivieren. Das im Erziehungsgeschäft wenig beliebte Erfolgskriterium kann in den vorgeschlagenen Schülergesprächen nicht ausgeklammert werden: Wenn es nach dem guten Gefühl und dem guten Willen der zukünftigen Eltern vergangener Zeiten gegangen wäre, hätten Erziehungskrisen, Generationenkonflikte usw. kaum entstehen können. Der Grund dafür, daß „gutes Gefühl" und „guter Wille", also die positive Einstellung zu Kindern, relativ selten zum Tragen kommen, obwohl sie zweifelsfrei vorhanden sind, wurde bereits erläutert. Die positive Einstellung zum Kind hat mit positiven Einstellungen zu anderen Bezugsgrößen zu konkurrieren: Bei der „tyrannischen Liebe" mit dem Herrschaftsanspruch, bei der „stolzen Liebe" mit dem Prestigedenken, um nur Arno Placks Beispiele hier einzuordnen. Viele andere Bezugsgrößen, insbesondere die aus der Erziehungsideologie (s. u.) stammenden, haben die entsprechenden Folgen. (Über die Menschenfeindlichkeit des gängigen Liebesbegriffs und einen Alternativvorschlag siehe Kapitel IX.)
Eine besonders eindrucksvolle Tatsache, die geeignet ist, ohne Defaitismus die möglicherweise illusionistischen Erwartungsanteile der kinderfreundlichen Gruppe c) der Grund- und Hauptschuluntersuchung zu korrigieren, schildert Friedrich Hackers Bericht über amerikanische Studien zum Motiv von Kindesmißhandlungen:

„Die Enttäuschung der Eltern über die Nichterfüllung ihrer Wünsche und ihrer unbewußten Hoffnungen von seiten der Kinder beginnt oft ebenso früh wie die ersten Aggressionsäußerungen des Kindes, mit denen die Eltern nichts anzufangen wissen. Nicht nur die Kindesmißhandler, auch die übergütigen Eltern fügen ihren Schützlingen Dauerschäden zu" (97, S. 214).

Warum aber die „übergütigen" Eltern mit den Kindesmißhandlern identisch sein können, zeigen folgende Passagen — die vielleicht ein ebenso wichtiger Lesestoff für Schüler wären wie die antikapitalistischen Plattheiten der „Unterrichtsmaterialien“ (208) zu den Hessischen Rahmenrichtlinien, die allein 25 Seiten (S. 55—80) der Kinderarbeit widmen, als würden Kenntnisse über die tägliche Arbeitszeit von Breslauer oder Düsseldorfer Kindern um das Jahr 1825 (S. 61) den zukünftigen Kindern irgend etwas nutzen (außer den Vorwurf zu verewigen, sie hätten es sowieso viel zu gut) —:

„Weil Kinder nicht zu weinen aufhören, werden sie mit heißem Wasser überschüttet, auf die glühende Herdplatte gesetzt, gewürgt, bis sie blau werden, geprügelt, bis das Blut in Strömen fließt und das Fleisch in Fetzen herabhängt“ (Hacker, 97, S. 216). „In New York City wurden im Kalenderjahr 1967 700 Fälle, im Jahr 1970 2500 Fälle protokolliert“ (S. 217). „Etwas weniger als die Hälfte aller Mißhandler erklärte offen, daß sie dem Kind eine Lektion geben wollte, um ihm durch exemplarische Bestrafung ein für allemal beizubringen, daß es zu gehorchen hätte. Regelmäßig waren den Mißhandlungen Schimpftiraden vorangegangen, die sich während der Mißhandlungen fortsetzten und steigerten. Das Kind wurde mit wüsten verbalen Beschimpfungen bedacht, obwohl es vielfach die elterlichen Worte gar nicht verstehen konnte, da es noch nicht sprechen gelernt hatte. Ungehorsam, Trotz und Undankbarkeit wurden dem Kind vorgeworfen. Die Eltern hätten so viel für das Kind getan und geopfert (das hielten sie ihm vor), nun entgälte es ihnen all ihre Aufopferung durch sein unentwegtes Weinen.
In der Los-Angeles-Studie war das geprügelte und gebrannte Kind meistens ein ersehntes, herbeigewünschtes oder unter vielen Geschwistern das geliebteste. Die Eltern hatten eine Urlaubsreise, einen Autokauf oder eine neue Möbeleinrichtung aufgeschoben, um sich auf das geplante Kind vorzubereiten (Ausrufungszeichen von EvB, vgl. unten). Nun hatte es sie enttäuscht, es weinte, beschmutzte die peinlich reingehaltene Wohnung und zeigte weder Rücksicht noch Respekt und Wertschätzung. Glaubhaft versicherten die Eltern, daß sie gerade dieses Kind ganz besonders geliebt und anfangs verzärtelt hätten; auf die anderen Kinder, von denen sie nicht so viel erwartet hätten, wären sie auch nicht so wütend geworden“ (S. 218 f.).

Diese Begründungen, die ja viel wichtiger sind als die immer mit moralischem Abscheu herausgestellten Untaten selbst, geben Anlaß, nochmals auf die gefährliche Kurzsichtigkeit von Aufklärungsunternehmungen hinzuweisen, die bei der Werbung um bewußte Familienplanung an dem Tabu des Kinderwunschmotivs festhalten, wie z. B. die anfangs vorgestellte Broschüre „Jedes Kind hat ein Recht erwünscht zu sein“. Auch die gegenwärtig laufenden oder geplanten Programme der „Erziehung zur Erziehung“ werden die Lage noch weiter verschlechtern, indem sie riskieren, die Schüler genau in der Weise „vorzubereiten“, wie es die Eltern in Los Angeles taten.

Mit großer Eindringlichkeit hat der Kinderpsychiater Reinhart Lempp bereits vor acht Jahren in einem Vortrag „Das errechnete Kind" (in Hörl, 111, S. 117—121) darauf hingewiesen, daß Kinder, als sie noch als „Gabe Gottes" galten, „selbstverständlich angenommen (wurden) wie das Wetter", heute aber als „Erzeugnis des Menschen (angesehen werden), dessen Existenz diskutabel ist." „Das Kind, das die Eltern sich angeschafft haben, ist nicht mehr ein in sich selbst begründetes Subjekt, sondern ein Objekt." Während „für das Kind das Gefühl des bedingungslosen Angenommenseins für seine gesunde psychische Entwicklung von großer Bedeutung ist", „das Erlebnis, um seiner selbst willen, als Subjekt von seinen Eltern angenommen zu werden, ohne Vorbehalt des Wohlverhaltens oder gar der gesunden erfreulichen Entwicklung", kommt es bei den geplanten Wunschkindern leicht dazu, „daß seine Existenz von den Eltern immer mehr bereut wird." Fehlentwicklungen treten deshalb nicht nur bei offen abgelehnten Kindern auf, „sondern auch da, wo an die Existenz des Kindes bestimmte Hoffnungen geknüpft sind, die zu Bedingungen der Elternliebe werden." Anders steht es in den erwähnten „Unterrichtsmaterialien" (208, S. 29) als „M 21" unter der Überschrift „Nicht immer sind Eltern grausam — manchmal sind sie nur dumm": „Das unerwünschte Kind ist besonders häufig den Quälereien seiner Eltern ausgesetzt. Und für einen der wesentlichsten Faktoren hält Würfflein die wenig oder gar nicht ausgeprägte Erziehungsfähigkeit der Eltern." — Man kann nur hoffen, daß kein Lehrer solchen Unsinn weitergibt, sonst landen einige seiner Schüler womöglich im Krankenhaus, weil Papa, der sich nicht einen Dummkopf schimpfen läßt, seine Erziehungsfähigkeit bewiesen hat.
Statt für die Kinder ein verschrobenes Recht auf Erwünschtheit zu proklamieren (oder Schüler gegen ihre Eltern aufzuhetzen), wäre auf dem Recht der zukünftigen Eltern zu bestehen, von der Gesellschaft (also der Schule) Hilfe bei der Bewußtmachung der Gründe und Folgen ihres Kinderwunschmotivs zu erhalten. Denn die Gründe, aus denen sie sich Kinder wünschen, sind gesellschaftlich vermittelt, ebenso wie die daraus resultierenden Einstellungen. Die Folgen illusionistischer Erwartungen aber hat zwar auch die Gesellschaft zu tragen (Kriminalität etc.), zunächst einmal haben jedoch darunter neben ihren Kindern die Jugendlichen selbst zu leiden, wenn die Erfahrung als Eltern ihre Täuschungen unbarmherzig enttäuscht.

Täuschungen über die Kinderfeindlichkeit kinderfreundlicher Gefühle (diese Formulierung faßt die kinderfreundliche Einstellung einerseits und ihren geringen Stellenwert im Einstellungssystem — „aber sie sollen folgen sonst setzt es was" — zusammen) rechtzeitig zu ent-täuschen, damit verantwortbares Handeln möglich wird, ist nur *eine* Chance der schulischen Vorbereitung auf die Elternschaft. Es gibt viele andere Täuschungen.

In dem Begleittext (109) zu vier Schulfunksendungen mit dem (listigen) Obertitel „Erziehung zur Erziehung“, die der HR im April/Mai 1975 ausstrahlte*, sind insgesamt 60 „Lernziele“ angegeben (und in weiteren Folgen wird sich ohne Schwierigkeiten ihre Zahl verdoppeln oder verdreifachen). Einige Beispiele solcher „Lernziele“, deren Thematik sich jeweils auf die Spielszenen bezieht:

Aus der 1. Sendung („Warum Schüler Eltern werden wollen“):
„Schüler und Lehrer sollen als Problem sehen,
— daß der Wunsch nach Elternschaft oft nur auf dem ‚Baby-Effekt‘ kleiner Kinder beruht, die dann später die Gunst ihrer Eltern leicht verlieren,
— daß allgemein kinderfreundliche Gefühle die Freundschaft zu einem konkreten Kind nicht garantieren müssen,
— daß das Elternrecht als Recht nach außen gemeint ist, aber im familiären Innenbereich häufig als Herrschaftsrecht mißverstanden wird“ (109, S. 49f.).

Aus der 2. Sendung („Wunschkind — und was dann?“; dabei geht es um eine 17jährige Schülerin, die sich mit Absicht schwängern ließ, um die Zustimmung ihrer Eltern zu Heirat und Schulabgang zu erzwingen):
„Als Problem sehen,
— daß äußere Selbständigkeit und innere Reife nicht identisch sind,
— daß der Übergang von der Kindesrolle zur Elternrolle nicht eine Verminderung von Pflichten bedeutet,
— daß Elternpflichten nicht weniger fremdbestimmt sein dürfen als Kindespflichten, wenn eines Tages Elternschaft nicht mehr Herrschaft bedeuten soll“ (S. 50f.).

Aus der 3. Sendung („Wie Säuglinge die Welt erleben“):
„Als Problem sehen,
— daß ein Wunschkind oft starken Ansprüchen der Eltern ausgesetzt ist,
— daß ein Kind nicht nur Liebe, sondern auch Respekt braucht,
— daß ein Kind sich dagegen wehren kann, wenn Eltern durch ihre Erziehungsversuche (z.B. Wechsel von Liebe und Strenge) zeigen, daß ihnen das Erziehungsziel wichtiger ist als das Kind“ (S. 51).

---

* Anmerkung zur 3. Auflage: Die Reihe wurde später zu 12 Sendungen ausgebaut, inzwischen sind aber Bandkopien nicht mehr erhältlich.
Für Lehrer, die ihre Schüler für die hier behandelte Thematik interessieren wollen, hält der FREUNDSCHAFT MIT KINDERN-Förderkreis (s. S. 267f. dieses Buches) vielfältige weitere Anregungen bereit. Ich höre von immer mehr Lehrern, daß sie es durchaus als reizvoll empfinden, ihre Schüler mit der Parole ERZIEHUNG? NEIN DANKE (samt Aufklebern, Plaketten usw.) zu konfrontieren. In solchem Unterricht darf geweint und gelacht werden...

Aus der 4. Sendung („Ist ‚richtiges‘ Verhalten lernbar?“):
„Als Problem sehen,
— daß psychologische Informationen bei kinderfeindlicher Einstellung zur Effektivitätssteigerung des Sadismus führen können,
— daß Kinderfeindlichkeit kein Charakterzug, sondern (revidierbares) Ergebnis von Erfahrungsprozessen ist,
— daß ‚die richtige‘ Erziehereinstellung schwer zu beschreiben ist, daß aber falsche Einstellungen leicht benennbar sind“ (S. 52). (Zu diesem letzten „Lernziel“ vgl. im Kapitel IX den Abschnitt über „Negative Pädagogik“.)

Die Formulierung „Als Problem sehen ...“ will signalisieren, daß es bei diesen „Lernzielen“ nicht um die Vermittlung abfragbaren Wissens geht. Der Lehrer soll nicht bestimmte inhaltliche Ergebnisse ansteuern, sondern nur darauf achten, daß möglichst wenige Problembereiche unter den Tisch fallen. „Erziehung zur Erziehung“ — oder besser: das Durchschauenlernen der Erziehungsideologie — darf auch in ihren klarsten Inhalten nur unverbindliches Angebot sein. Die „Lernziele“ sollen lediglich als denkmöglich erfahrbar werden.

Das Kriterium der Offenheit für neue Erfahrungen

Dies gilt ebenso für das in dem Begleittext proklamierte sog. „Allgemeine Lernziel“. Es ist folgendermaßen formuliert:

> „Erkennen, daß man die Probleme der Elternschaft noch nicht endgültig beurteilen kann. Wäre dieses Ziel erreicht, so müßte die Frage, ob man einmal Kinder haben will, mit einem ‚weiß (noch) nicht‘ beantwortet werden“ (S. 48).

Bei diesem „Allgemeinen Lernziel“ handelt es sich um den angekündigten „entscheidenden“ Maßstab für die Vorbereitung zukünftiger Eltern. Die paradox scheinende Situation ist folgende: Gerade für diejenigen Schüler, die sich für die Elternschaft für am besten vorbereitet halten, bestünde die beste in der Schule zu leistende Vorbereitung auf die Elternschaft darin, ihren Glauben zu erschüttern. Denn genau genommen ist das zitierte Motto des DKSB („Jeder Beruf ist in seiner Ausübung an eine Lehre geknüpft, nur nicht derjenige der Elternschaft") falsch: In keinem anderen „Beruf" ist die Lehrzeit so lang, ist der Anschauungsunterricht so intensiv, sind die gezogenen Lehren so verinnerlicht. Daher ist eine „Gegen-Lehre" erforderlich, wenn der „pädagogische Teufelskreis" gestoppt werden soll. Und der erste Schritt einer solchen Gegen-Lehre muß die Erkenntnis erlauben, daß die bisher genossenen Lehren, zurückhaltend gesagt, nicht zulänglich sind. Der Satz: „Je besser sich ein Schüler auf seine Elternschaft vorbereitet glaubt, desto schlechter ist er es", dieser Satz wird heute nur in wenigen Fällen als unzutreffend zu bezeichnen sein. In den meisten Fällen hat die familiäre Lehrzeit Erfahrungsstrukturen fixiert. Der Gedankenaustausch über die zukünftige Elternschaft hat deshalb als wichtigste Aufgabe das Ziel, die Schüler für neue Erfahrungen wieder zu öffnen.

Offenheit für neue Erfahrungen war trotz großzügigen Maßstabes nur bei 27 der 505 befragten Schüler erkennbar. (Die Schüler, die ausdrücklich keine Kinder wollten, sind hierbei nicht berücksichtigt. Ihr klares Nein begründet sich zwar aus den Problemen, die Kinder mit sich bringen, ist aber als definitives Ergebnis der familiären Lehrzeit anzusehen, auf dessen Relativierung es gerade ankäme.) Alle anderen Schüler glaubten, die Probleme der Elternschaft hinreichend zu kennen, um ihre Entscheidung zu fällen.

Legt man einen strengen Maßstab an, so bleiben sogar nur 7 Schüler, die der Forderung des „Allgemeinen Lernziels" entsprechen und deshalb hier vollständig zu Wort kommen sollen.
Fünf Mädchen aus einer 5. Hauptschulklasse erfüllten das formale Kriterium in würziger Kürze:

„Möchtest du einmal Kinder haben? Ich weiß es noch nicht, ich glaube nicht."
„Ich weiß es noch nicht. Vieleicht ausn Weißnhaus."
„Vieleicht. Das weiß ich jetzt noch nicht, ich bin ja selber noch ein Kind."
„Möchtest du einmal Kinder haben? das weiß ich noch nicht. Bin noch zu klein."
„Möchtest du einmal Kinder haben? Das weis ich jetzt noch nicht. Ich bin doch selbst noch ein Baby."

Ein 16jähriger Gymnasiast schrieb folgenden Aufsatz:

„Vor der eigentlichen Aufgabe möchte ich kurz eine kleine Frage aufwerfen. Hat man heutzutage überhaupt noch das Recht, Wunschkinder zu zeugen, das heißt, hat man überhaupt das Recht, Leben zu geben?

Heutzutage scheint es doch schon ziemlich schwierig, ein sinnvolles Leben zu führen, und so würde *ich* es *nicht riskieren*, ein Wunschkind zu zeugen.
Doch das nur am Rande bemerkt.
Unter den bei 2. genannten Bedingungen (es handelt sich dabei um die — von den Schülern meist gemiedene — Frage: „Welche Situation stellen Sie sich am liebsten vor, wenn Sie daran denken, einmal ein Kind zu haben?" EvB) stelle ich mir am liebsten die Situation vor, daß mein Kind mich einmal in späteren Jahren besucht und dann zusammen mit mir alte Erinnerungen auskramt und das ich dabei bemerke, daß mein Kind zu einem lebenslustigen, weltkritischen und selbstkritischen Menschen herangewachsen ist und Ideale besitzt, so wie ich sie heute besitze, da es mir sinnvoll erscheint Ideale zu haben, für die man sich begeistern kann, um ein ‚lebenswertes Leben' zu führen."

Schließlich ein 19jähriger Gymnasiast:

„Kinder möchte ich im Moment keine haben, da mir die Verantwortung und Doppelbelastung im Moment zu groß erscheint. Wie ich später dazu stehe, kann ich nicht genau beurteilen. Ich könnte mir vorstellen, daß Kinder für einen sehr viel bedeuten können und einem sehr viel geben können, vielleicht auch für mich später. Ich halte mich persönlich jedoch für nicht stark genug, ein evtl. irgendwie behindertes Kind zu verkraften."

Es folgen als Beispiele noch drei weitere Äußerungen (Ausschnitte) der Kategorie „nicht fixiert, problembewußt":

„Ich möchte schon einmal Kinder, aber warum habe ich mir noch nicht überlegt" (Mädchen, 13 J.).
„Ich habe bei allen Situationen die Reaktion beschrieben die ich für richtig halte, aber ich weiß nicht ob ich es in verschiedenen Lagen genauso tun würde" (Junge, 13 J.).
„Bis jetzt sind das alle meine Vorstellungen, aber ob sie so bleiben, weiß ich nicht" (Mädchen, 14 J.).

Daß der 16jährige Gymnasiast zu den „nicht fixierten" Schülern gezählt wurde (27 aus 505), könnte unberechtigt erscheinen. Ich habe diese wenig bedeutsame Entscheidung getroffen in der Hoffnung, daß er die seine, die ich für sehr bedeutsam halte, revidiert. Dieser Wolfsburger Schüler ist ein Beispiel für die Paradoxie der Lage: Während die übergroße Mehrheit der Schüler die persönlichen Erfahrungen unreflektiert generalisiert und auf dem besten Wege ist, sie zu Vorurteilen erstarren zu lassen, tendiert dieser junge Mann, obwohl er doch selbst ein „lebenswertes Leben" zu führen angibt, dazu, Kinder an diesem seinem Leben nicht teilnehmen lassen zu wollen. Daraus und aus der bekannten Tatsache, daß — sehr grob gesagt — die dafür weniger geeigneten Menschen eifriger für Nachwuchs sorgen als die dafür besser geeigneten (gleichgültig, ob man hier auf die materiellen, die psychischen oder auch die geistigen Voraussetzungen abhebt), spricht die Verantwortungsscheu gerade der verantwortungsbewußteren Menschen. Auch dies im Unterricht zu thematisieren und zu hinterfragen, z. B. die Folgen deutlich zu machen: daß damit nämlich der Weiterbestand der Menschheit (ein 10jähriger Junge schrieb: „Möchtest du Kinder haben? Ja. Dann ist man nicht immer alleine. Und die Menschheit rottet nicht aus.") ausgerechnet ihren verantwortungsloseren Individuen überlassen wird, entkräftet den gelegentlich auftretenden Verdacht, es ginge darum, „das Kinderkriegen madig zu machen". Ebenso wenig darf schulische Vorbereitung auf die Elternschaft etwa den unterprivilegierten Schichten den Trost des Kindersegens mißgönnen. Im Gegenteil. Mit einer neuen Einstellung, einer neuen Offenheit für qualitativ neue Erfahrungen, die Eltern und Ungeborenen bisher von vorneherein verweigert werden, sind nicht weniger, sondern verantwortbare Kinder anvisiert; nur solche sind in der Lage, den erhofften Trost, wenn es denn sein muß, wirklich zu spenden. Ihre Zahl ist dann keine Frage der Einstellung mehr.

Natürlich kann man Offenheit für neue Erfahrungen nicht ermöglichen, indem man alte Erfahrungen ignoriert. Aber es hilft auch nicht, sie zu diskreditieren. Vielfach müssen progressive Lehrer erfahren, wie energisch sich die heutigen Eltern zur Wehr setzen (ich erwähne nur den Kampf um die Hessischen Rahmenrichtlinien), wenn ihren Kindern in der Schule erklärt wird, wie falsch sie erzogen wurden. Tatsächlich erscheint eine Konfrontation zwischen Schule und Elternhaus schwer vermeidbar, wenn der längst nicht entschiedene (wie später gezeigt wird: nicht entscheidbare, sondern überflüssige) Streit um Erziehungsmethoden in die Familien hineingetragen, auf Kosten von Schülern (und ihren Eltern) ausgefochten wird.

Mit missionarischem Eifer die Eltern für kinderfreundlichere Erziehungsmethoden gewinnen zu wollen, ist weder eine *neue* Mode, noch kann es sonderlich erfolgreich sein. Die Elternfeindlichkeit vieler Kinderfreunde übersieht, daß auch die brutalsten Eltern nicht unausgesetzt Prügelorgien veranstalten. Auch sie werden gelegentlich eine Bitte freundlich äußern, einem Wunsch des Kindes nachkommen. Es entspricht aber ihren Erfahrungen, die man ihnen nicht ohne weiteres ausreden kann, daß im Ernstfall freundliche Worte eben bei weitem nicht den Erfolg haben wie massive Repressalien.

Genau ins Herz des Problems zielt die Frage eines sehr informierten und kritischen 15jährigen Gymnasiasten aus der Kinderwunsch-Untersuchung:

„Wie setzt man eine Erziehung durch, ohne daß das Kind psychisch geschädigt wird?"

Die entsprechende Frage, wie man einem Menschen den Schädel zertrümmert, ohne ihn umzubringen, wird im letzten Kapitel aufgegriffen. Hier ist festzuhalten, daß das Lehren bestimmter Erziehungsmethoden zum einen, wie bereits dargestellt, den Kern des Problems verfehlen, zum anderen eine Kritik an den heutigen Eltern implizieren würde, gegen die sie sich zu Recht zur Wehr setzen. Die oft geforderte Zusammenarbeit zwischen Schule und Elternhaus kann deshalb hier wie auch sonst nur in glücklichen Einzelfällen sinnvoll funktionieren. Damit möglichst allen Jugendlichen (besonders auch den Berufsschülern, deren Eltern in der Regel überhaupt nicht ansprechbar sind) das Angebot gemacht werden kann, über den Fortpflanzungsaspekt der Sexualität ein wenig nachzudenken, ohne daß dadurch einerseits der Widerstand der Eltern provoziert, andererseits die Schüler ihren Eltern zusätzlich entfremdet werden, müßten Lehrer und Lehrerausbilder, die an einer Verbesserung der Lage interessiert sind, von der Erziehungsmethoden-Problematik ablassen.

Die Vorstellung ist ohnehin absurd, Lehrer könnten ihren Schülern in bezug auf deren spätere Kinder ein Gespür für Menschenwürde vermitteln. Wenn es in dem genannten Antrag des DKSB heißt: „Es fehlt in der heutigen Gesellschaft für den Umgang von Erwachsenen mit Kindern an einer Verhaltensnorm, die sich nicht an einer überlebten Tradition orientiert" (a.a.O., S. 112), so kennzeichnet dies den Zustand der Pädagogik zwar treffend, wer aber sollte, auch wenn man vom Problem der Inhalte mal absieht, das neue Schulfach unterrichten? Es erscheint allenfalls als lächerlich, wenn Fachpädagogen die Familienerziehung immer wieder als pädagogisch unzureichend anprangern, denn die heutigen Eltern tun genau das, was von ihnen erwartet wird: sie betreiben Erziehung. Die man auch Entziehung nennen könnte, nämlich Entziehung der spezifisch menschlichen Substanz der Zöglinge, die dadurch zugerichtet werden für ein lebensfeindliches Leben (auch in der Schule). Geradezu höhnisch klingt es, wenn Elisabeth Flitner vom Vorstand des DKSB das Beispiel einiger englischer Kindergärten empfiehlt, wo die Mütter zur Mitarbeit herangezogen werden, „damit sich der Umgangsstil des Kindergartens auf das Elternhaus übertrage" („Blätter der Wohlfahrtspflege" 5/1972, S. 110). — Wer die Untersuchungen von Anne-Marie Tausch (vgl. 206) und ihre neuerliche Bestätigung durch Egon Barres (20) über den Umgangsstil unserer pädagogisch ausgebildeten Kindergärtnerinnen kennt (und vielleicht selbst manchmal in einen Kindergarten oder eine Schule hineinschaut oder -horcht), kann hinter dieser Empfehlung nur einen makabren Scherz vermuten. Allein der Ton, in dem Pädagogen in Kindergärten und Schulen mit Kindern umgehen, ihr ständiges Kommandieren, Einmischen, Verführen, Strafen, Beschämen, ihr Moralisieren, Vergleichen, Bewerten, ihr tantenhaftes, diskriminierendes und dressierendes „Ermutigen" und ihr aggressives oder selbstmitleidiges Nörgeln lassen jede Hoffnung verrotten, daß diese selben Leute „eine neuartige Erziehungslehre" (DKSB) verkünden könnten, ohne gesteinigt zu werden.

Eine Beschränkung und Konzentration auf die Enttabuierung des Kinderwunschmotivs aber mit der Absicht, „nur" das genannte „Allgemeine Lernziel" zu erreichen, würde weitgehend unabhängig von den Eigenarten der betreffenden Lehrer einen wesentlichen Fortschritt ermöglichen und außerdem die Interessen der heutigen Eltern nicht tangieren, also ihren Widerstand — via geweckter oder unterschobener Schuldgefühle — nicht hervorrufen.

Eine andere Frage wäre, ob nicht mancher Schüler es seinen Eltern übelnehmen könnte, daß er sein Leben nicht ihrer Wertschätzung für seine Persönlichkeit, sondern durchaus egoistischen (oder überhaupt keinen) Motiven verdankt. Die Antwort kann nur lauten: In dem Augenblick, in dem der Schüler über *sein* Kinderwunschmotiv nachdenkt, erlebt er, daß er an ein *konkretes* Kind dabei der Sache nach nicht denken kann. Vorwürfe gegen seine Eltern entfallen also: Deren Egoismus (oder Fahrlässigkeit) konnten nicht gegen ihn persönlich gerichtet sein. Darüber hinaus ist es ein Nebeneffekt des „Allgemeinen Lernziels", daß der Schüler auch die Probleme seiner Eltern nicht mehr endgültig beurteilen zu können glaubt, so daß auch in der entgegengesetzten Generationenbeziehung mehr Offenheit für neue Erfahrungen (Klärung von Mißverständnissen, Revision von Vorurteilen, Erprobung neuer Spielregeln) möglich wird. In dem Schulfunk-Begleittext heißt es:

> „Dadurch fällt es den Schülern schwer, mit dem Respekt vor der Eigenheit zukünftiger Kinder nicht auch Respekt vor den Eigenheiten der eigenen Eltern zu lernen. Damit, denn einer muß den Anfang machen, werden die verbleibenden Konflikte zu produktiven" (109, S. 49).

Die heutigen Kinder können nicht auf Kosten ihrer Eltern glücklicher werden. (Konflikte sind kein Selbstzweck, wie manche eifrigen Leute anzunehmen scheinen.) Auch den zukünftigen Kindern ist nicht damit gedient, wenn ihre Eltern und Großeltern angegriffen oder zum „Zurückstecken" aufgefordert werden. Zumal muß um-

stritten bleiben, ob dergleichen als Aufgabe der Schule anzusehen ist. Aber mit Schülergesprächen über das Kinderwunschmotiv könnte ohne große Vorbereitungen (auch ohne Warten auf den schwerfälligen Bildungsplanungsapparat) und ohne Risiken ein wichtiger erster Schritt gemacht werden, damit der Kinderwunsch wirklich kinderfreundlich werden kann.
Selbstverständlich ist es mit dem Erreichen des „Allgemeinen Lernziels" nicht getan (obwohl die Elternrolle, auch wenn man sie schon spielt, im Grunde nie endgültig beurteilt werden kann). Mancherlei Kenntnisse sind nötig. Aber ohne eine wirklich kinderfreundliche Einstellung (die es erlaubt, durchgängig nett und real zu sein, statt um des „Guten" willen sich und die Kinder verrückt zu machen) wirken sich viele Kenntnisse eher schädlich, z.B. verunsichernd, aus. Nähern sich dagegen Jugendliche dieser Einstellung, werden sie aus selbstverständlichem Interesse für weitere Informationen aufgeschlossen sein.
Robert Mager hat zur Analyse von Ausbildungsproblemen u.a. zwei Kriterien vorgeschlagen:

> „Ermitteln Sie, ob die Verhaltensabweichung auf einen Mangel an Fertigkeiten zurückzuführen ist" (141, S. 29). Und:
> „Ermitteln Sie, ob dem erwünschten Verhalten Hindernisse entgegenstehen" (141, S. 96).

Da jedermann weiß, daß Eltern nicht unausgesetzt unfreundlich agieren, ihnen also nicht etwa die „Fertigkeit" menschenwürdigen Umgangs mit Kindern fehlt, wäre es absurd, solche Fertigkeiten (wie es z.B. der DKSB fordert) den Schülern beibringen zu wollen. Worauf es ankommt, ist, das *Hindernis* zunächst einmal zu erkennen, das einem durchgängig wünschenswerten Elternverhalten entgegensteht. Einem Aspekt dieses Hindernisses, dem Kinderwunschmotiv, war dieses Kapitel gewidmet. Die übrigen Kapitel treiben nun die Analyse dieses Hindernisses weiter. Denn erst seine (tendenzielle) Überwindung könnte den Erziehungskrieg (partiell) beenden, den Generationen (punktuell, d.h. je individuell) die Abrüstung erlauben. Erzieher oder Kinderschützer (Sadisten oder Angstneurotiker) liefern nur immer mehr und heimtückischere Waffen.

Kapitel II
Vom pädagogischen Selbstverständnis

Vorbemerkungen

Ansichten über Erziehung gibt es weit mehr als es Erzieher gibt; einmal, weil viele Menschen, die sich nicht als Erzieher fühlen, doch eine Meinung über Erziehung haben, vor allem aber weil die Ansichten der Menschen über Erziehung mehr oder weniger häufig wechseln. Die Moden der anti-autoritären, kompensatorischen, kritischen, demokratischen, proletarischen, emanzipatorischen Erziehung zeigen dies ebenso wie die Beobachtung, daß einzelne Erzieher und Erziehungskritiker ihre Ansichten je nach den erzieherischen „Erfolgen“ ausrichten und ändern.
So reizvoll es wäre, es kann deshalb in der gebotenen Kürze kein umfassender Überblick über alle gängigen Ansichten von Erziehung, Sozialisation, Enkulturation, Personalisation, Pädagogik, Pädagogie, Erziehungswissenschaft, Erziehungspsychologie, Entwicklungspsychologie, Erziehungssoziologie, Sozialpsychologie, Sozialisationsforschung usw. gegeben werden. Andererseits kann sich die dialektische (antithetische) Position eines Antipädagogen nicht artikulieren, ohne daß ihre Gegenposition umrissen wird. Wegen der Vielfalt der Meinungen und Traditionen erscheint es sinnvoll, vor dem Versuch, als gemeinsamen Nenner verschiedener pädagogischer Grundsatzaussagen die „pädagogische Einstellung“ näher zu charakterisieren, zunächst den Begriff der „Erziehungsbedürftigkeit“ des Menschen zu untersuchen, über den sich die Fachpädagogen unabhängig von ihren sonstigen erheblichen Differenzen und Kontroversen erstaunlich einig sind. So spricht etwa Hans-Hermann Groothoff in seinem Aufsatz „Zum Selbstverständnis der Pädagogik“ vom Menschen als einem „animal paedagogicum“ (176, S. 110), Ernst Lichtenstein vom menschlichen „Angelegtsein auf Erziehung“ (71, S. 299), Hans-Jochen Gamm betont: „Der Mensch ist ‚Züchter‘

seiner selbst" (83, S. 211), „da Menschen nur mittels Erziehung zu Menschen werden" (83, S. 112). Die Reihe könnte beliebig fortgesetzt werden. Selbst Heinrich Kupffer schrieb noch 1971:

> „Sicherlich hat die Anthropologie recht, wenn sie die Erziehungsbedürftigkeit als ein Wesensmerkmal des Menschen versteht. Der Mensch muß daher in Institutionen aufwachsen, die ihn führen und seine Anpassung an die Gesellschaft erzwingen" (129, S. 56).

Etwas eingeschränkt steht Kupffer auch 1972 (55, S. 24) zu dieser Aussage, und erst in seinem Aufsatz „Antipsychiatrie und Antipädagogik" („Die Deutsche Schule", Nr. 9/1974) heißt es:

> „Der geltende Erziehungsbegriff stempelt die Gruppe der Jugendlichen als *erziehungsbedürftig* ab und stellt sie der selbstgenügsamen Gruppe der Erwachsenen gegenüber. Die Pädagogik geht bereits von dieser Voraussetzung aus und erarbeitet die Mittel, mit denen sich die *als Disziplinierung verstandene Erziehung* am wirkungsvollsten durchführen läßt" (S. 592).

Solche außerordentlich zurückhaltenden Formulierungen nehmen sich bei einem Antipädagogen, der der „Erziehung" die Kategorien von Mitteln, Zielen, Erfolgen verweigert, dem „Erzieher" nicht einmal mehr die (erzieherisch gemeinte) Rolle des Vorbildes zubilligt, merkwürdig aus. Was Kupffer immer noch „Erziehung" nennt, ist nichts weiter als mitmenschliches Zusammenleben, bei dem natürlich jeder Beteiligte lernt; und des mitmenschlichen Zusammenlebens ist der Mensch fraglos bedürftig, ebenso des Lernens. Kupffer denkt, wenn auch terminologisch etwas verwirrend, antipädagogisch.

So viel ich weiß hat Heinrich Kupffer nur ein einziges Mal in einer kleinen Arbeit („Sexualerziehung — ein Mißverständnis progressiver Pädagogik?" in „Die Deutsche Schule", Nr. 11/1973, S. 744—756) seine Zurückhaltung eingeschränkt und Empörung über die Rolle des „pädagogischen Besserwissers" (S. 752), dessen „Herrenmenschenmoral" (S. 754) und „Nähe zum faschistoiden Denken" (S. 755) durchblicken lassen. Über die in Mode gekommene Sexualerziehung (SE) — auch die progressive — sagt Kupffer: „Die Folge ist, daß sich *der Anspruch der Erwachsenen auf Herrschaft* nicht vermindert, sondern erhöht" (S. 746). Der folgende Satz verdient eine besondere Hervorhebung:

„Ein wirklicher Fortschritt wäre erst dann erzielt, wenn SE als eine Spezialabteilung dessen, was man immer schon unter Erziehung verstanden hat, überhaupt verschwindet" (S. 750).

Gegen die politisch (revolutionär) motivierten Sexualisierungskampagnen bestimmter Kreise erinnert Kupffer: „Statt Befreiung von Zwang und Druck werden neue Standards geboten, denen man sich unterwerfen muß. Ein solcher ... Appell an den Instinkt zur Konformität findet sich auch im geistigen Klima des Faschismus. Dem Einzelnen wird immer wieder klargemacht, er dürfe nicht einfach so sein und denken, wie er wolle, sondern müsse sich dem gesunden Empfinden der Gemeinschaft anpassen. ... Die bisherige Welt wird ihm als spießig, muffig und zerstörungsreif hingestellt. Sie wird neu gemacht — und er darf sagen, er sei dabei gewesen. Daß jedoch dieses Neue mit denselben Spießern gemacht werden soll, gegen die sich die Revolution gerade richten soll und zu denen er selbst gehört, bleibt ihm verborgen" (S. 753). Der Aufsatz endet mit den Sätzen: „Das *Mißverständnis progressiver Pädagogik* kommt daher, daß man in der Erziehung auf neuen Wegen mitläuft, ohne den Erziehungsbegriff selbst zu kritisieren. Für einen freieren Umgang mit der Sexualität einzutreten, ist in einer von sexuellem Freiheitspathos erfüllten Zeit kein besonderes Verdienst. Verdienstvoll wäre jedoch die Verwirklichung der Einsicht, daß die Emanzipation der Jugend sich nur dann erfüllen kann, wenn sie nicht schon von den Erwachsenen programmiert ist. Der Erwachsene verhält sich erst dort progressiv, wo er seine eigene Kompetenz in Frage stellt und selbst wieder zu lernen beginnt" (S. 755 f.).

Um den qualitativen Unterschied zwischen dem üblichen Erziehungsbegriff und der Kupfferschen Interpretation des (wie ich finde ohne Not beibehaltenen) Wortes „Erziehung" deutlich zu machen, und darüber hinaus das Selbstverständnis der Pädagogen auf seine Grundvoraussetzungen zu befragen, wende ich mich nunmehr Hermann Giesecke zu, dessen „Einführung in die Pädagogik", 1969 (85), als einigermaßen repräsentativ für heutiges pädagogisches Denken gelten kann, zumal Giesecke keiner politischen Extremhaltung zu bezichtigen ist. Sein Verständnis von Demokratie und Emanzipation wird zwar von „rechts" als zu weit gehend und von „links" als nicht weit genug gehend angegriffen, aber gegen seine folgende grundlegende Darstellung habe ich noch keine Kritik gefunden.

Analyse der „Erziehungsbedürftigkeit"

Hermann Giesecke geht (wie die allermeisten Pädagogen/Erzieher) von dieser Voraussetzung aus:

„Der Mensch ist offensichtlich von Natur aus ein erziehungsbedürftiges Wesen, d.h. ein Wesen, das von seiner Geburt an auf Lernen angewiesen ist, um schon im rein physischen Sinne überleben zu können. Er ist von Natur aus ein ‚homo educandus'. ‚Der Mensch ist das einzige Wesen, das erzogen werden muß' (Kant)" (85, S. 21).

Vor einem kleinen Exkurs zur Begriffsabklärung ist zu zitieren, was Giesecke unter „Erziehung" versteht.

„Erziehung meint ... nicht alle Arten des kindlichen und jugendlichen Lernens, sondern nur die, die planmäßig zu diesem Zweck organisiert werden. ... Alles andere wäre ‚funktionales Lernen', und ein großer Teil der Lerneinwirkungen in der Familie ist funktional, weil ja das Familienleben nicht restlos in Erziehung verwandelt werden kann und darf" (S. 66). „Erziehung ist also nur als ‚intentionaler' Akt denkbar" (S. 67).

Exkurs. Wie bereits betont hat sich diese Interpretation heute unter Pädagogen weitgehend durchgesetzt, so daß die von dem Nazi Ernst Krieck eingeführte Unterscheidung zwischen funktionaler und intentionaler Erziehung, die eine Zeitlang einige Verwirrung stiftete, als überholt anzusehen ist. Der übergreifende Begriff „Sozialisation" wäre es zwar ebenfalls wert, abgeschafft bzw. ersetzt zu werden, denn 1. impliziert er, daß der Mensch von Natur aus asozial ist, was erst bewiesen werden müßte, 2. behauptet er, die „Ergebnisse" des Sozialisationsprozesses seien soziale (sozialisierte) Wesen, d.h. er ignoriert die typischen Charaktermerkmale der heutigen Erwachsenen: Egoismus, Neid, Ignoranz, Intoleranz, noch einmal Egoismus, sowie angstdurchseuchtes Konkurrenzdenken, Habsucht, Herrschsucht und Haß (in der „Schutzfärbung" der Sentimentalität; vgl. Benjamin, 26, S. 17).
Übrigens wird von soziologischer Seite die Problematik des Sozialisationsbegriffes heute sehr wohl gesehen, allerdings nur dann, wenn zwischen „Sozialisation" und „Erziehung" keine stringente Differenzierung vorgenommen wird (so daß es z.B. zu den Begriffen „Sozialisator" und „Sozialisand" kommt, die von den Begriffen „Erzieher" und „Zögling" durch nichts mehr unterschieden sind). Heinz Hartmann zitiert Alex Inkeles' Behauptung, „die meisten Veröffentlichungen über Sozialisation wären verfaßt, als ob wir bereits das Orwellsche Jahr 1984 erreicht hätten" (39, S. 134), Ralf Dahrendorfs Vorwurf: „‚Für Gesellschaft und Soziologie ist der Prozeß der Sozialisierung stets ein Prozeß der Entpersönlichung ...'" (39, S. 138 f.), sowie Kurt Danzigers Kritik an der „dem Verstärkungsmodell (der behavioristischen Lernpsychologie; EvB) zugrunde liegende Annahme, daß der Sozialisand als passiver Organismus zu betrachten sei, der der Kontrolle des Sozialisators schlechthin unterworfen sei" (39, S. 139). Der gegenwärtige desolate Zustand der Erziehungswissenschaften (Walter Benjamin sprach bereits 1913 von deren „Bankerott"; 26, S. 9)

verführt offenbar manche Soziologen dazu, mit eigenen Begriffen und Interpretationen Ordnung in das Chaos bringen zu wollen, ohne damit freilich den inneren Widersprüchen der Sache — z. B. der Bewältigung der Generationenproblematik *um der Zukunft willen* durch die Herrschaft der *Älteren* — entgehen zu können. Immerhin spekuliert der Sozialwissenschaftler Hartmann „gegen die anpassungsmechanistische Deutung, die der Sozialisationsbegriff in neuerer Zeit gefunden hat" (39, S. 158) mit Möglichkeiten „autonomer Sozialisation": „Autonomie hat dabei den doppelten Aspekt der Freiheit von Fremdbestimmung und der Chance zum Gegeneinfluß" (39, S. 156). Vielleicht hat Antipädagogik tatsächlich in Soziologen die richtigeren Gesprächspartner als in Pädagogen, aber mir fehlt es für ein solches Gespräch noch an Kompetenz und für das vorliegende Buch würde ein solcher zweiter Argumentationsschwerpunkt wohl nur zusätzliche Verständigungsschwierigkeiten mit dem vorrangig angesprochenen Leser heraufbeschwören. Ich verwende deshalb den Begriff „Sozialisation" (wenn auch gewissermaßen unter Protest) in dem bei Pädagogen üblichen Sinne, wie ihn Hartmut Lüdtke zusammenfassend darstellt:

> „Sozialisation bezeichnet einen komplexen Vorgang der Interaktion zwischen Individuum und sozialem System in Abhängigkeit von Alters- und Entwicklungsstufen, aus dem ein bestimmtes Reservoir oder Muster von Verhaltensdispositionen des Individuums resultiert. Im Gegensatz zum Erziehungsbegriff, der sich auf die intentionalen Prozesse des Lernens und der Anpassung beschränkt, umfaßt Sozialisation auch die nichtintentionalen Prozesse der Integration des Individuums in ein gegebenes System" (27, S. 132).

Die Definition des Begriffs „Erziehung" als Bezeichnung ausschließlich für planmäßige, intentionale, auf das Kind als Objekt gerichtete Akte ist für die folgende Erörterung besonders wichtig: Sie stellt klar, daß Giesecke mit „Erziehung" und „Pädagogik" eine spezifische Veranstaltung der Erwachsenen meint (während „Sozialisation" im pädagogischen Verständnis auch die zumindest durch Antipädagogik nicht sinnvoll zu bekämpfenden Einflüsse von harten Wänden, unterschiedlichen Milieubedingungen oder plötzlichen Regenschauern umgreift, die nicht unmittelbar entpersönlichend wirken können). Deutlich genug schreibt er:

> „Die Pädagogik ist gleichsam immer unzufrieden mit dem Menschen, so wie er jeweils ist. Sie will ihn verändern, indem sie ihn zum Lernen bzw. Dazulernen bewegen möchte" (85, S. 64).

Ebenso freimütig erklärt er:

> „Erziehung impliziert immer ein Gewaltverhältnis von Menschen über Menschen, in der Regel ein Gewaltverhältnis der Erwachsenen bzw. bestimmter Erwachsener (Eltern, Lehrer) über Kinder und Jugendliche" (85, S. 68). — Entsprechend z.B. Groothoff (94, S. 196): „Erziehung ist immer auch so etwas wie eine Herrschaftsausübung."

Wie rechtfertigt nun Giesecke in seinem Einführungswerk (85) trotz solcher eindeutig undemokratischen Prämissen die „generelle Notwendigkeit für die Erziehung" (S. 17)?

Sie gehe auf „einen natürlichen Tatbestand zurück" (ebenda), weil „der Mensch bei seiner Geburt nämlich nicht über all das, was er zu seiner rein physischen Lebenserhaltung braucht" (ebenda), verfüge. Der Mensch sei „weltoffen" (ebenda), im Gegensatz zum Tier, deshalb ein „erziehungsbedürftiges Wesen, d.h. (!! — diese und die im folgenden eingestreuten Ausrufungszeichen von EvB) ... auf Lernen angewiesen" (S. 21).

> „Die Erziehung als Tun und die Erziehungswissenschaft als Reflexion dieses Tuns gründet auf der naturbedingten Tatsache, daß der Mensch ein erziehungsbedürftiges bzw. (!!) ein lernbedürftiges Wesen ist. Dies ist der fundamentale Gegenstand aller Pädagogik" (S. 23).

Wir sehen bereits: Erziehung, eine Veranstaltung der Erwachsenen, wird mit Lernen, einer Tätigkeit des Kindes, einfach gleichgesetzt. Schon im einleitenden Zitat dieses Abschnitts hieß es ja, der Mensch sei ein erziehungsbedürftiges Wesen, d.h. (!) auf Lernen angewiesen. Und im zweiten Zitat meinte Erziehung nicht alle Arten des Lernens, sondern nur die, die planmäßig zu diesem Zweck organisiert werden. Analysiert man diesen Satz auf seine sprachliche Logik, so stößt man entweder auf Lernarten, die dem Lernen dienen, was wenig Sinn ergibt, oder auf Erziehung als Selbstzweck, was der Wahrheit schon die Hand reicht. Und so geht es weiter:

> „Aber was am Menschen ‚Natur' ist, also unveränderlich, kann die Erziehung nur sekundär interessieren, weil die Erziehung es darauf angelegt hat, den Menschen zu betrachten, insofern er durch Lernen (!) veränderbar (!) ist" (S. 41).

Der aktive, ein Subjekt erfordernde Begriff „Lernen“ wird unvermittelt dem passiven, auf ein Objekt zielenden „veränderbar“ zugesellt.

„Wir Pädagogen betrachten den Menschen als ein Wesen, das erst durch Lernen wirklich zum Menschen wird“ (S. 47).

Dieser Satz kann in unserem Zusammenhang hingenommen werden (in dem es nicht um die Frage geht, ab wann wohl ein Mensch ein „wirklicher“ Mensch ist und wo denn die „wirklichen“ Menschen geblieben sind, die sich so viele Jahre von den großartigen Pädagogen als unwirkliche Wesen betrachten lassen mußten), weil er vom „Lernen“ statt vom „Erziehen“ spricht. Aber sofort verwirren sich die Begriffsinhalte wieder:

„Das erste Lernen des Kindes ist gewissermaßen Unterwerfung unter das, was die Eltern sind und fordern (!), und was die Eltern fordern (!), ist wie gesagt zu einem guten (!) Teil das, was die Gesellschaft als Ganzes fordert (!) bzw. was in der sozialen Schicht der Eltern üblich (!) ist. Man muß sich das totale Ausgeliefertsein des Neugeborenen (!) an seine Eltern und andere Erwachsene in vollem Ausmaß vorstellen, um ermessen zu können, in welchem Maße in der ersten Zeit Lernen (!!) identisch ist mit Unterwerfung (!!)“ (S. 48).

Diese ideo-logischen Kapriolen sind offenkundig. Fraglos lernt bereits das Neugeborene, und ebenso lernt es häufig genug Unterwerfung, aber nicht aus Naturnotwendigkeit, weil Lernen mit Unterwerfung „identisch“ wäre, sondern wegen des Forderns pädagogischer (guter) Eltern, die ihre Kinder zur Vergangenheit (was ... üblich ist) erziehen. Oder einfach wegen der schamlosen Purzelbäume pädagogischen Menschenhasses:

„Wer nicht bestimmten Leistungsanforderungen ausgesetzt wird, kann im Grunde gar nicht wissen, was er eigentlich lernen soll (!)“ (S. 49).

Durch die Vermengung aktiver und passiver Begriffe („Es ist eine alte Weisheit, daß niemand erzogen werden (!) *kann*, der nicht erzogen werden (!) *will*. Lernen (!) ist und bleibt eine Leistung der einzelnen Individuen“ — S. 51) gelingt es, Leistungsanforderungen an Neugeborene zu rechtfertigen, und obwohl man nur lernen *kann*, wenn man lernen *will*, ist plötzlich Unterwerfung nötig, damit man auch weiß, was man lernen *soll*. In erster Linie *kann* das Neugeborene dann nur Unterwerfung lernen. Und warum? Damit Erziehung dann wiederum für die „Emanzipation" sorgen kann. „Lernen ist also, um wieder auf die politische Seite zurückzukommen, die subjektive (! vgl. unten) Seite von Emanzipation" (S. 61|). Berücksichtigen wir Gieseckes Statement von dem erzieherischen „Gewaltverhältnis von Menschen über Menschen" (S. 68), wird deutlich, wovon in Wahrheit Emanzipation nottut, nämlich von der Erziehungsideologie selbst — was diese natürlich mit allen Mitteln verschleiert.

> „Die einzige Legitimation von Herrschaft in der Erziehung besteht heute in der schon genannten ontogenetisch bedingten Unmündigkeit (auf diese Ungeheuerlichkeit wird in Kapitel IX zurückgekommen. EvB). In dem Maße aber, wie die Erziehung (!) selbst (!) diese Unmündigkeit abbaut, muß sie die jungen Menschen auch von Herrschafts*objekten* zu mitbeteiligten Herrschafts*subjekten* machen (!)" (S. 77).

Nicht etwa das aktive Lernen der Individuen — und sei es das verzweifelte oder geheuchelte Lernen von Unterwerfung — macht sie wenigstens äußerlich zunehmend unabhängig von ihren Unterwerfern (Erziehern), nein, „die Erziehung selbst", also die Erzieher, bringen das fertig, sie „machen" sogar aus Herrschaftsobjekten Herrschaftssubjekte, wahrhaft ein „pädagogisches ‚Kunststück'" (S. 48).

> „Emanzipation ist zugleich politisches und pädagogisches Ziel, das mit je verschiedenen Mitteln angestrebt werden muß" (S. 95).

Als Tarnmanöver okkupiert die pädagogische Ideologie Emanzipation als *ihr Ziel*, um dessentwillen Erziehung erforderlich werde. Man kann kaum vermeiden, nachdrücklich an die kirchliche Herkunft der formalen Erziehung erinnert zu werden. Ich bin nichts (Erbsünde), Gott ist alles. Wie es in dem Kirchenlied heißt: Bis hierher hat mich Gott (resp. die Erziehung) gebracht durch seine große Güte. Vertraue getrost fremden Mächten, nur nicht dir selbst, dann wirst du nicht merken, an wessen Drähten deine Mündigkeit zappelt. Die parareligiös motivierte, sich selbst begründende und bezwekkende Erziehungsideologie fühlt sich sogar immer noch derart sicher, daß sie es sich leisten kann, gelegentlich die Tarnkappe zu lupfen:

„In einer demokratischen Gesellschaft müssen also Erziehungsziele offene Ziele sein, die Rede von ‚Erziehung *zu* etwas' ist unkorrekt. Das gilt selbst für die Formel von der ‚Erziehung zur Demokratie', eine Redewendung, die oft entweder naiv gebraucht wird oder gar bei näherem Zusehen sich als ein autoritärer Anspruch auf Menschen entlarvt. ... Daß solche Mißverständnisse immer wieder auftauchen können, liegt wohl nicht zuletzt auch an dem eigenartigen Klang des deutschen Wortes ‚Erziehung'. Nun wird vielleicht klarer, warum wir nicht, Erziehung' als den Generalbegriff aller Pädagogik bezeichnet haben, sondern ‚Lernen'. Lernen legt den Akzent auf die Individuen, macht die Individuen zum Subjekt der pädagogischen Vorgänge (!), während Erziehung im üblichen Sprachgebrauch sie allzu leicht zum puren Objekt macht" (S. 101).

Im üblichen Sprachgebrauch kann man Individuen nicht zu Subjekten von Vorgängen „machen" (schon gar nicht, wenn man sie zuvor zur Verinnerlichung der Objektrolle zwang, s.o.), man kann sie allenfalls als solche respektieren oder tolerieren, aber eben dies sind Vokabeln, die der pädagogischen Ideologie den Boden entziehen würden. Hätte Giesecke die obige präzise Unterscheidung zwischen objektgerichteter Erziehung und subjekthaftem Lernen selbst ernst genommen und durchgehalten, hätte er der Ideologie seiner Profession auf die Schliche kommen können. Denn dann ist der Mensch kein „erziehungsbedürftiges", sondern ein lernendes Wesen, dessen Lernen keineswegs mit Unterwerfung identisch ist — wenn man es nicht unterwirft. Ohne die Unterstellung der Erziehungsbedürftigkeit lernt das Neugeborene auch, aber nicht weil es belehrt, unterworfen, erzogen wird. „Funktional wird dort gelernt, wo nicht gelehrt wird" (S. 103). Es lernt nicht Unterwerfung, sondern es lernt funktional, wie seine Umgebung funktioniert, lernt Kommunikationsmöglichkeiten und Spielregeln, d.h. es ist von vorneherein nur in dem Sinne unmündig, daß es auf seine Umgebung angewiesen ist, wie ein Kranker, ein Alter, genau genommen jeder Mensch (vollkommene Autarkie ist auch dem reifsten Erwachsenen nicht erreichbar), aber das der Erziehung implizite „Gewaltverhältnis von Menschen über Menschen" kann dann wirklich mitmenschlichen Beziehungen und fairen Interaktionsstrukturen weichen: Baby schreit — Mutter bringt die Flasche; Mutter lächelt — Baby lächelt auch; Baby ist manchmal ärgerlich, weil Mutter nicht in der Nähe ist — Mutter ist manchmal ärgerlich, weil Baby sie stört, usw. Wenn Giesecke allerdings seine eigene Feststellung, daß „Pädagogen zu einem speziellen Dienstleistungsberuf geworden“ (S. 65) sind, so pervertiert:

> „Eine der wichtigsten Lernaufgaben des Säuglingsalters ist z. B., die ersten Formen des ‚Triebaufschubs‘ zu lernen, etwa: daß die Mutter nicht zu jedem Zeitpunkt stillt, an dem das Kind danach verlangt, sondern daß es dafür regelmäßige Zeiten gibt“ (S. 38),

dann ist die vorgestrige Dompteur-Ideologie wieder inthronisiert. (Daß gerade ein guter Kellner sich von seinen Gästen nicht verrückt machen läßt, sondern jeweils faire Kompromisse zwischen seiner Selbstachtung und den Ansprüchen des Gastes schließt, sei gegen naheliegende Mißverständnisse hier schon angefügt.) Die in Kapitel VIII dargestellte Konstruktion der „Säuglingsautorität“ erübrigt das von Pädagogen so nachdrücklich geforderte Werben um Vertrauen, mit welcher List sie sich ständig selbst überlisten, weil sie wegen ihrer Ideologie den Kindern höchst mißtrauisch gegenüberstehen. Das Mißtrauen in die Bereitschaft von Kindern, die rational notwendigen und emotional befriedigenden Anpassungsleistungen aktiv und selbstbestimmt (autonom) zu erbringen, also das Mißtrauen in ihre Lernfähigkeit und ihren Lernwillen würde aber selbst dann Erziehung nicht legitimieren, wenn es, etwa durch die „ontogenetisch bedingte Unmündigkeit“, gerechtfertigt wäre, weil nach Gieseckes eigener Feststellung nur lernen kann, wer lernen will. — Übrigens kann die „ontogenetisch bedingte Unmündigkeit“, „das totale Ausgeliefertsein des Neugeborenen“ wirklich nur *sehr* gute Eltern animieren, das Baby zu unterwerfen. Schon *ein bißchen* nette Eltern reagieren auf diese Abhängigkeit eher mit Großmut und mitmenschlicher Hilfe, was freilich *pädagogisch* gänzlich unverantwortbar wäre. Fazit: Hermann Gieseckes Trick, Erziehung als Fremdbestimmung, Herrschaft, Unterwerfung von zu Objekten degradierten Kindern dadurch zu rechtfertigen, daß „Erziehung“ und „Lernen“ als komplementäre Begriffe gebraucht werden, kann bestenfalls der Verschleierung anderer Motive dienen (vgl. Kapitel IV). Tatsächlich lernt jeder Mensch zumindest im Wachzustand praktisch ununterbrochen.

> „Den fundamentalen Mechanismus für gesellschaftliche Evolution überhaupt vermute ich ... in einem Automatismus des Nicht-nicht-lernen-

> Könnens: nicht Lernen, sondern Nichtlernen ist ... das erklärungsbedürftige Phänomen" (Habermas, 95, S. 27f.).

Worauf es ankommt, ist, *was* der Mensch lernt (z.B. Unterwerfung oder Selbstvertrauen), *als was* er lernt (als mit Erziehung konfrontiertes Objekt oder als selbstbestimmtes Subjekt) und *wie* er lernt (freudig, mit Interesse an der Welt, oder angstvoll, in Abwehr gegen die Welt). Daß die Pädagogik sich später darum sorgt, Kinder zum Lernen zu motivieren, ist nur Folge ihrer die Lernmotivation faktisch bekämpfenden Erziehungsbedürftigkeitsprämisse. Der komplementäre Begriff zu „Lernen" ist nicht „Erziehung" (deren Subjekte die Erzieher sind), sondern er muß *Objekte* bezeichnen: Menschen, Gegenstände, Probleme, Phänomene, Beziehungen, Strukturen. Dieser Objekte kann das Kind zwar nur ausnahmsweise habhaft werden, nur auf wenige hat es Einfluß (es kann z.B. das objektive soziale Milieu seiner Umgebung nicht ändern), aber es kann entweder — wenn es sich respektiert weiß, wie es ist, — seine Lage aktiv und unvoreingenommen erforschen, oder es muß — wenn es erzogen wird — seine Energien in Abwehrkämpfen verschleißen, die zu Resignation oder blinder Wut führen.
Diese nur mit Hilfe der Tiefenpsychologie erklärbaren Mechanismen werden später untersucht. Zunächst sollen die Voraussetzungen des pädagogischen Denkens näher bezeichnet werden.

Was ist Erziehung?

Zahlreiche Sozialwissenschaftler unterteilen Sozialisationsakte in „Unterricht", d.h. bloße Vermittlung von Informationen und Fertigkeiten, und das „eigentlich Erzieherische", etwa die „Charaktererziehung". Häufig findet man auch die Unterscheidung zwischen „Erziehung" und „Bildung". So sagt ein Psychologe:

> „Der Mensch ist ein Kulturwesen. Um Mensch zu werden, bedarf er der Erziehung und der Bildung, in seinen spezifischen Leistungen ebenso wie in seinen Grundstrukturen" (Aebli, 36, S. 37).

Ein Soziologe führt näher aus:

> „Erziehung setzt *Ziele* der Lebensgestaltung, Bildung vermittelt *Mittel* der Lebenserhaltung und -gestaltung. Erziehung formt Werthaltungen,

die den ‚Kurs' fürs Leben setzen, darüber bestimmen, was, individuell und gesellschaftlich, als lebenswert und als eine richtige Lebensführung betrachtet und angestrebt wird" (Behrendt, 36, S. 10).

Schließlich bestätigt ein Pädagoge:

„Diesen Prozeß der Aneignung akkumulierten Wissens und Könnens nennen wir *Bildung*, den der Verinnerlichung gleichbleibend dominanter Motivationen: *Erziehung*" (Jouhy, 119, S. 37).

Es ist selbstverständlich, daß Antipädagogik sich nicht gegen „Bildung", auch nicht gegen „Unterricht" wendet, sondern nur gegen „Erziehung" (und deren Gebrauchsanweisung „Pädagogik"). Der Anspruch, andere Menschen in ihren „Grundstrukturen" zu formen, ihnen „Ziele der Lebensgestaltung", den „Kurs fürs Leben" zu setzen, darüber zu bestimmen, was sie als „lebenswert" betrachten, sie zur „Verinnerlichung gleichbleibend dominanter Motivationen" zu zwingen, dieser Anspruch ist es, der mit dem Begriff „Erziehung" gekennzeichnet wird. Ihn zu durchschauen als seinem Wesen nach intolerant, mißtrauisch, totalitär und auf Entselbstung zielend, ist die Voraussetzung dafür, die Erziehung nicht nur als überflüssig (so bezeichnet sie der Hoffmann und Campe-Verlag auf dem Rückumschlag der „Familienkonferenz" von Thomas Gordon, 90), sondern als kinder-, menschen-, lebensfeindlich, als verbrecherisch zu erkennen.

Dieser Befund wird zwar in Kapitel IV entkriminalisiert, d.h. die heute lebenden Erwachsenen dürfen für ihr erzieherisches Tun nicht persönlich schuldig gesprochen werden (im klassischen, religiös motivierten Sinne von „Schuld"), ebenso sind die erzieherischen Vorsätze der meisten Jugendlichen aus der Kinderwunschmotiv-Untersuchung zu massiv überdeterminiert, um nicht entschuldbar zu sein, aber die Analyse der Kinderfeindlichkeit zeigte schon ansatzweise, wie objektiv „sozialschädlich" (um den Schuldbegriff beiseite zu lassen, der z.B. im Strafrecht noch immer sein Unwesen treibt; vgl. jetzt Plack, 166) die erzieherische Einstellung sich auswirkt, indem sie das Recht des Kindes auf Respektierung seiner Existenz, wie sie ist, von vorneherein verneint. Kann also die einzelne Mutter, der einzelne Lehrer, gegen den Vorwurf der objektiven Kinderfeindlichkeit aus subjektiven Gründen in Schutz genommen werden (und dieser Schutz mag sogar auf die Autoren der pädagogischen Ratschlagsliteratur ausgedehnt werden, auf die ich in diesem Buch nicht reagiere, um ihre naiven Rezepturen nicht zum Diskussionsgegenstand aufzuwerten), so gilt dies doch gegenüber Wissenschaftlern, die mit dem Anspruch auf Objektivität auftreten, nur sehr bedingt. Ohne Frage sind auch Fachpädagogen erzogene Menschen und als solche selbst Opfer der Erziehungsideologie. Argumentiert man aber auf der Ebene ihres eigenen objektiven Anspruchs, so kann man sie von der Verantwortung nicht freisprechen, die Erziehungsideologie zumindest am Leben zu erhalten, obwohl sie sich hinreichend als nicht lebensfähig, sondern als lebensfeindlich erwiesen hat. In diesem Sinne sind die Angriffe eines Antipädagogen auf Pädagogen (Erziehungswissenschaftler) nicht persönlich gemeint und zu nehmen, obwohl sie manchmal so klingen, weil es die Erziehungsideologie ohne die künstliche Ernährung durch die Erziehungsideologen vielleicht längst nicht mehr gäbe.

Beschränken wir uns auf die Gegenwart und sehen uns einige Aussagen von Pädagogikprofessoren an.

> „Wie viele ... Beispiele von pädagogischer Bedeutung Sie auch analysieren mögen, Sie werden immer wieder auf diesen generellen Sachverhalt stoßen: pädagogische Vorgänge sind durchweg von jeweils bestimmten, bisweilen gegensätzlichen Norm- oder Zielvorstellungen geprägt. Diese Norm- oder Zielvorstellungen bestimmen die erzieherischen Verhaltensweisen, die Institutionen, die Auswahl der Inhalte, die Methoden, die Medien“ (Klafki, 123, Bd. I, S. 45).

Pädagogische Vorgänge sind demnach ganz bewußt kinderfeindliche Vorgänge, denn ein Kind kann (und darf offenbar) keine Selbstachtung, kein positives Selbstwertgefühl entwickeln, wenn es an fremden (sogar „gegensätzlichen“: die Erwachsenen erhalten den Freibrief, jeden Scheiß als pädagogisch zu verkaufen; das Kind ist Freiwild) Norm- und Zielvorstellungen (oder „sittlichen Forderungen und Werten“, Reble, 169, S. 124) gemessen und mit durch sie bestimmten erzieherischen Verhaltensweisen traktiert (z.B. „pädagogisch gestraft“, Reble, 169, S. 124) wird.

> „Unter Erziehung werden soziale Handlungen verstanden, durch die Menschen versuchen, das Gefüge der psychischen Dispositionen anderer Menschen mit psychischen und (oder) sozialkulturellen Mitteln in irgendeiner Hinsicht dauerhaft zu verbessern oder seine als wertvoll beurteilten Komponenten zu erhalten“ (Brezinka, zitiert in 156, S. 23).

In „irgendeiner“ Hinsicht; siehe oben. — Man wirft den Ärzten vor, sie spielten sich als „Halbgötter“ auf, und das mag gelegentlich so sein. Aber Ärzte werden in der Regel nicht von sich aus tätig, sie schreiten im Auftrag des Patienten ein. Erzieher dagegen betreiben ihre Menschenverbesserei in eigenem Auftrag. („Die Gesellschaft" als „Auftraggeber" existiert nur in den Hirnen der Erziehungsfanatiker selbst, wie viele Lehrer beweisen, die ihre Schüler trotz „rechter" oder „linker" Indoktrinations-„Aufträge" *nicht* weiter zerstören.) Sie selbst bestimmen über Erziehungsakte (durch die sie Ganzgötter sein wollen), „die zu Dispositionen und Verhaltensweisen führen, welche von den Erwachsenen als seinsollend oder erwünscht angesehen werden" (Brezinka, 207, S. 233). „Erzieherisches Handeln ist soziales Handeln. Es zielt auf einen oder mehrere Sozialpartner" (ebenda, S. 240). So gesehen ist auch jeder Angriffskrieg und jeder Massenmord „soziales Handeln".

Die Zeitschrift „psychologie heute" (Heft 1/1975, S. 8—10) berichtete über ein Experiment von Thoma Moriarty, der testete, wie viele Leute z. B. der Bitte, ihre Taschen zu entleeren, nachkommen: „Moriarty fand immer genug ‚willige Opfer' für Situationen, die er ‚kleine Morde' (*Little Murders*) nennt. (Den Ausdruck hat er von Jules Feiffer geborgt, der damit das Eindringen in die Privatsphäre eines Menschen bezeichnet.)" Trotz vieler Variationen waren es immer ungefähr 80 % der Versuchspersonen, die „nicht glauben, ein Recht zu haben, gegen solches Eindringen in ihre Privatsphäre einzuschreiten." „Moriarty kommt zu dem Schluß, daß es eine wichtige soziale Aufgabe ist, Menschen auf ihre eigenen Rechte hinzuweisen und ebenso auf die Möglichkeit, dafür einzustehen. Auch das gehört seiner Meinung nach zur Verbesserung der Lebensqualität."
Man muß füglich in Frage stellen, ob solche Hinweise große Erfolgsaussichten haben, solange erzieherisches Handeln nicht als asoziales Handeln durchschaut ist, als eine Kette „kleiner Morde", deren Opfer sich mit ihrer Rolle tunlichst anfreunden, um keinen „großen" Mord zu provozieren (vgl. Friedrich Hackers Bericht in Kapitel I).

Ich schlage vor, jeden erzieherischen Akt als „kleinen Mord" zu qualifizieren; mindestens aber als Amputation, insofern es um einzelne „Komponenten" (Brezinka) geht, die ja auch dort, wo sie als als wertvoll beurteilte erhalten werden sollen, von Fremdbestimmung und Einmischung zeugen und deshalb jeweils ein Stück Selbstbestimmung und Integrität amputieren.
Der Anspruch, andere Menschen zu verbessern, zu ändern, kann durch keinen Trick der Welt mit den Ideen von Toleranz, Respekt, Vertrauen in Übereinstimmung gebracht werden. Von Demokratie gar nicht zu reden.

In einem neueren Buch hat Hermann Giesecke 1973 gegen die kommende „Lerngesellschaft“ unter Beibehaltung seines Lernen-gleich-Erziehung-(Selbst-)Betrugs aufschlußreiche Erkenntnisse formuliert:

> „In ihr wird das Lernen nicht mehr ein Vorrecht des Kindes sein, sie wird uns von der Geburt bis zum Tode zum Lernen verurteilen, uns gewissermaßen im Status des unmündigen Kindes festhalten“ (86, S. 54). „Ohne Zweifel wird die Lerngesellschaft die totale Vergesellschaftung des Menschen vollenden. ... Wer die Vorschläge für die Vorschulerziehung sowie die daraus resultierenden Lehrmittel etwas genauer kennt, weiß, daß ‚Vergnügen‘ nicht vorgesehen ist — allenfalls dazu, die Kinder bei Laune zu halten, sie zu ‚motivieren‘, wie es vornehmer heißt. Lernen ist zur gesellschaftlichen Pflicht geworden — wie der Konsum und der Orgasmus und die Arbeit. Es treibt die Verdinglichung der menschlichen Beziehungen weiter fort“ (S. 55).

Sodann prophezeit Giesecke „die zunehmende Neurotisierung“ mit folgender Begründung:

> „Die totale gesellschaftliche Pflicht zu lernen heißt doch auch: Wir erlauben dir nicht, so zu sein wie du bist; gleichgültig, wie gut oder wie schlecht; was auch immer du bereits gelernt hast: es genügt nicht, wir wollen, daß du durch Lernen anders wirst, und zwar nach Kriterien, die dir von außen (‚gesellschaftliche Entwicklung‘) vorgegeben werden und die du nicht mitbestimmen kannst. Wie werden auf die Dauer Menschen reagieren, denen man zeitlebens die Anerkennung für ihr Sosein versagen muß, die immer anders sein müssen, als sie wirklich sind?“ (S. 56f.).

Mit solcher nicht überhörbaren Verzweiflung bezahlt der aufrichtige Pädagoge für sein undifferenziertes Denken und seine Ideologie des Mißtrauens. Denn das lebenslange Lernen ist längst Wirklichkeit, ohne im geringsten neurotisierend zu wirken. (Neurosen sind die Folgen von erzieherischer Unterwerfung, nicht von realitätsgerechtem Lernen.) Wenn bestimmte Entwicklungen etwa zu Berufswechsel und Umschulung „zwingen“, so ist nicht irgend jemand (*wir* erlauben dir nicht ...) mit dem Betroffenen unzufrieden (das Motiv für Erziehung), sondern der Betroffene selbst orientiert sich neu an neuen Möglichkeiten und Bedingungen (das Motiv für Lernen, Weiterbildung). Ein Programmierer, dessen Arbeitsplatz durch eine neue Computergeneration überflüssig wird, ist zwar objektiv gezwungen, dazuzulernen, sich „zu verändern“, aber nur im den Bildungsbegriff betreffenden Sinne, nicht weil irgend jemand ihm (seinem Fühlen und Denken, s. u.) mißtraut und seine Integrität im Sinne des Erziehungsbegriffes angreift, wie es das pädagogisch ambitionierte Psychologen-Ehepaar Tausch charakterisiert:

„Fundamentales Ziel der Erziehung ist die Änderung seelischer Prozesse und Zustände von Menschen, z.B. Änderungen von Verhaltensweisen, Änderungen der Umweltwahrnehmung, des Fühlens und Denkens, der Motivation, der Einstellungen u. a. m." (206, S. 99).

Toleranz, Respekt, Vertrauen sind erzieherische Anti-Begriffe, auch und gerade dann, wenn sie zu Erziehungszielen deklariert werden. Denn solche Überbau-Deklaration ist in den Wind geredet (tatsächlich in den *Gegenwind*, wie in Kapitel VI gezeigt wird), solange die Basisbeziehungen zwischen den Generationen durch den Erziehungsanspruch der Erwachsenen, also Intoleranz, Respektlosigkeit, Mißtrauen geprägt werden. Oder mit den alle Erziehung bereits theoretisch *vernichtenden* Worten von Klaus W. Döring:

„Indem Zielprobleme permanent isoliert (und damit gleichsam sterilisiert) werden, übersieht man die vom Pragmatismus (zum Beispiel Dewey) längst herausgearbeitete prinzipielle Austauschbarkeit pädagogischer Ziele und Mittel: Jedes Mittel muß zu jeder Zeit Ziel, jedes Ziel zu jeder Zeit Mittel sein können" (55, S. 185).

Der qualitative Unterschied zwischen dem Herrschaftsanspruch der Erziehung und beispielsweise der Notwendigkeit einer Umschulung ist nur um den Preis einer heillosen Begriffsverwirrung zu ignorieren. Ein amerikanischer Pädagoge schreibt:

„Deshalb wird Erziehung entsprechend dieser Sicht etwas enger gefaßt: als absichtliches und zielbewußtes Schaffen, Erzeugen oder Vermitteln von Wissen, Fähigkeiten, Fertigkeiten und Wertvorstellungen. Wenn dabei absichtlich und zielbewußt betont werden, so wird damit nicht geleugnet, daß unbeabsichtigte Einflüsse sich möglicherweise stärker auswirken; damit soll lediglich hervorgehoben werden, daß der Mensch nicht auf einen zufälligen Lernprozeß angewiesen bleiben kann. Wenn der Mensch nicht gezwungen sein soll, sämtliches Wissen für sich selbst neu zu entdecken, so muß er erzogen werden, was heißt, daß Erziehung als solche zielbewußt zu sein hat" (Silberman, 193, S. 10).

Obwohl diese Aussage auf eine Tatsache anspielt, die heute von keinem ernstzunehmenden Fachmann mehr bestritten wird, daß nämlich unbeabsichtigte Einflüsse das Lernen des Menschen unvergleichlich stärker bestimmen als beabsichtigte (man könnte sogar darüber streiten, ob nicht auch intentionale Erziehungsakte *immer nur* durch funktionales Lernen verarbeitet, also *niemals* Erziehungsziele, sondern *ausschließlich* ihre Mittel lernwirksam werden; s.u.), rechtfertigt Silberman wie fast alle seine Kollegen Erziehung (Fremdbestimmung) mit der Behauptung, ohne diese wäre der Mensch gezwungen, sämtliches Wissen neu zu entdecken. (Viele Pädagogen verteidigen Erziehung damit, daß man nicht von jedem Menschen erwarten könne, „selbst die Dampfmaschine zu erfinden".) Die Phänomene Bildung, Ausbildung, Unterricht werden einfach ausgeklammert (resp. subsumiert), es wird sogar behauptet, ein Mensch, den man nicht fremdbestimmt-zielbewußter Erziehung unterwerfe, bleibe „auf einen zufälligen Lernprozeß" angewiesen. Was der Erwachsene bestimmt, ist heilige Wahrheit, wofür das Kind sich interessiert: Zufall. Und solche Geistesgrößen setzen dann Erziehungsziele!

Nach Klafki, der sich als „links" versteht, und Brezinka, dem alles egal ist, wenn er nur Manipulationstechniken entwickeln darf, sei die Erziehungsideologie auch am Beispiel eines „rechts" stehenden Pädagogikprofessors vorgeführt. Die folgende Passage bestätigt eindrücklich Walter Benjamins Urteil aus dem Jahre 1929, daß die Fortschritte der offiziellen Pädagogik in nichts anderem bestehen, als „zunehmend List an Stelle der Gewalt zu setzen" (26, S. 87).

> „Zwischen Eltern und Kind werden zwei gegenläufige Prozesse wirksam; von seiten der Eltern jener der Verhaltenssteuerung, den man auch ‚Erziehung' zu nennen pflegt, im Sinne von Verhaltensbestärkung oder Verhaltensveränderung, und von seiten des Kindes der Prozeß der Zuschreibung der erlebten Dominanz, die nicht nur registriert sondern auch als rechtens anerkannt wird. Geschieht dies, so resultiert aus der Begegnung Eltern-Kind die Folgebereitschaft des Kindes. Autorität wird so als ein Ganzes erlebt, worin das Mehr, der Qualitätsanspruch, die Dominanz als subjektive psychische Eigenschaften und Momente der objektiven Position syndromartig integriert sind. Im ‚Idealfall' wird der autoritäre Wille nicht mehr als solcher, das heißt als Ausprägung der Macht empfunden, sondern er wird fraglos verbindlich" (Erlinghagen, 66, S. 75).

Der „Idealfall" ist demnach die totale Entselbstung, Depersonalisation, Versklavung des Kindes, das die endlose Kette der „kleinen Morde" (die *psychisch* längst ein großer sind) nicht nur registrieren, sondern auch noch als rechtens anerkennen soll. Ein Kind in seinem

„Sosein" (Giesecke) ohne Vorbehalte anzunehmen, steht überhaupt nicht zur Debatte. (Sonst müßten sich ja die Erzieher wohl gar umschulen lassen!)

Ein anderer Pädagogikprofessor „mittlerer Position" (d.h. mit dem Bewußtseinsstand des 19. Jahrhunderts) hat kürzlich als Resümee eines Sammelbandes über „Autorität und Freiheit" (Geißler, 84) geschrieben:

> „Formen pädagogischer Führung haben ... immer nur ‚vormundschaftliche' Funktion. Sie unterwerfen das Kind keinem einseitigen, gleichbleibend beständigen Herrschaftsverhältnis, sondern bereiten es auf Selbständigkeit vor. Insofern steht dann eine — natürlich immer streng zu kontrollierende wie zugleich auch wohl zu dosierende — pädagogische Lenkung, in Grenzfällen auch Gegenwirkung, nicht im Gegensatz zur geforderten Verselbständigung des Individuums, sondern zeigt sich vielmehr als deren Voraussetzung" (84, S. 159f.).

Was von solcher „Verselbständigung" zu halten ist, hatte der gleiche Autor früher einmal so formuliert:

> „Erzieherisch ist es ja so überaus wichtig, das Kind dazu zu bringen, daß es schließlich selber will, was es den Bildungsintentionen nach soll" (71, S. 91).

Erziehung ist Gehirnwäsche, zunehmend trickreich veranstaltete, gewiß, um keinen Widerstand aufkommen zu lassen, kein Bewußtsein, aber eben Gehirn- (und Seelen-)wäsche. Insofern Pädagogen sich unabhängig von ihren sonstigen Differenzen darüber einig sind, daß Kinder diese Wäsche nötig haben, verbindet sie die Erziehungsideologie (als Basisphänomen), das pädagogische Syndrom (aus Mißtrauen, Intoleranz, Angst, Heuchelei), oder einfach die entsprechende *Einstellung*, die im folgenden genauer eingegrenzt werden soll.

Die pädagogische Einstellung

Der Einstellungsbegriff wurde im ersten Kapitel erläutert. Nun soll der gewiß unverdächtige Psychologe Heinrich Roth behilflich sein, die spezifisch pädagogische Einstellung, die noch weithin als besonders menschenfreundlich und respektabel gilt, so genau zu definieren, daß sie zukünftig ohne zu großes Mißverständnisrisiko als terminus technicus gebraucht werden kann. Roth schreibt in einem Aufsatz „Wie lernen wir unsere Schüler als Menschen kennen?":

> „Die eine wichtige Voraussetzung ist die *psychologische Einstellung*, die — im Unterschied zur pädagogischen Einstellung mit wesentlich belehrendem und forderndem Charakter — sich dem Kind gegenüber grundsätzlich ‚erkennen-wollend' verhält. Diese psychologische Einstellung, die den Lehrer aus erzieherischer Liebe zum ‚stillen und reinen Beobachten dessen, was aus dem Kind herausleben will', erzieht, ist die erste Voraussetzung zum Aufbau einer dem Kind und seiner Entwicklung gerecht werdenden Schüler- und Menschenkenntnis" (182, S. 32).

Die Problematik einer „erzieherischen Liebe" braucht hier noch nicht zu interessieren; wesentlich ist der Gegensatz zwischen dem belehrenden und fordernden (und damit im erörterten Sinne ideologischen, mißtrauischen) Charakter der pädagogischen Einstellung einerseits und der von Roth „psychologisch" genannten Einstellung andererseits, die dasjenige beachtet, „was aus dem Kind herausleben will", der Aktivität des Kindes also nicht mißtraut. H. v. Hentigs Forderung (102, S. 10) der „Emanzipation des Lehrers vom Unterrichtsfunktionär zum Mäeutiker" (wörtlich: Geburtshelfer) liegt sehr anschaulich auf der gleichen Linie.

Roth greift seine Unterscheidung noch zweimal auf. Eine völlig unbemerkte und abgeschirmte Beobachtung sei in der Schule nicht am Platze —

> „Wohl ist aber die Umstellung des Lehrers von der pädagogischen zur psychologischen Einstellung nötig. Er darf die Kinder nicht mit Erziehung zudecken, er darf nicht sofort erzieherisch eingreifen — gerade vollblütige Pädagogen neigen dazu —, sondern er muß einen Augenblick zögern, einen Augenblick abwarten, was eigentlich ans Licht will, nicht um dem Kinde zu schaden, sondern gerade um noch bessere, tiefergreifende Ansatzpunkte für die Erziehung zu gewinnen" (182, S. 39).

Bei „vollblütigen" Pädagogen (vgl. den „pädagogischen Orgasmus", Kapitel IX) ist um einen Augenblick des Zögerns offenbar nur mit dem Versprechen desto größerer Lust zu werben. So kommt es zu dem logischen Fehler, daß Roth eben noch eine Umstellung fordert, dann aber nur der unveränderten Einstellung ein Zögern zur Erhöhung der Endlust empfiehlt: Zeichen für die konfusen Wirkungen der Erziehungsideologie.

Klarer wird Heinrich Roth wieder, wenn er über die Auswertung von Schüleraufsätzen schreibt:

„Diese fordert die stärkste Umstellung des Lehrers. Er ist gewöhnt, sich dem Aufsatz gegenüber pädagogisch einzustellen, d.h. ihn zu werten, zu beurteilen, zu benoten; nun soll er ihn *psychologisch* betrachten, d.h. nicht werten, sondern auswerten, nicht beurteilen, sondern verstehen, nicht benoten, sondern deuten“ (182, S. 59).

Auswerten, Verstehen, Deuten sind keine spezifisch pädagogischen Funktionen, sondern Bestandteile jeder Kommunikation. Die spezifisch pädagogische Einstellung beinhaltet nach Roth das Belehren, Fordern, Eingreifen, sowie das Werten, Beurteilen, Benoten (zu ergänzen ist:) von der Warte mißtrauischer Unzufriedenheit aus, wie sie Josef Dolch kennzeichnet:

„Erkenntnisse der Psychologie spielen in der Pädagogik, besonders in der Erziehungslehre, gewiß eine große Rolle, weil die Seele des Menschen in erzieherischer Sicht sein wichtigster ‚Teil‘ und die Einwirkung auf das Seelische geradezu der erzieherische Zugang vorweg ist, aber die grundsätzliche Sicht ist in der Pädagogik doch eine andere als in der Psychologie: nämlich die Veränderung des Menschen zu einem Besseren, Wertvolleren hin“ (176, S. 134).

Damit bestätigt sich die Interpretation der pädagogischen Einstellung (die nun wahrlich nicht mehr als menschenfreundlich angesehen werden kann) als einer Folge der Erziehungsideologie, die aus schlechten (nicht ausreichend guten) und wertlosen (nicht ausreichend wertvollen) Schülern so richtig schön gute und wertvolle Menschen zu machen beansprucht (was dummerweise bloß nicht richtig zu klappen pflegt — sieht man respektvoll von den verkorksten Strebertypen ab, die dann Pädagogikprofessoren oder Politiker werden). Diese Einstellung, nicht etwa die Schüler, veranlaßt Lehrer zu ihren pädagogischen Veitstänzen und Amokläufen, mit denen sie den Schülern ihren Lernwillen austreiben, um sich rückschlüssig zu rechtfertigen.
Die „pädagogische Einstellung“ sollte damit hinreichend abgegrenzt sein etwa von der Bereitschaft Erwachsener, Kindern Essen zu geben, Fragen zu beantworten und was dergleichen mitmenschlicher Selbstverständlichkeiten mehr sind. Wenn Lehrer (und alle Erwachsenen) mit Heinrich Roth sagen würden:

„Ohne Zweifel muß ich wissen, was ich will. Ich muß ein *Ziel* haben. Das Ziel ist der Gegenstand“ (182, S. 126), und nun nach dem „eigentlich Bildsamen am Gegenstand“ (S. 120) fragten, wenn sie obendrein wüßten:

> „Der Schüler wird, was seine innere Einstellung zum Gegenstand betrifft, oft mehr durch das Verhältnis des Lehrers zum Gegenstand als durch den Gegenstand beeinflußt“ (S. 121),

wenn Lehrer (Erwachsene) also die Bedingungen des funktionalen Lernens kennen würden, dieses Bedürfnis „gegenstands-zentriert“ (vgl. Kapitel VII) befriedigten und ihr heuchlerisches Erziehungsgeschwätz unterlassen könnten, dann, aber nur dann wäre es unnötig, eine antipädagogische Einstellung zu empfehlen. Die pädagogische Einstellung, die hier gekennzeichnet wird, zielt nicht auf den Gegenstand, sondern auf den Zögling. Das „gestörte Selbstverständnis“, das Giesecke (85, S. 219) den Pädagogen bescheinigt, steht zumindest dem nicht im Wege: Erzieher in Praxis und Theorie, Familie und Schule machen noch immer in erster Linie die Kinder, nicht die Gegenstände zu Objekten ihrer Bemühungen (sonst könnten z.B. niemals Schüler, sondern immer nur Lehrer Zensuren erhalten).

Obwohl Erzieher in der Regel offen zugeben, daß sie in den Zöglingen ihre Angriffsziele sehen, gibt es doch auch Verschleierungsmanöver. Zum Beispiel sagt Wolfgang Klafki:

> „Wir bezeichnen es als Aufgabe des methodischen Denkens, Wege zu einer bildenden Begegnung von Kind und Inhalt zu ersinnen“ (176, S. 156).

Wie das in der Praxis aussehen soll, zeigt Klafki an einem Beispiel. Eine Mutter ersinnt eine bildende Begegnung zwischen ihrem Kind und dem Inhalt (Gegenstand, Wert) „Ordnung“:

> „Ein dreijähriger Junge spielt auf dem Fußboden eines Zimmers mit Bauklötzen. Als er bemerkt, daß die Mutter Anstalten zum Fortgehen macht, läßt er die Klötze auf dem Fußboden liegen, läuft zur Mutter und ruft: ‚Ich darf doch mitgehen, ja?‘ — ‚Gewiß‘, lautet die Antwort, ‚aber erst mußt du deine Klötze in den Baukasten packen“ (176, S. 148).

Eine solche Situation ist gewiß nicht ungewöhnlich, hier aber wird sie als Musterbeispiel des pädagogischen Denkens von einem progressiven Erziehungswissenschaftler und einflußreichen Lehrerausbilder angeführt. Deshalb lohnt es, die geschilderte Interaktionssequenz unter dem Gesichtspunkt des funktionalen Lernens zu analysieren. Was lernt der Dreijährige wirklich?

1. Er lernt, daß die Mutter Herrschaft ausübt. Herrschaft auszuüben wird ihm erstrebenswert.
2. Er lernt Erpressung als selbstverständlich anzusehen. (Die Mutter wird es später zu büßen haben!)
3. Er lernt, daß die Mutter Ordentlichkeit höher schätzt als die spontanen Wünsche ihres Kindes. Ordnung wird ihm hassenswert; später wird er (wenn das so weitergeht) schlampig oder ein zwanghafter Ordnungsfanatiker (oder beides zugleich).
4. Er lernt, daß die Mutter dem Wert der Ordnung mißtraut, sonst würde der sich selbst zur Geltung bringen, brauchte nicht der Mutter Unterstützung.
5. Er lernt, daß die Mutter ihm mißtraut, ihn für unordentlich hält und nicht glaubt, er würde ohne ihre Erpressung den vernünftigen Wert der Ordnung kennenlernen.
6. Er lernt, daß die Mutter ihn für korrupt hält. Sein Nachgeben, das Klafki wohl unterstellt, zeigt ihm, daß sie recht hat. Sein Selbstwertgefühl, falls diese Mutter noch etwas davon übrig ließ, wird weiter zerstört.
7. Er lernt, daß Kinder dafür da sind, gedemütigt zu werden. Er wird seine Kinder später ebenso demütigen (wenn nichts dazwischenkommt, z.B. antipädagogische Informationen).

Wie ein Erziehungswissenschaftler den Ordentlichkeitsfimmel und den Psychoterror dieser Mutter als beispielhaft hinstellen kann (es handelt sich um ein unbenutztes Zimmer, in dem der Dreijährige nach dem Spaziergang sicher weiterspielen wird, und von Geschwistern, die eine kleine Hilfe der Mutter allenfalls rechtfertigen könnten, ist weit und breit keine Spur), wird nur aus der pädagogischen Einstellung erklärbar, die nicht an „bildenden Begegnungen", sondern an Herrschaft um jeden Preis interessiert ist. — Was passieren würde, wenn der Junge nicht gehorcht („Mit generellem Anspruch kann gesagt werden, daß Ungehorsam in der Erziehung dem Geiste der Erziehung widerspricht" — Pädagogikprofessor Wolfgang Scheibe, 187, S. 308), siehe unten.

Die pädagogische Einstellung führt auch hellsichtige Wissenschaftler in logische Fallen. So konstatiert der Psychologe Peter Brückner:

> „Von dem doch auch sozial anerkannten pädagogischen Ideal, Erziehung solle danach streben, sich selbst überflüssig zu machen, sind wir weit entfernt; es sei denn, diese ideale Forderung reduziere sich darauf, ein funktionierendes Gewissen als Geßlers Hut im Heranwachsenden aufzupflanzen" (71, S. 99).

Und doch beharrt er darauf:

„Die Mutter darf ja nicht nur gewähren, sie muß auch verwehren, denn allemal setzt Autonomie, um derentwillen Erziehung und Pflege sein sollten, Anpassung voraus" (S. 101).

Nun setzt freilich Autonomie Anpassung voraus, nämlich die „Anpassung der Familie an das Kind" (so ein Vortrag von Sándor Ferenczi, 70, S. 212—226, aus dem Jahre 1928; Ferenczi wurde innerhalb der psychoanalytischen Bewegung nicht umsonst bis in unsere Tage für verrückt gehalten), aber Brückner meint es umgekehrt, obgleich ihm das bange Stunden bereitet:

„In bangen Stunden fragt man sich, wie es nach der Errichtung sozialer Sollwerte im einzelnen, wie es nach der Inthronisation des Gewissensgehorsams überhaupt noch möglich sein soll, die Bedingungen unseres politischen und sozialen Lebens vorbehaltlos, offen zu untersuchen" (71, S. 106).

Keine Frage, die pädagogische Einstellung zeitigt viele bangen Stunden, denn Angst (Feigheit) ist ihr fundamentales Motiv. Obwohl dieses Kapitel nur einen vorläufigen Einblick geben will und die zentrale Rolle der Angst für die Erziehungsideologie noch verschiedentlich berührt wird, sei doch bereits ein Erklärungsversuch angeboten. Die Psychoanalytikerin Edith Jacobson behauptet allen Ernstes, der „Kern" der sozialen Verhaltensnormen und allgemeinen ethischen Gebote sei das „Inzesttabu und das Verbot des Elternmords" (117, S. 112).

Daß Kinder erzogen werden müssen, damit sie nicht zu Eltern- oder sonstigen Mördern werden, ist keine so abwegige Spekulation, wie ein Gegner der Psychoanalyse, der Ödipuskomplex und Urmordthese ablehnt, glauben möchte. Der „kritisch-rationalistische" Erziehungsprofessor Lutz Rössner (aus der Schule Brezinka) argumentiert gegen den „emanzipatorischen" resp. „kritischen" Erziehungsprofessor Hans-Jochen Gamm (aus der Schule Marx) wie folgt:

„Es bleibt zu fragen ... was denn Eigenverfügung des Individuums bedeutet. Wenn das emanzipierte Individuum ein solches der Eigenverfügung über sich schlechthin ist und eben dieses Individuum außerhalb von (menschlichen) Herrschaftsverhältnissen und Abhängigkeiten steht, dann ist auch ein Lustmörderverhalten zugelassen (nicht verboten)" (177, S. 57f.).

In Wirklichkeit „ist leicht festzustellen, daß der psychische Wert des Liebesbedürfnisses sofort sinkt, sobald ihm die Befriedigung bequem gemacht wird“ (S. Freud, GW VIII, S. 88), weshalb Helmut Dahmer unter Berufung auf Freud und Adorno erwägt, ob nicht „Lust nur genannt werden kann, was ein Verbot bricht“ (51, S. 185). — Wer keine besseren Gründe hat, kein Lustmörder zu werden, als den, daß es verboten ist, der hat sicher gute Gründe dafür, Pädagoge geworden zu sein …

Kinder sind potentielle Eltern- oder Lustmörder, wenn ihnen die Lust am Eltern- oder Lustmörderverhalten nicht rechtzeitig aberzogen wird. Diese Einstellung verrät mehr über den (erzogenen) Erwachsenen als über irgendein Kind. Wer sich davor fürchtet, von einem Kind vergewaltigt oder ermordet zu werden, wer nicht weiß, was „Eigenverfügung des Individuums“ bedeutet, wer zu feige oder aus sonstigen Gründen unfähig ist, einen anderen Sexualpartner als Vater oder Mutter zu beeindrucken, der ruft natürlich Tabus und Normen zu Hilfe, mit denen er dann heldenmütig abhängige Kinder beeindruckt. Wie stark projizierter Masochismus (also Sadismus) die pädagogische Einstellung bestimmt, zeigt die Klage des berühmten Pädagogen Gustav Wyneken, die Heinrich Kupffer in seiner kritischen Biographie so einleitet:

> „Es scheint zunächst, als beklage Wyneken nur sein individuelles Schicksal, dessen erste Phase mißraten sei. Doch zieht er sogleich aus diesem Befund eine allgemeine Folgerung und erweitert sein persönliches Erleben zu einer anthropologischen Aussage: ‚Das Gehirntier Mensch ist nicht geeignet für Kindheit. Kindheit ist für uns ein Wahnsinn, durch den wir alle hindurch müssen … Kindheit ist ein Unglück‘“ (128, S. 37).

Die pädagogische Einstellung führt dazu, daß Erwachsene sich für berechtigt halten, beständig von sich auf andere zu schließen, „wie es den ‚Großen‘ niemals an einem pädagogischen Vorwand gefehlt hat, mit ihren jeweiligen Schrullen und Mucken sich vor den Kindern in Positur zu setzen“ (Benjamin, 26, S. 102).
Es ist klar, daß damit die Zukunft, um derentwillen Erziehung angeblich geschieht, gerade verspielt wird, denn wenn zerstörte Erwachsene ihre Zerstörtheit zu anthropologischen Aussagen hochstilisieren (im verständlichen, aber nicht verantwortbaren Bestreben, diese Zerstörtheit zu entsubjektivieren, um unter ihr weniger leiden zu müssen), verpflichten sie sich ja dazu, diesen Aussagen entsprechend, also zerstörerisch, zu handeln.

Dies gilt auch für die scheinbar menschenfreundlichen Belohnungsstrategien der modernen lernpsychologischen Dressurtechniken. Auch sie sind Folge der pädagogischen Einstellung und faktisch nichts anderes als „kleine Morde" am Selbstvertrauen der Kinder:

„Zur selben Zeit müssen Familie und Mutter selektiv belohnen, so daß das Kind weiter fortfährt, sich zu entwickeln und heranzureifen" (Baldwin, 14, Band II, S. 296).

Deutlicher können Mißtrauen (ohne gezielte Belohnungen keine Entwicklung) und Herrschaftsanspruch (die Selektion der Belohnungen ist das Recht der Erzieher) kaum dokumentiert werden. So vernichtet Erziehung die Weltoffenheit des Menschen, mit der sie seine Erziehungsbedürftigkeit zuvor begründete (Giesecke). Unter diesen Voraussetzungen wird planmäßig zerstört, was unter anderen Voraussetzungen zum Vorschein kommen könnte: die Kraft, jene spezifisch menschliche Spannung zwischen Freiheit und Sicherheit ohne permanente Existenzangst (mit allen ihren Folgen) auszuhalten. Kurz gesagt, wer seine Kinder — wie auch immer — dressiert, zerstört ihre (wichtigsten) Chancen zu existentiellem Selbstbewußtsein, existentieller Selbstsicherheit und zur mitmenschlichen Solidarität, die nur auf dieser Basis ohne den Zwang zur Suche nach Sündenböcken möglich ist.
Helmut Fend hat ausführlich dargestellt, wie pädagogisch eingestellte Erwachsene dieses Zerstörungsprogramm abspulen:

„Eine Person A (z.B. die Mutter) hat bestimmte Vorstellungen über das ideale Verhalten der Person B (z.B. des Kindes). Diese Vorstellungen und Ideen über ‚gesolltes' Verhalten sind Normen. In Interaktionssequenzen werden sie als Erwartungen wirksam (zeitliche Dimension der Normen). Die Mutter muß diese Normen dem Kinde einerseits mitteilen (Informationsübertragung), andererseits muß es zum erwünschten Verhalten motiviert werden (soziale Kontrolle). Letzteres erfolgt meist dadurch, daß das Kind auf positive oder negative Konsequenzen seiner Handlungen aufmerksam gemacht wird. Die Interaktionssequenz geht idealerweise dann zu Ende, wenn sich ein Gleichgewicht zwischen den Erwartungen der Mutter und dem tatsächlichen Verhalten des Kindes einpendelt. Selbstverständlich gibt es unzählige Variationen dieser Sequenz. In vielen Fällen werden die angedrohten negativen Konsequenzen tatsächlich eintreten (Bestrafung), in anderen Fällen wird die Antizipation solcher Folgen durch das Kind bereits genügen, um es zu konformem Verhalten zu motivieren" (68, S. 199).

Man beachte: Die Mutter *muß* ihre Vorstellungen dem Kind aufzwingen, welches *idealerweise* durch totale Selbstaufgabe „ein Gleichgewicht" herstellt, sei es nun durch Bestrafung oder Angst *motiviert* (sprich: vergewaltigt). Ich folge diesem köstlichen Text noch etwas.

„In erzieherischen Interaktionen werden vornehmlich Befehle, Appelle und Anweisungen vorkommen" (S. 212).

Das ist wahr und ehrlich und ein guter Grund zur Abschaffung der Erziehung.

„In diesem Abschnitt soll andeutungsweise gezeigt werden, welche Bedeutung die soziale Kontrolle für den Sozialisierungsprozeß hat. Ein Beispiel kann als Ausgangspunkt dienen. Angenommen, eine Familie bekommt Besuch. Die Eingeladenen kommen am späten Nachmittag, so daß die vierjährige Tochter noch dabei sein darf. Die Mutter hat gewisse Vorstellungen, wie sich das Mädchen in dieser Situation verhalten soll. Sie wird ihm Normen und Regeln des Verhaltens vorschreiben. Die Mutter wird dem Kinde sagen, wie sehr der Besuch zu respektieren ist, wem es zuerst die Hand geben soll, wie es sich während des Besuchs benehmen, wo es sitzen und wie es sprechen soll. Sie wird einiges dem Mädchen vielleicht mehrmals erklären, Belohnungen versprechen oder gar mit Strafen drohen. Wenn die Gäste kommen, kann die Mutter das Kind an der Hand zur Tür führen, nochmals einige ermahnende Worte sprechen, an das Kind appellieren, daß es ‚brav' sein soll. Anfangs mag sich das so vorbereitete Kind tadellos verhalten. Kleine Abweichungen werden von der Mutter sofort bemerkt und durch Gesten oder Worte dem Kinde angezeigt. Vielleicht beginnt es später unartig zu werden, so daß die Mutter mit Drohungen oder Strafen eingreifen muß. Wenn die Gäste das Haus verlassen haben, kann die Mutter das Kind loben, es nachträglich auf Fehler aufmerksam machen oder es bestrafen" (S. 221).

So werden die Menschen auf das dritte Jahrtausend vorbereitet. Aber *erzieherisch* ist das nur konsequent:

„Die soziale Kontrolle hat die Funktion, die Vielfalt der Verhaltensmöglichkeiten einzuschränken und dem Verhalten eine konkrete und erwünschte Richtung zu geben. Einige Verhaltensmöglichkeiten (z. B. das Lustmörderverhalten; EvB) müssen ausgeschaltet, andere verstärkt werden. ... Ein Individuum kann und soll nicht alle denkbaren Entscheidungen treffen" (S. 225 f.).

Man fragt sich, warum es das nicht *soll*, wenn es das nicht *kann*. Aber es könnte vielleicht doch, das Individuum. Vielleicht weigert sich Klafkis Bub aufzuräumen, vielleicht reizen die Strafen (die Respektlosigkeit) der Mutter die Vierjährige, beim nächsten sehr zu respektierenden Besuch dem falschen der sehr zu respektierenden Besucher zuerst die Hand zu geben!

Keine Sorge, ein guter Erzieher weiß immer Rat:

> „Normen können zwar verletzt werden (jemand kann einen anderen Menschen ermorden), aber dies hat zur Folge, daß mit entsprechenden Sanktionen zu rechnen ist, z.B. mit der Todesstrafe" (S. 226).

Allerdings, der Gerechtigkeit halber sei es gesagt, Erzieher führen nicht nur aufs Schafott, nicht jede Mutter ist erzieherisch so durchtrainiert wie die von Fend beschriebene. Manche Erzieher führen auch in die Selbständigkeit. Hauptsache sie sind Führer. Ob sie die Fasces schwingen (die Rutenbündel mit Beil, Symbole des totalen Herrschaftsanspruchs des Faschismus), oder ob „Erziehung durch Faszination" (Leonard, 137) — dies ist einer der letzten pädagogischen Schreie aus den USA — „den Lernenden verwandelt" (S. 15), zum „Außer-Sich-Sein" (S. 60) bringt durch „die Herbeiführung von Momenten totaler Faszination" (S. 23), ihr dürftig verschleierter — wie Giesecke sagt Leonard (S. 40): „Der Lernende verändert sich (d.h. wird erzogen)" — totalitärer Anspruch läßt sich kaum mit demokratischen Ideen in Übereinstimmung bringen, gleichgültig, ob sich dieser Anspruch in eine rechte oder eine linke Schale wirft. Immerhin kann man nicht übersehen, was die beiden Lager voneinander behaupten. Von „rechts" heißt es (gegen den „Schülerladen Rote Freiheit"):

> „Wer dies liest, fühlt sich fast Satz für Satz an das erinnert, was man den nationalsozialistischen Kindergärten vorwirft. Man braucht nur die Symbole, Lieder, Führergestalten, Aktionen auszutauschen, um Kindergärten dieser andern weltanschaulichen Art zu haben" (Kerstiens, 121, S. 54).

Und während gegen die revolutionären Emanzipationspädagogen ganz zu Recht gesagt wird (zumindest Hans-Jochen Gamm bestreitet es auch nicht):

> „Prozeßhafte Emanzipation besitzt somit eine Affinität zur Erziehungsdiktatur" (Bath, 23, S. 138),

tönt es umgekehrt beispielsweise über „die *bürgerliche Affinität zum Faschismus*" (Gamm, 83, S. 117) und:

> „Der ‚Jargon' der geisteswissenschaftlichen Pädagogik indessen verweist unabsehbar auf die Sprache des Faschismus" (Markert, 24, S. 48).

Ich will es damit schlecht sein lassen, denn ob *alle* Pädagogen (insofern ihre hier definierte pädagogische Einstellung sie verbindet) tendenziell oder manifest Faschisten sind, will ich lieber nicht untersuchen. Es genügt, das totalitäre Denken zu durchschauen, zu dem sich sämtliche Erzieher praktisch bekennen, die Erziehung nicht als „freie Pflege menschlicher Beziehungen" (Kupffer, 129, S. 19) auffassen, ohne Erziehungsmittel, ohne Erziehungsziele, ohne erzieherische Ansprüche, ohne pädagogische Einstellung, die also das Wort „Erziehung" nicht ohne den geringsten Verlust aufgeben, durch gemeinsames *Lernen* im einfachen menschlichen Zusammenleben ersetzen können.

Aber solche Erwachsenen sind heute noch sehr selten. Ich erlebe es häufig auf Vortrags- bzw. Diskussionsveranstaltungen mit interessierten Elterngruppen, daß einige wenige Eltern, die es pädagogischen Erwägungen offenbar weniger erlauben, die freundschaftlichen Beziehungen in ihren Familien zu verfälschen, mit den anderen, den guten Eltern in Streit geraten, wenn diese verzweifelt um Ratschläge bitten, wie sie mit ihren unerträglichen Kindern fertig werden sollen. Je deutlicher ihnen erklärt wird, daß sie von mir keine Unterstützung ihrer Herrschsucht erwarten dürfen, desto eifriger verteidigen diese pädagogisch eingestellten Eltern ihr menschenfeindliches Menschenbild. Sie geben zwar zu, daß die Kinder ihrer Kontrahenten „besser geraten" sind als die ihren, aber das wird fast regelmäßig auf die „Veranlagung" der Kinder geschoben, nicht auf die Einstellung der Eltern. Haarsträubende Beispiele für die Schlechtigkeit der Kinder werden angeführt, der man doch nicht tatenlos zusehen könne. (Häufig wird auch auf „die Verhältnisse" rekurriert; aber meist leben die verzweifelten Eltern in weit besseren Verhältnissen als die glücklichen.)
Ich empfehle dann den ersteren (als überzeugter Prophylaktiker ohne große Hoffnung) Gordons „Familienkonferenz" (90) und frage sie so wenig boshaft wie möglich, ob sie wenigstens bemerken, was sie mit den Klagen über ihre und ihrer Kinder Schwierigkeiten denn eigentlich beweisen. Manche verstehen intellektuell, daß Kinder um so weniger Verant-

wortlichkeit zeigen, je mehr Verantwortung ihre Eltern beanspruchen, aber bevor sie daraufhin das pädagogische Handtuch werfen, geben sie lieber zu, nicht aus ihrer Haut heraus zu können. So ziehen sie weiterhin ihren Kindern das Fell über die Ohren. Zwar ziehen sie bei dieser pädagogischen Lotterie mit großer Wahrscheinlichkeit Nieten, wie ihnen ihre konkrete Situation hinreichend beweist, aber sie ziehen nur desto wütender, kaufen noch mehr Bücher von ziehungswissenschaftlichen Experten und probieren wahllos alle möglichen Systemtips, um doch noch einen Treffer zu landen. Ich aber weiß nicht, ob ich ihnen einen solchen Treffer wünschen soll, denn der könnte, nach der Struktur dieser Lotterie, nur darin bestehen, daß ein Kind sie verprügelt, ihnen durchbrennt oder sie sonstwie bestraft. Allerdings haben die meisten Kinder guter Eltern dazu keine Kraft mehr und verschieben die Rache, bis sie selber Eltern sind, und erziehen dann ihre Kinder.

> „Als Psychoanalytiker erwirbt man im Laufe der Zeit eine erhöhte Sensibilität für das Ausmaß der Schädigung durch Erziehung unter Einwirkung der Radfahrer-Reaktion. Der legendäre Kommißstiefel kann dann wie ein Tanzschuh sein, gemessen an dem, was Kindern von ihren Eltern ahnungslos — es ist keine Übertreibung —, völlig ahnungslos im Schutz kollektiver Erziehungsnormen angetan wird. Und eines Tages sind die solcherart Gedemütigten selbst Lehrer und Eltern. Dann spielt die ‚Hackordnung' vorwiegend als unbewußter Motivationszusammenhang ihre Rolle weiter. Wir laufen nicht nur Gefahr, jene Ritualien der Gesellschaft, jene Wertordnungen, die uns selbst einst ein großes Ausmaß an Unlust bereitet, die uns viel Verzicht abgefordert haben, mit größter Wonne der nächsten Generation wieder aufzuerlegen — wir tun es auch und nehmen unbewußt Rache an unseren Eltern. Wir fügen unseren Kindern das zu, was eigentlich unseren Eltern zugedacht war und was zunächst durch die kindliche Ohnmacht und dann wegen der Normen der Gesellschaft nicht geschehen kann und darf" (Mitscherlich, 153, S. 154).

Doch damit sind wir schon beim nächsten Kapitel …

Kapitel III
Die Antwort der Therapeuten

Zur Einführung

Mißtrauen und Intoleranz als wesentliche Elemente der pädagogischen Einstellung zu erkennen beweist noch nicht, daß Mißtrauen und Intoleranz unbegründet wären. Pädagogen, die an das Gute im Menschen glauben, streiten sich eifrig mit ihren Kollegen, die in dieser oder jener Form an eine Erbsünde glauben. Während die pädagogische Einstellung der letzteren offenkundig ist, erscheint sie bei den ersteren häufig verdeckt (ein drastisches Beispiel liefert Rousseau, dessen Erziehung aus den angeblich von Natur aus guten Menschen definitiv Hunde machen will — vgl. Kapitel IX).
Der Streit um verschiedene anthropologische Definitionen gehört zur Verschleierungstaktik der Erziehungsideologie und ist wissenschaftlich ebenso wenig zu schlichten wie etwa der zwischen einem Optimisten und einem Pessimisten. Die Argumente beider Seiten pflegen sich jeweils aus einer „Koffer-Theorie" (Balint, 17, S. 79) herzuleiten: Man kann dem Koffer nur entnehmen, was man zuvor hineingepackt hat. Die Frage, ob der Mensch von „Natur" aus gut oder böse sei, enthält bereits die eine Antwort verbietende Unterstellung einer Natur, eines Wesens *des* Menschen schlechthin, als könne man den Menschen aus seinen jeweiligen Bedingungen herauslösen, also seiner Wirklichkeit berauben, und anschließend noch etwas Wirkliches über ihn aussagen. Die Frage ist sinnlos, alle Antworten sind dogmatische Behauptungen gleicher Qualität.
Mit *konkreten* Menschen hat es die Pädagogik zu tun. Wir haben gesehen, von welchen Voraussetzungen sie dabei ausgeht. Ob diese Voraussetzungen wissenschaftlich haltbar sind, kann mit Hilfe des pädagogischen „Koffers" nicht überprüft werden, zumal jeder Mensch, da er unweigerlich Betroffener ist, in Sachen Erziehung seinen höchst persönlichen Koffer mit sich herumträgt. Ein Pädagoge meint:

„Macht man sich klar, daß kein Beruf so in sich selber verfangen ist wie der des Lehrers?: Denn nicht alle Ärzte sind schon schwer krank gewesen, und von den Richtern, die einmal Verbrecher waren, hört man nichts. Aber wir Lehrer waren alle einmal Schüler, überhaupt wir alle. So erzählen wir uns immer wieder die alten Märchen wie auch dieses von den ‚Kindern, die nicht lernen wollen', die dazu ‚angehalten' werden müssen. Wir müssen es ja wissen, wir waren alle dabei, ‚wir haben es alle durchgemacht'" (Wagenschein, 67, S. 53).

Obwohl nicht nur Lehrer, sondern praktisch alle Erwachsenen unseres Kulturkreises „in sich selber verfangen" sind, wenn sie sich denkend, sprechend, handelnd, schreibend dem Generationenproblem stellen, gibt es doch einen Berufsstand, dessen Vertreter sich seit jeher (bzw. seit Sigmund Freud) mit besonderer Kompetenz als Erziehungskritiker betätigen. Psychoanalytiker und psychoanalytisch (tiefenpsychologisch) orientierte Psychotherapeuten sehen die Ursachen für neurotische, psychotische und psychosomatische Erkrankungen, für Süchte, Perversionen, Asozialität, sogar für kollektive Wahnzustände hauptsächlich in den Kindheitserfahrungen der Menschen. Die klassischen Psychoanalytiker spüren nun diesen — verdrängten — Erfahrungen nach, damit sie wiedererlebt, aber diesmal zu einem guten Ende geführt werden können, andere Psychotherapeuten lassen die Vergangenheit möglichst ruhen, vermitteln aber dem Patienten ein bestimmtes bis dahin entbehrtes Gefühl, das ihm eine Neuorientierung seines Lebens ermöglichen soll. Innerhalb dieser beiden Gruppen gibt es mittlerweile zahlreiche Differenzierungen und Kontroversen, ganz ähnlich wie unter Pädagogen. Dennoch verbindet auch sie eine besondere — in diesem Kapitel zu charakterisierende — Einstellung. Ohne Frage argumentieren auch Therapeuten aus ihren jeweiligen Koffern, und der Totalanspruch mancher therapeutischen Theorien unterscheidet sich nicht von dem der verschiedenen pädagogischen Konzeptionen. Was sich aber unterscheidet, sind die Anlässe, aus denen die Koffer gepackt wurden: Während Pädagogen Menschen *verbessern*, zu positiv definierten Zielen hinführen wollen, ist es die Aufgabe der Therapeuten, Menschen zu *heilen*, ihre Ziele sind negativ definiert. (Gesundheit ist letztlich einigermaßen exakt nur als Fehlen von Krankheit zu beschreiben.) Mit anderen Worten: Pädagogen wollen *Tugenden aufbauen*, ihre Eingriffe folgen aus der Unzufriedenheit *der Erzieher*

des Betroffenen, Therapeuten wollen *Symptome abbauen*, ihre Eingriffe folgen aus dem Leiden *des Betroffenen selbst.*
Diese zugegeben schematische Unterscheidung kann hier genügen (und Grenzbereiche — Pädiatrie, Psychagogik, Heilpädagogik, Sozialpädagogik — außer acht lassen), weil es ohnehin nicht um Prinzipienreiterei geht. (Blau und Gelb bleiben zwei gänzlich verschiedene Farben, ohne daß damit irgend etwas gegen das Grün gesagt ist.) Jede Therapie muß sich *auch* mit dem Vorwurf auseinandersetzen, vom gesellschaftlichen Standpunkt aus ebenso wie die Pädagogik als Anpassungsinstrument zu wirken — eine Problematik, von der man heute sagen kann, daß sie unlösbar ist, weil in ihr verschiedene Denkmodelle, Perspektiven, Dimensionen durcheinanderpurzeln. Ich ziehe mich deshalb auf den engen Rahmen der konkreten Beziehung zwischen einerseits Erzieher/Kind, andererseits Therapeut/Patient zurück. Als dritte Beziehung ergibt sich daraus die der Therapeuten zur Erziehung, sei es, weil Therapeuten mit dem „Kind im Patienten" zu tun haben, sei es, weil ihr Beruf ihnen die Kompetenz verleiht, sich über Erziehungsfolgen und Erziehung im allgemeinen zu äußern.
In diesem Kapitel soll zunächst an einigen Beispielen dargestellt werden, was Therapeuten unterschiedlicher Schulrichtungen über Erziehung zu sagen haben, sodann ist ihre spezielle heilungbringende Einstellung zu beschreiben, schließlich wird versucht, eine wissenschaftlich haltbare anthropologische Konsequenz zu ziehen, welche die falsche Frage nach der guten oder bösen Natur des Menschen hinfällig macht.

Therapeuten über Erziehung

Äußerungen von Therapeuten über Erziehung zeichnen sich durch eine merkwürdige Ambivalenz aus, genau genommen durch eine doppelte Ambivalenz. Abgesehen von Carl R. Rogers und den Antipsychiatern gibt es meines Wissens keinen Therapeuten, dem man eine eindeutig antipädagogische Einstellung zuschreiben dürfte (Thomas Gordon äußert sich widersprüchlich, worauf später einzugehen ist). Das heißt, Erziehung wird nicht generell verworfen, als zerstörerischer Anspruch, sondern nur unter zwei Gesichts-

punkten kritisiert: als fehlerhafte Theorie und als fehlerhafte Praxis. Die doppelte Ambivalenz sehe ich also darin, daß einmal falsche Erziehungstheorien und Erziehungsideale angeklagt und mit richtigen (oder besseren) konfrontiert werden, während das andere Mal die falsche Umsetzung einer (meist nicht näher bezeichneten) richtigen Theorie verantwortlich gemacht wird. Natürlich ist das wieder eine künstliche Differenzierung und die Gesichtspunkte vermischen sich ständig. Aber es ist festzuhalten, daß Therapeuten (fast, s.o.) durchgängig nur Erziehungsmethoden, -stile und -ziele kritisieren, nicht die Sache selbst.
Ein Beispiel einer eher der Theorie geltenden Kritik bringt der Psychoanalytiker Alexander Mitscherlich:

> „Die infantile Festigung von sozialen Verhaltensweisen, so daß sie ein für allemal ‚sitzen', ist ein weitverbreitetes Erziehungsideal. Die Erzieher, die sich dieser Methode bedienen, berufen sich dabei auf das Argument, daß Klugheit im Sinne von selbständiger Orientierungsfähigkeit den meisten Menschen mangele. Dieser Schluß ist nicht stichhaltig, denn er geht vom Zustand aus, wie er gegenwärtig ist. Man muß jedoch zuerst die Entstehung der Verhaltensmuster untersuchen und fragen, ob bei ihrer Einübung — ohne heroische Anstrengungen vom einzelnen zu verlangen — der Weg zur Reflexion, zur wägenden Überlegung offengelassen wird. Oder baut die Erziehung auf der Maxime auf, daß Autorität eine Einrichtung der Welt ist, an die das Ich Fragen zu stellen nicht befugt sei? Trifft das letztere als immanentes Prinzip der Sozialordnung zu — wie es auch ideologisch zu rechtfertigen versucht wird —, dann darf man sich nicht wundern, wenn aus natürlicherweise neugierigen Kindern keine klugen Erwachsenen werden" (152, S. 116).

Mitscherlich klagt in diesen Sätzen ein „Argument", einen „Schluß", eine „Maxime" sowie ein „Prinzip" und die Versuche, es „ideologisch zu rechtfertigen", an. Er kritisiert eine falsche Erziehungsideologie, die, leider, richtig praktiziert wird.
Eine — um nichts weniger treffende — Kritik, die eher einer falschen Praxis gilt, liefert der Psychoanalytiker Horst-Eberhard Richter:

> „Eltern, die eingestehen, daß sie selbst am Versagen ihrer Kinder schuld seien, schockieren ihre bürgerliche Umgebung zutiefst. Noch ist das Vorurteil in weiten Gruppen nicht erloschen, daß ‚normale' Eltern ihre Kinder immer nur fördern und daß nur extrem schlimme Eltern ihren Kindern auch einmal Schaden zufügen. Erst allmählich verbreitet sich

die analytische Einsicht, daß der Hauptteil der massenhaften neurotischen Störungen bei Kindern durch schädliche Erziehungseinflüsse verursacht ist und daß die Enge und Abkapselung der bürgerlichen Kleinfamilie Eltern geradezu regelhaft dazu verführt, ihre Kinder in belastender Weise zur Abfuhr von Ärger, zur Kompensation eigener Schwäche, zum Stillen unbefriedigten Kontakthungers, zur Nacherfüllung eigener Ambitionen usw. zu mißbrauchen" (173, S. 112f.).

Hier werden also Eltern schuldig gesprochen, „schädliche Erziehungseinflüsse", die bürgerliche Kleinfamilie, Ärger, Schwäche, Kontakthunger, Ambitionen, kurz: menschliche, praktische, nicht ideologische Fehler. Richter wie Mitscherlich sagen nie irgendwo ein Wort gegen Erziehung als solche. Sie unterstellen, so sehr sie falsche Theorien und falsche Praxis ablehnen, die Möglichkeit einer richtigen Theorie und einer richtigen Praxis von Erziehung.
Etwas allgemeiner wird Michel Foucault:

„Die ganze Entwicklung der zeitgenössischen Pädagogik, mit dem untadeligen Ziel, das Kind vor den Konflikten der Erwachsenen zu bewahren, läßt im Erwachsenen den Abstand zwischen seinem Leben als Kind und seinem Leben als fertiger Mensch nur desto stärker hervortreten. Das heißt, sie setzt das Kind, um ihm Konflikte zu ersparen, einem besonders schweren Konflikt aus, dem Widerspruch nämlich zwischen seiner Kindheit und seinem wirklichen Leben" (74, S. 122f.).

Allerdings kann man dieses „untadelige Ziel" auch für „den Kreislauf der kranken Kultur" verantwortlich machen (Rattner, 168, S. 292), weil z.B. eine Mutter

„den unbewußten Wunsch hat, ihr Kind zu beherrschen und nach ihrem Gutdünken zu lenken, obwohl sie sich eines solchen Wunsches nicht nur nicht bewußt ist, sondern ihn auch heftig abstreitet" (Brenner, 37, S. 24).

Wieder grundsätzlicher, theoriebezogener, sagt Michael Balint, „jede Erziehung" arbeite nur mit zwei Arten von Mitteln, der Zärtlichkeit und der Verbotsdressur. Konsequenz:

„Die Erziehung bedroht also gleich von zwei Seiten das ohnedies labile Libido-Gleichgewicht des Kindes: es werden sowohl die aktuellen Erregungen gesteigert als auch die Abfuhrmöglichkeiten beschränkt" (15, S. 80).

Die Vielschichtigkeit des Problems, die eindeutige Erklärungen innerhalb des von der Erziehungsideologie gesteckten Rahmens auch vom Standpunkt der Therapeuten aus nicht zuzulassen scheint, zeigt sich z. B. daran, daß Richter 1972 noch eher die Eltern persönlich, 1974 aber „das Leistungsprinzip" für die Unterwerfung der Kinder verantwortlich macht. Folge:

> „Die fortwährende Angst des Ungenügens, planmäßig wachgehalten durch Eltern, Kindergärtnerinnen, Lehrer, erzeugt eine Labilität des Selbstwertgefühls, die nie mehr während des ganzen späteren Lebens ganz überwunden wird" (174, S. 80f.).

Es ist wahr, Kinder werden „planmäßig" zerstört, aber wer hat den Plan entworfen? Die Gesellschaft, die Kapitalisten? Die „Selbstgerechtigkeit in der alten Pädagogik", die „im Gewande ethischen Verhaltens der eigenen Schattenseite die Möglichkeit gibt, sich auszutoben in der Form von Bestrafung, Quälung und Abschreckung" (Neumann, 160, S. 46)? Oder die Natur, wie Erik H. Erikson andeutet, wenn er meint, die lange Kindheit (also ihre Dauer, nicht wie Richter sagte ihr Ort, die Kleinfamilie) verführe die Erwachsenen dazu, „gedankenlos und oft grausam die Abhängigkeit des Kindes auszubeuten, indem sie es für die psychologischen Schulden bezahlen lassen, die andere bei ihnen hinterlassen haben" (63, S. 122)?
Ohne Zweifel wirken sehr viele Faktoren mit, die durch einen Entschluß von Einzelnen nicht auszuschalten sind. Aber „gedankenlos und oft grausam" (Erikson) oder „mit größter Wonne" (Mitscherlich) toben Erzieher die Rache für ihre Erzogenheit primär nicht wegen gesellschaftlicher oder ökonomischer oder anthropologischer Gründe aus, sondern weil sie gedankenlos und sadistisch sind, aus zwar vermittelter, aber persönlichgewordener (und damit auch individuell einer Veränderung nicht prinzipiell unzugänglicher) Herrschlust. Erikson sagt:

> „Ich würde meinen, daß es unsere Aufgabe ist, zwischen dem kindlichen Patienten und seinen Eltern die Gegenseitigkeit der Funktion wiederherzustellen, so daß an Stelle einer Reihe von ergebnislosen, schmerzlichen und zerstörerischen Versuchen, einander zu beherrschen, eine wechselseitige Regulation tritt, die die Selbststeuerung sowohl beim Kind wie bei den Eltern wiederherstellt" (62, S. 62f.).

Die „Gegenseitigkeit der Funktion", die beiderseitige „Selbststeuerung" ist mit einem wie auch immer modifizierten Erziehungsanspruch beim besten Willen nicht vereinbar, ob dieser Anspruch nun aus gesellschaftlich-ökonomischen, individuell-psychologischen oder theoretisch-erziehungsideologischen Gründen stammt.
Eben dies haben die Antipsychiater weit genauer erkannt als konventionelle Therapeuten, obgleich sie den gesellschaftlich-ökonomischen Bedingungen nicht weniger kritisch gegenüberstehen als etwa Mitscherlich oder Richter.

Zur Erläuterung: Die Antipsychiatrie betrachtet nicht irgendwelche angeblichen Geisteskrankheiten von Patienten — somatische „Gesundheit" vorausgesetzt — als das eigentliche Problem, sondern die Reaktion der Psychiatrie (auch der klassischen Psychoanalyse) auf die Phänomene „abweichenden Verhaltens" (neurotischer und psychotischer Symptome), ebenso wie die Antipädagogik nicht die Abhängigkeit oder gar „Erziehungsbedürftigkeit" von Kindern, sondern die Pädagogik als Reaktion der Erwachsenen auf kindliche Verhaltensweisen für das eigentliche Problem hält.

Beispielsweise schreibt der Antipsychiater David Cooper:

> „In der Praxis ähnelt das ‚Aufziehen' eines Kindes eher dem Abbau seiner Persönlichkeit. Dasselbe gilt für seine Weiterentwicklung: der Mensch wird aus sich heraus und von sich fortgeführt" (47, S. 12).

Erscheint nach dieser Aussage eine Erziehungstheorie, die nicht darauf abzielte, das Kind zu entselbsten (sich selbst zu entfremden), noch ohne weiteres denkbar, so wird diese Möglichkeit nach den folgenden Überlegungen praktisch ausgeschlossen.

> „Als Kinder unserer Epoche sind wir vollkommen auf die Einmischung anderer abgerichtet; es fehlen uns in bedenklichem Maße die Voraussetzungen zur vollen Entfaltung der Fähigkeit, allein zu sein. Der Unfug der Einmischung beginnt in der Wiege, und er hört nicht auf, bevor wir ins Grab sinken. Es bedarf beträchtlicher Geschicklichkeit, um diesem Prozeß wenigstens für Augenblicke zu entfliehen. Und doch glaube ich, daß wir nur mit Hilfe der ausreichend entwickelten Fähigkeit, allein zu sein, einen wirklichen Weg zum Zusammensein mit anderen finden können. Wir müssen die verlorene Bedeutung des taoistischen Prinzips des *wu wei* wiederentdecken, des Prinzips des Nicht-Handelns, aber eines positiven Nicht-Handelns. Es erfordert, daß wir nach Selbstzügelung

streben und uns bemühen, mit der Einmischung aufzuhören; daß wir andere Menschen in Ruhe lassen und ihnen und uns eine Chance geben" (Cooper, 46, S. 91 f.).

Das „positive Nicht-Handeln" im Sinne der Nichteinmischung in die inneren Angelegenheiten von Kindern, das „andere Menschen in Ruhe lassen und ihnen und uns eine Chance geben" ist nun definitiv schon die zentrale Aussage der Antipädagogik. Ähnlich ein anderer Antipsychiater, Ronald D. Laing:

> „Wir sind benebelte und tolle Kreaturen, Fremde für unser wahres Selbst, für einander ... Wir sind hineingeboren in eine Welt, in der uns Entfremdung erwartet. Wir sind potentiell Menschen, aber leben in der Entfremdung, und das ist kein natürlicher Status. Entfremdung als unsere gegenwärtige Bestimmung ist nur möglich durch Gewaltanwendung von Menschen gegenüber Menschen" (131, S. 10).

Zur Klarstellung: Mit „Gewaltanwendung von Menschen gegenüber Menschen" meint ein Tiefenpsychologe natürlich keineswegs nur die Prügelstrafe, sondern jede, auch die subtilste Form von Gewaltanwendung, das soll heißen: von angreifenden Akten der Einmischung in Angelegenheiten eines Partners, der gehindert ist, den Angriff durch ein einfaches und — außer seinen Zweck zu erreichen — folgenloses Nein abzuwehren. (Diese umständliche Definition charakterisiert nicht nur pädagogische Akte, sondern auch bestimmte Formen der Werbung, der Publizistik und Politik, der ökonomischen oder emotionalen Ausbeutung — z.B. unter Eheleuten — und allgemein der Ausnutzung von Abhängigkeit, Unwissenheit, Ausgeliefertsein als Gewaltanwendung von Menschen gegenüber Menschen.) Da Kinder an einer solchen Abwehr in den ersten Lebensjahren generell gehindert sind, kann Erziehung, die immer eine so definierte Gewaltanwendung von Menschen gegenüber Menschen darstellt (ich erinnere an Gieseckes Formulierung: „Erziehung impliziert immer ein Gewaltverhältnis von Menschen über Menschen" — 85, S. 68), keinesfalls als abnehmende Größe vorgestellt werden, die sich eines Tages überflüssig macht, wie ihre Ideologie behauptet, sondern es nimmt nur ihre zerstörerische, entselbstende Wirkung ab, sei es, weil schlecht erzogene Kinder zunehmend zur Abwehr fähig werden, sei es, weil gut erzogene Kinder immer weniger Substanz haben, die ihnen aberzogen werden könnte. Angreifende Einmischungen in die Angelegenheiten anderer Menschen sind also unter dem Gesichtspunkt der Selbst-Erhaltung, Selbstsicherheit, Selbständigkeit höchstens gegenüber älteren Kindern, und dann mit dem Alter wenn es denn sein muß sich verstärkend zulässig — was freilich die Erziehungsideologie auf den Kopf stellt. Aber es liegt auf der Hand, wie äußerst gewalttätig es ist, einen Säugling durch bestimmte Stillzeiten zu disziplinieren (Giesecke), während man es sicher nicht als vergleichbar brutal bezeichnen kann, daß sich ein älterer Mensch etwa nach den Fahrplänen der öffentlichen Verkehrsmittel richten muß, sofern er diese in Anspruch nehmen möchte, oder wenn ein Soldat oder ein Lehrling wegen Unpünktlichkeit zusammengeschissen wird: so kritikwürdig dies sein mag, man muß sich klarmachen, wie vergleichsweise harmlos dieser Terror ist gegenüber dem an Säuglingen und Kleinkindern verübten. Tiefenpsychologisch gesehen zeugt die allgemein anerkannte These, Erziehung solle mit zunehmendem Alter des Zöglings allmählich zurücktreten, jedenfalls entweder von blinder Naivität oder von teuflischem Sarkasmus.

Ähnlich klar wie von der Antipsychiatrie wird gegen die Erziehung — nicht irgendeine — auch von den Therapeuten Rogers und Gordon argumentiert. Gordon sagt etwa:

> „Es ist eines jener einfachen, aber wunderschönen Paradoxe im Leben: Wenn ein Mensch fühlt, daß ihn ein anderer wirklich annimmt, wie er ist, dann ist er frei geworden, sich von dort aufzumachen und mit der Überlegung zu beginnen, wie er sich verändern möchte, wie er anders werden kann, wie er mehr von dem werden könnte, das zu sein er befähigt ist. ... Das verstehen die Eltern im allgemeinen nicht. Die meisten Eltern sind in dem Glauben erzogen worden, daß ein Kind einfach so bleibt, wie es ist, wenn man ihm Annahme entgegenbringt; daß der beste Weg, einem Kind zu helfen, in Zukunft etwas Besseres zu werden, der ist, ihm zu sagen, was man an ihm jetzt *nicht* akzeptiert. Die meisten Eltern verlassen sich daher bei der Erziehung der Kinder weitgehend auf die Sprache der *Nicht-Annahme* und glauben, daß das der beste Weg ist, ihnen zu helfen. Der Boden, den die meisten Eltern für das Wachstum ihrer Kinder bereithalten, ist reich an Bewertung, Urteil, Kritik, Predigen, Moralisieren, Ermahnen und Kommandieren — Botschaften, die Nicht-Annahme des Kindes, wie es ist, übermitteln“ (90, S. 38 f.).

Es ist offensichtlich, daß eine Einstellung von Eltern, die sogar auf Bewertungen verzichtet (um von den anderen Maßnahmen gar nicht zu sprechen), nicht mehr erzieherisch, pädagogisch genannt werden kann. Rogers erklärt unzweideutig:

> „Eine positive Bewertung ist auf die Dauer merkwürdigerweise genauso bedrohlich wie eine negative: sagt man jemandem, daß er gut ist, dann hat man wohl auch das Recht, ihm zu sagen, daß er schlecht ist. Je mehr ich also ein Verhältnis frei von Beurteilung und Bewertung halten kann, desto mehr erlaubt es dem anderen, zu dem Punkt zu gelangen, wo er

erkennt, daß die Bewertungsinstanz, das Zentrum der Verantwortung, in ihm selbst liegt“ (178, S. 69).

Es bedarf keiner hermeneutischen Anstrengungen, um aus diesen Sätzen, sofern man wie die Antipädagogik ihren Inhalt bejaht, das Todesurteil sogar für die modernsten Erziehungskonzeptionen herauszulesen (das freilich noch immer nicht vollstreckt ist).

Die therapeutische Einstellung

Überschaut man eine größere Anzahl erziehungskritischer Äußerungen von konventionellen Therapeuten, so fällt auf, daß es praktisch überhaupt kein konkretes Erziehungsverhalten gibt, das nicht für pathogene Wirkungen verantwortlich gemacht wird. Zu wenig Liebe (Vernachlässigung), zu viel Liebe (Überbeschützung), zu große Strenge (Repression), zu große Milde („laissez-faire“), kurz: alle denkbaren Gegensatzpaare zur Bezeichnung erzieherischer Theorie und Praxis tauchen in Fallstudien und allgemeinen Reflexionen als mögliche „Fehler“ in der Erziehung auf, und regelmäßig wird unterstellt, zwischen den Extremen gäbe es jeweils irgendwo einen goldenen Mittelweg, ohne daß gesehen wird, daß — um eine mathematische Analogie zu bemühen — die „Mitte“ zwischen + 100 und − 100 nicht von einer Zahl, sondern von der Un-Zahl Null gebildet wird. (Eine hübsche Verdoppelung der Bedeutung von „Mittel“ springt ins Auge, wenn Heinrich Kupffer vom „Unbegriff des ‚Erziehungsmittels‘“ spricht — 55, S. 42.) Es kann eben aus logischen Gründen keine „richtige Mischung“ von Liebe und Nichtliebe, Toleranz und Intoleranz geben, denn bereits der kleinste Bruchteil von Nichtliebe und Intoleranz hat Liebe und Toleranz immer schon umgebracht, bevor sie sich „einmischen“ konnten.
Auf der Ebene des Überbaus, als „Sprechen über Erziehung“, von dem Kupffer behauptet, es sei „eine der großen Fiktionen unserer Zeit“ (130, S. 176), spielen sich auch unter Therapeuten nur Scheingefechte ab. Der „Mittelweg“ des „rechten Maßes“ setzt immer schon ein Ziel dieses Weges, zumindest eine Richtung, voraus. Damit aber erweist sich die Basisbeziehung, die Ebene der tatsächlichen (nicht der Meta-)Kommunikation als eine der Nichtliebe und Intoleranz, der „Nicht-Annahme“. Folge:

„Die Jugend verweigert sich der offiziell ausgeübten Erziehung und führt alle formulierten Erziehungsziele ad absurdum: nicht etwa, weil sie in der ‚falschen' Richtung stehen, sondern weil sie Ziele von Erwachsenen sind" (130, S. 74; ebenso Gordon, 90, S. 254).

Warum viele Therapeuten, insbesondere die klassischen Psychoanalytiker, trotz ihres berufsbedingt geschärften Blickes für Einzelheiten von Erziehungstheorien und -praktiken der dahinter stehenden Ideologie und ihren grundsätzlichen Folgen gegenüber sich durchgängig blind zeigen, wird in den Kapiteln IV, V und VIII andeutungsweise sichtbar zu machen versucht. Hier ist festzuhalten, daß auch Therapeuten nie ein kleinstes Wörtchen gegen die Erziehungswissenschaften, den Ungeist der Fachpädagogik vorbringen. Einzelne Theorieelemente, vor allem aber Eltern, auch Lehrer, werden kritisiert, aber immer scheinen die Kritiker anzunehmen, die Erzieher richteten sich nicht gut genug nach pädagogischen Weisheiten, oder diese Weisheiten seien nicht weise genug. Die Heilige Kuh Pädagogik wird nicht angetastet. Mit den Worten des Vaters der Psychotherapie:

„Den Wahn erkennt natürlich niemals, wer ihn selbst noch teilt" (Freud, GW XIV, S. 440).

Im Gegensatz zur Ebene des Überbaus distanzieren sich Therapeuten auf der konkreten Kommunikationsebene aber sehr energisch vom pädagogischen Denken; ihre berufsspezifische Einstellung zu ihren Patienten ist mit dem Wort „antipädagogisch" recht genau beschrieben. Einige Beispiele. Melanie Klein betont,

„daß der Analytiker keine Mißbilligung zeigen sollte, wenn das Kind ein Spielzeug zerbrochen hat, noch sollte er das Kind dazu anspornen, seine Aggression auszudrücken oder das Spielzeug zu reparieren. Mit anderen Worten, er sollte es dem Kind ermöglichen, seine Gefühle und Phantasien so zu erleben, wie sie auftreten. Es ist immer ein Teil meiner Technik gewesen, keinen erzieherischen oder moralischen Einfluß auszuüben, sondern mich vollkommen auf die analytische Arbeit zu beschränken" (124, S. 18).

Ähnlich wie Heinrich Roth, der zwischen „pädagogischer" und „psychologischer" Einstellung differenziert, ohne jedoch der pädagogischen die Existenzberechtigung abzusprechen, sagt Hermann Argelander:

„Der Therapeut nimmt eine analytische Haltung ein, d.h. er urteilt und kritisiert nicht, sondern versucht nur zu verstehen“ (12, S. 93).

Als dritter Analytiker sei Michael Balint genannt, der warnt, es könne „die Gefahr bestehen, daß die analytische Kur in Pädagogik ausarte“ (15, S. 206), und erklärt:

„Selbstverständlich muß innerhalb der psychoanalytischen Behandlung all dies, d.h. die ganze Über-Ich-Pädagogik, aus wohlbekannten Gründen nach wie vor schärfstens abgelehnt werden“ (S. 212).

Schon aus diesen kurzen Statements von Psychoanalytikern wird deutlich, daß es eine besondere therapeutische Einstellung tatsächlich gibt, die sich mit der von Roth „psychologisch“ genannten Einstellung nicht ganz deckt, obwohl auch Therapeuten der pädagogischen Einstellung nicht die Existenzberechtigung bestreiten. Versuchen wir eine genauere Unterscheidung, so zeigt sich

a) die pädagogische Einstellung als prinzipiell mißtrauend und intolerant,
b) die psychologische als vorübergehend neutral (zum Kennenlernen, dem dann der pädagogische Zugriff folgt),
c) die therapeutische als prinzipiell vertrauend und tolerant (vgl. auch das Ferenczi-Zitat in Kapitel I).

Allerdings wird (bei Klein und Balint) ebenfalls deutlich, daß die therapeutische Einstellung an die therapeutische Situation (Behandlung) gebunden bleibt, nicht, wie von Gordon und Rogers, verallgemeinert wird.

Diese Einschränkung hat besonders klar der Erfinder der „Realitätstherapie“, William Glasser, formuliert, der aus zum Teil sehr guten Gründen der Psychoanalyse (als Therapie) den Kampf angesagt hat. Glasser schreibt über das Verhältnis von Realitätstherapeut zu Patienten: „Er muß sie annehmen, so, wie sie sind“ (88, S. 32). Er fährt aber fort: „Es ist eine Fähigkeit, die einen guten Therapeuten auszeichnet, daß er einen Patienten zunächst annehmen kann, ohne Kritik zu äußern.“
Dieses „zunächst“ verweist darauf, daß die Realitätstherapie eine akzeptierende Beziehung nur aufbaut, um sie später (vergleichbar dem Nohlschen „pädagogischen Bezug“) erzieherisch auszubeuten. — In einem

anderen Buch Glassers taucht das „zunächst“ in einem Zusammenhang auf, der den drohenden Unterton des Moralisten unüberhörbar macht: „Eltern, die entdecken, daß ihr Kind Marihuana raucht, sollten zunächst nicht die Polizei rufen“ (89, S. 184).
Während beispielsweise der Erfinder der „Sozio-Psychoanalyse“, Gérard Mendel, warnend fragt, „ob nicht vielleicht der Analytiker die unbewußte Absicht hat, dieses (durch die Analyse; EvB) wiedererstandene Kind in einen Erwachsenen umzufunktionieren“ (147, S. 178), also die unbedingt zu erhaltende tolerante Einstellung des Analytikers von dessen Unbewußtem bedroht sieht, erklärt der Realitätstherapeut ganz bewußt (und nimmt damit eine Zwitterstellung zwischen Therapeut und Pädagoge ein):

> „Ist die Beziehung zwischen Patient und Therapeut erst einmal begründet und die Konfrontation mit der Wirklichkeit geglückt, so wird die Therapie zu einer Art von Erziehung mit dem Ziel, einen befriedigenden Lebensstil zu erlernen. Dieses Ziel wird besser und schneller erreicht, wenn der Therapeut die Rolle eines Lehrers akzeptiert“ (88, S. 64).

Damit wechselt die Realitätstherapie von den „weichen Lernformen“ (Rossman, 181, S. 118) wieder zu den „harten“ (ebenda) über. Die „weichen Formen“ dienen dem „Abbau der inneren Autoritätssysteme“ (ebenda, S. 119), die durch die harten Lernformen aufgebaut wurden (eine reizvolle neue Definition von hie Lernen, da Erziehung). Der pädagogische Therapeut gewährt nur eine Frist, bis der Kranke sich erholt hat, dann beginnt wieder die Härte des Lebens: „denn ich weiß, daß dies der richtige Weg ist“ (Glasser, 88, S. 28). Die Realitätstherapie Glassers stellt also eine trickreiche und wirkungsvolle Spielart von Erziehung dar, die zwar in einstigen Kulturepochen relativ menschenwürdigere und realistischere Beziehungen zwischen den Generationen ermöglicht hätte, aber heute eine Zukunftsperspektive nur gewinnen könnte durch den Verzicht auf ihre „harte“ Phase der Fremdbestimmung und Besserwisserei.

Sogar die neue Entwicklung der klassischen Psychoanalyse zur Interaktionstheorie, von der ein Zweig die Arbeiten Sándor Ferenczis wiederentdeckt (auf dem Umweg über dessen Schüler Michael Balint), verlangt zwar vom Analytiker „eine Tendenz zur Übernahme der Pflegerolle“ (Wolfgang Loch in „Psyche“ Nr. 5/1974, S. 443), das „Sich-zur-Verfügung-Stellen des Analytikers“ (ebenda, S. 448) und folgert, primär komme es

> „auf die Ermöglichung einer Entwicklung, auf die Freilegung des Weges zur Entfaltung der Kreativität des Individuums an, was letztlich nur dem gelingt, der ein ‚unaufdringlicher Analytiker‘ (M. Balint, 1968, S. 210—211 — hier 17; EvB) ist“ (ebenda, S. 449),

aber dieses „Programm", mit dem „ein neues Kapitel der Psychoanalyse aufgeschlagen worden" ist (ebenda), und das dem Analytiker eine „Haltung" nahelegt, mit welcher er „dem Ideal der Herstellung einer ‚herrschaftsfreien Kommunikation' mit dem Unbewußten seines Patienten sehr nahe kommt" (ebenda, S. 451), beschränkt sich doch ebenfalls auf die analytische Situation. Und hier bringt sich ein logischer Widerspruch zur Geltung, den nicht länger zu ignorieren allen Beteiligten gut anstünde: den Therapeuten, damit sie sich energischer der Prophylaxe widmen, den Pädagogen, damit sie das Handtuch werfen. Jene unaufdringliche Haltung zur „Ermöglichung", „Freilegung" eigenständiger Entwicklungen des Selbst soll und kann erkrankten Seelen zugemutet werden. Die andere Haltung aber, die pädagogische, die es mit noch nicht erkrankten Seelen zu tun hat, glaubt weiterhin, das genaue Gegenteil vollbringen zu müssen/dürfen, sie nämlich mit pädagogischen Maßnahmen für ihre Zukunft zuzurichten, sie höherzuentwickeln, wertvoller zu machen, kurz: eine eigenständige Entwicklung des Selbst *nicht* zuzulassen. Während Therapeuten das absolute Akzeptieren des anderen zur Heilung von Leiden einsetzen, bildet das Nichtakzeptieren des anderen die Grundlage pädagogischen Tuns: kein Wunder, daß es massenhaft Leiden produziert, und sonst nichts. Das therapeutische Programm, der erkrankten Seele autonome Kräfte zuzutrauen und Eigeninitiative zuzubilligen, ja *nur* von *diesen Kräften* den eigentlichen Heilungsprozeß zu erwarten, kann widersinniger nicht kontrastiert werden als von den pädagogischen Strategien, die der noch nicht erkrankten, also definitionsgemäß leistungsfähigeren Seele Fremdbestimmung aufzuerlegen sich genötigt zu sehen glauben.

Auf den damit bezeichneten Gegensatz wird im Laufe dieser Arbeit noch häufig einzugehen sein, aber zwei Beobachtungen sollen hier noch folgen. Horst-Eberhard Richter schreibt:

> „Fast täglich kommen Eltern mit Kindern und Jugendlichen zu Psychotherapeuten, um die Schul- und Studienleistungen ihres Nachwuchses verbessern zu lassen. Überaus häufig indessen drücken solche Arbeitsstörungen Konflikte aus, die ursprünglich gar nichts mit der Arbeit zu tun haben. Ein Kind rächt sich zum Beispiel durch schlechte Schulleistungen an Eltern, die ihm die meisten seiner Wünsche abschlagen, aber ihren eigenen ungestillten Ehrgeiz mit Hilfe seiner Schulerfolge kompensieren wollen. Die ‚Faulheit' des Kindes ist seine letzte Möglich-

keit, aus dem Rollenzwang auszubrechen und sich noch einen Rest Freiheit zu bewahren. Eigentlich steckt gerade in seiner ‚Leistungsstörung' der Rest seiner psychischen Gesundheit. Denn hier handelt das Kind noch aus seinem eigenen Selbst heraus" (172, S. 24f.).

Im Widerstand gegen den Erziehungsehrgeiz der Eltern dokumentiert sich das Rest-Selbst in einer Leistungsstörung, einem Symptom. „Ihre Symptome", sagt der Therapeut Bruno Bettelheim über gestörte Kinder, „sind ihr wertvollster Besitz" („Neue Sammlung", Nr. 1/1975, S. 14). Und er fährt fort: „Das ist der Grund, warum wir ihre emotionale Störung mit so großem Respekt behandeln müssen" (ebenda). Bettelheim schildert den therapeutischen Respekt vor der Autonomie sogar der schwerkranken Seele unmißverständlich (daß er dies in einer Fachzeitschrift für Erziehung tun durfte, ist ein Verdienst Hartmut v. Hentigs):

> „Wie verarmt sein geistiges und emotionales Leben auch sein mag, dieses neurotische oder psychotische Leben ist des gestörten Menschen EIGENE (Großschreibung von EvB) Schöpfung; es hat ihn große, fast unmögliche Anstrengungen gekostet, eine Lebensart zusammenzuzimmern, die ihm SCHUTZ bereitet. Alle Versuche, ihn seiner Rüstung zu berauben, sind ATTENTATE AUF SEIN LEBEN (vgl. die „kleinen Morde"; EvB). Besser ein Krüppel auf EIGENE Faust zu sein, als in ununterbrochener Angst zu leben. Und wenn er sich nicht mehr BEDROHT fühlt, dann wirft der Krüppel ganz von allein das Rüstzeug fort und schreitet frei ins eigene Leben! Aber es muß das EIGENE Leben sein und NICHT EINES, DAS WIR FÜR IHN AUSGESUCHT HABEN.
>
> Dieser Prozeß der Heilung muß also für jeden gestörten Menschen anders sein, sonst tauscht er nur eine Art der HÖRIGKEIT für eine andere ein, die Hörigkeit seiner Geisteskrankheit für die Hörigkeit zu unserem Lebensideal. Obwohl das letztere sicher besser ist, es erlaubt ihm nicht, wirklich ER SELBST ZU SEIN; aber NUR DAS gibt ihm WIRKLICHE geistige Freiheit und macht ihn zu einem vollen Menschen" (a. a. O., S. 12).

Drängt sich nicht an Hartmut v. Hentigs Kollegen (z. B. Hermann Giesecke, ebenfalls Mitherausgeber der „Neuen Sammlung") die Frage auf, aus welchem Grund die Pädagogen den relativ gesunden Kindern den Respekt verweigern, während Therapeuten das Rest-Selbst von systematisch unterworfenen Menschen noch als stark genug für autonome Entwicklungen betrachten? Die Antwort, eine gesunde Seele sei belastbarer, deshalb könne man sie mit pädagogischen Forderungen konfrontieren, geht an der Frage vorbei, die ja nicht lautete, ob man Kinder erziehen (unterwerfen, zerstören) *könne*, sondern warum man es dürfe/müsse. Und dafür enthält der therapeutische Koffer jedenfalls keinerlei Begründung. Kranke

Seelen, die unter großen Opfern auf die Befriedigung zahlreicher „normaler" Bedürfnisse verzichten, um die Einmischungen der Erziehungspersonen ins Leere laufen zu lassen (wie alle Eltern wissen, die über „Erziehungsschwierigkeiten" klagen), beweisen unwiderlegbar, wie vorrangig das Bedürfnis des Menschen ist, sich wenigstens selbst als eigenständiges Wesen fühlen zu können, auch wenn dieses Bedürfnis vor der (pädagogischen) Umgebung keine Anerkennung findet, so daß es sich zur Ausbildung von Symptomen pervertieren muß, wenn es nicht restlos resigniert (wie das der „überangepaßten", halblebendigen, wohlerzogenen Menschenwesen, die bei Gelegenheit problemlos zu Bestien werden). Daß die Abhängigkeit des gesunden Säuglings Herrschaft/Unterwerfung legitimiert (Giesecke), die des kranken Kindes aber Respekt erfordert (Bettelheim), ist ein durch nichts zu überspielender Widerspruch, dessen Lösung — wenn Vernunft etwas zu sagen hätte — nicht auf Kosten praktisch aller gesunden Säuglinge, sondern auf Kosten der Erziehungsideologie herbeizuführen wäre, jener Unterstellung, die gegen jede Evidenz das Mißtrauen in die autonomen Kräfte von gesunden Kindern zum Prinzip erhebt.

Das gespaltene Bewußtsein, mit dem viele Therapeuten zwar ihren Patienten Vertrauen schenken, aber nicht dagegen auf die Barrikaden gehen, daß Kinder, die noch nicht erkrankt sind, erzogen werden (ich hoffe, es ist ihr gespaltenes Bewußtsein; andernfalls müßte man ihnen die gleiche bewußte Zerstörungsabsicht unterstellen, mit der Zahnärzte Dauerlutscher verteilen, um sich den Patientennachschub zu sichern), dieses gespaltene Bewußtsein hat erst Carl R. Rogers überwunden, der Schöpfer der (durchaus antipädagogischen) „klientenzentrierten" Therapie, dessen Gedanken allerdings erst seit 1973/74 in Deutschland publiziert werden, vorher von pädagogischen Fanatikern verfälscht (vertauscht) und mißbräuchlich zum (sonst in unserer erziehungsfanatischen Zeit unverständlichen) Erfolg geführt wurden.
Das folgende Zitat löst die tolerante und vertrauende Einstellung aus der spezifisch therapeutischen Situation; es stellt in seiner Allgemeingültigkeit eine zentrale Aussage der Antipädagogik dar.

> *„Je mehr ich gegenüber den Realitäten in mir und im anderen offen bin, desto weniger verfalle ich dem Wunsch, herbeizustürzen und ‚die Dinge in Ordnung zu bringen'.* Während ich versuche, mir und den Erfahrungsvorgängen, die sich in mir ereignen, zuzuhören, und je mehr ich versuche, die gleiche zuhörende Einstellung auf einen anderen Menschen auszudehnen, desto mehr Respekt empfinde ich vor den komplexen Prozessen des Lebens. So werde ich immer weniger dazu neigen, hin-

zueilen, um die Dinge in Ordnung zu bringen, Ziele zu setzen, Menschen zu formen, sie in die Richtung zu manipulieren und zu schieben, in die ich sie haben möchte. Ich bin weit mehr damit zufrieden, einfach ich selbst zu sein und einen anderen sich selbst sein zu lassen. Ich weiß wohl, daß dieser Standpunkt fremd, beinah orientalisch anmuten muß. Wozu denn das Leben, wenn wir nicht vorhaben, etwas aus den Menschen zu machen? Wozu, wenn wir nicht vorhaben, sie nach unseren Zwecken zu formen? Wozu das Leben, wenn wir nicht vorhaben, ihnen Dinge beizubringen, die sie *unserer* Meinung nach lernen sollen? Wozu, wenn wir nicht vorhaben, sie dahin zu bringen, so wie wir zu denken und zu empfinden? Wie kann jemand solche Passivität vertreten wie ich? Sicher finden sich auch in Ihrem Verhalten vielfach solche Einstellungen.
Aber das ist gerade der paradoxe Aspekt meiner Erfahrung: Je mehr ich einfach gewillt bin, inmitten dieser ganzen Komplexität des Lebens ich selbst zu sein, und je mehr ich gewillt bin, die Realitäten in mir selbst und im anderen zu verstehen und zu akzeptieren, desto mehr scheint Veränderung in Gang zu kommen. Es ist eine sehr paradoxe Sache — in dem Maße wie jeder von uns gewillt ist, er selbst zu sein, entdeckt er, daß er sich verändert, und nicht nur das: Er findet auch, daß sich andere verändern, zu denen er Beziehung hat. Dies ist zumindest ein sehr lebendiger Teil meiner Erfahrung und eine der tiefsten Erkenntnisse, die ich in meinem persönlichen und beruflichen Leben gewonnen zu haben glaube“ (178, S. 37).

Bedenkt man, daß Rogers mit „Veränderung“ nicht dasselbe meint wie Pädagogen, sondern autonome und spontane *Entwicklung* mit nicht festgelegten und nicht festlegbaren „Ergebnissen“ (weshalb es sich durchaus nicht um „eine sehr paradoxe Sache“ handelt, sondern um die schlichte Konsequenz, daß, wer nicht erzogen wird und sich nicht erzieht, seine Kräfte nicht zur Selbst-Verteidigung verschleißt, sondern ungehemmt *lernt*), dann rechtfertigen diese 1961 geschriebenen Worte kaum, was der Verlag, der sie 1973 in Deutschland publizierte, ihnen auf der Titelseite voranstellt:

„Rogers' Ideen sind daher in großem Umfang auch in die pädagogische Psychologie eingegangen.“

Sie sind bisher nur einfach: eingegangen.

Der Streit um das „Wesen" der menschlichen Natur tobt ungebrochen. Aber er ist ein Scheingefecht. „Jeder Versuch, aus der eigenen Welt herauszuspringen, um zu erfahren, was es mit dem Menschen ‚eigentlich' auf sich hat, reduziert die Perspektive. Der Beobachter kann dann nur noch Gemeinplätze aussagen, die beliebig vertauschbar sind und sich dadurch als Versatzstücke ausweisen" (Kupffer, 55, S. 24). Das menschliche Bewußtsein kann über sein eigenes Wesen keine objektiven Aussagen machen, welches *Unvermögen* Ulrich Sonnemann in seiner „Negativen Anthropologie" begründet:

> „Es hat seinen Grund in keiner Übermacht oder Entrücktheit der Aufgabe, deren ruheschaffende Bewältigung nicht vermocht wird, sondern in ihrem Chimärischen. Sein Grund ist zuletzt, daß die Menschen bei ihrem besten Willen nicht ausdenken können, was sie sind, weil aus ihnen wird, was sie denken" (197, S. 324).

Zu ergänzen ist: Aus Kindern wird, was ihre Umgebung von ihnen denkt. (Nicht, was sie von ihnen wünscht, erhofft, mit ihnen erreichen will. Im Kapitel VI wird darauf zurückgekommen.) Über eine „ursprüngliche" Güte oder Boshaftigkeit der Menschennatur zu streiten, ist also sinnlos, ebenso der häufig von wohlmeinenden Pädagogen oder schwärmerischen Kindertümlern ausgestoßene Appell um ein optimistisches „Menschenbild". Jedes „Menschenbild" ist falsch, wenngleich es natürlich Folgen hat. Zum Beispiel interpretiert Helmut Dahmer kritisch das Menschenbild Sigmund Freuds, der (tatsächlich) glaubte, nur eine „Erziehungsdiktatur" (51, S. 148) könne die „Menschenbestien" (51, S. 149) niederhalten und domestizieren. Kein Wunder, daß dann Wilhelm Reich, wie Dahmer berichtet, „das rebellische Kleinbürgertum als soziale Massenbasis des Faschismus" (51, S. 407) bezeichnen mußte.

Aber auch die entgegengesetzte Ansicht ist ein gefährliches Vorurteil. Rogers sagt über seine Vorschläge: „Das Konzept gründet auf der Vertrauenswürdigkeit der menschlichen Natur" (179, S. 280). Konsequenz:

> „Wir brauchen die Frage nicht zu stellen, wer ihn sozialisieren soll; denn einer seiner tiefsten Bedürfnisse ist der Kontakt und die Kommunikation

> mit anderen. Wenn er vollkommen er selbst ist, kann er nicht anders als wirklich sozialisiert zu sein" (S. 280 f.).

Nun ist diese Konsequenz fraglos richtig (und bestätigt sich in von Anfang an antipädagogischen Familien ausnahmslos), aber die ihr zugrunde liegende Behauptung („Vertrauens*würdigkeit* der menschlichen Natur") kann *auch* totalitäres Denken unterstützen, denn diese Vertrauenswürdigkeit wird oft genug widerlegt, und über einen Menschen, der sich als nicht vertrauenswürdig (als diesem *Anspruch an ihn* nicht gewachsen) erwies, erzwingt Rogers' Behauptung geradezu das faschistische Urteil: unnatürlich, widernatürlich, un(ter)-menschlich, nicht lebenswert, kurz (bestenfalls): erziehungsbedürftig. Über die Vertrauens- oder Mißtrauens*würdigkeit* des Menschen läßt sich wissenschaftlich nicht entscheiden. Während aber die pädagogische Koffer-Theorie dem Kind ein Erziehungs-, sprich: Mißtrauens*bedürfnis* unterstellt (und daraus den Erziehungsanspruch der Erwachsenen ableitet), können wir dem therapeutischen Koffer sein *Vertrauensbedürfnis* entnehmen (welches keinen Anspruch *an* das Kind, sondern umgekehrt einen Anspruch des Kindes an seine Umgebung begründet, vgl. Kapitel V). Läßt sich also über die menschliche Natur kein wissenschaftlich haltbarer Urteilsspruch fällen, so ist doch eine anthropologische „Wenn-Dann-Aussage" im Sinne des Pädagogen Brezinka möglich, der sagt:

> „Rein wissenschaftlich gesehen kann man über technologische Probleme leichter zu einer Verständigung gelangen als über weltanschauliche Aussagen zur Natur des Menschen oder zu den Zielen der Erziehung. Technologische Aussagen sind Wenn-Dann-Aussagen, d.h. Gesetzeshypothesen, die sich empirisch prüfen lassen (‚Wenn unter bestimmten Bedingungen vom Erzieher so und so gehandelt wird, dann wird im Educanden das und das eintreten'). Hier sind also dogmatische Behauptungen ganz unangebracht" (38, S. 48).

Die Antwort der Therapeuten in Form eines „technologischen" Konditionalsatzes kann zusammengefaßt so formuliert werden: *Wenn* Kinder für Zwecke außerhalb ihrer selbst mißbraucht, also nicht in ihrem Sosein akzeptiert, sondern erzogen werden, *dann* erleidet ihre Entwicklung, ihr Lernen, ihre Anpassungsfähigkeit etc. schwerwiegenden Schaden. Oder mit anderen Worten: *Wenn* die Vertrauensbedürftigkeit von Kindern mißachtet wird, *dann* können sie Vertrauenswürdigkeit nicht entwickeln.

Diese Erkenntnis ist nicht überraschend, eher eine sozialpsychologische Binsenweisheit. In dem Standardwerk „Einführung in die Sozialpsychologie", in Deutschland 1955 erschienen, heißt es über die frühe Kindheit zum Beispiel:

> „So wie das Kind sich in dieser Zeit eine Vorstellung von anderen Menschen bildet, so beginnt es auch ein Bild von sich selbst zu entwickeln. Dieses Bild ist das direkte Ergebnis der Beziehungen zwischen dem Kinde und seiner Umwelt in personeller und materieller Hinsicht. Es baut sich hauptsächlich aus den Einstellungen der für das Kind wichtigen Personen zu ihm auf und aus den eigenen Reaktionen auf die gezeigten Haltungen. Wenn die Eltern wiederholt eine aggressive und feindliche Haltung zeigen, so erlebt das Kind sich selbst als ‚nicht liebenswert'.... Erfährt das Kind dagegen freizügige Zuneigung und Bestätigung, so kann sich ein stabiles und sicheres Selbstgefühl entwickeln. Das Bild, das der Mensch von sich selbst gewinnt, wirkt wiederum darauf ein, welche Ziele er sich steckt, welche Rollen er spielt, und wie er sich mit den Forderungen der Gruppe auseinandersetzt" (Hartley/Hartley, 99, S. 225).

Damit wird klar: Wer Kinder erzieht, kann sich selbst nicht leiden. Er ist erfolgreich erzogen worden. Die Hartleys sagen:

> „Ein Mensch, der selbst ausgebeutet, gehemmt und als Werkzeug behandelt wurde, wird im allgemeinen diesen Prozeß wiederholen" (99, S. 372).

Denn Selbstvertrauen als Voraussetzung für Vertrauenswürdigkeit und Vertrauensfähigkeit kann nur entstehen, wenn das Vertrauensbedürfnis befriedigt wird. Während Therapeuten in langwierigen und oft genug scheiternden Bemühungen durch ihre bedingungslos akzeptierende Einstellung versuchen, dem Patienten Selbstvertrauen (überhaupt die Entstehung eines nicht entfremdeten Selbst) nachträglich zu ermöglichen, arbeiten Pädagogen mit ihrer „Sollenswissenschaft" (Winnefeld, 207, S. 136), die „die Geneigtheit, sich ‚behandeln' zu lassen, sich den Erziehungsprozessen mehr oder minder aufgeschlossen und willig zu unterwerfen" erforscht (Lochner, 207, S. 168), um „in den Prozeß des Werdens heranwachsender Persönlichkeiten (Kinder, Jugendliche = Educanden, ‚Zu-Erziehende', ‚Zöglinge', ‚Erziehungsobjekte', ‚Adressaten der Erziehung', ‚Schüler', ‚Lehrlinge') einzugreifen, um Lernvorgänge zu unter-

stützen oder in Gang zu bringen, die zu Dispositionen und Verhaltensweisen führen, welche von den Erwachsenen als seinsollend oder erwünscht angesehen werden" (Brezinka, 207, S. 233), systematisch — „mit größter Wonne" (Mitscherlich), „planmäßig" (Richter) — und unbeirrt (z.B. von Ideen wie Menschenwürde oder Demokratie) daran, weiterhin vertrauens*un*würdige Menschen heranwachsen zu lassen.
Im ersten Kapitel hatte sich herausgestellt, daß nur wenige Schüler Kinder für vertrauenswürdig halten. Es war jedoch angemerkt worden, daß Schüler die Wirkung eines „Vertrauensvorschusses" leicht verstehen. Es dürfte also in dem Programm der Vorbereitung auf die Elternschaft nicht darum gehen, irgendwelche Behauptungen über das Wesen des Menschen zu verkaufen. Einzig erforderlich wäre die Darstellung von Ursachen und Wirkungen der verschiedenen möglichen Einstellungen zu Kindern. Schüler, die im Klima der Erziehungsideologie aufwachsen mußten, in der, wie der Therapeut Wolfgang Schmidbauer schildert, „Kommunikation und Kritik weitgehend zusammenfallen" (189, S, 93), sind „geradezu zwanghaft auf Liebesbeweise angewiesen" (ebenda), etwa auf Beweise des Gehorsams, der Dankbarkeit von seiten ihrer späteren Kinder. Bleibt der Schüler über diesen Teufelskreis uninformiert, hat er keine Chance gegen ihn und wird zum Erzieher werden. Wenn er sich aber die Folgen einer solchen Haltung rechtzeitig klarmacht, wenn er den für die Erziehungsseuche verantwortlichen Bazillus diagnostizieren kann, hat er die Möglichkeit, seinen späteren Kindern ein Mitmensch zu werden, der ihnen ihre Zukunft nicht von vorneherein zerstört. Ob er diese Möglichkeit dann verwirklicht (verwirklichen will und kann), bleibt selbstverständlich seine Angelegenheit.
Der genannten Diagnose sollen auch die folgenden Kapitel dienen, wobei es zunächst darum geht zu erkennen, warum die „sozialpsychologische Binsenweisheit" (s.o.) das pädagogische Syndrom nicht längst zu heilen vermochte, warum das Todesurteil, das die therapeutische Einstellung allen Erziehungskonzeptionen gesprochen hat, nicht längst vollstreckt wurde. Daß diese Analyse bisher unterblieb, scheint mir wesentlichen Anteil an der Widerstandskraft der Erziehungsseuche gegen antipädagogische Aufklärung (seit Sokrates) zu haben.

Kapitel IV
Die pädagogische Ambition

Erziehung — das Geschäft mit der Angst

Es gilt heute, trotz Margaret Mead, noch schlicht als selbstverständlich, daß Kinder erzogen werden müssen. Obwohl Pädagogen, wenn sie ehrlich sind, zugeben, daß Erziehung Herrschaft, Gewalt, Fremdbestimmung, Unterwerfung bedeutet selbst, wo nur von „vorsichtig lenkenden“ Maßnahmen die Rede ist (wie gleich dreimal in der Reklamebroschüre „Kindergarten und vorschulische Erziehung“ des Hessischen Sozialministers aus dem Jahre 1974, Seiten 4, 9 und 14), beharren sie darauf, daß dies eben nötig sei — für die Kinder, versteht sich.

Ich habe im zweiten Kapitel Gieseckes Trick der Gleich- bzw. Komplementärsetzung von „Lernen“ und „Erziehung“ Verschleierungsabsichten unterstellt, denn er ist offensichtlich logisch zu unseriös, um nicht auf ganz anders geartete, womöglich unbewußte Motive hinzuweisen. (Mit Gieseckes Trick werden übrigens auch Kindergärtnerinnen und Eltern systematisch verdummt. So heißt es in der eben genannten Broschüre, S. 9: „Lernen im Kindergarten ergänzt die Erziehung der Familie und führt über sie hinaus.“) Außerdem hatte ich angekündigt, in diesem Kapitel die objektiv verbrecherische Zieherei der Erwachsenen zu „entkriminalisieren“: Nur als Opfer der Erziehungsideologie sind sie, wie es bereits mehrfach angeklungen ist, auch deren Schergen. Man kann in diesem Falle annehmen, daß Erzieher in aller Regel wirklich nicht wissen, was sie tun. Mitscherlich z.B. betonte ja sehr stark, daß Kinder „von ihren Eltern ahnungslos — es ist keine Übertreibung — völlig ahnungslos im Schutz kollektiver Erziehungsnormen“ gepeinigt werden.

Nun fällt weder individuelle Ahnungslosigkeit noch fallen kollektive Erziehungsnormen einfach vom Himmel, und ebensowenig „schützen“ die letzteren die erstere; genausogut könnte man umgekehrt sagen: die individuelle Ahnungslosigkeit schützt vor dem Durchschauen der kollektiven Normen. Offenbar besteht hier eine komplexe Wechselwirkung, der gründlich nachzuforschen sich lohnen würde. Ich möchte jedoch nur einige Aspekte dieses Komplexes herausgreifen, die unmittelbar zu meinem begrenzten Thema gehören. Und zwar möchte ich den Begriff der „pädagogischen Einstellung“ um eine Dimension erweitern zur „pädagogischen Ambition“, die sowohl primär (individuell-tiefenpsychologisch) als auch sekundär (gesellschaftlich-ideologisch) als auch in jeder denkbaren Mischung motiviert sein kann. Es wird sich zeigen, daß die primäre wie auch die sekundäre pädagogische Ambition Möglichkeiten bietet, das pädagogische Syndrom zu therapieren. Der Leidensdruck vieler Erzieher dürfte stark genug sein (oder demnächst werden), ihnen einige unangenehme Wahrheiten bedenkenswert erscheinen zu lassen. Es sei aber auch gleich eine Schwierigkeit genannt, die dieses Kapitel zu einem besonders heiklen macht: Zwangsläufig wird zum Teil von *unbewußten* Motiven die Rede sein, welche der Leser (auch der Autor) definitionsgemäß nicht aus eigener Erfahrung bestätigen, nicht in sich wiederfinden kann. An anderen Menschen ist aber das Vorhandensein solcher Motive leicht zu erkennen, und wer gewöhnt ist, von sich auf andere zu schließen, wird dasselbe vielleicht auch einmal in der umgekehrten Richtung versuchen.

Als Ausgangspunkt diene ein Zitat von Peter Fürstenau, Professor für Psychoanalyse und Soziologie, stellvertretend für zahlreiche andere Autoren von fast gleichlautenden Passagen. Fürstenau schreibt:

> „Die Lernbereitschaft des Kleinkindes und damit seine Sozialisier- und Kultivierbarkeit beruht darauf, daß es ohne die mütterliche Pflege hilflos ist, der Mutter zu seiner Versorgung und des Ich der Mutter zu seinem Schutz vor Gefahren bedarf. Die Psychoanalyse hat gezeigt, daß die Sozialisation des Kindes in den ersten Lebensjahren, seine Anpassung an Verhaltensweisen, Forderungen und Gebote der erwachsenen Umgebung, durch die Angst vor Verlust von Sicherheit stark motiviert ist, gerade weil das Kind seine Bedürfnisse sehr intensiv erlebt und Triebverzichte anfangs nur schwer ertragen kann. Aus Angst vor Liebesverlust (die sich auch deutlich in seiner Trennungsangst bei Verschwinden der Mutter äußert) kann das Kind einen Rückzug der Mutter nicht ertragen und fügt sich daher in der Regel den von ihr verlangten Triebeinschränkungen und Verhaltensanforderungen. Diese Angst ist eine

Realangst, eine Angst vor einer äußeren realen Gefahr, und das Kind hält sich demgemäß zunächst auch nur an die Erziehungsgebote, soweit die Mutter oder etwas später der Vater real anwesend ist, um es durch Bekundungen von Freude oder Ärger in seinem Verhalten zu leiten. Dies ist die psychologische Basis der Erziehungsmittel" (80, S. 21).

Ein anderer Psychoanalytiker, Richard Sterba, sagt über diese Dressurmittel schlicht (unter Hinweis auf einen Aufsatz des berühmten psychoanalytischen Pädagogen August Aichhorn „Lohn und Strafe als Erziehungsmittel"; vgl. 8, S. 102ff.):

„Da der Liebesentzug oder seine Androhung als bloßes Bösesein das in der ersten Zeit fast ausschließlich anwendbare Erziehungsmittel ist, kann es *keine Erziehung ohne Angst* geben, ein Resultat, zu dem auch Aichhorn in der genannten Arbeit gelangt. Der Liebesentzug ist also in der ersten Phase der Erziehung das kardinale Erziehungsmittel" (31, S. 64ff.).

Die Psychoanalytikerin Edith Sterba deutet sogar die Folgen an:

„Keine Angst ist heftiger und von nachhaltigerer Wirkung im Psychischen als die vor dem Liebesverlust" (31, S. 293).

Ein naiver, d.h. unbefangener (nicht in der Erziehungsideologie befangener) Leser solcher Äußerungen könnte (wenn es ihn gäbe) kaum anders, als sich pauschal für sämtliche Erzieher zu schämen. Statt daß die Hilflosigkeit und Angstbereitschaft von Säuglingen und Kleinkindern die Betreuungspersonen veranlaßt, Hilfe und Sicherheit zu gewähren, und statt daß etwa Eltern aus der Unmöglichkeit einer Erziehung ohne Angst jeglichen Erziehungsauftrag entrüstet als barbarische Zumutung zurückweisen, genieren sich die großartigen Erwachsenen nicht, ihre Fähigkeit, hilflosen Wesen Angst einzujagen, als „kardinales Erziehungsmittel" zu preisen und einzusetzen. Dem (hypothetischen) naiven Leser würde es schwerfallen zu begreifen, warum ausgewachsene Menschen solch unwürdiges Gebaren an den Tag legen, zumal seit langem bekannt ist, welch katastrophale Folgen (auch in der politischen Dimension) es hat. Zumindest müßte er es einfach unfair und feige finden.

Vielleicht würde er sogar seinen Eindruck vom Geist der Psychoanalyse revidieren, wenn er liest: „Furcht und Schrecken zu Heilzwecken zu erzeugen, wird etwa eher in seiner (des Arztes; EvB) Macht stehen, aber er wird sich außer bei Kindern sehr bedenken müssen, zu solchen zweischneidigen Maßregeln zu greifen" (Freud, GW V, S. 303).

Aber, sagt der Pädagoge dagegen (und verweist vielleicht auf das „außer bei Kindern"), es geschieht ja um der Kinder willen; sie haben es nötig.
Damit argumentiert der Pädagoge auf der Meta-Ebene, auf der Ebene des Überbaus. Die Gesellschaft, die Kultur, die Zukunft oder gar die Natur des Kindes erfordere seine Unterwerfung. (Später wird man es dann schon in die Freiheit ziehen.) Aber auf dieser Ebene hat noch nie ein Kind irgendetwas gelernt, auf ihr ist noch nicht einmal ein Kind unterworfen worden. Was man über Erziehung sagt, ist eine Sache (Kupffer nennt sie „Fiktion"), was wirklich passiert, eine ganz andere.
Auf der Ebene der basalen, wirklichen Beziehungen zwischen Menschen, auf der Kinder lernen (und sei es Unterwerfung), auf der sie ihr Selbstbild gewinnen, ihre Einstellungen, alle die fundamentalen Eigenschaften, auf denen dann intellektuelle, politische, überpersönliche Interessen und Möglichkeiten aufbauen, auf dieser Ebene der realen zwischenmenschlichen Konstellation finden sich Kinder — wenn die nun anzuführenden Beobachtungen nicht aus der Luft gegriffen sind — tatsächlich von einer Mörderbande umgeben (im Sinne der „Little Murders"). Auf dieser Ebene, auf der Kinder keine Erziehung, sondern manchmal Hilfe brauchen wie jeder Mensch, haben nicht sie, sondern *die Erwachsenen* jenes unwürdige, unfaire, feige Gebaren nötig, das Erziehen heißt.

Erziehung als Selbstbefriedigung

Einige (willkürlich ausgewählte, beliebig zu vermehrende) Beobachtungen von Wissenschaftlern verschiedener Disziplinen sollen veranschaulichen, was Wilhelm Reich den „Erziehungszwang der Eltern" nennt, wie Fürstenau berichtet:

> „Diese seien infolge ihrer eigenen Triebverarbeitung und latenten Triebkonflikte gezwungen, auf ihre Kinder je nach ihrer eigenen Charakterstruktur spezifisch triebeinschränkend und -kontrollierend einzuwirken" (80, S. 14).

Es scheint eine abenteuerliche Vorstellung zu sein, daß erwachsene Menschen „gezwungen" sein sollen, wehrlosen Kindern Angst einzujagen (was Erziehung letztlich bedeutet). Allerdings: Würde sich dieser Verdacht bestätigen, wäre immerhin zu begreifen, warum es („normative" und „technologische") Erziehungswissenschaftler (noch) gibt, obwohl sie nach logischen, psychologischen und Erfolgs-Kriterien völlig überholte Dinge tun. Es würde auch verständlich, warum sie immer nur von Planungen, Normen, Mitteln, Zielen und praktisch nie von der Wirklichkeit sprechen: Sie wollen ihren Geheimauftrag nicht verraten. (Wenn diese Verschwörungstheorie nicht stimmt, sind sie einfach bodenlos dumm.) Das Erziehungsgeschäft: ein gigantisches, mit wissenschaftlicher Akribie aufgebautes und organisiertes Bordell, in dem man Kinder prostituiert und sich (und ihnen) einredet, es geschähe um ihrer selbst willen?
Ich behaupte, daß es so ist. Und ich kann immerhin (als kleine Auswahl) ein Dutzend Äußerungen von Wissenschaftlern anführen, die — vielleicht aus Zerstreutheit? — die Diskretion, mit der dieses Bordell üblicherweise behandelt wird, verletzten.

„Rabbi Kabia (in römischer Gefangenschaft) zu seinem Lieblingsschüler Simeon ben Yochai: ‚Mein Sohn, stärker noch als der Wunsch des Kalbes zu saugen, ist das Verlangen der Kuh zu säugen'" (Laing, 134, S. 83).

„Wir geben uns selbst meist kaum Rechenschaft darüber, wie unsre Gefühle entstehen, weil wir uns wenig an unsre Kindheit erinnern. Aber wir haben alle starke Wünsche nach Wärme, Zärtlichkeit und Geborgenheit, die wir ursprünglich als Kinder besaßen. Unser Wunsch nach Anlehnung wird jedoch schon in der Kindheit oft abgewiesen, weil wir nicht den Vorstellungen und Wünschen der Eltern entsprechen. Daraus entstehen Rache und Strafbedürfnisse, die wir dann an anderen auslassen" (Brocher, 41, S. 74).

„Der Erwachsene lebt aus den in der Kindheit empfangenen emotionalen Zufuhren und aktiviert sehr häufig eigene Entwicklungsphasen in sich, sobald er die Elternrolle übernimmt. So versucht sich der Erzieher häufig retrospektiv auch vor seinen eigenen Eltern zu rechtfertigen, indem er Kinder erzieht" (Gamm, 82, S. 74).

„Es ist das Leiden an der eigenen Minderwertigkeit, dessen Milderung Eltern von einer bestimmten Erziehungspraxis erhoffen. Das Kind soll sich so verhalten, daß es die Defekte des elterlichen Selbstwertgefühls zu kompensieren hilft" (Richter, 174, S. 117).

„Wir wollen nicht übersehen, daß es Triebe, heftige infantile Wünsche sind, die der Verdrängung verfielen und durch die naive Anschauung über die Kindheit verdeckt werden. Und Triebe, infantile Wünsche sind unsterblich. Tausendmal verdrängt, sie bleiben lebendig, und, unkenntlich entstellt in Form und Ziel, drängen sie unermüdlich nach Befriedigung. Auch im Pädagogiker" (Bernfeld, 29, S. 33).

„Da Ohrfeigen gegen Erwachsene strafrechtlich eindeutig untersagt sind, bietet die sittliche Aufgabe der Erziehung als anerkanntes Motiv, an den Kindern sich auszutoben, sich an" (Plack, 165, S. 306).

„Entlarvungspsychologische Beobachter, denen althergebrachte Tabus keine Schauer einjagen, haben recht oft festgestellt, daß die — libidinöse oder nichtlibidinöse — Bindung von Eltern an Kinder nicht weniger häufig, aber viel dauerhafter, zudringlicher und aufschlußreicher ist als etwa die Beziehung von Sohn und Mutter. Man könnte, nicht ohne einigen Humor, von einem *umgekehrten Ödipuskomplex* sprechen" (Sperber, 199, S. 87 f.).

„‚Gute Kinder' heranzuziehen — leistungsstark in der Schule, gesellschaftlich erfolgreich, tüchtig im Sport usw. — ist für viele Eltern zu einem Statussymbol geworden. Sie ‚brauchen' es, stolz auf ihre Kinder zu sein; sie brauchen es, daß ihre Kinder sich auf eine Weise verhalten, die sie in den Augen anderer als gute Eltern erscheinen läßt. In gewissem Sinne *benutzen* viele Eltern ihre Kinder dazu, sich das Gefühl des Eigenwerts und der Selbstachtung zu verschaffen" (Gordon, 90, S. 270).

„Unsere Erfahrungen im Psychoanalytischen Kindergarten haben erbracht, daß hinter betulicher Fürsorge, die der Eigeninitiative und Aktivität eines Kindes häufig zuvorkommt und damit ihre Entfaltung verhindert, als hervorstechendes Erziehungsmerkmal oft eigene verdrängte Verbitterung, Frustration, Neid und Enttäuschung stehen" (Gisela Ammon, 11, S. 39).

„Die *Fürsorge* ist eine für die psychosoziale Entwicklung wesentliche Qualität, denn wir sind die ‚lehrende Spezies'." (So daß der Mensch:) „es *nötig hat, benötigt zu werden* ... Ich habe deswegen ein triebhaftes und psychosoziales Stadium der ‚zeugerischen Fähigkeit' über das der Genitalität hinaus postuliert. ... Der Mensch hat ein *Bedürfnis* zu lehren, nicht nur um derer willen, die belehrt werden müssen ... So beschränkt sich die Leidenschaft zu lehren nicht auf den Lehrberuf" (Erikson, 64, S. 118 f.).

„Und alle die erwähnten Erwachsenen halten es für ganz selbstverständlich, daß sie an den Kindern ihre Herrschsucht austoben dürfen, die sie mit pädagogischem Mummenschanz drapieren" (Zulliger, 217, S. 22).

„Von diesem dominanten Bedürfnis nach Verfügungsgewalt über Abhängige her ist erst zu verstehen, warum Eltern, Lehrer, Professoren,

Geistliche auf der Dominanz einer Wertskala bestehen, die sie selbst rational gar nicht mehr vertreten können, die sie nur vertreten, weil ihnen die autoritäre Aufrechterhaltung der ausgehöhlten Normen den gesellschaftlichen Spielraum abzuschirmen scheint, in dem sie ihr dominantes Bedürfnis nach Verfügung über Verhalten, Denken und Empfinden Abhängiger noch befriedigen können" (Jouhy, 119, S. 212f.).

Obwohl mehrere dieser Äußerungen die Parallele Kind — prostituiertes Objekt stark untermauern, möchte ich auf ihr nicht weiter bestehen. Fruchtbarer ist es, sich die hier angeführten Motive der Erzieher nochmals zu vergegenwärtigen: Das Verlangen zu „säugen", zu lehren (Laing und Erikson), Rache und Strafbedürfnisse (Brocher), Rechtfertigungswünsche (Gamm), Bedürfnisse nach Kompensation von Defekten des Selbstwertgefühls (Richter und Gordon), „Triebe, infantile Wünsche" (Bernfeld), der Wunsch sich auszutoben (Plack), der zudringliche „umgekehrte Ödipuskomplex" (Sperber), in betuliche Fürsorge gekleidete Verbitterung, Neid (Ammon), Herrschsucht (Zulliger und Jouhy).
Allen diesen Motiven (in der wissenschaftlichen Literatur werden eine fast unbegrenzte Anzahl weiterer namhaft gemacht) ist gemeinsam (das gilt auch für die vielen nicht genannten), daß sie Kinder nicht zu Objekten *erklären* (wie es ehrliche Pädagogen auf der Meta-Ebene tun), sondern *nehmen*, konkret, im Alltag und zu Weihnachten. Diese Motive sind real, verhaltensbestimmend, Beziehungen stiftend und gestaltend, seien sie im Einzelfall bewußt oder, überwiegend, unbewußt. Daß sie allesamt kinderfeindlich sind, Kinder mißbrauchen und zerstören, braucht nicht betont zu werden; sie sind ja für *Erziehung* verantwortlich, jene Veranstaltung, die als mörderisch bereits qualifiziert war. Die „Aufrechterhaltung der ausgehöhlten Normen" (Jouhy), mit der Erziehung auf der Meta-Ebene legitimiert wird, ist treffend entlarvt und benannt worden: „Pädagogischer Mummenschanz" (Zulliger).

Was dieser Mummenschanz alles drapiert, ist an anderen Menschen leicht zu beobachten. Wie Erwachsene mit Kindern sprechen, schreien, keifen, säuseln. Die Tantenfratzen von Müttern/Erzieherinnen auf Spielplätzen, in Kindergärten. Die strengen, stolzen, milden, verzweifelten, begnadigenden Blicke der Erziehungsgeilheit. Dietlind Eckensberger in ihrer Analyse der heutigen Heimerziehung: „Für das Personal stehen nicht so sehr die Kinder, sondern die Pflegetätigkeiten im Vordergrund" (60, S. 111). — (Daher sind) „die ins Unbewußte verlaufenden Wurzeln der sozialen Aktivitäten" (des Heimpersonals) „in diesem Falle *‚Kinderfeindlichkeit', die in der Betreuung von Heimkindern eine sozialisierte Äußerungsform findet*" (60, S. 121). — Die Autorin führt zwar massive empirische Beweise für die Kinderfeindlichkeit der Heimtanten, denen die Ärmsten der Armen zur Pflege vorgeworfen werden, an, wagt das aber nur einmal, und auch dann nur in Gänsebeinen, auszusprechen. Ihre Befunde werfen aber ein neues Licht auf das Heimkinderproblem: Auch in Heimen *könnten* Kinder gedeihen, wenn man dort nicht mit aller Gewalt genau diejenigen Erwachsenen zusammenziehen würde, deren kinderfeindliche Triebhaftigkeit am stärksten ausgeprägt ist (und durch die Ausbildung noch geschürt wird). Erziehung ist die sozialisierte Äußerungsform der Menschenverachtung. Aber natürlich wird nicht unausgesetzt erzogen. Es wird auch geliebt! Ob das Kind will oder nicht. Man sehe sich die Gesichter von Kleinkindern, die von ihren Müttern gedrückt werden, aufmerksam an. Wer braucht Liebe? Sogar René Spitz, der wie kein anderer auf die Folgen der fehlenden Mutter aufmerksam machte, hat *auch* bemerkt: „Das, was für die Mutter befriedigend wirkt, unterscheidet sich sehr von dem, was den Säugling befriedigen kann. Es ist fast ein Gemeinplatz, zu sagen, daß die normale Mutter ein beinahe animalisches Gefühl des Besitzes ihrem Kinde gegenüber empfindet" (201, S. 82). Merkwürdigerweise gibt es dieses „animalische" Gefühl des Besitzes bei Tieren nicht. Ob es vielleicht einen anderen Ursprung und ein anderes Ziel hat? — Nur am Rande erwähne ich, daß z.B. die Psychoanalytikerin Mary Chadwick ernsthaft erklärt, die eigentlichen, unbewußten Motive für die Berufswahl von Erziehern gründeten letztlich auf die ihnen widerfahrene Onanieerziehung. „Die hieraus erwachsenden Versagungen und unerfüllt gebliebenen Wünsche sind es, die, wie bereits auseinandergesetzt wurde, Knaben und Mädchen in den Erzieherberuf treiben" (31, S. 104). Ob wirklich die Erziehungsonanie aus der Onanieerziehung folgt — zuzustimmen ist jedenfalls Wolfgang Schmidbauers zusammenfassender Erklärung, die noch einmal den pädagogischen Mummenschanz entlarvt: „Man könnte geradezu als gemeinsamen Nenner aller seelisch krankmachenden, familiären Einflüsse die mehr oder weniger starke (und demgemäß mehr oder weniger schädliche) Neigung ansehen, ein Kind nicht als eigenes, selbständiges und als solches liebenswertes (besser: achtenswertes, am besten: achtungsbedürftiges; EvB) Individuum zu erleben, sondern als Objekt zur Befriedigung der (bewußten und unbewußten) Bedürfnisse der Erwachsenen" (189, S. 141).

Erinnern wir uns an das „animal paedagogicum", den „homo educandus", den erziehungsbedürftigen Menschen, müssen wir den Pädagogen diese Behauptung nunmehr bestätigen. Allerdings mit der kleinen Einschränkung, daß ihre Behauptung nur für ältere Kinder (in ihrer Beziehung zu jüngeren) und im wesentlichen für Erwach-

sene zutrifft. Diese sind erziehungsbedürftig, diese bedürfen der Erziehung wehrloser Kinder, diese drapieren ihren Besitzanspruch mit pädagogischem Mummenschanz, diese brauchen jeden Vorwand, um zerstören zu können, was ihnen selbst zerstört wurde: lebendiges Leben, lebendige Zukunft, Menschlichkeit.
Nun ist aber die Frage offen, ob Generationen von Kindern den Rache- und sonstigen Bedürfnissen ihrer Eltern/Erzieher geopfert würden, wenn die Erziehungsideologie nicht mehr so unangefochten herrschte, wenn Erwachsene nicht so total ahnungslos (Mitscherlich) blieben. Um zu prüfen, welche Chancen Aufklärung in diesem Bereich haben könnte, empfiehlt es sich, den Begriff der pädagogischen Einstellung auf beiden Ebenen (Basis und Überbau, Beziehungs- und Meta-Ebene) zu erweitern.
Die pädagogische Einstellung wird sowohl von den beschriebenen Basisbedürfnissen der Erwachsenen geprägt wie von den rationalisierenden (erziehungsideologischen) Konstruktionen, mit denen Erziehungswissenschaftler und sonstige Zuhälter ihr Brot erwerben. Sie von ihren Objekten (Einstellungsbezugsgrößen) teilweise isoliert zu betrachten, war erforderlich, damit ihr die antipädagogische Einstellung, die nicht wie sie einen *Anspruch* an andere Menschen beinhaltet, entgegengestellt werden kann. Im folgenden wird es jedoch hilfreich sein, nicht mehr nur von den pädagogischen, also prinzipiell mißtrauischen und intoleranten, *Einstellung* zu sprechen, sondern von der pädagogischen *Ambition.*

Der Unterschied ist wichtig genug, um am Beispiel erläutert zu werden. Ich kann Kinder nicht mögen, also eine negative Einstellung zu Kindern haben, ohne doch jemals einem Kind zu schaden; wenn es mir nämlich gelingt, niemals mit einem Kind in Beziehung zu treten. Sogar wenn ich mißtrauisch und intolerant bin, brauche ich nicht pädagogisch aktiv zu werden; ich kann mich z. B. zu meinem Mißtrauen und meiner Intoleranz offen bekennen, im Falle der Intoleranz also jemandem meine Mißbilligung zur Kenntnis geben, ohne ihn deshalb verändern, erziehen zu wollen. (Tatsächlich findet man viele Eltern, die ihre Kinder unausgesetzt kritisieren, aber in höchste Panik geraten, wenn die Kinder zu gehorchen beginnen und damit das irrsinnige Spiel der Eltern gefährden.) Nicht alle Intoleranz ist pädagogisch, wie nicht alle Vögel Störche sind. Aber alle Pädagogik ist intolerant. Habe ich nun eine pädagogische Einstellung, so hat diese ein Objekt, das ich verändern will. Ich habe also eine Ambition, die auf dieses zu verändernde Objekt zielt. Wenn ich dagegen antipädagogisch eingestellt bin, kann ich nicht sagen, ich hätte keine Ambition, ich kann nur sagen, meine Einstellung hat kein Kind zum Objekt, sondern die Pädagogik (in Kapitel IX wird darauf noch einmal zurückgekommen). Die Antithese kann sich also nur am Begriff *Einstellung* entfalten, während die Analyse zum Begriff *Ambition* vorstoßen muß.

Erziehung als Kolonialismus

Die erstaunliche Tatsache, daß ansonsten durchaus nette (lässige), vernünftige und sogar muterprobte Erwachsene im Umgang mit Kindern plötzlich verkrampft glauben, gut sein zu müssen, sich als heuchlerische, feige Terroristen gebärden und um der allerliebsten Kindlein willen Gift und Galle oder Belohnungsbonbons gegen diese speien, ist sicher nicht monokausal zu erklären. Insbesondere kann die häufig angeführte angeblich rationale Begründung, der verantwortungsbewußte Erwachsene müsse seine überlegene Erfahrung den Kindern weitergeben, kaum überzeugen, seit die komplexen Bedingungen aller Erfahrung und die daraus resultierende Meinungsvielfalt nicht mehr nach der Schablone: hie Rechtgläubiger — da Ketzer in den Griff zu bekommen sind. Wie schon Benjamin sagt (26), ist die Erfahrung des Erwachsenen (das „Evangelium des Philisters"; S. 16) eine ausdruckslose Maske, denn das Neue, Zukünftige, kann man nicht erfahren. Der Erwachsene — „im voraus entwertet er die Jahre, die wir leben" (S. 15) — kann weder behaupten, seine jeweils aktuellen Meinungen, die er brühwarm Kindern zu oktroyieren versucht, seien irgend wertvoller oder wahrer als die anderer Erwachsener, als die der Kinder oder als seine eigenen von gestern und morgen, noch kann er ernstlich annehmen, seine jeweiligen Lebensweisheiten könnten Kindern etwas nützen: Dazu wäre allenfalls ein Erwachsener legitimiert, der so weise und glücklich wäre, daß er es gewiß nicht nötig hätte, Kinder pädagogisch zu traktieren.

Die den „Erziehungszwang" (Reich) verursachenden Triebkonflikte der Eltern sind selbst zum großen Teil Folge ihrer Erzogenheit. In diesem Zusammenhang verdient Erwähnung, daß der praktisch in allen Bereichen des menschlichen Zusammenlebens sich außerordentlich störend bemerkbar machende Egozentrismus der Menschen, ihre Selbstüberhebung, ihre Wichtigtuerei, das häufig beobachtbare Absolutsetzen subjektiver und aktueller Meinungen, das Von-sich-auf-andere-schließen und zahlreiche verwandte Phänomene sicher auch als Reaktionen auf die erlittenen erzieherischen Demütigungen angesehen werden können. Von daher wird verständlich, wenn Erwachsene ihre jeweiligen Ansichten als denen von Kindern überlegen einschätzen und daraus den Schluß ziehen, ihre Überlegenheit ausspielen, in Einmischungsakte umsetzen zu dürfen. Es kommt also gar nicht darauf an, ob sie wirklich überlegen sind oder nicht (das wäre in vielen Fällen äußerst schwer, in den meisten überhaupt nicht zu entscheiden), sondern darauf, daß sie die Pflicht des Stärkeren zum Recht des Stärkeren pervertieren, gegenüber Kindern sich verhalten *dürfen*, wie sie es sich gegenüber anderen Erwachsenen niemals herausnehmen würden. Wie Hartmut v. Hentig über den Lehrer in der Schule sagt: „Er darf dort mit seinem Schüler Dinge tun, die unter erwachsenen Menschen als schamlos gelten würden: ihn täuschen, einschüchtern, beschämen, beschwichtigen, drillen, abstumpfen, verurteilen und aburteilen, sein Innenleben ausspähen, sein Gewissen bedrängen usf." (102, S. 93f.). Dieses schamlose Verhalten, das sich mit dem spezifischen Erziehungsbegriff völlig deckt, kann natürlich nicht bei klarem Bewußtsein gerechtfertigt werden, weshalb man keine Mühe und Vernunftwidrigkeit scheut, die Erziehungsbedürftigkeit der Kinder zu beweisen. „So hat man sich selbst einen Vorwand für erzieherische Manipulationen geschaffen, mit denen man phasenspezifische Bedürfnisse der Kinder und Jugendlichen zu befriedigen vorgibt" (Richter, 172, S. 33). Der den Erwachsenen zu ihrer Zeit anerzogene Verfolgungswahn schlägt nun, nachdem sie es überstanden zu haben sich einreden, als schamloser Rachereflex um in den Wahn, das Gute (das man natürlich selbst verkörpert) an Kinder weitergeben zu müssen, koste es was es wolle: „Leider gibt es nicht so viele Drachen wie es gute Menschen gibt, die Drachen töten wollen, und schon gar nicht Drachen, die einem so einfach in das Schwert der Gerechtigkeit laufen. So machen sich die Drachentöter Drachen, um sie zu töten" (v. Hentig, 103, S. 202).

Die angeblich rationalen Begründungen für Erziehung stellen allesamt im psychoanalytischen Sinne: Rationalisierungen dar. (Diese pauschale Formulierung ist völlig bewußt gewählt; der qualitative Unterschied zwischen Erziehung — Fremdbestimmung — und mitmenschlichem Verhalten — sich z.B. einem um Rat fragenden Kind wie einem um Rat fragenden erwachsenen *Freund* oder *Gast* zuzuwenden — sollte deutlich genug gemacht worden sein.) Diese Rationalisierungen verschleiern als Selbst- und Fremdbetrug tieferliegende Motive, die der psychoanalytischen Forschung nicht verborgen geblieben sind. So spricht Michael Balint in seinem Buch „Der Arzt, sein Patient und die Krankheit" von der „apostolischen Mission", „apostolischen Sendung", „apostolischen Funktion" der

Ärzte. Balint, von dem auch der Hinweis (19, S. 141) stammt, daß „Doktor" „Lehrer" bedeutet (Doktrin = Lehre), beobachtete (und kritisierte leidenschaftlich),

> „daß jeder Arzt eine vage, aber fast unerschütterlich feste Vorstellung davon hat, wie ein Mensch sich verhalten soll, wenn er krank ist. Obwohl diese Vorstellung keineswegs klar und konkret ist, ist sie unglaublich zäh und durchdringt, wie wir festgestellt haben, praktisch jede Einzelheit der Arbeit des Arztes mit seinem Patienten. Es war fast, als ob jeder Arzt eine Offenbarung darüber besäße, was das Rechte für seine Patienten sei, was sie also hoffen sollten, dulden müßten, und als ob es seine, des Arztes, heilige Pflicht sei, die Unwissenden und Ungläubigen unter den Patienten zu diesem, seinem Glauben zu bekehren" (16, S. 206 f.).

Balint vergleicht die Lage des Patienten, der solchem Missionsbedürfnis der Ärzte ausgesetzt ist, mit „der üblichen des Kindes, das sich einer ganzen Welt von Erwachsenen gegenübersieht, die es in ihrem Sinne erziehen wollen" (16, S. 97), und macht eindrücklich klar, daß Erzieher wie Ärzte tatsächlich aus *eigenen* Bedürfnissen Patienten wie Kinder missionieren wollen, obwohl sie ihnen damit oft schwersten Schaden zufügen.

Ähnlich hatte ja bereits Erikson „ein triebhaftes und psychosoziales Stadium der ‚zeugerischen Fähigkeit' über das der Genitalität hinaus" postuliert. Erikson meint, es handele sich dabei um einen „Trieb" (62, S. 261; 65, S. 141), der auf die „Stiftung und Erziehung der nächsten Generation" (62, S. 261) gerichtet sei. Kinder nicht zu akzeptieren wie sie jeweils sind, wäre demnach als geistig-seelische Parallele oder Überhöhung („über das der Genitalität hinaus") des biologischen Fortpflanzungstriebes anzusehen, vielleicht vergleichbar dem „Bemächtigungstrieb", von dem Sigmund Freud häufig spricht (z.B. GW V, S. 93—99; GW XIV, S. 476; GW XVI, S. 21), und den er mit „Sadismus" gleichsetzt (GW VIII, S. 448; GW XI, S. 340). Freud schreibt etwa:

> „Auf der höheren Stufe der prägenitalen sadistisch-analen Organisation tritt das Streben nach dem Objekt in der Form des Bemächtigungsdranges auf, dem die Schädigung oder Vernichtung des Objekts gleichgültig ist. Diese Form und Vorstufe der Liebe ist in ihrem Verhalten gegen das Objekt vom Haß kaum zu unterscheiden" (GW X, S. 231).

„Die Berührung ist der Beginn jeder Bemächtigung, jedes Versuches, sich eine Person oder Sache dienstbar zu machen“ (GW IX, S. 44). „Besonders vom Wißtrieb gewinnt man häufig den Eindruck, als ob er im Mechanismus der Zwangsneurose den Sadismus geradezu ersetzen könnte. Er ist ja im Grunde ein sublimierter, ins Intellektuelle gehobener Sprößling des Bemächtigungstriebes“ (GW VIII, S. 450).

Eltern, die ihren Kindern keinen Privatbereich zugestehen und überall nachspionieren, konkretisieren die Beziehung zwischen Wißtrieb und Bemächtigungstrieb.

Allerdings erscheint der Begriff „Trieb“ wegen definitorischer Komplikationen wenig geeignet. „Man spricht deshalb vermutlich besser weniger präzise von ‚Antrieben‘ im menschlichen Verhalten und läßt die Frage, inwieweit sie angeboren sind, unter den Tisch fallen“ (Comfort, 45, S. 199).
Der Antrieb, den ich die „pädagogische Ambition“ nennen will, ist sicher vielschichtig zusammengesetzt und besitzt große Ähnlichkeit mit kolonialistisch-imperialistischen, religiös-missionarischen, weltverbesserischen und verwandten Motivationen. Regelmäßig fällt es schwer, ihre Anteile nach gutem und bösem Willen, bewußten und unbewußten Vorwänden (Selbstbetrug/Fremdbetrug), sowie allen möglichen Kombinationen zu entschlüsseln. So wie die „Ausrottungssucht“ des Menschen (Comfort, 45, S. 123) sowohl schädliche Pflanzen und Tiere als auch nützliche (z. B. Edelweiß und Wale) bedroht, kann die Intoleranz besserwisserischer Menschen von den wirklich besten Absichten und echter Zuneigung getragen sein, ohne daß damit am Tatbestand des Terrorismus das mindeste geändert würde — im Großen wie im Kleinen.

Das religiös inspirierte Missionieren beispielsweise hat sich lange genug im Namen eines Allmächtigen mit Feuer und Schwert über die Ohnmacht seiner Argumente hinweggetröstet. Man könnte tatsächlich fragen, ob nicht etwa die religiösen, die faschistischen und die antikommunistischen und kommunistischen Kreuzzüge von dem Motiv der pädagogischen Ambition (in der Form von Rechthaberei, Heilschauvinismus) mitgetragen wurden und werden. Selbstverständlich sind dort „handfeste“ Interessen im Spiel, aber indem man diese als Interessen an Macht und Einfluß identifiziert, muß man die Augen vor den tiefenpsychologischen Grundlagen des *Strebens* nach Macht und Einfluß nicht verschließen. Auch die moderne Entwicklungshilfe ist, wie man weiß („Neokolonialismus“), nicht frei von dem entsprechenden Antrieb. In einem Rundfunkbericht (HR, 1. 8. 1974) schilderte Ulrike Holler, wie die „Sendboten des Friedens“ in den Entwicklungsländern inzwischen unbeliebt werden, da sie nur „Sendboten deutscher Tüchtigkeit und deutscher Normen“ seien. „Und so geschieht es, daß jene, denen geholfen werden soll, sich gegen diese Form der Hilfe zu wehren beginnen.“ „Im Nachhinein“, so Holler, „merken Entwicklungshelfer, daß sie für ihre Arbeit die falschen Motive hatten.“ — Solche Einsichten haben in unserem Zusammenhang deshalb Bedeutung, weil besonders kinderfreundliche Kinderfreunde statt des ehrlichen Wortes „Erzieher“ heutzutage den Begriff „Entwicklungshelfer“ propagieren (z. B. Wolfgang Metzger in „Vorgänge“ 3/73, S. 24 und Anton Neuhäusler, ebenda, S. 27 und 34). Intoleranz und Respektlosigkeit des Sendungsbewußtseins von Entwicklungshelfern erhöht oft nur die Abhängigkeit und Hilflosigkeit der Beschenkten und Geförderten, die sich gedemütigt, gegängelt, entmutigt fühlen — auf daß dann Pädagogen mit ihren Ermutigungsprogrammen hausieren gehen dürfen.

Der Schaden, den Menschen anrichten, die glauben, sich über ihresgleichen erheben zu müssen/dürfen (völlig gleichgültig, womit das zu rechtfertigen versucht wird), kann weder im Großen noch im Kleinen irgend überschätzt werden. Für den Bereich der Generationenproblematik hat Gérard Mendel diesen Schaden in dem bedeutenden (im Auftrag der UNESCO geschriebenen) Buch „Plädoyer für die Entkolonisierung des Kindes“ analysiert. Er meint zum Beispiel:

> „Das Kind, wie wir es kennen, ist ein durch die Erwachsenen-Gesellschaft infantilisiertes, kulpabilisiertes (durch das Erziehungsgeschäft mit der Angst — aus der anfänglichen Realangst wird programmgemäß Schuldangst — des eigenständigen Selbstvertrauens beraubtes; EvB) Kind. So wie der kolonisierte Eingeborene nicht das ist, was er sein könnte, sondern manchmal nur noch eine vom Kolonisator gezeichnete Karikatur seiner selbst, der zu gleichen er gezwungen wird, so ist heute das Kind, das mehr als jemals zuvor die konkrete Möglichkeit hätte, seine spezifische Lebensform zu entwickeln, nur die Karikatur des zukünftigen Kindes — wenn überhaupt dieses Kind der Zukunft je Wirklichkeit wird. Der heutige Erwachsene aber, dem die Freizeit (von der er sagt, man müsse sie ‚totschlagen‘) so viel Angst macht, daß er sich, oft freiwillig, lieber zu Tode arbeitet, ist die Karikatur der Karikatur des Kindes“ (147, S. 174 f.).

Ein Musterbeispiel kolonisatorischen Terrors mit rationalisierenden Rechtfertigungen der pädagogischen Ambition privater Natur (gesellschaftliche

Erfordernisse decken solche persönlichen Erziehungsorgien längst nicht mehr) liefert die Psychoanalytikerin Selma Fraiberg unter der zynischen Überschrift „Die Missionare kommen". Es heißt da u. a.: „Die Missionare sind angekommen. Natürlich haben sie sich als verblendete Eltern eingeschmuggelt. ... Mittlerweile sind die Missionare dabei, eine schnell wachsende Anzahl einfacher Vergnügungen zu stören. ... Die Missionare schikken unerbetene Rettungsmannschaften aus — sie sollen ihn daran hindern, wunderbare Höhen zu ersteigen, durch schmutzige Pfützen zu patschen und dem schwer faßbaren Schwanz des Familienhundes nachzusetzen. ... Und natürlich schlagen sie ihm Schläfchen vor in den unpassendsten Augenblicken, aus Gründen, die nur ihnen klar sind. Zugegeben, solche Einmischung ist notwendig: sie muß dem kleinen Wesen die Kultur bringen, die er offensichtlich nötig hat" (75, S. 51). — Daß es weder um die Kultur noch um die absichtliche Erzeugung von Schlafstörungen geht, zeigt sich bald. „Die sogenannte Trotzphase ist eine der Erscheinungen dieser Entwicklung, aber unter gewöhnlichen Umständen wird sie keine Anarchie. Sie ist eine Art Unabhängigkeitserklärung, hat aber nicht die Absicht, die Regierung zu stürzen. ... Der Bürger darf gegen den Wechsel der Höschen protestieren (es sind ja schließlich seine Höschen), und die Regierung kann ihr Vorrecht in Sachen Höschenwechseln ausüben, ohne eine Krise herbeizuführen. Ist der Bürger klein und zappelig und so ungebildet, daß er nicht einmal seine Muttersprache sprechen kann, braucht man zu dieser Operation Geschicklichkeit und Geduld; behandeln wir aber das kindliche Verhalten nicht als Verschwörung gegen die Regierung, wird das Kind schließlich einsehen, daß das Höschenwechseln ein gewöhnliches Ereignis ist und es nicht seiner Menschenrechte beraubt" (S. 53f.). — Nicht um die Kultur, ums *Regieren* geht es also. Noch der Trotz des Kindes muß ins Leere laufen, damit es seine absolute Ohnmacht erfährt. Fängt die Politik etwa nicht in der Kinderstube an? „Von seinem Bettchen aus, im verdunkelten Raum, prangert es diese Ungeheuer von Eltern an und fleht mit beredten Tönen um eine Änderung des Richterspruchs. Es kämpft tapfer, wird allmählich schwächer und unterliegt schließlich seinem Feind, dem Schlaf" (S. 55).

Solche „als Fürsorge verstandene Aggression" (Ammon, 10, S. 153) spricht von „Menschenrechten" ausgerechnet im Zusammenhang damit, daß einem Mitmenschen gegen seinen Willen die Hosen (zum Zwecke der Plünderung ihres Inhaltes) ausgezogen werden. Abgesehen von dem Symbolwert solcher Regierungsausübung erlaube ich mir den Hinweis auf Fritz Stirnimann (204, S. 56), dessen Beobachtungen an zahlreichen Neugeborenen ihn einen „angeborenen Reinlichkeitsinstinkt" vermuten lassen, „der leider meistens durch die übliche Pflege unterdrückt wird. Wo aber eine rationelle Pflege darauf aufbaut (d.h. wo statt der Erwachsenen die Signale des Kindes regieren; EvB), gelingt es, Säuglinge schon im ersten Monat überwiegend trocken zu halten." — Die Menschenrechte gelten (vor dem pädagogischen Denken) nur für „alle Menschen" incl. Kriegsgefangene und sogar Kriegsverbrecher (vgl. Kimminich, 122, S. 86) und nach dem Urteil des BVG vom Februar 1975 auch für Embryos, aber für Kinder natürlich nicht; die haben dafür ein Recht auf Erziehung. Fraiberg schreibt: „Ich möchte hier etwas Wichtiges feststellen: fühlt ein Kind, daß es gleichermaßen geliebt wird, ob es bei einem Wutanfall den Vater mit dem Fuß stößt oder ob sein vernünftiges Selbst die Oberhand hat — was für einen Grund hat es dann, sich zu beherrschen?" (75, S. 177). — Dieses offenkundige Mißtrauen, das auf die Gegenfrage, was für einen Grund ein respektiertes Kind ohne Untertanenmentalität zu Wutanfällen und Angriffen auf seine Freunde hat, keine Antwort geben kann, dient ausschließlich als Vorwand für Unterdrückung und ist blind gegen die Folgen solcher Erziehungsgeilheit.

Bisher war von der pädagogischen Ambition als einem primären Antrieb die Rede. Viele Psychoanalytiker (und bereits manche Pädagogen) haben erkannt, daß die Erwachsenen unbewußt ihre eigenen Schwächen in die Kinder projizieren und dort bekämpfen. „Der Erwachsene will am Jugendlichen das bewältigen, was ihm selbst zu schaffen macht" (Kupffer, 130, S. 47). „An diesem läßt sich dann die Bestrafung vollziehen, die unbewußt den abgewehrten eigenen Impulsen gilt" (Wellendorf, 212, S. 213). Aber es gibt nicht nur das — vorwiegend aus unbewußten Quellen gespeiste — *Bedürfnis* zu erziehen, die pädagogische Ambition kann auch sekundär motiviert sein. Die Leidenschaft der meisten Menschen, andere Menschen zu beeinflussen, zu verändern, läßt sich zwar häufig als mehr oder weniger verdeckte Herrschsucht entlarven, aber sieht man sich im wirklichen Leben um, muß man diese Diagnose ergänzen. Daß die heutigen Erzieher extrem verunsichert sind, kann einerseits auf das Versagen autoritärer Herrschaftsformen in einer ansatzweise demokratischen Umwelt zurückgeführt werden (so die gängige Interpretation), kann andererseits aber auch ein Zeichen echter Humanisierung sein: Viele Erzieher *wagen* die alten tyrannischen Methoden nicht mehr, andere aber *wollen* sie nicht mehr. Es fügt sich gut in manche Theorie, entspricht aber nicht der Wirklichkeit, daß die Aufklärung etwa über das Wesen der Kindheit, der „Verlust der psychologischen (und pädagogischen; EvB) Unschuld, der mit auf Freud zurückgeht" (Riesman, 175, S. 39), die Einstellung der Erwachsenen nicht verändert hätte. Der immer wieder behauptete Wiederholungszwang — Eltern sehen ihre Kinder, wie sie als Kinder von ihren Eltern gesehen worden sind — ist zwar nicht zu leugnen, aber er ist auch nicht zu

erklären (wie es nekrophile Psychoanalytiker in faktischer Leugnung des menschlichen *Bewußtseins* häufig tun), ohne die Erziehungsideologie zu berücksichtigen.
Ich bin sicher, daß jeder Leser ebenso wie ich zahlreiche Menschen kennt, die im Grunde ihres Wesens nicht herrschsüchtig sind (oder wenigstens nicht feige genug, sich an Wehrlosen auszutoben). Sehr viele Eltern und Lehrer möchten Freunde ihrer Kinder und Schüler sein, möchten sie achten und menschenwürdig mit ihnen umgehen. Selbst wenn es zu Konflikten kommt, zeigen sie keinen pädagogischen Ehrgeiz. Besonders Eltern von Kleinkindern kann man beobachten, wie sie die für notwendig erachteten Eingriffe durchaus lustlos bis widerwillig erledigen, gewissermaßen als unvermeidliche Pflichtübung. Manche Eltern und Lehrer, die gelegentlich Strafen verhängen zu müssen glauben, geben sogar an, sie selbst würden darunter mehr leiden als die Bestraften. Die pädagogische „Ambition" solcher Erwachsenen ist sicher nicht tief in ihrem Unbewußten verankert. Eine AP-Meldung in der „Frankfurter Rundschau" vom 23. 1. 1975:

> „Die Väter sind offenbar besser als ihr Ruf. Das Berliner Max-Planck-Institut für Bildungsforschung stellt jedenfalls in einem in München veröffentlichten Bericht fest, daß sie seltener als erwartet autoritärer seien und meist liebevoll auf ihre Kinder eingingen, auch auf die Gefahr hin, der Mutter die ‚Sanktionen' in der Erziehung zu überlassen. Beobachtet werde, daß Väter sogar mit ihren Sprößlingen eine ‚Freizeit-Koalition' gegen die Mütter schlössen. Das Institut hat in 20 Familien von Bildungsforschern Untersuchungen mit Ton- und Bildaufzeichnungen gemacht."

In der Zeitschrift „päd. extra" (Nr. 4/75, S. 4) ist von 70 untersuchten Familien die Rede, aber auch dort heißt es:

> „Die Erziehungsgeschäfte überlassen die Väter nach den Feststellungen der Berliner Soziologen und Psychologen der Mutter. In ihrer ‚Freizeit-Koalition' mit den Kindern ist es den Vätern nur recht, daß die Mutter hin und wieder das Geschäft übernimmt, auch mal ‚massiv' gegen die Zöglinge vorzugehen."

Es scheint also immerhin Väter zu geben, die sich des feigen Erziehungsgeschäftes schämen, den Erziehungskrieg (Ursache „des Bürgerkrieges, der ohne Unterlaß im Inneren (der individuellen Psyche;

EvB) im Gange ist"; Riesman, 175, S. 61) nicht aus eigenem Antrieb fortzusetzen nötig haben. — Übrigens empfahl Heinrich Kupffer 1965, „den Begriff ‚Zögling' (durch den ein einseitiges Abhängigkeitsverhältnis ausgedrückt wird), durch ‚Erziehungspartner' zu ersetzen" (127, S. 73). Daß mit solcher Umtaufe nichts gewonnen ist, wenn noch zehn Jahre später Menschen im Namen der Erziehung mit „Sanktionen" „massiv" gegen ihre seien es „Zöglinge", seien es „Sprößlinge", seien es auch „Partner" vorgehen, liegt auf der Hand. Es ist also — gegen Kupffer — durchaus darauf zu insistieren, daß ein „einseitiges Abhängigkeitsverhältnis" bereits im Begriff und Phänomen *Erziehung* konstituiert ist.

Bevor wir uns der sekundären pädagogischen Ambition zuwenden, sei in einem Exkurs provisorisch zu klären versucht, auf welche Weise Kinder konkret mißbraucht und von den Eltern/Erziehern infiziert werden. Richter schreibt:

> „Von den Eltern wird an das Kind unbewußt der Anspruch erhoben, genau das Bild zu reproduzieren, das sie von sich selbst haben, einschließlich ihrer Abwehrorganisation, ihrer Verleugnungen, ihrer Ideologien usw. Es ist noch nicht sehr viel darüber bekannt, woher es kommt, daß manche Eltern ihr Kind dem Zwang aussetzen müssen, eine genaue Kopie des Bildes darzustellen, das sie von sich selbst haben" (171, S. 158).

„Woher" dieser Zwang kommt, ist sinnvoll erst zu erörtern, wenn man weiß, *wie* dieser Zwang konkret wirkt, welcher Art die *Brücke* ist, die das Unbewußte von Eltern/Erziehern mit den Kindern verbindet.

Exkurs: Erziehung als Infektionsvehikel

Die Beobachtung, daß psychisch gestörte Eltern/Erzieher (und die Behauptung, es gäbe — streng genommen — andere, wird schon lange nicht mehr aufgestellt) ihre Störungen an die Kinder „vererben", wird im Kapitel VI ausführlicher untersucht. Hier soll es nur prinzipiell darum gehen zu zeigen, daß nicht irgendwelche wunderbaren Beziehungen zwischen den Generationen bestehen, wie immer wieder behauptet wird. Z.B. schreibt die Psychoanalytikerin Dorothy Burlingham:

„Der Analytiker weiß, daß das Unbewußte der Mutter und des Kindes in einer geheimen Verbindung miteinander stehen und daß die Bedeutung dieser unbewußten Beeinflussung des Kindes, die in manchen Fällen einen fast übernatürlichen Eindruck macht, von unserem heutigen Verständnis noch nicht voll erfaßt wird" (31, S. 222).

Und Mary Chadwick erklärt lapidar:

„Vom Unbewußten eines Menschen leitet ein Kontakt vermittelnd zum Unbewußten des andern" (31, S. 90).

Diese geheime Verbindung, dieser Kontakt, so meine Behauptung, konkretisiert sich im Umgang zwischen den Generationen zum entscheidenden Teil in erzieherischen Akten. Am Extrembeispiel der Kommunikation in schizophrenogenen Familien, die in dem Sammelband „Schizophrenie und Familie" von Gregory Bateson und zahlreichen anderen Forschern dargestellt wird, kann diese Behauptung eine erste Begründung finden. Um aber dem Einwand zu begegnen, aus der Schizophrenieforschung ließen sich keine Schlüsse für „normale" Familien ziehen, sei vorweg der Antipsychiater David Cooper zitiert:

„Stellt man das Schizophrenieproblem auf diese Weise, nämlich im Sinne der Existenz eines Menschen, der durch andere aus sich herausgelöst oder durch sich selbst ausgepreßt wird (in liebender Anerkennung der raubgierigen Verschlingung durch die anderen), so daß schließlich nichts von ihm für ihn selbst übrigbleibt, weil er nur noch für den anderen da ist, dann müssen wir folgern, daß es zwar ein besonderes Schicksal ist, in die Anstalt eingeliefert zu werden, daß aber die Schizophrenie nichts anderes ist als unser aller Los" (46, S. 61).

Das Material aus „Schizophrenie und Familie" ist außerordentlich umfangreich und analysiert den hier interessierenden Tatbestand unter variierenden Perspektiven. Ich wähle zunächst den Beitrag von Harold F. Searles aus.

„Das Bestreben, den anderen verrückt zu machen, kann überwiegend durch den Wunsch motiviert sein, die bedrohliche Verrücktheit in einem selbst nach außen zu verlegen und damit loszuwerden. ... In dem Maße, in dem dieser Prozeß sich in der Beziehung der Mutter zu ihrem Kind abspielt, gelingt es ihr, die eigene ‚Verrücktheit' schließlich dem Kind aufzubürden" (22, S. 143).

Die einem nicht in tiefenpsychologischen Kategorien zu denken gewohnten Leser wohl etwas abenteuerliche Vorstellung einer ihr Kind „absichtlich" verrückt machenden Mutter wird vielleicht annehmbarer durch Searles' folgende Interpretationen:

„Ein Modus der Hinwendung zu dem andern, der alle Merkmale eines Versuches trägt, den anderen verrückt zu machen, kann tatsächlich bewußt oder unbewußt von dem starken Wunsch motiviert sein, mit dem anderen zu einer *gesünderen* Intimität zu kommen, ihn zu einer besseren Integration zu bewegen, sowohl im zwischenmenschlichen Bereich der gemeinsamen Beziehung als auch intrapsychisch, in ihm selbst" (S. 148). „Wir stellen also fest, wenn wir uns nunmehr wieder auf das offenbare Bestreben, den anderen verrückt zu machen, konzentrieren, daß dieses Bestreben sehr eng mit jenem, dem anderen zu einer besseren Integration zu verhelfen, verbunden ja sogar damit identisch sein kann, wobei wir das letztere Bestreben als das Wesen der liebevollen Beziehung betrachten können. ... Ich vermute, daß in vielen Fällen, wo ein Elternteil das ‚Verrücktwerden' seines Kindes fördert, der Ausbruch der Psychose einen Fehlschlag des bewußten oder unbewußten elterlichen Wunsches darstellt, dem Kind zu einer besseren, reiferen Integration zu verhelfen" (S. 149). „In dem scheinbaren Bestreben der Mutter, das Kind verrückt zu machen, läßt sich unschwer als Kern eine anerkennenswerte, wenn auch von ihr nicht ausgesprochene Motivation erkennen — nämlich die, ihrem Kind zu helfen, ein Individuum zu werden" (S. 151).

Alle diese Äußerungen beschreiben die Beziehung Elternteil/Kind als liebevoll, aber eben als *pädagogisch*. Dem Kind soll zu einer „besseren", „reiferen" Integration *verholfen* werden, gar dazu, „ein Individuum zu werden". Searles schildert eindeutig ein pädagogisches Programm, das mit zahlreichen erzieherischen (wörtlich zu verstehen:) *Einmischungen* durchgesetzt werden soll. Und eben dadurch, nicht wegen eines mystischen Kontaktes, „erbt" das Kind die Verrücktheit (die die Mutter deshalb freilich nicht los wird). Würde der „verrückte" Elternteil nicht so „anerkennenswerte" pädagogische Motive haben und in erzieherische Maßnahmen umsetzen — das können wir bereits vermuten —, würde sich die Verrücktheit des Erwachsenen auch nicht in der Seele des Kindes ein-mischen und seine Integrität zerstören.
Einen deutlichen Hinweis gibt Murray Bowen:

„Die Mutter stellt an den Patienten in der Hauptsache zwei Forderungen. Am eindringlichsten ist die emotionale Forderung, der Patient solle hilflos bleiben. Sie wird in subtiler, nachdrücklicher Weise übermittelt, die nicht ins Bewußtsein dringt. Die andere ist die offene, verbalisierte, ‚eingehämmerte' Forderung, daß der Patient ein begabter und reifer Mensch wird" (22, S. 200). „Die Bemühungen, den Patienten zu ändern, fallen zeitlich zusammen mit ihren Ängsten und haben nichts mit der wirklichen Situation des Patienten zu tun" (S. 202).

Die Frage ist nun, ob die emotionale Forderung *überhaupt* zum Tragen käme ohne die entgegengesetzte, die ja dem Kind nicht „subtil" übermittelt, sondern „eingehämmert" wird. Der Mutter „Bemühungen, den Patienten zu ändern“, entsprechen wiederum der selbstbefriedigenden pädagogischen Ambition und haben zwar mit der wirklichen Situation des Kindes nichts zu tun, greifen in sie aber dennoch erzieherisch, zerstörerisch ein.

In seiner Literaturübersicht schreibt J. Foudrain:

> „Die übertüchtige Mutter, der (funktionell) hilflose Patient und der am Rande betroffene Vater bilden ein häufig wiederkehrendes Muster. Hier sehen wir Vater wie Mutter damit beschäftigt, das Kind automatisch in die vorgeschriebene Rolle des ‚Hilflosen‘ zu zwingen und darin festzuhalten (obwohl sie auf der Ebene des Bewußtseins wollen, daß es groß wird und sich normal entwickelt)“ (22, S. 329f.).

Die Begründung, die hier in der Klammer gegeben wird, läßt äußerst fraglich erscheinen, ob das Kind „automatisch“ (wie sollte man sich das konkret vorstellen? Schließlich sind die Eltern „damit beschäftigt“) in die Rolle des Hilflosen gezwungen wird, oder ob nicht vielmehr der „auf der Ebene des Bewußtseins“ existente und in erzieherische Aktionen umgesetzte *Wille* und *Anspruch* dafür verantwortlich sind, so daß man das „obwohl“ durch ein klares „weil“ ersetzen müßte. *Weil* Erwachsene, seien sie nun schizophren oder nur ein wenig neurotisch oder sogar nur, wie gänzlich unvermeidlich, von Gestern, ihre Kinder erziehen, dies zu dürfen/müssen glauben, *deshalb* „vererben“ sie ihre Störungen oder, mindestens, Gestrigkeit. Richter (der die Forschungen der Bateson-Gruppe in Deutschland zu einer gewissen Popularität führte, ohne allerdings diese Quelle anzugeben) schreibt:

> „Man versteht die Integrationsstörung nicht zureichend, wenn man nur feststellt, gewisse Eltern seien in der Erziehung zu autoritär, zu triebfeindlich oder dergleichen, und wenn man dann rein energetisch folgert: das kindliche Ich müsse bei so viel Druck zu schwach bleiben, um die erforderlichen Integrationsleistungen aufbringen zu können. Nicht die erzieherische Strenge *an sich* ist für den Identitätsverlust — oder genauer: für die mangelnde Identitätsgewinnung — entscheidend, sondern eben der Umstand, daß gewisse Eltern mit ihrer Strenge zum Beispiel das Bedürfnis verbinden, ihr mangelhaft realisiertes ideales Selbst stellvertretend vom Kind darstellen zu lassen“ (171, S. 195f.).

Richter bleibt, da er die von der Bateson-Gruppe analysierten Interaktionsmechanismen unterschlägt, die Antwort auf die Frage, wie denn das elterliche „Bedürfnis“ den Kindern sich mitteilt, schuldig. Meine Antwort lautet: durch Erziehung. Insofern sehe ich tatsächlich „nicht die erzieherische *Strenge* an sich“, sondern die *Erziehung* an sich als das Vehikel an, das elterliche Probleme (möglicherweise potenziert) in ihre Kinder transportiert. Die bewußten erzieherischen Akte sind es, welche die Kinder zwingen, die unbewußten Ansprüche ihrer Eltern zu erfüllen und eine (übrigens nicht „mangelnde", sondern) unidentische, entselbstete, (im Gegensatz zur durch existentiell *selbst*bestimmtes, *eigen*gesetzliches Lernen gewachsenen:) gebrochene Identität zu realisieren. Psychoanalytiker wie Richter, die mit wahrer Besessenheit gegen die als grenzenlos boshaft dargestellten unbewußten Absichten von Eltern/Erziehern zu Gange sind, übersehen die Rolle der bewußten *guten* Absichten, und nicht zuletzt ihre Appelle (die ja im wesentlichen nur an das Bewußtsein gerichtet sein können, jedenfalls nur dieses erreichen) um *mehr guten Willen, Liebe* usw. sind daran mitschuldig, daß alle Aufklärung auf der Ebene des Überbaus die *wirklichen* Beziehungen zwischen den Generationen immer mehr vergiftet, pädagogisiert.

Erziehung als Verfassungsauftrag

Eltern haben, laut Grundgesetz, das Recht und die Pflicht, ihre Kinder zu erziehen. Wohin sie sie erziehen sollen, steht im Grundgesetz nicht, ist auch nur in — meist gegensätzlichen — Leerformeln zu beschreiben: In Katalogen von Erziehungszielen stehen Anpassung und Autonomie, Leistungs- und Glücksfähigkeit, demokratische Gesinnung und Aufstiegswille, Toleranz und Durchsetzungsvermögen friedlich beieinander; wer solche Leerformeln ausheckt, weiß wahrscheinlich, daß er ohnehin Makulatur produziert, und denkt über die inneren Widersprüche seiner Sprüche besser nicht erst nach. Das Recht und die Pflicht, Kinder zu erziehen, ist zwar in der Verfassung verankert, dort aber natürlich nur, weil es in den Menschen verankert ist. Die Erziehungsideologie herrscht praktisch ungebrochen. Ihre eine Quelle, die primäre, vom Unbewußten gespeiste pädagogische Ambition, hatten wir untersucht. Alexander Mitscherlich erklärt zusammenfassend,

> „daß das Eingewöhnen in eine Gesellschaft — welcher Art auch immer — vom Individuum einen riesigen Aufwand von Verzichten fordert. Und zwar von der allerfrühesten Kindheit an ist Menschwerden gleich kultiviert werden, ist gleich Verzichte leisten müssen. Und diese Verzichtleistung fordert natürlich immer Rache heraus. Denn irgendwann möchte man sich dafür gerne schadlos halten" (154, S. 75).

Dies der eine Grund für Erziehung. Das (unbewußte) Rachebedürfnis von als Kindern geschundenen Erwachsenen, das sie zu Kinderschändern macht (vielfach überhaupt erst zu Eltern; vgl. Kapitel I über das Kinderwunschmotiv), setzt der Aufklärung aber nicht nur enge Grenzen, weil diese nur das Bewußtsein erreicht, es neutralisiert (bestenfalls) solche Aufklärung sogar, solange nicht gleichzeitig bedacht und zu bedenken gegeben wird, was es mit dem Erziehungsrecht, der Erziehungspflicht der Eltern/Erzieher in Wahrheit und Praxis und Theorie auf sich hat. Sei das Reden über Erziehung, also die Überbau-Ebene, noch so sehr eine Fiktion (Kupffer), sie hat doch Folgen, hält nämlich den Erziehungsanspruch auch dann am Leben, wenn Eltern/Erzieher sensibel genug sind, sich der feigen Veranstaltung, genannt Erziehung, dieses Geschäfts mit der Angst, zu *schämen.* Das heißt, auch Erwachsene, die nicht (oder relativ schwach) mit einer primären pädagogischen Ambition behaftet sind und ihre eigenen Probleme und gestrigen Ansichten den Kindern nicht aufzwingen *wollen*, indem sie sich nicht planmäßig-aggressiv in deren Lernen einmischen, sehen sich allüberall mit der (letztlich im Grundgesetz symbolhaft legitimierten) Behauptung konfrontiert, solche Zurückhaltung nicht üben zu *dürfen.* Sie *müssen* erziehen, die Wissenschaftler (sogar die Psychoanalytiker), die Politiker, die Fernsehgewaltigen, die Bücherschreiber, alle sagen das so. Und die Folge ist zweierlei:

1. Eltern/Erzieher, im Angesicht der tönenden Leerformeln diverser Erziehungsziele, sehen sich vor der Aufgabe, diese mit konkreten Inhalten zu füllen. Nun passiert das Schrecklichste und Absurdeste, das wahrhaft übermenschlicher Sadismus aushecken kann: Je lieber Eltern/Erzieher ihre Kinder/Schüler haben, je intensiver, gutwilliger sie sich mit Erziehungsfragen beschäftigen, desto gründlicher erforschen sie sich selbst, desto konsequenter schließen sie von sich auf ihre Kinder, desto dringender wollen sie den Kindern erlittenes Leiden ersparen, erlebtes Glück aufnötigen, desto unausweichlicher verhindern sie Zukunft und drehen das Rad des Wiederholungszwangs zum Kreislauf der kranken Kultur. Woher sonst, lautet meine Frage, *können* Erwachsene die Leerformeln abstrakter Erziehungsideale mit konkretem Inhalt füllen als aus ihrem eigenen Erleben und Selbstbild? Daraus folgt: Je größer ihre Liebe zu den Kindern, desto zerstörerischer, entselbstender, zukunftsfeindlicher wirkt ihre Erziehung, ihr (wie immer subtiler) Zwang auf das Kind, nicht es selbst zu sein, sondern eine Kreatur nach ihren Wünschen.

2. Eltern/Erzieher, auch wenn sie nicht (oder relativ wenig) lustvoll, sondern eher pflichtgemäß erzieherische Akte durchführen, machen sich ihren Kindern zu Feinden (ambivalent geliebt/gehaßten). Darauf reagieren die Kinder mit ihrerseits feindlichen Akten: Trotz, Lügen usw. Derlei Gegenangriffe haben aber eine andere Qualität als die Angriffe der Eltern/Erzieher. Waren die nicht eigentlich persönlich, eher als Bestandteil einer Rolle gemeint, waren sie also von Liebe und sogar (durch die Angriffe freilich eingeschränkten) Respekt getragen, so sind die Gegenangriffe der Kinder durchaus persönlich gemeint, haben keinen Rollen- sondern existentiellen Charakter. Und nun passiert wieder etwas Gräßliches. Die wohlmeinenden Erwachsenen, die aus lauter Liebe irgendwelchen Ratschlägern gefolgt waren und den Kindern (das läßt sich häufig beobachten) widerwillig Grenzen setzten, Frustrationen zumuteten, Strafen oder Belohnungen zuteilten, sehen sich plötzlich echten Feinden gegenüber und glauben natürlich, *nicht genug* erzogen zu haben. Sie eskalieren ihre Maßnahmen. Und in diesem Prozeß ist es so gut wie unvermeidlich, daß ihre anfänglich sehr positive Einstellung zu den Kindern sich wandelt. Offenbar müssen ja die Kinder wirklich böse sein, wenn sie ihnen ihre Liebe so danken. Ein echtes Gefühl zerbricht. Die Erwachsenen, die zunächst nicht mißtrauisch waren (Freud unterscheidet zwei Formen, das „Selbstmißtrauen“ bei der Zwangsneurose, das „Mißtrauen gegen andere“ bei Paranoia; GW I, S. 401), die nur den massiven erziehungsideologischen Indoktrinationen glaubten, die heute alle Medien verbreiten, diese Erwachsenen erwerben im Laufe der Zeit eine sekundäre pädagogische Ambition, aus Pflichtgefühl wird Überzeugung, aus Aggression als Rollenverhalten wird persönliche Aggression, die keine Distanz mehr erlaubt, aus Liebe wird Haß, aus netten Menschen, die aber aus Liebe nicht wagten, nur nett zu sein, werden (bestenfalls) gute Menschen, Erzieher.

Für den Bereich der Schule hat Jochen Grell entdeckt, daß Mißtrauen nicht individuelles Motiv sein muß, sondern auch als Bestandteil der Ideologie wirksam wird: „Die Idee ‚Man darf den Schülern nicht trauen‘ steckt in den Details der täglichen Hausaufgabenkontrolle wie im Ritual der Klassenarbeiten oder in der stereotypen Floskel ‚Aber jeder für sich‘, die bei vielen Lehrern fast wie eine Reflexbewegung auf jede Arbeitsanweisung folgt. ... Das Beispiel mag unbedeutend sein, aber hier wird Kooperation *verboten* und der Lehrer bringt Mißtrauen zum Ausdruck, auch wenn er selbst gar nicht mißtrauisch ist" (92, S. 71). — Es liegt auf der Hand, daß die Antwort vieler Schüler auch auf solches institutionalisiertes Mißtrauen aus Betrugsmanövern bestehen wird, so daß der Lehrer schließlich kaum anders kann, als auch persönlich mißtrauisch zu werden, sobald er sich persönlich betrogen fühlt. Generell kann man sagen: Sobald sich Kinder gegen Erziehung zu wehren beginnen, läßt sich vom Erwachsenen die Entwicklung pädagogisch-therapeutischen Ehrgeizes schwer vermeiden, obwohl eben dieser Ehrgeiz die Integrität der Kinder weiter zerstört. (Schon Freud nannte den therapeutischen Ehrgeiz die „gefährlichste" Affektstrebung des Analytikers; GW VIII, S. 381).

Die Analyse der primären und der sekundären pädagogischen Ambition kam zu deprimierenden Ergebnissen. Sowohl im Unbewußten der meisten Menschen als auch in der bewußt akzeptierten Erziehungsideologie ist Menschenhaß, Mißtrauen, Intoleranz so fest verankert, daß es von allen Einsichtigen große Anstrengungen erfordern wird, die Voraussetzungen dafür zu schaffen, die präfigurative Kulturstufe ohne die absehbar gewordene totale Katastrophe erreichen und bestehen zu können.

Als eine der wichtigsten Aufgaben, die zu diesem Zweck endlich in Angriff genommen werden müßten, sehe ich in der Tat die an, den Ziehungswissenschaftlern das Handwerk zu legen und z.B. die im vorigen Kapitel erarbeitete Wenn-Dann-Aussage bekannt zu machen. (Es geht also nicht um Indoktrination — sprich: Erziehung —, sondern um Aufklärung; wer sein Kind trotzdem unbedingt zerstören will, den kann man nicht hindern. Ihm aber die Alternativen zu verheimlichen, ist unvertretbar.) Ich glaube sogar, es wäre sinnvoll, würde man (unter den Einsichtigen) eines Tages zu erwägen wagen, warum nicht eine Änderung des Grundgesetzes gefordert werden könnte. Bereits von dieser Forderung, erst recht natürlich von ihrer Realisierung, wäre eine kaum zu überschätzende Signalwirkung zu erwarten, die gerade auch solche Kreise beeindrucken (interessieren) müßte, an denen wissenschaftliche Aufklärung üblicherweise vorbeigeht. Damit wird nicht behauptet, Kinder würden heute schlecht behandelt, weil im Grundgesetz Erziehungsrecht und -pflicht der Eltern und „Erziehungsberechtigten" festgeschrieben sind. Seinerzeit war der Erziehungsbegriff nicht spezifiziert wie heute. Ich behaupte aber, daß im Namen von Erziehung Kinder millionenfach geschändet werden, und daß der Gesetzgeber keine geringe Chance

hätte, dazu beizutragen, daß (besonders zukünftige) Kinder von Anfang an nicht mit erziehungsgeilen und zuhälterischen, sonder mit menschlichen Augen angesehen werden. Andernfalls muß alles Reden von Toleranz, Demokratie, Vernunft, Menschlichkeit und gar vom „antifaschistischen Auftrag des Grundgesetzes“ (vgl. Abendroth, 1) bestenfalls Selbstbetrug bleiben.
Ein solches Signal würde fraglos an der primären pädagogischen Ambition zunächst wenig ändern, aber man könnte doch erwarten, daß weniger Menschen als bisher ihr so ungehemmt auf Kosten von Wehrlosen frönen würden, wenn sie wüßten, was sie damit tun. Wenigstens aber könnte das Signal erreichen, daß bestimmte nicht schwachsinnige Professoren (welche Lehrer ausbilden, welche Schüler erziehen/ausbilden, welche Eltern werden und Kinder zerstören können) aus ihren totalitären Träumen geweckt werden, oder daß nicht schwachsinnige Psychoanalytiker sich zu *schämen* lernen, die sowohl die völlige Ahnungslosigkeit der Menschen als auch die kollektiven Erziehungsnormen (Mitscherlich) weiter unterstützen, denen beiden der Schutz, den sie sich wechselseitig gewähren, gerade entzogen werden müßte. Beispiel:

> „Daß Eltern ihr Kind ‚nach ihrem Bilde‘ zu formen versuchen, ist nicht etwa schon an sich bedenklich, sondern im Gegenteil eine in den erzieherischen Leitbildern der meisten Eltern vorzufindende Tendenz, der man positive Einflüsse auf das Kind nicht absprechen kann, sofern dem Kind noch genügend Spielraum für eine eigenständige Entwicklung eingeräumt wird und sofern die Eltern selbst integrierte, affektiv ausbalancierte und sozial adaptierte Persönlichkeiten sind“ (Richter, 171, S. 166).

Solcher Nonsens, mit dem die Psychoanalyse zu ihrer eigenen Karikatur verkommt, ist in unserer Kulturepoche nicht mehr vertretbar. Abgesehen davon, daß sich fast jeder Mensch — zumal in der Rolle des Erziehers — für eine integrierte, ausbalancierte und sozial adaptierte Persönlichkeit hält, auch abgesehen davon, daß solche Merkmale als Leitbilder keine Zukunftsperspektive beinhalten, ist die Formulierung „Spielraum für eine eigenständige Entwicklung“ nach dem vorhergegangenen „formen“ im Munde eines Tiefenpsychologen nur lächerlich. Sie unterscheidet sich in nichts von dem Pädagogentrick, einem Kind, dem man ein Stück Obst reinwürgen will, die freie Wahl zwischen Apfel und Birne zu lassen und dabei von Selbständigkeit zu sprechen. Gewiß, Kinder sind (lange Zeit) korrumpierbar, verführbar, durch solche Tricks zu hintergehen. Aber darf man diese Schwächen ausbeuten? Heute noch?

Anmerkung: In der Satzung des 1. antipädagogischen Clubs heißt es, daß in seinen Institutionen „Kinder vor pädagogischen Ambitionen geschützt werden sollen." Es scheint mir ein gutes Zeichen zu sein, daß die zuständigen Jugendämter und Politiker keinerlei Schwierigkeiten machten und dem Verein erhebliche Förderungsbeträge bewilligten. Vertreter beider großen Parteien stellten sich öffentlich hinter das Projekt: da diesen Kindern Vernunft zu entfalten ermöglicht werde, würden sie später auch vernünftig wählen, und das bedeutete natürlich: die je eigene Partei. Das Beispiel zeigt, daß realistischer — auch politischer — Menschenverstand durchaus gegen das pädagogische Denken zu mobilisieren ist.

Kapitel V
Der Autonomieanspruch

Sekundäre und primäre Autonomie

Das Wort „Autonomie" gehört zu den gegenwärtig am meisten strapazierten Begriffen. Und man merkt es ihm an!
Schaut man aber in ein beliebiges Lexikon, so wird der Grund für solche Strapaziertheit bereits aus der Definition ersichtlich. Ich zitiere „Keysers Fremdwörterlexikon" (Darmstadt 1963, S. 45):

> „Autonomie, w., Selbstgesetzgebung, Recht sich eigene Gesetze zu geben, sich selbst zu verwalten; in der Ethik der Zustand der sittlichen Reife, in dem das eigene Gewissen die Gesetze des Handelns bestimmt."

Berücksichtigt man, wie das Gewissen des Menschen nach übereinstimmender Darstellung sämtlicher Sozialisationsforscher, Erziehungswissenschaftler und auch Psychoanalytiker ursprünglich zustande kommt, nämlich als „Verinnerlichung", „Internalisierung" elterlicher Gebote und Verbote sowie gesellschaftlicher (schichtenspezifisch „üblicher") Normen — am Ende mischt bei manchen Autoren noch das Absolute, der liebe Gott, sich ein —, dann ist das *Selbst*, das sich verwalten, das *Eigene*, das die Gesetze des Handelns bestimmen sollte, bereits negiert, bevor es die geringste Chance erhielt.
Und doch gibt es dieses Selbst, diese Eigenheit, auch wenn sie sich positiven Definitionen entziehen. Denn wenn der Mensch nur objektiv und passiv die Summe seiner Bedingungen wäre, könnte das sittliche Verinnerlichungsspielchen gar nicht stattfinden. Der Sozialisationsforscher Wilfried Gottschalch sagt:

> „Die Anforderungen der Außenwelt treten uns zuerst in den Geboten der Eltern und anderer Autoritäten gegenüber. Unser Selbstwertgefühl leidet aber darunter, fremden Befehlen gehorchen zu müssen. Anderer-

seits können wir uns ihnen nicht entziehen. Da hilft sich unser Seelenleben damit, daß es diese Befehle verinnerlicht" (91, S. 50).

Ich habe (abgesehen von dem Exkurs weiter unten) nicht vor, der Gewissensproblematik in diesem Buch wirklich auf den Grund zu gehen, weil das den gesteckten Rahmen sprengen würde, und weil Antipädagogik im übrigen das Innenleben anderer Menschen respektiert, wie es eben sein mag. Ich möchte nur auf den Widerspruch aufmerksam machen, der darin liegt, daß man Kindern ein fremdbestimmtes Gewissen einzupflanzen müssen glaubt (als „Geßlers Hut"; Brückner), weil man ihrer Fähigkeit zur existentiellen Selbstbestimmung mißtraut, während man gerade diese negierte Fähigkeit ausschlachtet, um Fremdbestimmung zu verankern und Autonomie unmöglich zu machen. Freud erklärt:

„Es ist leicht zu beobachten, daß auf jedem Gebiet des seelischen Erlebens, nicht nur auf dem der Sexualität, ein passiv empfangener Eindruck beim Kind die Tendenz zu einer aktiven Reaktion hervorruft. Es versucht, das selbst zu machen, was vorhin an oder mit ihm gemacht worden ist. Es ist das ein Stück der Bewältigungsarbeit an der Außenwelt, die ihm auferlegt ist, und kann selbst dazu führen, daß es sich um die Wiederholung solcher Eindrücke bemüht, die es wegen ihres peinlichen Inhalts zu vermeiden Anlaß hätte" (GW XIV, S. 529).

Diese Tendenz macht das Kind einerseits korrumpierbar (Identifikation mit dem Angreifer, Wendung der Aggression gegen sich selbst) — was Pädagogen dann als „Plastizität der menschlichen Seele" bejubeln —, könnte aber andererseits auch das Mißtrauen in die autonome Aktivität des Kindes überflüssig machen. Der Verdacht müßte erst widerlegt werden, daß pädagogische Aktionen letztendlich immer auf eine seelische Kraft im Zögling spekulieren (angewiesen sind), deren Anerkennung jede dieser Aktionen erübrigte. Die „Icherhaltungstriebe" und „Selbsterhaltungstriebe" (beide, auf die Psyche, nicht die Physis, bezogene Formulierungen z. B. in Freud, GW X, S. 228), denen die Erziehungsideologie derart mißtraut, daß sie — perverser (verdrehter) geht es nicht — „intrinsische" Motivationen zu *erzeugen* versucht, werden eingesetzt zur Zerstörung (Depersonalisierung) eben dieses Ich/Selbst.
Jedes Kind (um auf die einleitende Lexikon-Definition zurückzukommen) verwaltet sich selbst. Nur muß es dabei vielerlei Angrei-

fern (fremden Befehlen, denen es sich nicht entziehen kann; Gottschalch) Einlaß gewähren, die es überwältigen, überfremden, entselbsten, so daß es schließlich zur blanken Illusion wird, wenn es weiter glaubt, Herr im eigenen Haus zu sein. Dies alles sei zugestanden. Unter solchen Bedingungen ist existentielle Autonomie — ich möchte sie die „primäre" oder „Spontanautonomie" nennen — unmöglich. Wenn man darauf besteht, zu Beginn des Lebens müßte Fremdbestimmung herrschen, dann *muß* „Autonomie" zur Bezeichnung von Fertigkeiten verkommen, zum Erziehungs*ziel*: Dann „gewinnt ein Kind an Autonomie", wenn es seine Schnürsenkel selbst binden, sich die Schuhe, den Arsch und die Zähne selber putzen und überhaupt alles das selbständig tun kann, was Eltern, Lehrer, Gesellschaft zukunftsblind von ihm verlangen. (Wenn es außerdem selbständig raucht, säuft, klaut und fixt, war wahrscheinlich der „Prozeß der Soziabilisierung" (Gukenbiehl, 87, S. 57), der die „soziale Fixierung" zu „gesellschaftsgerechtem Selbststeuerungsvermögen" (S. 58) garantieren soll, nicht gut genug geplant.)
Bei alldem unbeantwortet bleibt allerdings die Frage, warum man autonome aktive Seelenkräfte unbedingt zu ihrer eigenen Selbstzerstörung in Dienst nehmen muß: „Erziehung will dem Kinde helfen, mit sich selbst fertig zu werden" (Scheibe, 187, S. 298). Da ich es für unwahrscheinlich halte, daß *alle* Erwachsenen vor der existentiellen Spontanautonomie (im Gegensatz zur Schnürsenkelautonomie und zur sittlichen Automatenautonomie) von Säuglingen in Panik geraten und das Kind zwingen, damit „fertig" zu werden, möchte ich in diesem Kapitel den Begriff „Autonomieanspruch" vorschlagen und definieren, der die Wenn-Dann-Aussage des dritten Kapitels ergänzen und präzisieren kann.

Was Spontanautonomie, „ontologische Autonomie" (Laing, 132, S. 69), also Selbstbestimmung ohne vorhergegangene Fremdbestimmung, *nicht* meint, zeigt exemplarisch die folgende Beschreibung des von dem Soziologen Talcott Parsons unternommenen Versuches, „das Werk von Sigmund Freud für den Ansatz einer allgemeinen Handlungstheorie fruchtbar zu machen" (Schäfers, 87, S. 20).

> „Nach Parsons ‚verschiebt' sich in dieser Phase die Rolle der Mutter insofern, als sie von einem Objekt der Abhängigkeit zu einer liebenden Mutter in einem weiteren Sinne wird (sie wird vom menschlichen, netten

Menschen zum guten Menschen; EvB). Sie gibt dem Kind Liebe und Unterstützung, aber sie gibt ihm keine offen (!!) abhängigen Beziehungen mehr. Sie fordert vom Kind Autonomie, belohnt diese und macht es so unabhängiger. Sie bestraft zu viel Autonomie im Kinde durch den Entzug von Liebe. In Parsons' Sprache wechselt das Kind von einer abhängigen Persönlichkeit in eine liebes-abhängige Persönlichkeit über. ... Bei anderen Gelegenheiten wird vom Kind gefordert, daß es Dinge tun soll, die es nicht tun möchte, es wird von ihm eine Autonomie in einem bestimmten Sinne verlangt, aber es wird ihm nicht erlaubt, was es eigentlich tun möchte. Gehorsamkeit macht unabhängiges Handeln eher als die Annahme des Handelns anderer notwendig, aber auch die Artikulation einer anderen Art von Autonomie. Zu viel Autonomie, besonders ungehorsame Autonomie, führt zu mütterlicher Bestrafung und dem ‚Liebesentzug'. So ist das Kind innerhalb dieses sozialen Systems dem Geben und Nehmen von Pflege und Obhut ausgesetzt. Es weiß, was Autonomie heißt und sieht, was Autonomie verlangt. Es lernt, was Liebe ist, Liebe zu empfangen und Liebe zu verlieren" (Baldwin, 14, Band II, S. 282f.).

Der Pädagoge Giesecke befindet sich also in guter Gesellschaft, wenn er Lernen mit Unterwerfung gleichsetzt. Die Mutter „fordert vom Kind Autonomie", sie bestraft „zu viel Autonomie, besonders ungehorsame Autonomie". Allein die Formulierungen „ungehorsame Autonomie" und „Autonomie in einem bestimmten Sinne", nämlich ausdrücklich gegen den Willen des Kindes, zeigen in aller Deutlichkeit, daß Selbstbestimmung, „Selbstgesetzgebung" (s.o.) nicht vorgesehen und nicht zugelassen ist: der Mensch wird als Marionette betrachtet, die zwar „ein Gefühl des autonomen Willens" brauche (Erikson, 65, S. 94), weshalb man dem Kind die „gelenkte Erfahrung der Autonomie der freien Wahl" nicht vorenthalten dürfe (Erikson, 62, S. 246), aber das Autonomie*gefühl* ist bloße Illusion, die Lenkung (Dressur z.B. durch Liebesentzug) ging immer schon voraus, terroristische Tricks wie der mit der Apfel-oder-Birne-Autonomie überlisten Kinder, sogar rein physisch Fremdbestimmung zu *schlucken*, zu *fressen.*

Unter diesen Voraussetzungen fällt der Nachweis schwer, der Mensch müsse keine Marionette sein, er sei zur Selbstbestimmung (auch zur selbstbestimmten Gewissensbildung — via, kurz gesagt, Gewohnheit plus Vernunft) fähig. Solange systematisch Spontaneität zerschlagen, Autonomie ausgerottet, Liebe geschändet wird, solange derart aus Kindern Marionetten gemacht werden, können die Macher immer auf die Wirklichkeit verweisen, daß die Menschen tatsächlich Marionetten — oder mit Ulrich Sonnemanns Worten „Selbstsucher in leerer Innerlichkeit, wo auch ein Selbst nicht zu finden ist" (52, S. 160) — sind, bestenfalls fähig zur besitzergreifenden Liebe und zur Schnürsenkel-, Automaten- und Apfel-oder-Birne-Autonomie. Spontanautonomie ist in der pädagogischen Wirklichkeit nicht vorzufinden. Nur pervertierte Reste lassen sich ausmachen: in Leistungsstörungen („denn hier handelt das Kind noch aus seinem eigenen Selbst heraus"; Richter), in anderen neurotischen oder psychotischen Symptomen („ihr wertvollster Besitz"; Bettelheim), sowie in den kleinen und großen Katastrophen des sog. sozialen Lebens (was z.B. Baldwin/Parsons als normal beschreiben, kann man nur als antisozial qualifizieren), wenn die mühsam aufgerichteten Dämme brechen und Explosionen existentieller Rachebedürfnisse zu jenen angeblich irrationalen, also unvernünftigen oder rätselhaften, in Wahrheit höchst logischen Orgien des Hasses führen, die dann den guten Erziehern bestätigen, daß sie noch viel zu nett waren.

Um auf den Hund zu kommen (Exkurs). Dem Schindluder, das hochgepriesene Wissenschaftler mit dem Autonomiebegriff treiben, könnte ein eigenes dickes Buch gewidmet werden. Die Rede vom „autonomen" Gewissen beispielsweise ist blanker Hohn, was nicht erst Brückner (vgl. Kapitel II) bange Stunden bereitet. Schon Freud erklärte: „Unser Gewissen ist nicht der unbeugsame Richter, für den die Ethiker es ausgeben, es ist in seinem Ursprunge *‚soziale Angst‘* und nichts anderes" (GW X, S. 330). Alex Comfort nennt die Folge: „Das Gewissen ist immer weitgehend irrational ... schließlich hat das Gewissen nicht nur Heilige, sondern auch Inquisitoren und sich selbst verstümmelnde Asketen hervorgebracht. ... Wir sehen die ganze Skala und Größe früherer und jetziger Gefahren in unserer heutigen Situation vor uns, in der große Teile der Welt, atomar bewaffnet, einander prinzipiell und aus Gewissensgründen hassen und schwer gestörten Einzelmenschen, die — ebenfalls aus prinzipiellen Gründen — die Menschheit vernichten wollen, zumindest teilweise ihr Ohr leihen. ... wir verleiben uns unseren Feind ein, so wie Liebende ‚sich fressen‘ könnten. Auch dieser Prozeß stammt aus der Primatenkindheit, er heißt Identifikation und ermöglicht uns in unserem frühkindlichen Stadium, unsere Eltern in uns ‚einzubauen‘" (45, S. 200f.). Comfort sagt „ermöglicht", weil er trotz seines Durchblicks die Erziehungsideologie nicht bemerkt. Ich schlage vor, es durch ein „zwingt" zu ersetzen, denn sich seine Feinde einzuverleiben (genauer: einzuverseelen), sie in sich „einzubauen", ist kaum eine wünschenswerte „Möglichkeit". Comfort: „Es ist ein beängstigender Gedanke, daß solche Teufel in uns wohnen können, auch wenn ihre finstern Ziele weniger uns als irgendeinem anderen Mitglied unserer inneren Fauna gelten — zum Beispiel dem ‚einverleibten' Bild eines Elternteils oder eines Bruders, den wir aus Gewissensgründen nicht direkt angreifen können" (S. 202 f.).

Wenn Erikson schreibt: „Die angeborene Neigung des Kindes, sich in der Beziehung zu denen, von denen es abhängt, machtlos, verlassen, beschämt und schuldig zu fühlen, wird systematisch für seine Erziehung benutzt, oft bis zum Punkt der Ausbeutung" (65, S. 75) — dann fragt man sich, wo der „Punkt der Ausbeutung" zu suchen ist; gegen Ende einer Skala, die bis zum physischen Mord reicht, oder an ihrem Anfang, den die psychischen Little Murders bilden (die zur Verinnerlichung zwingenden Ein-Mischungen), jene angeblich notwendigen Maßnahmen zur Anpassung, die nach Brückner Autonomie erst ermöglichen, sie in Wahrheit jedoch von vorneherein ausbeuten, also voraussetzen. Mindestens die Angstbereitschaft des Kindes, seine „angeborene Neigung" zur Angst und zur Verinnerlichung der Angreifer, hat spontanautonome Qualität. Freud bezeichnet den wichtigsten seelischen Abwehrmechanismus, die Verdrängung, als ausgehend „von der Selbstachtung des Ichs" (GW X, S. 160), und ohne diese Selbstachtung wäre keinerlei Erziehung (Zwang zur Verdrängung unerlaubter Antriebe) möglich. Unverfroren drucksen sogar Pädagogen diese Erkenntnis heraus: „Jede Erziehung ... rechnet mit der *Selbstbestimmungsfähigkeit des Ich*, damit, daß ihm etwas verbindlich wird und in seinen Willen eingeht. Sie setzt voraus, daß Einsicht und Wissen den Menschen, der einsieht und weiß, verändern, daß er nicht mehr so bleiben kann, wie er war, nachdem ihm der Star gestochen ist. ..." (Lichtenstein, 71, S. 305). Die Spontanautonomie, dieser Antrieb, der Kinder (im Gegensatz zu Marionetten) erst erziehbar, seelisch unterwerfbar (unterwanderbar, infiltrierbar) macht, wird schamlos geleugnet und dadurch zerstört oder pervertiert. Sie ist letztlich der „Star", den die von Lichtenstein geschilderte Gehirnwäsche zu stechen hat, auf „daß der Mensch sich ‚selbst' entscheidet" (ebenda), welches Gänsebeinchenselbst zynisch die Qualität des „einsichtigen Gehorsams" bezeichnet: Die Starpädagogik der zum Gewissen (Über-Ich) verinnerlichten Eltern/Erzieher/Normen hat das Selbst längst überwältigt. „Ist in früher Jugend ein patriarchales Über-Ich erst einmal zuverlässig aufgerichtet worden, dann kann man der Jugend ruhig die Zügel locker lassen: sie kann nicht entkommen" (Erikson, 62, S. 329). Sie kann ebenso wenig entkommen wie jene Pantoffel-Tierchen, die ihren -helden vollständig von selbst und einsichtig die Potschen (Puschen, Latschen, Schluppen) apportieren. Selbstbestimmt (unaufgefordert, nämlich vom Innen kommandiert) bringen sie, was ihnen *beigebracht* wurde. „Das Gewissen ist ein Phänomen, das wir in bestimmtem Maße bei allen intelligenten sozialen Tieren finden (bei Hunden zum Beispiel ist es gut entwickelt, zumindest bei denen, die in der Gemeinschaft des Menschen leben), bei den höheren Primaten und dem Menschen jedoch in besonders ausgeprägter Form" (Comfort, 45, S. 199). Es lebe die Freiheit. Wau!

Da Spontanautonomie dem pädagogischen Denken unerträglich ist, wird sie in der aufgeklärten Gegenwart zunehmend mit dem brutalsten, nämlich hundertprozentig erfolgreichen Mittel bekämpft. Es heißt: Erziehung *zur* Autonomie, *zur* Spontaneität. Diese Erziehungsziele sind allgemein anerkannt und überall festgelegt. (Spontaneität und Kreativität können hier als identische Begriffe gelten.) Äußerst milde nennen das Watzlawick und Mitarbeiter „Paradoxien", die sich „ergeben".

„Die vielleicht häufigste Form, in der sich Paradoxien in zwischenmenschlichen Beziehungen ergeben können, ist die einer Aufforderung zu bestimmtem Verhalten, das seiner Natur nach nur spontan sein kann. Der Prototyp dieser Aufforderung ist daher: ‚Sei spontan!' Diese Art von Aufforderung versetzt den Empfänger in eine unhaltbare Situation, da er, um ihr nachzukommen, spontan in einem Kontext von Gehorsam, von Befolgung, also von Nichtspontaneität, sein müßte" (210, S. 184).

Weniger milde heißt es dann allerdings: „Wo Paradoxien menschliche Beziehungen vergiften, entsteht Krankheit" (S. 185). Und ausdrücklich nennen es die Autoren „Gehirnwäsche", wo das Anliegen (wie bei Erziehung) „in der seelischen Verwandlung ihrer Opfer" besteht (S. 189). Sie zitieren O'Brien, den Folterer aus Orwells „1984":

„‚Wir geben uns nicht zufrieden mit negativem Gehorsam, auch nicht mit der kriecherischsten Unterwerfung. Wenn Sie sich am Schluß beugen, so muß es freiwillig geschehen.' …
Hier also ist die ‚Sei spontan!'-Paradoxie in ihrer krassesten Form" (S. 190).

Hier also, möchte man ergänzen, ist der Pädagogik die Maske herabgerissen. „Sei spontan!"- und „Sei autonom!"-Paradoxien bilden den (keinen nicht-krankhaften Ausweg mehr zulassenden) Kern moderner Pädagogik. Die Entselbstung wird perfektioniert. Kinder werden nicht mehr einfach naiv-autoritär herumkommandiert, sie werden „pädagogisch gefördert". Laing schreibt:

„Um einen Menschen zu veranlassen, das zu *tun*, was man will, kann man ihm einen Befehl geben. Einen Menschen zu veranlassen, das zu *sein*, was man will oder was man in ihm bereits vermutet oder fürchtet (ob das nun das ist, was man will, oder nicht), ihn also dazu zu bringen, jemandes Projektionen zu verkörpern, das ist eine ganz andere Angelegenheit" (135, S. 109).

Es ist die Angelegenheit der Erziehung, der „eigentlich" pädagogischen Menschenverbesserei (durch den Zwang zur Verinnerlichung: „daß ihm etwas verbindlich wird und in seinen Willen eingeht"; Lichtenstein. Der dann ja, wie beabsichtigt, *seiner* nicht mehr ist), die nach übereinstimmender Meinung der Fachleute sofort nach der Geburt einsetzen muß, damit das Kind nicht etwa im Familienkreise spontanautonom seine Lernerfahrungen macht. Nein, Eltern werden pädagogisch informiert, z.B. durch Vorschulprogramme künstlich fanatisiert, mit abstrusen Phrasen wird ihr Ehrgeiz angestachelt, weil Autonomie ja Anpassung, sittliche Reife Erzogenheit, Selbstbestimmung Fremdbestimmung voraussetze. Auf diese Weise gelingt es der Erziehungsideologie, ihren ärgsten Feind, die Spontanautonomie, tatsächlich zu vernichten, wenigstens fast unkenntlich zu machen. Die erwachsenen Marionetten glauben es nur zu gerne, daß ihr Zustand keine Perversion ist, daß ein fremdbestimmtes Gewissen irgendwann einmal in Gewissensfreiheit umschlägt, daß sittliche Reife darin besteht, nichts anderes mehr für erlaubt und möglich zu halten, als was man *höchstselbst* als sittlich geboten erkennt. Bezeichnenderweise ist die psychoanalytische (allerdings bereits von Nietzsche aufgestellte) Theorie von der Gewissensbildung als verinnerlichter Fremdbestimmung von Pädagogik und Soziologie begeistert integriert worden. Sie ist ja auch richtig — unter erzieherischen Bedingungen. Kinder lernen an der Wirklichkeit, ihr Erzogenwerden *ist* Wirklichkeit, und so lernen sie als Marionetten zu leben und Spontanautonomie sich bestenfalls einzubilden (während sie z.B. autonom haschen, dieweil ihre Eltern autonom saufen).
Ob ein Leben ohne anfängliche und deshalb dauernde, weil verinnerlichte Fremdbestimmung, ob ein Lernen an der nicht pädagogisierten Wirklichkeit möglich wäre, ist eine ganz andere Frage, die nur spekulativ zu beantworten ist. Ich wende mich deshalb wieder empirisch gesicherteren Erscheinungen zu.

Beobachtungen zum Autonomieanspruch

Zwischen sekundärer Verhaltensautonomie auf der Ebene des Bewußtseins (ich kann/darf ausführen, was zu tun ich mir vorgenommen habe) und jener tiefenpsychologisch relevanten existentiellen, primären Autonomie der „Person als wirkliches Selbst" (Laing, 131, S. 16) zu unterscheiden, birgt erhebliche Schwierigkeiten, weil man über das, was man sich bewußt vorgenommen hat, nachdenken und sprechen kann, während die *Quelle* des Willens nicht direkt zugänglich ist. Das heißt, man kann von außen, auch durch Selbstbeobachtung, nicht unterscheiden zwischen einem „echten" Selbst und der geschilderten verinnerlichten Mörderbande. Das „Urselbst" (Jacobson, 117, S. 48) oder „sensorische und sensitive Vor-Ich" (Mendel, 146, S. 61) ist dem Bewußtsein (normalerweise) nicht erfahrbar, und wer „ich selbst" sagt, meint damit zwangsläufig den durch persönliche Daten identifizierbaren Menschen mitsamt allen seinen Verinnerlichungen. Laing z.B. unterscheidet zwischen Familie und „Familie", um die äußere Familie von der verinnerlichten abzuheben (135, S. 14). Dabei legt er Wert auf die Feststellung:

> „Die ‚Familie' ist kein introjiziertes Objekt, sondern ein introjiziertes Set von Beziehungen" (S. 16).

Diese verinnerlichten Beziehungssysteme bestimmen die „Selbst-Selbst-Beziehungen" des Individuums (S. 20), die aber auch zur definitorischen Klarheit nicht beitragen.
Sinnvoller ist der Versuch einer negativen Beschreibung. Nach ihr kann man auf Selbstbestimmung schließen, wo Fremdbestimmung fehlt (analog dem „Lernen", das nach Giesecke dort stattfindet, wo das „Lehren" fehlt). Alex Comforts folgende Sätze gelten nicht nur für die Phylogenese, sie treffen ebenso für die Ontogenese zu und stellen insofern eine antipädagogische Fundamentalerkenntnis dar:

> „Oft ist man versucht, diese Veränderung nach dem Henne-und-Ei-Schema zu erklären und anzunehmen, daß in der menschlichen Entwicklung A zu B führte und B zu C. Das ist eine Folgerung aus der — falschen — Analogie zwischen dem in der Rückschau gesehenen Evolutionsprozeß und menschlichem Planen. Die Evolution plant nicht und verläuft auch nicht geradlinig — sie flutet und füllt unbesetzte Räume" (45, S. 60).

Definiert man nun „Person“ mit Laing „zweifach“: „von der Erfahrung her als Orientierungszentrum des objektiven Universums, vom Verhalten her als Aktionsquelle“ (131, S. 17), oder definiert man „Ich“ mit Erikson als „ein zentrales Organisationsprinzip für Erfahrung und Aktion des Menschen“ (62, S. 405), dann muß man bereits dem Säugling ein Ich und den Personstatus (als Evolutionspotential) zusprechen, denn bereits der Säugling erfährt die Welt mit *seinen* Sinnen, handelt (schreit, schläft) aus *seinen* Gründen, unterwirft sich der Erziehung aus *seiner* Angst. Alle diese spontanautonomen Aktivitäten und Reaktionen haben eine eindeutige biologische Quelle: jenen kleinen Organismus, der vor einem Jahr noch nicht existierte. Daß dieser Organismus nicht in der Lage ist, sich physisch am Leben zu erhalten, läßt u. a. Pädagogen schließen, er sei auch psychisch auf „Fütterung“ angewiesen, darauf, daß Erwachsene sich in seine Seele „einmischen“, in sie eindringen, um die Leere dort zu füllen wie einen Bauch.

Es kann nicht verwundern, wenn die Antipädagogik das genaue Gegenteil behauptet. Die „senso-motorische Diskordanz“ (Mendel, 145, S. 33), das Mißverhältnis zwischen dem relativ hochentwickelten Nervensystem und dem relativ schwach entwickelten Bewegungsapparat beim menschlichen Neugeborenen, gibt einen ersten Hinweis auf die Unzulässigkeit einer Parallelsetzung von Psyche und Soma. Einen zweiten gibt Balints Beobachtung, „daß entgegen dem alltäglichen Sprachgebrauch das Kind nie gestillt wird, sondern in Wirklichkeit aktiv saugt“ (15, S. 92). Schon rein biologisch *muß* man den Säugling nicht als zu mästendes Objekt betrachten, man *kann* ihn auch als Subjekt gelten lassen, das Objekte braucht (hier: Brust oder Fläschchen), man kann die Situation wirklichkeitsgerechter (antipädagogisch) *umdeuten.*

> „In seiner abstraktesten Definition ist Umdeuten also ganz allgemein das Hervorheben einer anderen, ebenso gültigen Klassenzugehörigkeit eines Objekts (Anmerkung: *Objekt* ist hier vielleicht nicht die glücklichste Benennung; sie sollte im allgemeinsten Sinne aufgefaßt werden und schließt daher Ereignisse, Situationen, Beziehungen zwischen Menschen, und zwischen Menschen und Dingen, Verhaltensweisen und vieles andere ein.) anstelle der bisher in Betracht gezogenen und im besonderen daher die Einführung einer solchen neuen Klassenzugehörigkeit in die Wirklichkeitswahrnehmung aller Beteiligten“ (Watzlawick u.a., 211, S. 122).

Die gleiche Umdeutung („*Das warf nun ein neues Licht auf die Sache*"; ebenda, S. 116) wirft ein neues Licht auch auf die seelischen Erfordernisse. Dann gleicht die Säuglingsseele nicht einem leeren Bauch, in den alles mögliche einfließen muß (Liebe, Normen, Projektionen), sondern sie ist zentrales Organisationsprinzip (Erikson), Orientierungszentrum und Aktionsquelle (Laing), die von Anfang an über „*primär autonome Ich-Energien*" verfügt (so der Psychoanalytiker und Psychologe Sven Olaf Hoffmann, der in der Zeitschrift „Psyche", Heft 6/1972, S. 405—422, eine gründliche Literaturstudie gegen die klassische psychoanalytische Theorie der Ich-Triebe als sekundärer „Desexualisierung" oder „Neutralisierung" ursprünglich sexueller Energien vorlegte). Das so gesehene Ich wäre (vor aller Bewußtheit) kein triebfeindlicher Vollstrecker der Realität, der durch Erziehung gegen die bösen Triebe unterstützt werden muß; „Exploration der Umwelt und Auseinandersetzung mit ihr wäre dann keine erzwungene Frustrationsfolge, sondern würde lustvoll und um ihrer selbst willen durchgeführt" (Hoffmann, a. a. O., S. 417). Freilich muß man ergänzen: *wenn* es ermöglicht wird, *wenn* Objekte zur Verfügung stehen, die dem aktiv lernenden, sowohl sich in die Welt hinauswagenden (flutenden; Comfort) als auch die Welt in sich aufnehmenden Kind nicht durch intentionale Einmischungen, wie man sagen könnte: den Appetit verderben bzw. die „Nahrung" vergiften.

Exkurs: „So fühlt man Absicht, und man ist verstimmt" (Goethe, „Tasso"). Weil es außer Zweifel steht, daß Kinder ihre Eltern (deren Imagines) in sich aufnehmen (sich mit den Eltern identifizieren, die Familienbeziehungen verinnerlichen), wird leicht der Unterschied zwischen Lernen und Erziehung, aktiver und passiver, lustvoller und qualvoller, aggressiver (im Sinne von Auf-die-Welt-zugehen) und defensiver Anpassung übersehen. Der tiefenpsychologische Unterschied liegt in der Funktionalität oder Intentionalität der Umwelt. Während Sachen, Probleme, Naturgesetze nicht intentionalen Einfluß nehmen *können*, weshalb Kinder an diesen Objekten problemlos lernen (diesen „Einflüssen" zwar objektiv ausgesetzt sind — wie dem Inhalt des Fläschchens —, sie sich aber aktiv, spontan-autonom erschließen — in sich einsaugen), können *Menschen* sich sowohl als Objekte für Identifikation, Zärtlichkeit, Kommunikation im weitesten Sinne bereithalten, sie können aber auch erziehen, also (nach der in diesem Buch durchgängig verwendeten Definition) intentional Einfluß *nehmen*. Und genau der Schritt von der Erkenntnis, daß man Einfluß *hat*, zu der Folgerung, daß man ihn auch *nimmt*, genau dieser Schritt macht aus netten erwachsenen Mitmenschen gute Menschen, Erzieher, die der Spontanautonomie des Kindes keine Chance geben. Sogar das objektiv völlig gleiche Vorkommnis kann qualitativ entgegengesetzt zu werten sein: zerbreche ich die Lieblingsvase einer Erbtante aus Versehen, so kann sie mich darüber noch trösten; zerbreche ich sie mit Absicht, ist es vermutlich mit der Erbschaft vorbei. Erst die Absicht macht aus einer solchen Handlung einen Angriff. Gänzlich identische Tötungen werden je nach Absicht als Unfall oder Mord gewertet. Unfälle können die mitmenschliche Solidarität zwischen Schädiger und Geschädigtem sogar noch festigen. Erst die subjektive Intentionalität einer Handlung bestimmt (um wieder auf Kinder, Säuglinge zurückzukommen) ihre erzieherische Qualität, ihre Mißachtung der Spontanautonomie. Das abhängige Kind muß solche Angriffe „schlukken", passiv in aktiv verwandeln, sich mit dem Angreifer identifizieren — und schon hat es den Feind im Innern, seine „Selbst-Selbst-Beziehung" (Laing) gerät (nach vielen solchen Vorgängen) zum „Bürgerkrieg" (Riesman), sein Innen wird überfremdet, entselbstet.

Daß dies nicht immer vollständig gelingt, zeigt eine Beobachtung Martin Bubers: „Wenn aber die Schüler merken, daß ich ihren Charakter erziehen will, lehnen sich gerade manche von denen auf, die am ehesten in sich das Zeug (das Zeug sind sie *selbst*; EvB) zu einem echten selbständigen Charakter haben: sie wollen sich nicht erziehen lassen, genauer: sie wollen nicht, daß man sie erziehen wolle" (43, S. 55). Sie wehren sich also gegen die Intentionalität des Lehrers, deren Mißachtung ihrer Eigenständigkeit. Auch der konsequenteste Verächter der Autonomie, B. F. Skinner, hat bemerkt: „Wir mögen jene angreifen, die uns bedrängen und belästigen, ähnlich wie wir gegen das Unkraut in unserem Garten vorgehen, doch richtet sich der Kampf um Freiheit auch in diesem Fall hauptsächlich gegen intentionale Kontrolleure — gegen jene, die andere aversiv behandeln, um sie zu veranlassen, sich auf bestimmte Weise zu verhalten" (195, S. 36). Skinners ganzer Fehler steckt in dem „aversiv"; denn Menschen, die noch nicht total versklavt sind, wehren sich ebenso gegen positive „Behandlungen". Die behavioristischen Belohnungsstrategien unterscheiden sich von den das Lernen tatsächlich steuernden sachlichen, zufälligen, natürlichen Verstärkungen eben durch diese Intentionalität, die den Autonomieanspruch ignoriert. Deshalb ist Skinners Satz: „Die ‚zufällige' Natur eines Zufalls zeichnet sich durch nichts Besonderes aus" (195, S. 167) im zwischenmenschlichen Bereich falsch und die gesamte behavioristisch inspirierte Pädagogik nicht nur unmenschlich, sondern wirklichkeitsfremd. Im übrigen ist Hans-Ulrich Wintsch zuzustimmen, der auf das diesem Denken implizite Mißtrauen und seine Folgen hinweist: „Die Grundhaltung dieser Pädagogik heißt ‚Kontrollieren'. ... Die Pädagogik, die uns hier von seiten der Verhaltensforschung empfohlen wird, ist die altbekannte *Pädagogik der Angst und der Ängstlichkeit.* Die Pädagogik der Verhütung und der Angst ist — so lautet meine These — selbst *in hohem Maße aggressiogen*" (167, S. 300f.).

Man braucht nicht an die Vertauschbarkeit von Mitteln und Zielen der Erziehung (Döring) zu erinnern, um die Aggressiogenität dieser und jeder anderen Pädagogik zu verstehen. Die Erziehungsabsicht selbst wirkt aggressiogen. „Kinder hassen es, in Räume abgeschoben zu werden, denen sie es ansehen, daß sie von betulichen Erwachsenen extra für Kinder hergerichtet worden sind“ (Mayrhofer, 143, S. 8). „Indem Erziehung Selbsterfahrung verhindert, die im Sinne produktiver Emanzipation allein durch primäre, selbst-bewußte Ich-Leistungen zustande kommt, wird auch die Entwicklung einer positiven Ich-Identität unterlaufen“ (ebenda, S. 167). Das Ergebnis ist existentielle Wut (und die Mode der „Selbsterfahrungsgruppen“). Gegen sich selbst und gegen die Welt. Ob sie den Menschen später Anarchist oder Polizist werden läßt, macht tiefenpsychologisch gesehen keinen bedeutsamen Unterschied. „Je lärmender die Opposition ist, desto stärker ist in der Regel die Bindung“ (Zulliger, 217, S. 181).
Zusammenfassung: Relativ intakte Menschen wehren sich gegen die Absicht anderer Menschen, sie zu erziehen, wenn sie sie bemerken. Daher die Heuchelei der Pädagogen. Kinder aber, je jünger, desto totaler, können noch keinen Widerstand wagen und identifizieren sich mit dieser Absicht, und mit deren Voraussetzungen (Mißtrauen, Angst, Haß) auch dann, wenn sie die Absicht nicht bemerken. Es gibt also tatsächlich keine absichtslose Erziehung, denn alle absichtslosen Begebenheiten sind keine zur Verinnerlichung zwingenden Ein-Flüsse, sondern Gegenstände spontanautonomen Lernens. (Sogar Mißtrauen, Angst, Haß bleiben funktionale Lernerfahrungen, die zwar nicht schön sind, aber auch nicht entselbstend wirken, wenn sie von Erwachsenen authentisch ausgelebt, nicht zu erzieherischen Absichten verheuchelt werden.)

Die beschriebene Umdeutung macht aus dem Erziehungsanspruch der Erwachsenen einen Autonomieanspruch des Kindes. Dieser Begriff soll zunächst nur ausdrücken, daß Spontanautonomie empirisch schwer zu belegen, nämlich entsprechend der anthropologischen Wenn-Dann-Aussage in Kapitel III von der Einstellung der Umwelt abhängig ist. *Wenn* man ein Kind wie einen Hund behandelt, dem ein bißchen Kultur, Zivilisation und Schnürsenkel-, Automaten- (Gewissens-), sowie Apfel-oder-Birne-Autonomie beigebracht werden müssen, weil man das Kind für „geradezu ein asozialer Greuel“ hält (Allport, 9, S. 34), *dann* wird es diese Einschätzung nachträglich rechtfertigen. (Daß das nicht jeder Mensch tut, liegt einfach an der vielbeklagten „Unzulänglichkeit“ von Erziehung.)
Wenn aber Autonomie nicht als sekundäre, quantitative, durch erzieherische Maßnahmen zu erzielende Eigenschaft, sondern als *Eigen*schaft von Anfang an, als *eine der Voraussetzungen, unter*

deren Berücksichtigung man mit Kindern (wie mit Erwachsenen) *umzugehen hat*, angesehen, Kindern also Unterwerfung, Erziehung, Entselbstung erspart wird, *dann* können sie von Anfang an eine spontanautonome Existenzform realisieren. (Deren Qualität entzieht sich pädagogischen Zielvorstellungen logischerweise; sie kann also nicht von Erwachsenen „verantwortet" werden: Die Kinder tragen die Verantwortung.)
Der Begriff Autonomieanspruch stellt eine Erweiterung des Begriffs Vertrauensbedürftigkeit insofern dar, als er dieses Bedürfnis schon für erfüllt setzt, es in der Annahme übersteigt, die Umgebung des Kindes wisse zwischen einem Menschen und einem Hund zu unterscheiden. Während der Begriff Vertrauensbedürftigkeit als unspezifische anthropologische Aussage seinen Sinn hat (wie die Aussage, der Mensch habe ein Bedürfnis nach Nahrung, dann sinnvoll ist, wenn jemand das bestreitet), stellt der Begriff Autonomieanspruch eine spezifische Aussage dar, die eine humanistische Einstellung bereits voraussetzt. Auch sind die Assoziationen der Begriffe verschieden. Das Kind (der Mensch) als *bedürftiges* Wesen ruft so etwas wie Gnade und Barmherzigkeit, also Herablassung, herbei, während das Kind als *anspruchsberechtigtes* Wesen in einer Rechtsposition steht, die sich (mindestens) daraus legitimiert, daß es aus fremden Motiven zur Existenz gebracht wurde.

Üblicherweise steht dem eingeladenen Gast das Recht zu, über die Leistungen des Gastgebers zu urteilen, Wünsche zu äußern, die dem Gastgeber „Befehl" sind usw.; die umgekehrte Übung wäre gänzlich absurd: wer Kinder für unangenehme Gäste hält, braucht sie sich ja nicht einzuladen. Und ein Gastgeber ist für seinen Gast allenfalls nach außen verantwortlich. Im Innenverhältnis trägt er lediglich für seine eigenen Leistungen die Verantwortung, nicht dafür, was der Gast daraus macht. Perverser kann es nicht zugehen, als daß Eltern von Kindern Dankbarkeit verlangen; erhalten würden sie sie ja, wenn sie sich wie anständige Gastgeber benähmen.

Kein Unterschied zwischen Vertrauensbedürftigkeit und Autonomieanspruch besteht bezüglich ihrer Abhängigkeit von der Umgebung. Bevor diese erörtert wird, sei am Werk von Erik H. Erikson die gespaltene Haltung auch der Psychoanalyse zum Autonomiebegriff dargestellt. Erikson schreibt beispielsweise:

> „Jede Stufe erlebt während der angegebenen Phase ihren Anstieg, tritt in ihre Krise und findet ihre dauernde Lösung. Aber in irgend einer

> Form müssen sie von Anfang an bestehen, denn jeder Akt verlangt eine Integration aller Phasen. Auch ein Säugling kann in der besonderen Art, in der er versucht, sich wütend loszuwinden, wenn man ihn festhält, von Anfang an etwas wie ‚Autonomie' beweisen. Aber unter normalen Bedingungen wird er nicht vor dem zweiten Lebensjahr beginnen, den ganzen kritischen Widerstreit zu erleben, *eine autonome und zugleich eine abhängige Kreatur zu sein.* Erst jetzt ist er bereit zum entscheidenden Zusammenstoß mit seiner Umgebung, die sich ihrerseits aufgefordert fühlt, ihm ihre Begriffe und Vorstellungen der Autonomie und des Zwangs zu vermitteln, in einer Art und Weise, die entscheidend zum Charakter und zur Gesundheit seiner Persönlichkeit innerhalb seiner Kultur beiträgt" (62, S. 266, und — in jeweils etwas anderen Worten — in 65, S. 94, und 63, S. 60).

Der Säugling beweist Autonomie nur in Gänsebeinchen, das heißt, er ist erfolglos, kann seinen Willen nicht durchsetzen. Hier zeigt sich in aller Deutlichkeit die Problematik des Geredes von Autonomie als einer quantitativen Fähigkeit. Wo man von „zu viel Autonomie" (Baldwin/Parsons) spricht, also einen unteilbaren, qualitativen Begriff (Selbstbestimmung) in Portionen zerlegt, hat man ihn bereits vollkommen zerstört: Eriksons zweiter der beiden folgenden Sätze könnte auch in einem Text über Hunde-Pädagogik stehen:

> „Die Frage ist immer, ob wir Herr über die Modalitäten bleiben, durch die sich die Dinge leichter handhaben lassen, oder ob die Regeln den Regler beherrschen. Es bedarf sowohl der Ausdauer wie der Elastizität, um den Willen eines Kindes so zu erziehen, daß man ihm hilft, zu viel Eigenwillen zu überwinden, einen gewissen ‚guten Willen' zu entwickeln und (während es lernt, in bestimmten wesentlichen Weisen zu gehorchen) ein autonomes Gefühl des freien Willens aufrechtzuerhalten" (65, S. 114).

„Zu viel Eigenwillen", obendrein mit einer Freiheitsillusion verbunden: B. F. Skinner ist angesichts dieser Ideologie vollkommen zu verstehen, wenn er (fordernd) erklärt: „Es ist der autonome innere Mensch, der abgeschafft wird, und das ist ein guter Schritt voran" (195, S. 220). Solche Forderung ist immerhin konsequenter als von Erziehung und Freiheit in einem Atemzug zu sprechen, und das, obwohl direkt vorher das „Herr bleiben" (das Skinner folgerichtig nicht für möglich hält) als Kriterium der Gesundheit genannt wurde. Aus dieser Sicht muß es als „kritischer Widerstreit" erscheinen,

„eine autonome und zugleich eine abhängige Kreatur zu sein“, der gegenüber die Umgebung sich aufgefordert fühlt, „ihm ihre Begriffe und Vorstellungen der Autonomie und des Zwangs zu vermitteln“. Solche Gegensätze sind aber leicht erkennbar erziehungsideologische Konstruktionen, sobald man „Autonomie“ nicht gegen „Abhängigkeit“ und äußeren „Zwang“ stellt, sondern gegen Erziehung, existentielle Einmischung. Denn selbstverständlich ist ein Kind ebenso wie jeder Mensch eine „abhängige Kreatur“ (ein wirklich autonomer Mensch in diesem monadologischen Sinne ist ganz undenkbar; selbst Robinson ist von zahlreichen, auch menschlichen „Zutaten“ abhängig gewesen. Primäre Autonomie steht mit *Autarkie* vielleicht in einem ähnlichen Verhältnis wie Erotik mit Masturbation). Die Frage, die in diesem Zusammenhang einzig Bedeutung hat, ist die, ob das Kind spontanautonom mit den Menschen, von denen es abhängt, kommunizieren und interagieren kann, oder ob es zu einem „entscheidenden Zusammenstoß mit seiner Umgebung“ gezwungen wird, weil die sich „aufgefordert fühlt“, das Kind zu vergewaltigen, seinen Willen zu erziehen, seine Zukunft zu präjudizieren, d.h. praktisch und logisch: sie zu zerstören.
Ich glaube, der von Erikson erwähnte Säugling beweist keine Autonomie, auch keine Gänsebeinchenautonomie, er beweist aber den Autonomie*anspruch*, und zwar als *Motiv* seiner Wut (in den deshalb nach dem Zitat genannten beiden Variationen heißt es statt „wütend“ einmal „ärgerlich“, das andere Mal „zornig“).

Erikson hat sowohl das Vertrauens-, Achtungs-, Anerkennungsbedürfnis als auch den Autonomieanspruch gesehen. Zum Beispiel erwähnt er den „enormen Wert, den das immer noch höchst abhängige Kind auf seinen autonomen Willen zu legen beginnt“ (63, S. 76), wobei das letzte Wort lediglich den Bewußtwerdungsprozeß betrifft. Ferner spricht er von der „Urhoffnung nach Anerkennung“, dem „Urschrecken des Versagens dieser Anerkennung“ und davon, daß „tiefe Identitätsverwirrungen in der Jugend immer auf die infantilen Anfänge der ‚Anerkennung‘ zurückdeuten“ (64, S. 86). Hier ist offenbar von einem Bedürfnis die Rede. Offenbar eher von einem Anspruch handelt der folgende Satz: „Man kann nicht wissen, was in einem Säugling vor sich geht, aber sowohl die direkte Beobachtung wie überwältigend viele Erfahrungen mit Kranken deuten darauf hin, daß das frühe Mißtrauen von einem Erlebnis ‚totaler‘ Wut begleitet wird, von Phantasien der totalen Beherrschung oder sogar Zerstörung der Quellen der Lust und Versorgung; und daß derartige Phantasien und Wutgefühle im Individuum fortbestehen und in extremen Zuständen und Situationen wieder belebt werden" (65, S. 82).

Sehr spät (1964) hat Erikson in einem etwas schwärmerischen Vortrag „beiläufig" eine für einen freudianischen Psychoanalytiker überraschende, im Grunde sogar revolutionäre Meinung vertreten, die für den von mir postulierten Autonomieanspruch von besonderer Wichtigkeit ist. Er sagte:

> „Ich möchte aber beiläufig eine Frage aufwerfen, die für die Annahme einer stadienweisen Entwicklung der zentralen Stärke des Menschen grundlegend ist. Wenn das neugeborene Kind die durchdringende Qualität mit in dieses Leben bringt, die das sicherstellt, was in den Bedürfnissen und Trieben individueller Frauen, in der Tradition von Generationen von Müttern und in den weltumfassenden Institutionen der Mutterschaft auf es wartet (und auf es zählt), ist es dann wirklich sinnvoll, das rudimentäre Ich des Säuglings als ‚schwach' zu bezeichnen und es mit dem in Zusammenhang zu setzen, was an der neurotischen Abhängigkeit eines isolierten Erwachsenen ‚schwach' ist. Wozu die früheste Kindheit mit dem Urbild eines schwachen Ichs und das Erwachsensein mit der Utopie eines starken belasten? Unser traditioneller Begriff der Realität versäumt es, hier der grundlegenden Tatsache Rechnung zu tragen, daß das Kind, das zwar noch nicht imstande ist, unsere sogenannte Realität zu erfassen und zu prüfen, doch innerhalb seiner Aktualität ziemlich kompetent ist. Es ist wahr, daß alle Anfänge sich durch ihre Verletzlichkeit auszeichnen, aber solange die Verletzlichkeit mit einer aktiven Anpassung an schützende Bedingungen einhergeht, ist sie kein Schwächezustand" (64, S. 161).

Die „durchdringende Qualität" des Neugeborenen, das „innerhalb seiner Aktualität ziemlich kompetent ist", besteht eben bei aller Verletzlichkeit (die im Begriff „Anspruch" berücksichtigt ist) aus der Fähigkeit einer „aktiven Anpassung an schützende Bedingungen", so daß der „Schwächezustand", den besonders Pädagogen zur Legitimierung von Herrschaft heranziehen, gar nicht besteht, bzw. erst unter pädagogischen Bedingungen erzeugt wird. Mit dieser Erkenntnis wird der an anderer Stelle behauptete Gegensatz zwischen Abhängigkeit und Autonomie vollends unterlaufen. Ich kenne keinen Wissenschaftler, der Eriksons Konzept des Ur-Vertrauens als Grundlage und Voraussetzung eines stabilen Identitätsgefühls nicht akzeptiert, aber leider wurde sein auf Gänsebeinen stehender Autonomiebegriff ebenso angenommen. Der Unterschied zwischen den beiden Gedankenlinien sollte klar erkannt werden. Einmal ist von dem abhängigen Kind die Rede, das auf seinen autonomen Willen Wert zu legen *beginnt* (als schriee es nicht von Anfang an, wenn ihm etwas fehlt, und als sei der spätere „Trotz" nicht berechtigter Widerstand gegen erzieherische Angriffe), das also nun offenbar „bereit zum entscheidenden Zusammenstoß mit seiner Umgebung" ist (sprich: Erziehungskrieg). Das andere Mal wird dem Säugling nicht Schwäche, sondern Kompetenz und die Fähigkeit zur „aktiven Anpassung an schützende Bedingungen" zugetraut. Erst in dieser zweiten, kommunikativen Sichtweise kann die menschliche Vollwertigkeit bereits des Neugeborenen in den Blick treten, die *immer* (auch beim Erwachsenen) „nur" ein Anspruch, nämlich auf soziale Anerkennung angewiesen ist. Erikson schreibt:

> „Was würden wir für das früheste und undifferenzierteste ‚Identitätsgefühl' halten? Ich würde sagen, daß es aus dem Zusammentreffen von mütterlicher Person und Neugeborenem entsteht, einer Begegnung der wechselseitigen Vertrauenswürdigkeit und des gegenseitigen Erkennens" (65, S. 106).

Würde diese Begegnung nicht von pädagogischen Un-Taten früher oder später vergiftet (von Untaten der Vernachlässigung spreche ich in diesem Buch nicht: sie entspringen keiner weithin akzeptierten Ideologie, auf ihnen lastet kein Tabu, gegen sie gibt es eine umfangreiche Literatur), dann würde die anfängliche Verletzlichkeit im Schutz der totalen Anerkennung durch die Umgebung ohne wesentliche Probleme überwunden.

Dagegen muß pädagogischer Ehrgeiz Liebe und Anerkennung (positive Verstärkung) sogar nach psychoanalytischem Rat dosieren — sonst hätte das Kind keinen Grund „sich zu beherrschen" (Fraiberg). In einer merkwürdigen Umkehrung der Grundpositionen wird in der Psychoanalyse der Respekt vor den autonomen Ich-Kräften häufig auf die analytische Situation beschränkt, während ansonsten „Liebe" dosiert eingesetzt werden soll, während die moderne Verhaltenstherapie (oder -modifikation), die eine klare Dressurform darstellt, im nichttherapeutischen Umgang inzwischen die Unmenschlichkeit solchen Psycho-Terrors erkannt hat. Der Sozialforscher und Verhaltenstherapeut Peter Gottwald schreibt in der „Schweizerischen Zeitschrift für Psychologie und ihre Anwendungen" (Nr. 3/1973, S. 235): „Zweifellos gelten die Gesetze der sozialen Verstär-

kung in einem weiten Bereich zwischenmenschlicher Beziehungen — aber man sollte die Gefahren sehen, die entstehen, wenn man dieses Konzept übermäßig beansprucht: Liebe, so könnte man sagen, zeichnet sich dadurch aus, daß sie nicht ‚kontingent' auf ein ‚erwünschtes Verhalten' folgt (also nicht mit irgendwelchen *Absichten eingesetzt* wird; EvB). Wer seine liebevolle Zuwendung über eine vielleicht therapeutisch zu rechtfertigende Notsituation (therapeutisch, nicht pädagogisch! EvB) hinaus immer vom Verhalten abhängig macht, verfehlt, so könnte man sagen, einen entscheidenden menschlichen Zug."
Dieser entscheidende menschliche Zug konkretisiert sich unter Verzicht auf Machtgebrauch, Manipulation, Erziehung (von der ja niemand sagt, daß sie nicht möglich ist, wenn man es nur perfekt genug anstellt) im Respekt vor dem Autonomieanspruch des objektiv weniger mächtigen (handlungsfähigen) Partners.

Der Autonomieanspruch als soziales Phänomen

Aus unerfindlichen Gründen (abgesehen von der Erziehungsideologie) gilt fast sämtlichen neueren Autoren, die sich zu diesem Thema äußern, der Mensch als soziales Wesen, das nichtsdestotrotz sozialisiert werden müsse. Dieser Widerspruch führt dazu, daß Pädagogen das angebliche Scheitern der „antiautoritären" Bestrebungen (die teils politisch-erzieherisch, teilweise aber auch antipädagogisch motiviert waren und sind) geradezu triumphierend zum Beispiel so konstatieren:

> „Was die Pädagogik immer schon gewußt hat, was sich aus der Kenntnis ihrer Geschichte mehr als deutlich aufdrängt, was sich aus einer Analyse ihrer Wirklichkeit zwingend ergibt, ist das Ergebnis des einsetzenden Beruhigungsprozesses: Die Erziehung kann nicht die absolute Freisetzung des Individuums zum Ziel haben. Die alte Erkenntnis hat sich behauptet, daß der Mensch ein auf Gemeinschaft angelegtes Wesen ist, und zwar auf menschliche Gemeinschaft" (Erlinghagen, 66, S. 7).

Als hätte jemals jemand etwas anderes behauptet, erklärt dieser Text geradezu jesuitisch (was sich zum Teil daraus erklären mag, daß Prof. Erlinghagen Mitglied der Societas Jesu ist), des Menschen Angelegtsein auf Gemeinschaft würde eine gar „absolute" Frei*setzung* des Individuums unmöglich machen — und schon ist ein totalitärer Umgang mit Kindern legitimiert.

Eine weiteres Beispiel des eher liberalen Hans-Hermann Groothoff diene der Klarstellung aus tiefenpsychologischer Perspektive: „Erziehung ist per se Sozialisierung. Das Leben der Heranwachsenden steht zunächst unter der Aufsicht der Erzieher (Eltern, Lehrer usw.), dann unter der der Gesellschaft und des Gemeinwesens. Spielraum und Spielregeln werden vorgegeben. Aber gerade hieran erfährt die Jugend, daß solche Regelung nötig ist" (93, S. 252). Aber gerade hieran, muß man ergänzen, erfährt der Antipädagoge, daß solche Regelung ihre eigene Rechtfertigung ist, denn der Pädagoge gibt Regeln vor, deren Verinnerlichung (Introjektion) den Kleinkindern abgezwungen wird, woraufhin sie dann erfahren, daß sie auch innerlich von solchen Regeln abhängig, zur Selbstbestimmung unfähig sind (oft sogar unwillig: die meisten Jugendlichen bejahen sogar die selbst erlittene Prügelerziehung; sie sagen, es habe ihnen nicht geschadet — eine sich selbst widerlegende Meinung). In einem Aufsatz: „Das Überich — eine gefährliche Krankheit?" („Psyche", Heft 5/1970, S. 375—402) hat der Psychoanalytiker Harold Lincke seine Frage im Grunde mit Ja beantwortet, aber da seine Argumentation innerhalb des geschlossenen Systems selbstrückbezüglicher Prämissen (sich selbst erfüllender Prophezeiungen; vgl. nächstes Kapitel) verbleibt, kann er die gefährliche Krankheit, die er diagnostiziert, nur resignierend für unheilbar erklären. So bestätigt Lincke zwar, daß die Überich-Bildung „nicht das zwangsläufige Schicksal des Ödipuskomplexes" ist, „sondern abhängig von den Lösungen, die die Gesellschaft dem Individuum aufdrängt" (S. 380f.), stellt aber nicht die Notwendigkeit solchen Aufdrängens, also der Erzwingung eines fremdbestimmten Gewissens, in Frage. Sein Ergebnis: Das Über-Ich „strebt nach außen Unabhängigkeit durch Befreiung von den Bindungen an die Objekte der Kindheit an und fordert gleichzeitig nach innen das Gegenteil, nämlich Unterwerfung unter die Gebote dieser Objekte." Dieser „unlösbare Widerspruch", der ausdrücklich „lebenslänglich" bestehen bleibe, begründe, „daß der Mensch infolge seiner Konstitution nie wirklich unabhängig werden kann" (S. 381). Zusammenfassend bestätigt Lincke des Pädagogen Groothoff lausigen Zirkelschluß: „Erwachsen im Sinne von ‚Unabhängig-Sein' von Artgenossen wird der Mensch nie, es sei denn als Eremit. Die lange und extreme Abhängigkeit des Menschenkindes von seinen Eltern wird später ausgetauscht gegen eine von der Gesellschaft. Von dieser Gesellschaft wird er ... ebenso geführt, wird ihm sein Verhalten genauso vorgeschrieben wie zuvor von den Eltern. Und wo diese Kontrollen nicht mehr hinreichen oder lockerer, freier geworden sind, übernehmen die ebenso mächtigen und allgegenwärtigen Introjekte ihre Funktion" (S. 399).

„Gerade hieran" (Groothoff), daß Eltern und Gesellschaft die Abhängigkeit des Kindes ausbeuten, indem sie es zum hündischen Objekt machen, das „geführt", dem „sein Verhalten ... vorgeschrieben" wird (Lincke), erfahren Kinder, daß sie, denkt man an die Introjekte, noch nicht einmal als Eremiten „erwachsen" werden, den Marionettenstatus überwinden können. Die „Freisetzung des Individuums" (Erlinghagen) ist Illusion. Aber die Prämisse, nach der anfängliche „Unterwerfung" (Lincke) nötig sei, ist Ideologie. — Auch aus soziologischer Perspektive würde die Macht gesellschaftlicher Einflüsse entscheidend relativiert, wenn Eltern sich weigerten, primärsozialisierende Überfälle in die Seelen der Kinder vorzutragen (nach dem Völkerrecht sind sogar im Krieg Angriffe auf unverteidigte Ortschaften verboten), und nicht durch die Erzwingung von Introjekten dem gesellschaftlichen Druck Quartiermacherdienste leisteten. Eine Seele, die sich nicht in Partisanenkämpfen gegen pädagogische Besatzungsmächte verschleißen muß, kann auch in politisch-soziologischer Dimension überhaupt erst ein Selbst ins Spiel bringen, dessen Selbst- und Mitbestimmungsfähigkeit nicht zum illusionären *Gefühl* (Erikson) korrumpiert ist.

Ein weiteres, recht deutliches Beispiel. Hartmut v. Hentig schreibt, es sei „schwer, sich des tiefen Unbehagens zu erwehren, das den Pädagogen beschleicht, der sein Ziel als ‚Selbstbestimmung des Menschen im Rahmen der Gemeinschaft' bezeichnet und dabei große Not mit dem Wort ‚Selbst' hat" (102, S. 47). Den Grund für diese Not nennt v. Hentig indirekt selbst: Die Pädagogen „müßten dem Selbst oder Ich oder Jemand eine Chance geben, Selbst, Ich oder Jemand zu werden, bevor sie darangehen, ihn dazu zu ‚machen'" (102, S. 125). Vermutlich kann nur die Abwehrhaltung des Pädagogen gegen tiefenpsychologisches Denken erklären, warum v. Hentig den ersten Schritt weg vom Jemand „machen" zum Jemand „werden" lassen nicht durch den zweiten (antipädagogischen) zum Jemand *sein* lassen vollendet. So muß er in Not, tiefem Unbehagen und dem logischen Widerspruch befangen bleiben, „sein Ziel" als „Selbstbestimmung" von anderen zu bezeichnen. „Der Pädagogik tut vor allem eins not: genauer zu erkennen, was sie schon treibt" (v. Hentig, 101, S. 33). So ist es.

Nimmt man des Menschen soziale Natur, sein Angelegtsein auf menschliche Gemeinschaft, ernst, ergibt sich gerade aus dieser anthropologischen Prämisse die Möglichkeit, Erziehung zu negieren. Statt das Kind als Objekt zu sehen, das zu irgendwelchen Zielen, z. B. sozialem Verhalten, erzogen werden muß, kann man durch die Anerkennung des primären Autonomieanspruchs von vorneherein mit Kindern auf menschlich solidarischer Basis leben (statt sich ein „Lernziel Solidarität" zumuten zu lassen). Das in Pädagogenkreisen heute zunehmend geforderte und geförderte sogenannte „soziale Lernen" ist als weiteres Verschleierungsmanöver besserwisserischer und herrschaftsbesessener Erwachsener zu durchschauen, denn selbstverständlich ist alles Lernen seit jeher soziales Lernen, und so ergibt der Versuch, es pädagogisch zu beschlagnahmen, nach der

„Sei spontan!"- und der „Sei autonom!"-Paradoxie als dritte die „Sei sozial!"-Paradoxie, die das Kind wiederum in eine unhaltbare Situation zwingt, die ursprüngliche Einheit zwischen Ich- und Sozial-Antrieben zerstört und eben die Egozentriker züchtet, die dann soziales Verhalten als Tugend deklarieren müssen, weil es ihnen wesensfremd geworden ist.

Die nicht nur religiöse Form der „Sei sozial!"-Paradoxie heißt: Selbstliebe ist Sünde, und nun: Liebe deinen Nächsten wie dich selbst. Folge: Die Liebe hat sich zur Himmelsmacht zurückgezogen, perverse, ambivalente, desultorische Affekträusche auf der Erde hinterlassend, sowie Dichter, Schlagertexter, Kindertümler, Erziehungs- und Eheberater, vollblütige Pädagogen. Letztere sagen z.B.: Ich liebe dich nur, wenn du meinen Wünschen entsprichst, aber du mußt mich und andere lieben, wie sie sind. Erzieherische, d.h. asoziale, lieblose Akte sollen zu Sozialität und Liebe führen.

Im Begriff Autonomieanspruch ist die Identität von Ich- und Sozial-Antrieben dokumentiert. Dies sei unter zwei Gesichtspunkten erläutert.

1. Die objektive Hilflosigkeit des Säuglings läßt sich — außerhalb des Rahmens der Erziehungsideologie, also menschliche Verhältnisse vorausgesetzt — geradezu umkehren. Erikson bemerkt,

> „daß die Schwäche des Säuglings ihm Macht verleiht; gerade aus seiner Abhängigkeit und Schwäche heraus gibt er Zeichen, denen gegenüber seine Umgebung, wenn sie von einer Reaktionsfähigkeit richtig geleitet wird, die ‚triebhafte' und traditionelle Verhaltensmuster in sich vereint, eigentümlich empfindlich ist. Die Gegenwart eines kleinen Kindes übt eine starke und beharrliche Herrschaft über das äußere und innere Leben jedes Mitglieds eines Haushalts aus. ... Sein Wachstum besteht aus einer Reihe von Herausforderungen an sie, seinen neu sich entfaltenden Möglichkeiten, zur sozialen Wechselwirkung zu dienen" (65, S. 96).

Natürlich ist die Macht des Säuglings wie jede Macht darauf angewiesen, daß jemand sich ihre Ausübung gefallen läßt. Deshalb das Wort Anspruch. Auch der Souveränitätsanspruch der diversen Zwergstaaten, deren sieben Soldaten ihn keinesfalls gegen Widerstände durchsetzen könnten, lebt aus der Anerkennung und dem Respekt der Umgebung. Daß diese Zwergstaaten von außen akzeptiert und versorgt werden, ermöglicht überhaupt erst ihre Gegenleistungen. Genau genommen ist die im Begriff Autonomieanspruch enthaltene soziale Wechselwirkung gemäß dem Modell von Watzlawick und Mitarbeitern (210) nicht linear nach Ursache — Wirkung — Gegenwirkung usw. zu verstehen, sondern als System mit Rückkopplung, das man sich als Kreis (ohne Anfang und Ende) vorstellen muß. „Autonomie“ bezieht sich auf das Ich, der „Anspruch“ gilt den anderen, von deren Reaktion das beanspruchende Ich abhängig ist. Der Autonomieanspruch ist also Ausdruck gleichzeitig von objektbezogener Individualität und von subjektbezogener Sozialität.

2. Mit seinem Konzept der „primären Objektliebe“ hat Michael Balint die klassische psychoanalytische Theorie des „primären Narzißmus“ ergänzt bzw. widerlegt (und setzt sich — seit seinem Tode 1970 — damit unter Psychoanalytikern zunehmend durch). Balint schreibt über die Natur der ersten Objektbeziehung:

> „Sie ist fast vollkommen passiver Art. *Der Betreffende liebt nicht, sondern wünscht, geliebt zu werden. Dieser passive Wunsch ist zweifellos sexuell, libidinös.* Die Forderung, daß diese Wünsche von der Umgebung befriedigt werden sollen, ist absolut unproblematisch und wird ziemlich oft ganz vehement, mit sehr großem Energieaufwand geäußert, beinahe wie im Falle eines Selbsterhaltungstriebes. ... Die Nichtbefriedigung ruft leidenschaftliche Reaktionen hervor, die Befriedigung dagegen nur ein stilles Wohlgefühl“ (15, S. 58).

Balint sah allerdings den schwachen Punkt seiner Theorie und korrigierte (gemeinsam mit seiner ersten Frau Alice) den Begriff „passive Objektliebe“ seines Lehrers Ferenczi in „*archaische* oder *primäre Objektbeziehung* (*Objektliebe*)“, weil „der Ausdruck *passiv* nicht gut zur Bezeichnung eines Verhältnisses paßt, in dem so ausgesprochen *aktive* Tendenzen, wie eben der Anklammerungstrieb, eine Hauptrolle spielen“ (15, S. 119).

Bemerkenswert erscheint mir besonders die Formulierung, der Anspruch (Balint sagt nur „Forderung“ und „Wünsche“, aber die „leidenschaftlichen Reaktionen“ auf Nichtbefriedigung im Gegensatz zum „stillen Wohlgefühl“ bei Befriedigung rechtfertigt, ja erzwingt den Begriff „Anspruch“) — der Anspruch auf Befriedigung der autonomen Wünsche des Säuglings werde sehr energisch geäußert, „beinahe wie im Falle eines Selbsterhaltungstriebes“. Eine solche Formulierung legt es nahe, dem u. a. von Erikson genannten „Trieb" zu lehren, den man als geistig-seelische Entsprechung des biologischen Fortpflanzungstriebes betrachten mag, den Autonomieanspruch als Antrieb gegenüberzustellen, welcher die geistig-seelische Entsprechung des biologischen Selbsterhaltungstriebes darstellt. Ich halte diese Analogien (vgl. die Little Murders) für einigermaßen plausibel, obwohl sie ein erhebliches Problem konstituieren: während der biologische Fortpflanzungstrieb Erwachsener dem biologischen Selbsterhaltungstrieb von Kindern nicht in die Quere kommt, scheinen sich primäre pädagogische Ambition auf der einen Seite und primärer Autonomieanspruch auf der anderen Seite, so wie sie heute anzutreffen sind, ganz und gar unverträglich gegenüberzustehen. Dieses Gegeneinander zweier primärer Antriebe würde sicher viel von der pädagogischen Wegelagerei Erwachsener erklären, die selbst einst als prostituierte Objekte benutzt wurden und ein Anrecht auf Entschädigung zu haben glauben, sobald sie sich ein eigenes Familienbordell zulegen können. Tatsächlich führt gerade die Anerkennung eigener Ich-Energie im Kind zu der Ansicht, es gebe einen ursprünglichen „Wirkungsdrang" (Hoffmann, a. a. O., S. 416), eine „aktive Tendenz, auf die Umwelt überhaupt Einfluß zu nehmen", „Effekte" zu „bewirken", was auch „für menschliche Objekte" gelte, an denen sich ein „Gefühl der interpersonalen Kompetenz" (S. 417) bewähren wolle. (Hoffmann referiert hier, zustimmend, die Theorien von R. W. White.)

Auf solche Weise die wehleidige Passivität des Ausgeliefertseins, die Kindern oft zugeschrieben wird, zu korrigieren, führt aber, wie es scheint, lediglich zu einem Pyrrhus-Fortschritt, da man den Kindern, wenn sie einmal erwachsen sind, den interpersonalen Wirkungsdrang nicht plötzlich verübeln kann, auch wenn er sich, als pädagogische Ambition (die vielleicht als zum *Anspruch* pervertierter Rest eines Brutpflegeinstinktes anzusehen ist), gegen die nun nachwachsenden Kinder, deren Wirkungsdrang und Autonomieanspruch, richtet.

Eine theoretische Lösung, die unmittelbar Harmonie zwischen den Generationen verbürgte, kann ich trotz langjähriger Suche nicht anbieten. Ich kann nur eine Hoffnung äußern, die auf der Identität von Ich- und Sozial-Antrieb und auf der *Chance zu Vernunft* basiert. Da sich der Wirkungsdrang der pädagogischen Ambition nicht nur antisozial auswirkt, sondern aus Kindern *Feinde* der Erwachsenen macht, was auch deren egoistischen Motiven letztlich keine Befriedigung verschafft, wäre es vorstellbar, daß menschliche Einsicht zu einer Art Triebverzicht (oder Racheverzicht) gegenüber Kindern führt und dem Wirkungsdrang und Gestaltungswillen gestattet, sich an anderen Objekten, z.B. politisch, zu versuchen. Das noch immer geltende Recht des Stärkeren könnte von konkreten Einzelnen auch gegen theoretische tiefenpsychologische Postulate humanistisch-vernunftgemäß umgedeutet werden, so daß der — antipädagogisch denkende — Erwachsene seinen Stolz darein setzt, nicht ausgerechnet Kinder zu bekämpfen, was ja in der Regel auch eine Flucht der Erwachsenen bedeutet, die ihr Selbstbestimmungs- und Mitgestaltungsrecht im politischen Raum nicht wahrnehmen, sondern zum Fremdbestimmungsanspruch im privaten Raum pervertieren. Der biologische Fortpflanzungstrieb hat sich inzwischen funktional gespalten (was nur einige Dogmatiker noch nicht zur Kenntnis nehmen): Lust und Fortpflanzung sind durch Empfängnisverhütungsmittel als verschiedene Aspekte erkannt worden, und vielfach ziehen die Menschen bereits die Konsequenz und wählen Triebobjekte (Partner) entsprechend dem jeweiligen Aspekt. Solange kein Mittel gefunden ist, Säuglinge und Kleinkinder gegen die Empfängnis erzieherischer Einflüsse zu immunisieren, kann dem Erwachsenen nur anheimgestellt werden, seiner Erziehungslust nicht länger an abhängigen Objekten zu frönen, denn — wie im nächsten Kapitel gezeigt wird —: sein pädagogischer Fortpflanzungstrieb bleibt nicht folgenlos. Die Frage ist nur, ob diese Folgen des geistig-seelischen Gestaltungswillens Erwachsener sehenden Auges zu verantworten sind. „In der Tat muß der Wissende vielleicht sogar so viel wissen, daß er es übers Herz bringt, sein Wissen für sich zu behalten, um auch den anderen eine Chance zu geben!" (Cooper, 47, S. 41).

Übrigens ist es außerordentlich lustvoll zu beobachten, wie Kinder, deren Spontanautonomie von Anfang an respektiert wurde, ihr Leben gestalten. Man kann, wenn ihre Entwicklung wirklich ungeplant fluten und unbesetzte Räume füllen kann (Comfort), unendlich viel von ihnen lernen, z.B. über Freundschaft, Weisheit, Tapferkeit, Lebenskunst und mitmenschliches (politisches) Engagement. Dies der Pädagogik auf den Grabstein ...

Kapitel VI
Der pädagogische Gegenteileffekt

Vorbemerkungen

Dieses Kapitel ist für solche Leser überflüssig und kann getrost überschlagen werden, die (auch und gerade) im generationenübergreifenden Bereich die basalen mitmenschlichen Beziehungen für einzig bedeutsam (z.B. lernwirksam) halten und das Pädagogengerede ebenso wie das pädagogische Gerede mitsamt sämtlichen mäßigen oder unmäßigen Maßnahmen für, bestenfalls, Selbstbetrug.

Da man sich aber keinen Täuschungen darüber hingeben darf, daß viele pädagogisch eingestellte und ambitionierte Menschen mit dem Erziehen etwa deshalb aufhören wollten/könnten, weil das jemand so möchte, begebe ich mich auf den folgenden Seiten gewissermaßen in Feindesland und argumentiere auf der Grundlage der Erziehungsideologie. Während eine Betrachtung von außen, eine „Lösung zweiter Ordnung“ (Watzlawick), das pädagogische Denken für das eigentliche Problem zwischen den Generationen hält und dessen Prämissen zu analysieren und zu widerlegen trachten muß, obliegt es einer ideologieimmanenten Untersuchung, das (antipädagogisch irrelevante) Kriterium des Erfolges, der Ergebnisse von Erziehung anzuwenden. Das spezifisch pädagogische, erzieherische Denken, durch das nach Wolfgang Brezinka (207) „überlegt, entschieden und verbindlich festgesetzt wird, was angestrebt und getan werden soll“, „welche Ziele verfolgt und welche Mittel angewendet werden sollen“, welche „Werturteile gefällt, Handlungsvorschriften (Normen) aufgestellt und Empfehlungen ausgearbeitet werden“ (S. 186), um „auf andere Personen einzuwirken“ (S. 234), weil „man versucht, andere Menschen dahingehend zu beeinflussen, daß sie einen bestimmten Persönlichkeitszustand erreichen“ (S. 237), dieses definitionsgemäß intolerante Denken *kann* sich der Frage, was Erziehung bewirkt, nicht entziehen, denn allenfalls daraus wäre seine Intoleranz zu legitimieren. Selbst wenn es stimmt, daß „Kindern immer angeblich ‚zu ihrem eigenen Besten‘ Gewalt angetan“ wird, wie Gérard Mendel (147, S. 63) sagt, der auch einen Ausspruch Salazars zitiert: „Sehen Sie, regieren heißt die Leute vor sich selbst schützen“ (147, S. 52), muß gefragt und beantwortet werden, wie dieses Beste, dieser Schutz konkret aussehen. Erst wenn geprüft ist, ob und wie man Menschen zu ihrem Glück zwingen *kann*, wäre es sinnvoll, darüber nachzudenken, ob man es auch *darf*. Und erst wenn geklärt ist, ob und wie man der Gesellschaft durch Manipulation von Kindern nützen *kann*, lohnte eine güterabwägende Reflexion. (Daß man beides, zumindest durch Erziehung, *nicht* kann, ist der Gegenstand dieses Kapitels.) Brezinka weicht dieser Problematik mit einer grandiosen Ignoranz aus, die die Selbstbefriedigungsthese aus Kapitel IV drastisch bestätigt. Davon ist zunächst zu berichten.

Anschließend ist — trotz Brezinka — den Ergebnissen, Erfolgen, Effekten konkreter Erziehungsmaßnahmen nachzuspüren. Es wird der Beweis erbracht, daß jeder spezifisch pädagogische Akt nicht nur intolerant, inhuman, lieblos oder überflüssig ist, sondern tatsächlich das genaue Gegenteil dessen bewirkt, was des Akteurs erklärte Absicht war. Die *unerklärte*, unbewußte Absicht (z. B. sich an Kindern für durch andere erlittene Demütigungen zu rächen) kann freilich zum Zuge kommen — ähnlich isoliert, kurzfristig und immer wieder desillusionierend (ohne den Wiederholungszwang deshalb zu mildern) wie sexuelle Absichten bei einem Bordellbesuch —, aber die wirkliche Sehnsucht nach Entspannung, nach Ent-Schädigung im wörtlichen Sinne, nach Ent-Störung des sozialen Beziehungsgefüges, als dessen subjektives Zentrum das jeweilige Individuum existiert, diese Sehnsucht wird nicht erfüllt.

In der Hauptsache jedoch kommt es darauf an, den wissenschaftlichen Anspruch von Erziehern/Pädagogen mit wissenschaftlichen Mitteln innerhalb seines eigenen Bezugsrahmens zu widerlegen, damit nicht nur einige wenige diesen Rahmen in die Rumpelkammer schaffen, sondern damit vielleicht einige mehr ihn von innen sprengen. Was der Jurist Helmut Ostermeyer (in „Vorgänge" Nr. 1/1975, S. 42f.) über den Faschismus (das faschistische Denken) sagt, gilt ungeschmälert auch für die Erziehung (das pädagogische Denken):

> „Der Faschismus ist zum Hinwegkommen über Persönlichkeitsschwächen ein bequemer, weil für das Ich schmeichelhafter Ausweg: das Ich braucht sich seine Schwächen nicht einzugestehen. Da wir alle irgendwie schwach, nämlich durch unser gemeinsames Erziehungsschicksal geschwächt sind, ist der Faschismus für uns alle eine stete Gefahr. ... Der echte Feind des Faschismus sind deshalb weder die Juden, die Neger, die Gastarbeiter, die Asozialen und Kriminellen oder andere Randgruppen, der echte Feind ist der nüchterne rationale Intellekt."

Der nüchterne rationale Intellekt, gerüstet mit den heute verfügbaren Kenntnissen über die Vielschichtigkeit der menschlichen Kommunikation, kann zeigen, daß jede pädagogische Handlung, insofern ihre Motive, wie dargestellt, auf „die Veränderung des Menschen zu einem Besseren, Wertvolleren hin" (Dolch), auf „die Änderung seelischer Prozesse und Zustände von Menschen" (Tausch) „im Hinblick auf bestimmte sittliche Forderungen und Werte" (Reble), „Norm- und Zielvorstellungen" (Klafki) abzielen und durch „Herrschaftsausübung" (Groothoff) dem Kinde „helfen" will, „mit sich selbst fertig zu werden" (Scheibe) — „Die Pädagogik ist gleichsam immer unzufrieden mit dem Menschen, so wie er jeweils ist. Sie will ihn verändern" (Giesecke) —, daß jede derart motivierte Handlung eine *irrationale* Handlung in der Definition von Ronald D. Laing ist:

> „Eine Handlung kann als irrational bezeichnet werden, wenn sie Mittel zu einem Zweck sein soll, aber zu einem Zweck führt, der durch sie vermieden werden soll. Jemand versucht, ein Ergebnis durch bestimmte Mittel zu verhüten. Diese Mittel sind irrational, wenn sie zu einem Zweck führen, den sie verhindern sollten: eine alltägliche Feststellung in der Psychoanalyse ‚neurotischer' Angstabwehr. Die Abwehr erzeugt gerade die Ängste, die sie abwehren soll" (48, S. 17).

Absicht und Erfolg

Allgemein kann man zwei Zielvorstellungen (Ansprüche) von Erziehung unterscheiden. Nach Alfred L. Baldwin geht es um einen „Prozeß, durch den eine Gesellschaft die Kinder dazu bringt, sich wie Erwachsene zu verhalten" (14, Band II, S. 157), damit aus dem „als normabweichendes Individuum" geborenen Kind „ein sozial-konformer Erwachsener wird" (ebenda, S. 279), — in dieser Sicht soll also die Reproduktion der bestehenden Gesellschaft verbürgt werden, die offenbar als dessen würdig gilt. In der anderen Sichtweise soll die — kritikwürdige — Gesellschaft nicht einfach reproduziert, sondern möglichst geheilt werden. Mit den Worten von Maria Montessori:

> „Durch die Verbesserung des Individuums muß die Erziehung die Gesellschaft verbessern helfen" (157, S. 92).

Sieht man sich die Ergebnisse an, so kommt man je nach Perspektive zu gegensätzlichen Urteilen. Stellt Erziehung den Versuch von Individuen und Gesellschaften dar, sich zu reproduzieren (vielleicht etwas progressiv: die folgende Generation soll von allem ein bißchen mehr haben), dann erweist sich dieser Versuch als außerordentlich erfolgreich. Neurosen, Psychosen, Asozialität, Süchte werden von einer Generation zur nächsten progressiv weitergegeben. Menschliche Isolation, Gefühlsarmut, Prestigedenken, Angst, Aggressivität, Heuchelei werden erfolgreich „vererbt", und die Analyse der „pädagogischen Ambition" zeigte, daß dies alles, tiefenpsychologisch gesehen, nicht etwa unbeabsichtigt geschieht, und daß die bewußte Erziehung das wesentliche Vehikel dieser Reproduktion ist.
Stellt Erziehung dagegen den Versuch dar, Individuen und Gesellschaften zu „verbessern", also etwa in der nächsten Generation die anerkannten Werte, Ideale, Tugenden der Menschheit zu verwirklichen (was Pädagogen gemeinhin als das eigentliche erzieherische Anliegen bezeichnen — in Abgrenzung zur Vermittlung bloßer Kenntnisse und Fertigkeiten im Sinne

von Bildung/Unterricht), dann kann man sich kaum eine erfolglosere Veranstaltung denken, was ehrliche Pädagogen auch zugeben. Z. B. spricht Hermann Giesecke von „massenhaften mißlungenen Sozialisationsprozessen", und zwar konstatiert er, was ich betonen möchte, nicht nur „die mißlungene Unterschicht-Sozialisation", sondern neuerdings auch die „mißlungene Mittelschicht-Sozialisation" (86, S. 29).
Wolfgang Brezinka, jener leidenschaftliche Seeleningenieur, der die pädagogische Lotterie offenbar aus ziehungstechnologischem Selbstbefriedigungsdrang betreibt, hat mit einer Unverfrorenheit, die man fast schon wieder bewundern kann, zugegeben, daß seine Lotterie nicht nur keine Gewinne enthält, sondern tatsächlich in großem Stil Nieten produziert. Brezinka schreibt:

> „Es gibt in Mitteleuropa vermutlich viele hunderttausend Väter und Mütter, die jedes Vertrauen in die erzieherische Effizienz der sogenannten Erziehungseinrichtungen oder ‚Bildungsstätten' verloren haben, weil sie am seelischen Zustand der eigenen Kinder, die diesen Institutionen unterworfen gewesen sind, ablesen konnten, was deren Personal mit seinem als ‚Erziehung' bezeichneten Verhalten wirklich erreicht. Die meisten Erwachsenen, die auf ihre Jugendperiode zurückschauen, dürften mit der Ansicht Theodor Geigers übereinstimmen, daß wir ‚vieles, vielleicht das Beste dessen, was wir sind, nicht *durch* unsere Erziehung, sondern in *Abwehr* gegen sie geworden' sind." „Wir haben es in der häuslichen Erziehung wie im Schulunterricht weitgehend mit Probierhandlungen zu tun, bei denen natürlich nicht ausgeschlossen ist, daß sie zufällig auch Erfolg haben können. Wie gering die Erfolgschancen sogenannter Erziehungsmaßnahmen sind, bleibt der Öffentlichkeit nur deswegen relativ verborgen, weil die Kinder und Jugendlichen vieles von dem, was sie lernen sollen, weitgehend unabhängig von den erzieherisch gemeinten Probierhandlungen ihrer Eltern und Lehrer von selbst zu lernen vermögen" (zitiert in 54, S. 32).

Ein naiver Mensch könnte nun meinen, ein so kluger und ehrlicher Kopf käme auf den Gedanken, die *Berechtigung* solch jämmerlicher „Probierhandlungen" zu überprüfen. Aber weit gefehlt! Brezinka sieht es umgekehrt als Aufgabe der Erziehungswissenschaft, derart perfekte Indoktrinations- und Manipulationstechniken zu suchen, daß eine „*Abwehr* gegen sie" vollends ausgeschlossen wird. Solange er solche Techniken nicht gefunden hat, behilft er sich mit einem Verschleierungsmanöver:

> „Ein wesentliches Merkmal unserer Begriffsbestimmung besteht darin, daß es von der Absicht des Handelnden und nicht vom Erfolg seines Handelns abhängt, ob der Begriff ‚Erziehung' angewendet werden darf oder nicht. Es wird hier völlig offen gelassen, ob die gewünschte Wirkung in den Personen, auf die sich das Handeln richtet, auch tatsächlich eintritt. ... An einem einfachen technischen Schema verdeutlicht: er wird

nur als Bezeichnung für die von einem besonderen Zweck geleiteten Handlungen eines ‚Senders' verwendet und läßt die Reaktionen im ‚Empfänger' unberücksichtigt. Dadurch macht er den, der diesen Begriff gebraucht, weniger anfällig für die Illusion, das erzieherische Handeln erreiche im allgemeinen auch seinen Zweck" (207, S. 234 f.).

So exakt Brezinka Erziehung als absichtliches Handeln (das es vom antipädagogischen Standpunkt aus abzuschaffen gilt) definiert, und so ehrenwert (ebenfalls vom antipädagogischen Standpunkt aus) sein Verzicht auf das Erfolgskriterium zu sein scheint, weil dieses den Partner zum fremdbestimmten Objekt („Empfänger") degradiert und tatsächlich die *Illusion* verfolgt, nicht die Qualität zwischenmenschlicher Beziehungen, sondern irgendwelche Zielvorstellungen seien lernwirksam, so makaber erscheint doch dieser Verzicht, wenn man seine Voraussetzungen berücksichtigt. Denn Brezinka verzichtet ja nicht auf Ziele, Absichten, nicht auf „von einem besonderen Zweck geleitete(n) Handlungen", er lehnt nur die *Verantwortung* dafür ab.
Ähnlich (um nur noch ein zweites Beispiel zu bringen) Hans Scheuerl, der vom Erzieher sagt, „er kann hier belehren, dort ermahnen und appellieren; er kann jetzt eine Aufgabe stellen, dann eine Forderung erheben", der aber fortfährt:

„Doch die Seele des Partners, mit dem er sich da einläßt, hat er nicht in der Hand. Er kann, wie ein Sprichwort sagt, sein Pferd zur Tränke führen; trinken muß es dort selber" (71, S. 233).

Auch von dieser Äußerung glaubt man zuerst, sie könne das erzieherische Denken unterlaufen, zumal Scheuerl den „penetranten Hang der Pädagogen, alles zu ‚pädagogisieren'" (71, S. 232), erkannt hat, aber schließlich „muß" das Pferd „dort" trinken, ob es Durst hat oder nicht, ob es mit diesem Wasser in dieser Tränke, zu der es geführt wurde, einverstanden ist oder nicht. Diese übliche Lehrereinstellung bezeichnet Konrad Wünsche als „die Haltung des Dompteurs", des „Ober-Gorillas" (215, S. 26), und was der „Sender" (Brezinka) in Wahrheit sendet, charakterisiert er als „Friß, Vogel, oder stirb!" (215, S. 11 und 27).
Wie Brezinka lehnt Scheuerl die Verantwortung für Erziehungsergebnisse (die ja in der Tat niemand tragen kann) ab, ohne jedoch die erzieherischen „Probierhandlungen" und „Wirkversuche" selbst in Frage zu stellen. Im Gegenteil, Scheuerl geniert sich nicht, die höchst gesetzmäßige Wirkungsweise sozialer Erwartungen zwar zur Moralerzeugung in Dienst zu nehmen, sie aber gleichzeitig, um nicht etwa die Verantwortung tragen zu müssen, außerhalb der Kausalität zu stellen:

„Wo es auf moralische Wirkversuche ankommt, die allemal die Ansprechbarkeit eines moralischen Aktzentrums auf der Gegenseite voraussetzen und möglicherweise sogar dadurch, daß sie es voraussetzen,

> seine Entstehung und Innewerdung allererst provozieren — da sollte man von vornherein nicht kausale Wirkweisen oder statistische Berechenbarkeiten erwarten“ (71, S. 235).

Man braucht es nicht umständlich zu beweisen; allein die Tatsache, daß Lehrer Schülern Noten geben (z.B. schlechte, wenn die „Gegenseite“ wenig gelernt hat), beweist, wie konsequent Pädagogen die Verantwortung nicht nur für die Reaktionen der Zöglinge, sondern auch (und dies nun hält Antipädagogik — tautologisch — für *unverantwortlich*) für ihre *eigenen* Aktionen auf andere abwälzen, wenn nicht alles nach ihren Vorstellungen läuft. Diese Tatsache beweist aber auch, daß der pädagogische Selbst- und Fremdbetrug nicht erst im Scheitern des Erziehers liegt — sondern bereits in seinem Anspruch. Wenn Brezinka meint, daß der Erziehungsbegriff „von der Absicht des Handelnden und nicht vom Erfolg seines Handelns abhängt“, so hat er damit genau den Punkt bezeichnet, an dem Antipädagogik einhakt, die nicht erst den „Erfolg“, wie die „bescheidenen“ (Giesecke u.v.a.), in Wirklichkeit schlicht schlappschwänzigen, rückgratlosen Pädagogen, sondern bereits die „Absicht“ als — um es nett zu sagen: *hybrid* erkennt. Es ist außerordentlich billig, an Kindern herumzuerziehen und sich über ein paar kaputte Streber zu freuen, in jedem Falle des „Scheiterns“ aber den eigenen Anspruch, mit den Kindern wie sie sind förderlich umzugehen, unter Hinweis auf Familie, Erbmasse, Menschenmaterial und was der Pädagogenausreden mehr sind, zu verraten. Die „Absicht des Handelnden“ der „besondere Zweck“ des Senders (Brezinka) können nach aller Logik nur dann legitimiert sein, wenn sie den teleologischen Aspekt jeder „Absicht“, jedes „Zweckes“ nicht ignorieren. Irgendwelche Großmütterchen mögen sich auf ihre guten Absichten herausreden, ihren good will, aber wenn Leute beanspruchen, Wissenschaftler genannt zu werden, und sich weigern, für die Wirkungen ihres Handelns einzustehen, dann müssen sie es sich gefallen lassen, daß man sie als Selbstbefriedigungswissenschaftler bezeichnet, die Kinder benutzen wie Henry Miller einen hohlen Baum.

Pädagogik und Wirklichkeit

Pädagogische Absichten und Wirkversuche gehen nun leider an Kindern nicht vorüber wie sexuelle Akte an Astlöchern. Dies ist zu erläutern. Zunächst aber sei nochmals betont, daß hier immer nur spezifische pädagogische Akte als solche gemeint sind, d.h. sie werden künstlich isoliert betrachtet. Am Beispiel. John Holt zitiert und kommentiert Bill Hulls Ausspruch:

> „‚Wenn wir versuchen würden, Kindern das Sprechen zu lehren, würden sie es nie lernen.‘ … Alles wäre geplant, ohne daß irgend etwas dem

> Zufall ausgeliefert wäre; es würde jede Menge Drill, Wiederholungen und Tests geben ... Was geschehen würde, ist ganz einfach, daß die meisten Kinder, bevor sie sehr weit kämen, verstört, entmutigt, erniedrigt und eingeschüchtert sein würden. ... Wenn unsere Kontrolle über ihr Leben vollkommen wäre (wovon viele Erzieher träumen), würden sie in absichtliches Versagen und Schweigen flüchten, wie es schon so viele tun, wenn es um Lesen geht" (113, S. 57f.).

Diesen Gedanken ergänzt James Herndon, der das Lesen als leichte Tätigkeit bezeichnet, die ohne jede Schwierigkeit erlernt werden kann. „Wenn nicht, muß man daran gehindert worden sein. Und höchstwahrscheinlich war der Unterricht das Hindernis" (106, S. 175). Noch einmal Holt (nur am Rande verweise ich in diesem Zusammenhang auch auf das Schreiben und die rätselhafte Legasthenie-Seuche):

> „Kinder haben eine Lernmethode, die ihrer Verfassung entspricht und die sie auf eine natürliche und richtige Art anwenden, bis wir sie ihnen durch unsere Erziehung abgewöhnt haben" (113, S. 7).

Im gleichen Sinne äußern sich z.B. Roth (182, S. 14), Wagenschein (67, S. 55 und 60f.), v. Hentig (102, S. 11) und selbstverständlich Kupffer und Rogers in allen ihren Werken (Bernd Fittkau überschreibt eine Lobeshymne auf Rogers' Buch „Lernen in Freiheit" (179) in der Zeitschrift „Psychologie heute", Heft 3/1975, S. 76—78, schlicht und treffend mit: „Lehren verhindert Lernen").

Nun lernen aber trotz des Lehrens die meisten Kinder sowohl Sprechen als auch Lesen. Auch die genannten Autoren isolieren also das absichtliche Lehren, eben „Erziehung", aus der Gesamtwirklichkeit, die glücklicherweise in der Regel noch stärker *wirkt* als die Möglichkeit von Pädagogen zur Obstruktion (z.B. nennt v. Hentig, 101, S. 74, die Massenmedien „Rivalen", die „viel stärker" sind als die „bewußten Erziehungs- und Bildungsanstrengungen"). Das heißt, Lehren verhindert nicht alles Lernen, nicht einmal unbedingt das Lernen dessen, was gerade gelehrt wird: Kinder *wollen* Sprechen, Lesen, Schreiben, Rechnen lernen, und es gehört schon viel pädagogischer Sachverstand dazu, ihnen diesen Willen auszutreiben (so viel ich höre, treten entsprechende Lernstörungen extrem gehäuft bei Lehrerkindern auf). Wenn Kinder also *trotz* des Lehrens lernen, wenn sie trotz der üblichen Essens- und Schlafensdressur nicht grundsätzlich Essen und Schlaf verweigern (sich „nur" Schlafstörungen und überkompensierende Fettsucht einhandeln, bzw. die sog. psychogene Magersucht), dann zeigt sich daran die Wirkung der nicht pädagogisierten Wirklichkeit, mit der Kinder sich spontanautonom auseinandersetzen, und da diese Wirklichkeit des Lebens heute noch nicht vollständig pädagogisiert ist, da außerdem auch pädagogische Aktionen sachliche Informationen enthalten können, da es ferner sogar Pädagogen gibt, z.B. Sexualpädagogen (ich denke an Helmut Kentler), die eindeutig nicht pädagogisch, sondern psychologisch/therapeutisch eingestellt sind, da schließlich Kinder heute zunehmend die Motive ihrer Erzieher durchschauen, sich ihnen entziehen können, aus diesen Gründen gibt es Erzieher und Zöglinge, die glauben, Erziehung sei nötig oder jedenfalls nicht schädlich, denn es sei ja tatsächlich dieses oder jenes Erziehungsziel erreicht worden. Vor solchem Kurzschluß also ist zu warnen; die folgende Analyse gilt ausschließlich spezifisch pädagogischen Akten (eine Mutter versucht ihr Kind von der Notwendigkeit des Essens zu überzeugen), nicht der Gesamtsituation (das Kind ißt, weil es Hunger hat). Diese künstliche Isolierung ist erforderlich, weil die Pädagogik sie selbst ständig vollzieht; und es soll ja in diesem Kapitel von innen her nachgeprüft werden, was spezifisch pädagogische Akte bewirken, warum sie im genannten Sinne als irrationale Handlungen gelten müssen.

Elemente pädagogischer Handlungen

Um zu untersuchen, aus welchen Elementen eine pädagogische Handlung besteht, zitiere ich Friedrich Winnefeld.

> „Wir nehmen eine unkomplizierte Erziehungssituation, in der sich zwei Menschen gegenüberstehen, deren einer den Erzieher (E) und deren anderer den reifenden Menschen (R) darstellt. R zeigt im Zeitpunkt t1 ein bestimmtes Verhalten, welches von E wahrgenommen und von ihm entsprechend seinem Normenverständnis — nehmen wir an — nicht gebilligt wird. Dieses Verhalten in t1 wird nun für E der Anstoß zu einem Eingriff in das Verhalten von R im Zeitpunkt t2. Im Zeitpunkt t3 wird das neue Verhalten, in das R hineingesteuert worden ist, manifest, und es fixiert sich derartig, daß es im Zeitpunkt t4 beharrt, ohne daß es neuer steuernder Eingriffe von E bedürfte. ... Jeder Erziehungsvorgang ist somit als ein *Wirk*vorgang innerhalb eines ganz bestimmt gearteten sozialen Kräftefeldes aufzufassen, bei dem eine spezifische Wechselwirkung zwischen E und R stattfindet“ (207, S. 154f.).

Abgesehen von der „Wechselwirkung“, die die Rede vom „pädagogischen Führerschein“ verständlich macht: Der Fahrer steuert, wirkt, die Maschine gehorcht („fixiert“, „beharrt“), und da der Fahrer auf die neue Richtung mit einer weiteren Bewegung des Steuers reagieren muß, damit das Auto nicht im Kreis fährt, heißt das ganze „Wechselwirkung“ — abgesehen von diesem höhnischen Begriff, der ignorieren möchte (aber nicht kann; was Winnefeld im Abschnitt „Über das Elend der Erziehungswissenschaft“, a.a.O., S. 123ff., ausdrücklich beklagt), daß Kinder keine Maschinen, sondern lebendige Wesen mit eigenen Bedürfnissen, Interessen, Ideen sind, denen nur ehrliches mitmenschliches Verständnis, nicht „Normenverständ-

nis“ gerecht werden *kann*, zeigt doch diese Schilderung einer „unkomplizierten“ Erziehungssituation innerhalb eines „sozialen Kräftefeldes“ sehr gut, aus welchen Elementen konkretes pädagogisches Tun sich zusammensetzt. Da ist zunächst das Verhalten eines Kindes, es folgt eine Wertung des Erziehers („nicht gebilligt“), dann kommt der eigentliche pädagogische Akt, schließlich der Gehorsam des Kindes. Ein voller (freilich nebenbei Autonomie und Zukunft mordender) Erfolg.
Nach diesem Modell stellt der pädagogische Akt eine Kraft dar, die das Kind, allgemein gesprochen, von der augenblicklichen Befindlichkeit A zu der vom Erzieher bestimmten Befindlichkeit B bewegen soll. Diese Kraft — ich nenne sie AnachB und betrachte sie wie erläutert als isolierten Vektor innerhalb eines komplexen Kräftefeldes — soll nach dem Willen, der Absicht des Pädagogen wie eine physikalische Kraft wirken, die, sollten Widerstände auftauchen oder etwa Reibungsverluste eintreten, entsprechend verstärkt werden muß, aber in jedem Fall glaubt der Pädagoge, sie wirke von A in Richtung auf B.
Ich behaupte und beweise nun das Gegenteil: Die Kraft AnachB wirkt, sofern sie überhaupt wirkt und das Kind nicht einfach abgeschaltet hat („Muttertaubheit“), in der exakten Gegenrichtung, auf einer mathematischen Linie also von A nach -B, von B weg.
Pädagogen übersehen grundsätzlich die Mehrschichtigkeit menschlicher Kommunikation. Was Winnefeld nicht erörtert, sondern als Prämisse seiner Ideologie selbstverständlich voraussetzt, erweist sich bei genauerer Betrachtung als das entscheidende Element in der von ihm geschilderten Situation: die „entsprechend seinem Normverständnis“ vollzogene Wertung des Erziehers über das Verhalten, die Befindlichkeit des Kindes. Dieses Element der Wertung, von dem der Pädagoge wohl glaubt, es sei seine Privatsache und werde vom ja erst reifenden Kind (eine Vorstellung, die nahelegt, die reifen Pädagogen endlich abzuernten) nicht bemerkt, wird vom Kind auf einer anderen Kommunikationsebene zur (in frühen Jahren unbewußten) Kenntnis genommen und bewirkt den pädagogischen Gegenteileffekt, der nun im einzelnen erläutert wird.

Beobachtungen zum Gegenteileffekt

Obwohl Pädagogen (mit Ausnahme von Heinrich Kupffer) bisher eine Differenzierung der Kommunikationsebenen nicht geleistet haben, gibt es doch einige interessante Bemerkungen. Schon der Hundespezialist Rousseau rätselte am Gegenteileffekt herum:

> „Wer sollte glauben, daß diese in einem Alter von acht Jahren von der Hand eines Mädchens von dreißig Jahren empfangene Züchtigung über meine Neigungen, meine Begierden, meine Leidenschaften, über mich selbst für meine ganze übrige Lebenszeit entschieden hat, und noch dazu

in einer Weise, daß gerade das Gegenteil der von ihr erwarteten Folgen hervorgerufen wurde?" (zitiert von Laforgue, 49, S. 114).

Wer sollte es glauben. Eine gute Frage für das 18. Jahrhundert. Heute müßte man sich umgekehrt fragen, warum nur einige aufgeklärte Pädagogen (das Wort hier nur als Berufsbezeichnung gemeint) wie Herwig Blankertz und Hartmut v. Hentig dieses unglaubliche Phänomen wenigstens sehen. Blankertz konstatiert, daß Erziehungspraxis „nicht hinreichend leistet, was sie soll, insofern sie nicht nur hinter ihren eigenen Intentionen zurückbleibt, sondern häufig das Verkehrte dessen befördert, was sie will" (33, S. 11). Und v. Hentig, der mit Heinrich Roth „die Naturform des Lernens" als „unbeabsichtigtes Lernen" (182, S. 209) kennt, sagt über den modernsten Krampf der Pädagogik: „Und dieses Lernen des Lernens wird neu entdeckt, weil es so schmerzlich versagt wird. Die pädagogische Realität bringt sein Gegenteil hervor: eine Abwehr des Lernens, weil Lernen nur als Belehrung vorkommt" (104, S. 16).

Weitere besonders drastische „Gegenteil-Äußerungen" von Pädagogen z.B. bei Herndon (106, S. 126), v. Hentig (102, S. 36), Bäuerle (13, S. 51 und 158), in den Werken Kupffers und bei Barres, der über „relativ häufige Bestrafung und Bedrohung" im Kindergarten vermutet, „daß diese Erziehungsmaßnahmen wahrscheinlich das Gegenteil von dem fördern, was eigentlich angestrebt wurde" (20, S. 114). — Es fragt sich nur, was „eigentlich" angestrebt wird: Offiziell sollen sie sich wohlverhalten, aber wenn sie systematisch aggressiv gemacht werden, kann man ebenso glauben, *dies* sei beabsichtigt, damit man sie weiterhin bestrafen und bedrohen kann. Die gleiche Frage stellt sich gegenüber der Äußerung des Psychologenpaares Tausch:

> „Oft wurden und werden unter der Begründung der Erreichung ethisch hochwertiger Erziehungsziele und unter Berufung auf Liebe und Sorge zum Kind inhumane Akte durchgeführt: Lehrer-Eltern-Erzieher dirigieren Kinder-Jugendliche in starkem Maße häufig in ihrem Verhalten, mißachten sie in ihrer Würde, beschimpfen, bestrafen oder schlagen sie, beeinträchtigen sie in ihrer Selbstachtung erheblich. Derartige Verhaltensweisen bewirken bei den Jugendlichen häufig Vorgänge, die gegensätzlich zu den als Erziehungsziele angestrebten sind" (206, S. 12).

Verständlicherweise sind erst Tiefenpsychologen dem Gegenteileffekt näher auf die Spur gekommen. Ich zitiere einige Stimmen.

> „Ähnlich wie die Grundannahme einer Erbsünde dazu führen kann, daß eine auf das ‚Austreiben des Teufels' gerichtete Erziehung das Kind eben erst böse macht, kann die These vom ererbten Zerstörungstrieb in der Pädagogik dazu führen, das Kind für aggressiv von Geburt an zu halten und anzunehmen, der Erzieher müsse es bändigen, die kindlichen

Triebe zähmen. Möglicherweise kann er gerade dadurch jenes aggressive Verhalten hervorrufen, das er bekämpfen möchte“ (Schmidbauer, 167, S. 251).

„Wenn wir aus innerer Ängstlichkeit heraus im Kinde eine Erwartungshaltung hinsichtlich mutmaßlich entgegenkommender Aggressivität erzeugen und es womöglich noch für die Auseinandersetzung mit potentiellen aggressiven und destruktiven Kräften trainieren, provozieren wir damit höchstwahrscheinlich gerade die zerstörerischen Verhaltensweisen, die wir vermeiden möchten“ (Wintsch, 167, S. 301).

„In dieser verzerrten Konstellation des Ödipuskonflikts erhält auch harte physische Bestrafung eine tieferliegende psychodynamische Bedeutung, die eine Erklärung ihres Scheiterns bzw. ihres zur Intention gegenteiligen Effekts bringt“ (Moser, 158, S. 224).

„Der populäre Spruch: Man soll den Teufel nicht an die Wand malen! trifft sich mit der psychoanalytischen Erfahrung, daß die Menschen, die immerfort von einem Unheil reden, dieses Unheil unbewußt herbeiwünschen, es in der Tat ‚heraufbeschwören‘. In diesem Sinne bedeutet das Verhalten solcher Eltern, die ihr Kind in übertriebenem Maße stereotyp vor einer bestimmten Triebgefahr warnen, eben doch eine Verführung, auch wenn das Benehmen bei oberflächlicher Beurteilung das Gegenteil auszudrücken scheint“ (Richter, 171, S. 204). — Über ein Fallbeispiel: „Obwohl sie von dieser doch ein Übermaß an Behütung, Nachgiebigkeit und Besorgnis erlebt, wie es kaum ein anderes Kind erfährt, so errät sie doch genau, daß der Mutter unbewußt das Gegenteil dessen vorschwebt, was sie tut“ (ebenda, S. 102).

Die „tieferliegende psychodynamische Bedeutung“ (Moser), die „Verführung“ zu dem unbewußt herbeigewünschten Unheil, das Gegenteil, das der Mutter unbewußt „vorschwebt“ (Richter), diese Deutungen machen klar, wie kurzsichtig der Pädagoge denkt, der an eine schlichte Kraft AnachB glaubt. Selbst Heinrich Kupffer ist sich nicht ganz einig. Einmal sagt er z. B. nur: „Je mehr Maßnahmen die empfohlene Erziehung ergreift, desto stärker befestigt sie jenen Zustand, dem eigentlich durch Erziehung entgegengewirkt werden soll“ (130, S. 15). Daß Erziehung nicht bloß jenen Zustand „befestigt“, sondern definitiv verschlimmert, erklärt er im Zusammenhang mit der modernen Operationalisierung von Erziehungszielen: „Die Operationalisierung erreicht gerade das Gegenteil von dem, was eine aufmerksame Interpretation der Vorgänge auf dem Erziehungsfeld erreichen müßte“ (130, S. 142).
Nun könnte man sich unbegrenzt darüber streiten, ob die hier zitierten Beobachtungen nicht einfach *falsche* Erziehungsmaßnahmen betreffen. Es könnte danach irgendwo doch eine besonders behutsame, listenreiche oder auch offen gewalttätige Kraft AnachB geben, die tatsächlich erreicht, was sie erreichen will. Daß dies nicht möglich ist, kann mit Hilfe heutiger kommunikationstheoretischer Kenntnisse gezeigt werden.

Differenzierung der Kommunikationsebenen

Jeder absichtlichen Erziehungshandlung, die irgend etwas bewirken soll, liegt eine Wertung zugrunde. Im Beispiel von Winnefeld war es Mißbilligung, dort, wo Erzieher loben, ist es Billigung. Es wird nun eine Spezifizierung nötig, die nicht aus dem Auge zu verlieren ist. Laing hatte es so formuliert (ich wiederhole das Zitat aus dem vorigen Kapitel):

> „Um einen Menschen zu veranlassen, das zu *tun*, was man will, kann man ihm einen Befehl geben. Einen Menschen zu veranlassen, das zu *sein*, was man will oder was man in ihm bereits vermutet oder fürchtet, ... ihn also dazu zu bringen, jemandes Projektionen zu verkörpern, das ist eine ganz andere Angelegenheit" (135, S. 109).

Danach seien erzieherische Akte lediglich solche, die auf das Sein und Werden des Zöglings zielen, nicht solche Akte, die *ausschließlich dem Tun* eines Partners gelten. So wichtig diese Unterscheidung ist, so schwierig ist sie im Einzelfall zu vollziehen. Die Aufforderung „Sei still!" beispielsweise bezieht sich zunächst nur auf das Verhalten, und es sind Situationen denkbar (z.B. bei einem Waldspaziergang, wenn einer ein seltenes Geräusch hört und die Rede des Partners deshalb unterbricht), in denen eine solche Aufforderung keinerlei Abwertung der Person des Angesprochenen enthält, obwohl sie ungeduldig, heftig, im Tonfall eines Befehles ausgesprochen wird. Sie ist dann als Bitte gemeint, wird auch so verstanden (wenn der Kontext ersichtlich wird), denn sie enthält kein erzieherisches Element. Die gleiche Aufforderung kann aber, sogar wenn sie im Tonfall einer Bitte ausgesprochen wird, Befehlsqualität haben, und zwar immer dann, wenn sie den Angesprochenen als jemanden qualifiziert, der minderen Rechtes ist und gehorchen sollte (so in Winnefelds Beispiel), wenn also nicht äußere Gründe (wie beim Waldspaziergang) die Bitte um ein bestimmtes Verhalten motivieren, sondern innere, personale Gründe und Ansprüche eine noch so freundliche Aufforderung als Befehl ausweisen (z.B. am Familientisch, in der Schulklasse). Dann bedeutet das „Sei still!" nicht nur eine Bitte um Ruhe, sondern es impliziert eine Wertung der Person des Angesprochenen als Befehlsempfänger, Störenfried, zu erziehendes Objekt, und damit kommt eine zweite Kommunikationsebene zum Zug, auf der solche Wertungen („Was man in ihm ... vermutet oder fürchtet"; Laing) vermittelt werden.

Über diese zweite Kommunikationsebene gibt es zahlreiche Theorien, von denen einige kurz zu skizzieren sind, um anschließend ihren hier wichtigen gemeinsamen Nenner herausarbeiten zu können.

Über Gregory Batesons „Grundregel der Kommunikationstheorie" sagt Jay Haley: „Dieser Regel entsprechend sind alle Botschaften mehr als nur Mitteilungen: sie beeinflussen oder machen Ansprüche geltend" (22, S. 88). John Weakland ergänzt: „In diesem Zusammenhang muß man daran erinnern, daß objektiv kaum wahrnehmbare Signale — leicht zu ignorieren oder zu verleugnen — die Bedeutung viel klarerer oder längerer Botschaften drastisch modifizieren oder sogar ins Gegenteil verkehren können" (22, S. 227). Solche Signale hat z.B. Tobias Brocher aufgezählt:

> „Praeverbale Kommunikation: z.B. suchende Blicke, Ausdrucksbewegungen, Zustimmungen durch Kopfnicken, Ablehnung durch Kopfschütteln oder skeptischen Gesichtsausdruck, Betonungen oder Reaktionen durch Veränderung der Mimik, unbewußte Mitbewegungen usw." (40, S. 107). — Vgl. auch Aebli (7, S. 20ff.).

Nach Haley wird jede Botschaft, die man an einen Partner richtet, auf einer anderen Ebene „qualifiziert":

> „Würden die Menschen ihre Worte stets ihrem Inhalt entsprechend qualifizieren, dann wären die Beziehungen klar definiert und einfach, auch wenn die Kommunikation auf zwei Ebenen stattfindet. Wenn jedoch eine Äußerung, die auf eine bestimmte Beziehung hinweist, durch eine Kommunikation qualifiziert wird, die das Gegenteil beinhaltet, so sind Schwierigkeiten in den zwischenmenschlichen Beziehungen unvermeidlich. Wir sollten betonen, daß man es gar nicht vermag, eine Botschaft *nicht* zu qualifizieren. Eine verbale Botschaft wird stets in einer bestimmten Stimmlage vermittelt, und auch wenn man nichts sagt, qualifiziert man das durch die Körperhaltung, die man einnimmt, und den Rahmen, in dem das Schweigen auftritt" (22, S. 86).

Thomas Gordon erklärt ausführlich das Wesen solcher „verborgenen Botschaften" (90, S. 44ff.) und resümiert: „Wenn Eltern etwas *zu* einem Kind sagen, sagen sie häufig etwas *über* ein Kind" (S. 52). Die Einschränkung „häufig" nimmt einfache Tatsachenfeststellungen aus; aber genau genommen impliziert auch ein Satz wie „Die Sonne scheint" eine verborgene Botschaft über das Kind, etwa die: Du bist ein Mensch, von dem ich glaube, daß er sich für das Scheinen der Sonne interessiert. Und eine solche harmlose verborgene Botschaft steckt natürlich auch in der Waldspaziergangsbitte. Der entscheidende Unterschied liegt in der Einstellung des Sprechers: Ist sie mitmenschlich spontan — und damit beziehungsneutral „qualifiziert" (Haley) — oder ist sie pädagogisch. (Der harmlose Satz „Die Sonne scheint" kann allerdings auch eine sehr brutale Botschaft verbergen, etwa: Du bist eine so dumme, abhängige Kreatur, daß ich dir sogar sagen muß, wenn die Sonne scheint, obgleich du es ganz gut selber siehst. Dahinter steckt, noch verborgener, die Botschaft: Ich bin ein so aufgeblasener Erwachsener, daß ich einen derart überflüssigen Satz für erforderlich halte. Wiederum dahinter: Ich halte dich für so dumm, daß du meine Aufgeblasenheit nicht bemerkst. Und so geht es theoretisch endlos weiter, vgl. das Buch „Knoten" (133) von Ronald D. Laing.)

Die engere Bateson-Gruppe spricht von „primären“ und „sekundären“ Geboten, wobei das sekundäre Gebot (die „abstraktere Botschaft“) durch „Körperhaltung, Gesten, Stimmlage, sinnvolle Handlungen und die in der verbalen Mitteilung verborgenen Implikationen“, aber auch durch verbale Äußerungen wie „Betrachte das nicht als Strafe“, „Zweifle nicht an meiner Liebe, für die das primäre Verbot ein Beispiel ist (oder nicht ist)“ (22, S. 16f.) übermittelt werden kann. Laing spricht von mystifizierenden Feststellungen, die Zuschreibungen und Anweisungen implizieren (22, S. 274ff. und 134, S. 163ff.). „Ich habe den Eindruck, daß wir den größten Teil unserer frühesten und nachhaltigsten Instruktionen in der Form von Zuschreibungen erhalten“ (Laing, 135, S. 110). Ezra F. Vogel und Norman W. Bell unterscheiden zwischen „der impliziten (oder unbewußten) und der expliziten Rollenzuweisung“ (22, S. 260) und sprechen von „widersprüchlichen Pressionen, die aus dem Unterschied zwischen expliziten und impliziten Erwartungen sowie aus den unterschiedlichen Erwartungen der beiden Elternteile erwuchsen“ (22, S. 262). Watzlawick, Beavin und Jackson betonen,

> „daß das ‚Material‘ jeglicher Kommunikation keineswegs nur Worte sind, sondern auch alle paralinguistischen Phänomene (wie z.B. Tonfall, Schnelligkeit oder Langsamkeit der Sprache, Pausen, Lachen und Seufzen), Körperhaltung, Ausdrucksbewegungen (Körpersprache) usw. innerhalb eines bestimmten Kontextes umfaßt — kurz, Verhalten jeder Art. ... Verhalten hat kein Gegenteil ... Man kann sich nicht *nicht* verhalten. Wenn man also akzeptiert, daß alles Verhalten in einer zwischenpersönlichen Situation Mitteilungscharakter hat, d.h. Kommunikation ist, so folgt daraus, daß man, wie immer man es auch versuchen mag, nicht *nicht* kommunizieren kann. Handeln oder Nichthandeln, Worte oder Schweigen haben alle Mitteilungscharakter“ (210, S. 51).

In einer ersten Zusammenfassung kann man festhalten, daß das Gerede von *Maßnahmen* der Erziehung kommunikationstheoretischer Unfug ist. Jene Steuerungskraft AnachB existiert nur im Hirn des Pädagogen. Seine Aktion kommt nicht isoliert beim Kind an, sondern gleichzeitig erfährt das Kind die implizierten (aus dem Element der Wertung stammenden) verdeckten Botschaften und Zuschreibungen. (Holzkamp nennt sie (114, S. 37) die „der allgemeinen Psychologie zugrunde liegende ‚verborgene Anthropologie‘“.) Menschliche Kommunikation verläuft (in beiden Richtungen) auf (mindestens) je zwei Ebenen. Wir haben gesehen, daß sich diese Ebenen nicht immer nach bewußt-unbewußt oder verbal-averbal trennen lassen; manche Implikationen sind sehr bewußt (wenn ein Lehrer in einer von ihm für „schlecht“ gehaltenen Klasse besondere Maßnahmen ergreift, oder wenn eine Mutter dasselbe tut, weil ihr Kind irgendeine „Unart“ von Onkel Ferdinand geerbt habe). Es sind alle Kombinationsformen denkbar, man kann sie aber nach einem einfachen Schema ordnen: Der Erzieher erlebt ein Kind in der Befindlichkeit A, er bewertet diese nach

seinem Normenverständnis und ergreift eine Maßnahme, d.h. er sendet eine offene Botschaft (das kann auch eine Ohrfeige sein). Diese Botschaft übermittelt den Wunsch des Erziehers, das Kind möge sich in die Befindlichkeit B begeben, weil die Befindlichkeit A verurteilt wird. Auf der verdeckten Kommunikationsebene wird aber eine Zuschreibung, eine verborgene Botschaft übermittelt, die etwa so lautet: Ich, der Erzieher, halte dich, den Zögling, in der Befindlichkeit A für schlecht und erwarte von dir (schreibe dir zu), daß du ohne meine Einmischung schlecht bleiben oder sogar schlechter werden würdest.
Von solchen Zuschreibungen sagt nun Laing:

> „Die Attribute, die man einem Menschen zuschreibt, definieren ihn und bringen ihn in eine bestimmte Position. Zuschreibungen, die ihn in eine bestimmte Position bringen, ‚weisen ihn in die Schranken' und haben so praktisch die Kraft von Anweisungen" (134, S. 163).

Wem diese Interpretation zu modern ist, der mag bei den Hartleys (1955) nachlesen:

> „Was der Mensch von sich selbst erwartet und wie er sich beurteilt, kann daher auf die Erwartungen und Urteile anderer zurückgeführt werden, die auf sein Verhalten erfolgten. Selbstachtung und Selbstverurteilung entsprechen daher der sozialen Billigung und Mißbilligung, die der Mensch erfuhr, ehe seine Auffassungen von sich selbst noch voll entwickelt waren" (99, S. 195).

Entsprechend äußern sich beispielsweise Tausch/Tausch (206, S. 128), Brocher (41, S. 80), Cooper (46, S. 106), Richter (171, S. 260f.), Dreikurs (58, S. 55f.), Scheuerl (71, S. 236). Zu erwähnen ist auch die Ansicht von Watzlawick und Mitarbeitern, jede Mitteilung enthalte („weniger augenfällig, doch ebenso wichtig") einen weiteren Aspekt,

> „nämlich einen Hinweis darauf, wie ihr Sender sie vom Empfänger verstanden haben möchte. Sie definiert also, wie der Sender die Beziehung zwischen sich und dem Empfänger sieht, und ist in diesem Sinn seine persönliche Stellungnahme zum anderen. Wir finden somit in jeder Kommunikation einen *Inhalts- und einen Beziehungsaspekt*" (210, S. 53).

Danach (dies deckt sich mit Kupffers Standpunkt) bedeutet die Maßnahme des Erziehers unter dem Beziehungsaspekt, daß der Erwachsene seine Beziehung zu dem Zögling als eine asymmetrische Beziehung definiert, die so lange gestört bleibt, bis der Zögling gehorcht. Der Erwachsene erzwingt also seinen totalen Sieg über den Zögling beim „Kampf um die Kontrolle der *Art* des Verhaltens, die in der Beziehung gegeben sein soll, und damit um die Definierung der Beziehung" (Haley, 22, S. 89). Erzieherische Handlungen bestehen demnach nicht nur „in der Verwerfung der Selbstdefinition des Partners“ (Watzlawick, 210, S. 104), sondern es erweist sich auch die Beziehungsstruktur zwischen den Partnern als pathologisch (vgl. Watzlawick, 210, S. 105). Die Alternative:

> „In einer stabilen symmetrischen Beziehung sind die Partner imstande, den Partner in seinem Sosein zu akzeptieren, was zu gegenseitigem Respekt und Vertrauen in den Respekt des anderen führt und damit zu einer realistischen gegenseitigen Bestätigung der Ich- und Du-Definitionen“ (Watzlawick, 210, S. 104).

Jeder Erziehungsanspruch macht eine solche Beziehung unmöglich. Jeder Erziehungsakt definiert die Beziehung Erwachsener/Kind als eine von Herrschaft/Unterordnung, jede erzieherische Absicht vermittelt auf der verdeckten Kommunikationsebene gleichzeitig eine gegenläufige Unterstellung (verborgene Implikation, verborgene oder abstraktere Botschaft, sekundäres Gebot, Zuschreibung, Anweisung), die das Selbstbild des Zöglings in negative Richtung zwingt.

Differenzierung der Kommunikationsebenen nach ihrer Effektivität und Qualität

Die Frage ist nun, ob die offene oder die verdeckte Botschaft, die erzieherische Absicht oder die gegenläufige Unterstellung, besser *ankommt* (und anschließend: *wo* die Botschaften ankommen). Die Schizophrenieforschung hat festgestellt, daß in den untersuchten Familien die offenen und die verborgenen Botschaften sich gegenseitig aufheben, so daß eine „double-bind“-Kommunikation („Beziehungsfalle“ oder „Doppelbindung“) entsteht (vgl. Bateson, 22, besonders S. 16 ff. und 222 ff.; eine gute Darstellung und diverse Sekundärliteratur bei Wellendorf, 212, S. 245 ff.). Die double-bind-Kommunikation (z.B. sagt eine Mutter, ihr Sohn solle sie küssen, gibt aber durch ihre ganze Art zu verstehen, er müsse Distanz wahren) erreicht auf die Dauer, daß das (abhängige) Opfer in der Falle sitzt und seine Persönlichkeit spalten muß. Aber das ist ein Sonderfall, für pädagogische Kommunikationen nicht typisch. Bei pädagogischen Akten widersprechen sich offene und verborgene Botschaften nicht (wie beim „Komm!“ — „Komm nicht!“), sondern die offene baut auf der verborgenen auf. Die verborgene lautet, kurz gesagt: „Du bist schlecht“; die offene folgert: „Du mußt besser werden“.
Einige Beobachtungen. Erik H. Erikson schreibt, die „subtileren Methoden“, Kindern die Wertungen „von gut und schlecht“ beizubringen, „bestehen aus kleinsten Gefühlsäußerungen, wie Zuneigung, Stolz, Ärger, Schuldgefühl, Angst und sexuelle Spannung. Sie selber, viel mehr als die

benutzten Worte, der beabsichtigte Sinn oder die Weltanschauung, die dabei eine Rolle spielt, vermitteln dem Kind die Umrisse dessen, was wirklich in seiner Umwelt gilt" (65, S. 53).
Alexander Mitscherlich schildert einen Vater, dessen „fanatischer Wunsch, die Söhne möchten es weiterbringen als er", auch „Abwehr gegenteiliger zerstörerischer Wünsche" sei. Folge: „Das in der magischen Frühzeit angelegte Über-Ich exekutiert diesen unbewußten Wunsch gegen den Sohn, und es erweist sich, daß er der stärkere Wunsch ist als der bewußte" (152, S. 190).
Erich Neumann postuliert „das psychologische Gesetz, daß jeder Fanatismus des Bewußtseins kompensiert wird von einem ebenso starken Zweifel im Unbewußten" (160, S. 11).
Diese drei Aussagen zeigen bereits, worauf es ankommt. Der unbewußte Zweifel ist zwar „ebenso stark", aber der unbewußte Wunsch „erweist sich" als der stärkere, die „kleinsten Gefühlsäußerungen" vermitteln „viel mehr" als die bewußten Absichten. Daraus läßt sich folgern: Die gegenläufigen Unterstellungen sind zwar gleich stark wie die erzieherischen Absichten, aber sie sind wirksamer, weil sie effektiver kommuniziert werden. Deshalb untertreibt Arno Plack noch, wenn er sagt:

> „Gerade die parapsychischen Kontakte zwischen Eltern und Kindern (wir wissen heute, daß es sich dabei um die verdeckte Kommunikationsebene handelt; EvB), die auch den Eltern kaum je bewußt sind, machen jede bewußte Pädagogik, die ‚falsche Gefühle' sich nicht auswirken lassen will, doch immer wieder zunichte" (165, S. 93).

Ich möchte nun folgern: Bei jeder impliziten Zuschreibung handelt es sich um eine self-fulfilling prophecy (vgl. Rosenthal/Jacobson, 180, und Elashoff/Snow, 61), eine sich selbst erfüllende Prophezeiung, die auf der verdeckten Kommunikationsebene und gerade deshalb effektiver übermittelt wird als die bewußte, offene, absichtsvolle Gegensteuerung. Jede pädagogische Handlung impliziert ihre eigene Notwendigkeit, und in eben dem Maße, in dem sie auf der offenen Ebene, auf der Widerstand (z.B. Heuchelei, Scheingehorsam) möglich ist, gegensteuern will, erreicht sie auf der verdeckten Ebene, die „Teil eines ‚geheimen' Kommunikationsnetzwerkes ist, losgelöst von den offiziellen verbalen Verlautbarungen" (Laing, 135, S. 112), daß Kinder ihr Selbstbild nach den Zuschreibungen der Erwachsenen bilden, so daß man jede von ihnen mit Laing (ebenda) bezeichnen muß als „*Induktion*, die sich viel stärker auswirkt als eine Aufforderung an das Kind, etwas Bestimmtes zu tun." („Induktionskrankheiten" sind laut Keysers Fremdwörterlexikon, S. 169, „Krankheiten durch geistige Ansteckung".)
Das Modell der Befindlichkeiten A und B läßt sich zwar für diese vielschichtigen Vorgänge nicht anwenden; es müßte sehr genau untersucht werden, aus welchen je unbewußten, vorbewußten, bewußten Gefühls-, Gedanken-, Verhaltensanteilen unter je verschiedenen Perspektiven (Ver-

gangenheit, Gegenwart, Zukunft) in Hinblick auf jeweils welche konkreten Beziehungsstrukturen und Rollenaspekte die Befindlichkeit A besteht, die Befindlichkeit B bestehen soll. Allgemein läßt sich aber sagen: Gerade wegen des Autonomieanspruchs werden die heimlichen Implikationen jedes Erziehungsaktes internalisiert („so daß das Individuum als sein eigener Aufseher funktionieren kann." Baldwin, 14, Band II, S. 179), so daß Kinder ihr Selbstbild stärker aus der „Identifizierung mit dem Angreifer" (Anna Freud, 77, S. 85 ff.) beziehen als im lange Zeit noch nicht möglichen Kampf gegen seine bewußten Absichten. Oder mit anderen Worten: Auf der verdeckten Ebene *lernen* Kinder aktiv und autonom, unbehindert durch ihre Abhängigkeit. Jean Piaget erklärt:

> „Die intellektuellen und moralischen Strukturen des Kindes sind nicht dieselben wie unsere ... Dagegen ist das Kind in funktioneller Hinsicht dem Erwachsenen gleich; wie dieser ist es ein aktives Wesen, dessen Tätigkeit, durch das Wirken von Interessen oder Bedürfnissen bestimmt, nur dann ihren vollen Ertrag liefern kann, wenn man auf die autonomen Motivationen dieser Aktivität eingeht" (164, S. 126).

So bringt das Lernen auf der verdeckten Kommunikationsebene der Induktionen den „vollen Ertrag", das Kind ist auf dieser Ebene buchstäblich *wehrlos*, sein Innen saugt die Projektionen seiner Erzieher, ihre Unterstellungen, ihr Mißtrauen, ihre Wertungen in sich hinein. Je intensiver der Erzieher wünscht, den Zögling in eine bestimmte Richtung zu verändern, desto intensiver nimmt der Zögling die Implikationen dieses Wunsches in sein Selbstbild auf, desto weniger kann er die Kraft der implizierten „Anweisungen" (Laing) abweisen, weil er sie mit seinem eigenen Willen, seiner eigenen Existenz identisch fühlen muß, um sich nicht aufzugeben, obwohl er gerade dadurch *enteignet* wird. „Man könnte sagen, die Leiter, auf der sämtliche Inhaber von Autorität stehen, ruhe auf den Schultern des Kindes, des total Enteigneten" (Mendel, 147, S. 34). Man könnte ebenso sagen, diese Leiter sei der mit pädagogischen Pflastersteinen verzierte direkte Weg zur Heimat „jener Kraft, die stets das Böse will, und stets das Gute schafft" (Goethe, Faust I) — freilich aus ihrer gegengegengegenteiligen Sicht. (Hiermit ist erklärt, auf welche Weise der an die Wand gemalte Teufel (Richter) dort real erscheint.)

Eine kleine Korrektur oder Präzisierung ist erforderlich. Stellte sich bisher die verdeckte Kommunikationsebene als die effektivere heraus, so muß nun ergänzt werden, daß die beiden Ebenen nicht wirklich vergleichbar, sondern von völlig verschiedener Qualität sind. Eine offene Botschaft kann (mit zunehmendem Alter) bearbeitet werden, das Kind kann sein Verhalten danach richten oder nicht, es ist jedenfalls nicht zur totalen Identifikation gezwungen. Dadurch ist, sehen wir vom Säuglingsalter vielleicht ab, für das Innen des Kindes überhaupt nur die verdeckte Ebene von Bedeutung. Tilmann Moser beantwortet die Frage, „warum Kinder sich nur mit kriminellen Vätern ‚identifizieren', wenn diese grausam bzw. ablehnend sind", mit der Erklärung: „die ‚pädagogische' Intention bleibt außerhalb des Identifizierungsvorgangs, übernommen wird die Gestik und der begleitende Affekt, der sich mit der eigenen Frustrationsaggression kumuliert" (158, S. 201). Röhrs nennt es das „Gesetz der pädagogischen Wechselwirkung, daß immer die Schicht antwortet, die angesprochen wird" (176, S. 305). Ebenso Nohl (162, S. 167). Und ein entsprechendes, sehr anschauliches Modell bietet die „Transaktions-Analyse" von Berne (28, S. 32ff.).

Damit wird klar, daß die pädagogische Absicht nur äußerlich wirksam wird, bloßes Verhalten beeinflussen kann. Besteht aber die Absicht darin, die psychische Struktur dauerhaft zu verändern (Brezinka u. v. a.), so wirkt die dafür eingesetzte Kraft AnachB unweigerlich (idealtypisch betrachtet) in die Gegenrichtung, gleichgültig, welches Verhalten das Kind aus anderen Motiven, z.B. blanker Angst, nach außen zeigt. Das heißt, die verborgene Botschaft: Du bist schlecht, wird vom Innen des Kindes vollständig übernommen, es wird nicht nur schlecht werden, sondern schlecht werden wollen — und berücksichtigt man, in einer dynamischen Betrachtungsweise, die vielen üblichen Wiederholungen, so wird es immer schlechter werden wollen. „Man höre nur auf, an einen jungen Menschen zu glauben, man höre auf, ihm zu trauen — dann wundere man sich nicht, wenn er das wird, was als ‚böse' gilt" (Müller-Eckhard, 159, S. 74). Oder wer das Militärische liebt: „Eine Armee, die es mit normalen Staatsbürgern zu tun hat, muß von dem fatalen Zirkel wissen, daß, wo der böse Wille *unterstellt* wird, böser Wille *gezüchtet* wird" (Wilhelm, 214, S. 417).

Diese Beobachtungen zeigen noch einmal pädagogisch motivierte Akte als irrationale Handlungen, die *induzieren,* was sie zu bekämpfen versuchen. In einem Fallbericht Horst-Eberhard Richters heißt es:

> „Nichts scheint diesem Vater mehr am Herzen zu liegen, als seinem Sohn die normale Sexualentwicklung zu sichern, an der er selbst gescheitert ist. Und doch stellt er ihm mittels seiner unsinnigen Präventiv-Erziehung gleichzeitig unbewußt eine Falle, die gerade das Unheil zu provozieren imstande ist, um dessen Vermeidung willen der ganze Aufwand geschieht" (171, S. 202).

Diese Erkenntnis kann verallgemeinert werden. Herwig Blankertz sagt: „Erziehung ist immer ein Versprechen auf die Zukunft, ein Handeln auf weite Sicht" (33, S. 114). Genau genommen ist also jede Erziehung „Präventiv-Erziehung" mit dem entsprechenden Gegenteileffekt. So hat Heinrich Kupffer ganz allgemein formuliert:

> „Die Jugend soll zwar zur Emanzipation gelangen, wird aber nicht nur durch die allgemeinen Umstände, sondern vor allem auch durch diesen Anspruch selbst immer länger in Abhängigkeit gehalten" (130, S. 34).

Nicht nur Emanzipation, auch jedes andere Erziehungsziel wird durch den Anspruch Erwachsener, es in Kindern zu realisieren, in dem Maße hintertrieben, in dem der Gegenteileffekt erzieherischen Tuns nicht durch Lerngelegenheiten der nicht pädagogisierten Wirklichkeit entschärft wird, was bezüglich alltäglicher Verrichtungen sehr weitgehend zu beobachten ist, zumal dort die Unterstellung, Kinder würden es lernen *müssen*, nicht lernen *wollen*, bei Erwachsenen weniger stark ausgeprägt ist, was definitionsgemäß den Gegenteileffekt mildert. Bezüglich der ersten Lebensjahre und bezüglich seelischer Strukturbildungen aber werden die Unterstellungen Erwachsener, da sie nicht jeweils hic et nunc sichtbarlich zu widerlegen sind, sondern sich sogar auf dem Wege der self-fulfilling prophecy zu bestätigen scheinen, in zunehmendem Maße wirksam, sie führen zu immer besseren Absichten und Vorsätzen und zu immer katastrophaleren Ergebnissen. Dies haben Pädagogen, die den listenreichen Psychoterror aushecken, der über alle Medien den Eltern und Lehrern empfohlen wird, *zu verantworten.*
Blicken wir zu Brezinkas Definition zurück, Erziehung hänge lediglich „von der Absicht des Handelnden und nicht vom Erfolg seines Handelns" ab, so müssen wir sie nunmehr bestätigen. Ohne die guten Absichten der guten Erwachsenen gäbe es keine Erziehung und keine Erziehungsergebnisse, die Brezinka ja ebenfalls sehr treffend gekennzeichnet hat. Er kommt nur zu anderen

Schlußfolgerungen

Zu wiederum anderen kommt die Soziologin Gisela Stelly:

> „Als Übung sollten Mütter und Väter einmal versuchen, immer das Gegenteil von dem zu denken und zu tun, was sie eigentlich denken und tun würden. Dabei würden sie viel lernen" (202, S. 275).

Dies ist freilich wahr, aber zunächst einmal würde sich ihre doppelte Heuchelei in den Schwanz beißen. Auch Wolfgang Bäuerle kennt den Gegenteileffekt. Er sagt über die Gruppenarbeit mit Eltern, deren „pädagogische Reaktionsverläufe zu verändern, gelegentlich ins genaue Gegenteil zu verkehren" (13, S. 123) seien:

> „Nicht pädagogischer Angriff und Eingriff, sondern gerade das Gegenteil, höchste Zurückhaltung des anwesenden Sozialpädagogen gibt die Entwicklung der Gruppe und der Gruppenmitglieder in der gewünschten Richtung frei" (13, S. 169).

Tatsächlich: Pädagogischer Angriff und Eingriff, der Kinder versklavt, aber Erwachsenen nicht mehr schaden kann, wird gegenüber Erwachsenen (die sich wehren können) als untunlich bezeichnet: Gipfel der Feigheit und zynischen Selbstentlarvung. Aber die „gewünschte Richtung“ zeigt, daß der Gegenteileffekt von Menschenverbesserern doch nur von einem Gegenteiltrick (beispielswiese dem vielgerühmten pädagogischen Zweckoptimismus, dem aus erzieherischen Gründen zu schenkenden Vertrauen und anderen aufzuchtdienlichen Antibiotica) unterlaufen werden soll, ohne Aufgabe ihres wie gezeigt durch nichts legitimierten, allenfalls durch die ihnen als Zöglingen unaufhebbar reingewürgte Denkunfähigkeit entschuldbaren Anspruchs. Ganz deutlich wird das bei Thomas Gordon, wenn er schreibt:

> „Eltern, die Macht gebrauchen, verringern in Wahrheit ihren Einfluß auf ihre Kinder, weil Macht nur zu oft aufsässiges Verhalten auslöst. (Kinder, die es mit Macht aufnehmen, indem sie das Gegenteil von dem tun, was die Eltern wünschen.) Ich habe Eltern sagen hören: ‚Wir würden mehr Einfluß auf unser Kind haben, wenn wir unsere Autorität dazu gebraucht hätten, um es dazu zu bewegen, das gerade Gegenteil von dem zu tun, was wir wollen. Vielleicht täte es am Ende dann das, was wir wollten‘“ (90, S. 183).

Jeder Erwachsene kennt diese Spielchen, aber wenn es doch nur darum geht, was Eltern wünschen, ändern solche Tricks nicht viel, weil der pädagogische Gegenteileffekt nicht das betrifft, was Kinder in aktueller Reaktion *tun*, sondern das „eigentlich Pädagogische“. An Gordon, der sich auf den Antipädagogen Rogers beruft, ohne seine Einstellung zu teilen (das gleiche gilt für das Ehepaar Tausch), erweist sich, daß die pädagogische Ziehungsmentalität zwar gerne wirkungsvollere, notfalls „freiheitlichere“ Methoden aufgreift, aber auf ihren faktischen Machtanspruch nicht verzichten kann. Mildere Ziehungs*methoden* ändern jedoch nichts an dem Gegenteileffekt, weil der die impliziten Unterstellungen induziert, die mit den Methoden nicht in Beziehung stehen.
Man könnte nun fast unbegrenzt über mögliche Folgerungen aus diesen Erkenntnissen diskutieren, aber den Antipädagogen interessieren solche pädagogischen Interna nur am Rande. Denn wie immer man es drehen mag, im Namen der Erziehung — keine Erziehung ohne Angst (Aichhorn, Sterba u. v. a.), keine Erziehung ohne Herrschaft (Groothoff, Giesecke u. v. a.) — werden den Kindern nach wie vor die fundamentalen Menschenrechte verweigert, und es gibt da nur ein klares Entweder — Oder. „Wir wissen nicht, ob es uns gelingen wird, das Problem der Menschenrechte in unserer Zeit zu lösen, aber wir wissen, daß wir es versuchen müssen ... Tun wir das nicht, so sind wir von vornherein zum Untergang verdammt und verurteilt als die Generation der Feiglinge“ (Kimminich, 122, S. 11 f.). Obwohl Erziehung wahrscheinlich letzten Endes nur aus „neurotischer Angstabwehr“ (Laing) erfolgt (vgl. „Die Angst vor dem Neuen“, Hoffer, 112) und obwohl die feige pädagogische Ideologie ungebrochen herrscht, sogar weiter auf dem Vormarsch sich befindet, hat Erziehung doch der

Menschheit bisher noch nicht den Untergang bereitet und nicht verhindert, daß manche Menschen den rationalen Wert von Idealen, Normen, Tugenden, die sich in der Wirklichkeit bewähren, für sich selbst zurückentdecken. Der Grund wurde ausführlich besprochen: immer noch ist nur ein kleiner Ausschnitt der Wirklichkeit erzieherisch in den Griff genommen. Aus den vielen Einflüssen, die auf allen Ebenen auf ein Kind wirken, aus den vielen autonomen Antworten, die es ihnen (auch den unbewußten, sofern keine personale, seine Abhängigkeit ausbeutende Erwartungshaltung dahintersteht) erteilen kann, und aus den vielen Initiativen, die vom Kind ausgehen, bildet sich jeweils ein Kräfte- oder Motivationsgemenge (wenn man will: ein System aktiver und passiver Vektoren) mit einem bestimmten nach Bewußtheitsebenen, Wirkdauer und -intensität, Sichtbarkeit und Unsichtbarkeit etc. zu differenzierenden Ergebnis, bei dem der Gegenteileffekt der pädagogischen Kraft AnachB nur einen von vielen Vektoren darstellt. Welches Lernpotential aber durch Pädagogik verspielt wird, wie viel menschliche Möglichkeiten durch die Erziehungsideologie vor allem während der ersten Lebensjahre zerstört werden, welch großen Anteil der Gegenteileffekt daran hat, daß nur so wenige Menschen die anerkannten menschlichen Ideale realisieren (schon weil Kinder, die ständig an Idealen gemessen, bewertet werden und sich nur gut fühlen dürfen, wenn sie sich ihnen unterwerfen, diesen Idealen gegenüber desto weniger Sympathie empfinden können), um welchen Preis an Glück, Genuß, Vernunft etc. das funktionale Lernen durch das intentionale Lehren verfälscht wird, und wie anders schließlich auch die politische Szene aussehen könnte, *wenn* ..., das wagt sich ein Heutiger nicht auszumalen. Sheldon H. White meint:

> „Es wurden so viele Unvereinbarkeiten als Erziehungsziele vorgeschlagen; deswegen meinen vielleicht einige Leute, man könne ein Kind dazu erziehen, leistungsfähig aber doch kreativ zu sein; leistungsmotiviert aber nicht ängstlich zu sein; gut trainiert aber dennoch flexibel zu sein etc. In Wirklichkeit kann man aber bei Lernexperimenten kein positives Transfer erhalten ohne negatives Transfer. In Wirklichkeit muß man bei den meisten pädagogischen Zielen erwarten, daß sie gewissermaßen Kostenfaktoren enthalten, die zuzugeben wir uns scheuen" (107, S. 220).

Ich denke, selbst die professionellen Zuhälter müssen begreifen, daß diese Kostenfaktoren das Erziehungsgeschäft ruiniert haben. Es ist heute nicht mehr zu übersehen, welche Folgen der Verlust der psychologischen und pädagogischen Unschuld, durch den die Inhalte der beiden Kommunikationsebenen ihre Übereinstimmung und die Kinderaufzucht ihre ehrliche Selbstverständlichkeit verloren haben, nach sich zieht. „... alle Wissenschaft wäre überflüssig, wenn die Erscheinungsform und das Wesen der Dinge unmittelbar zusammenfinden ..." (Karl Marx, zitiert in Holzkamp, 114, S. 114). — Dieses Zusammenfinden ist heute nur außerhalb der Erziehungsideologie möglich. In einer präfigurativen Kultur ist es überfällig, den professionellen wie den von ihnen infizierten handwerkelnden Men-

schenverbesserern die ziehungswissenschaftlichen Schwindelsubventionen zu streichen, damit sie endlich Konkurs anmelden müssen, anstatt nur immer perfektere, perfidere und früher einsetzende Entselbstungstechniken zu suchen, um das ihnen verhaßte spezifisch menschliche Potential bereits im Ansatz zu zerstören, damit sie die Sklavenseelen dann „befreien" können zu der Art von Reife und Freiheit, mit der kaputte, nämlich Sklaven gebliebene Dompteure sich selbst betrügen. Vielleicht gibt es dann in der Konkursmasse sogar allerlei Wertvolles zu entdecken, das heute von den unablässig die Bücher fälschenden Sach-(Menschen-)Bearbeitern und Geschäfts-Führer-Naturen aus lauter Panik über ihr Mißlingen und aus Angst vor der Entlarvung mit vertuscht und verdorben wird.
Die so herrlich reifen Erzieherpersönlichkeiten mit ihrer ach so verantwortungsbewußten durch und durch irrationalen Dompteurswissenschaft, welche die pädagogische Innenweltverschmutzung legalisiert, benutzen die Seele der Kinder als Müllkippe für die Abfälle ihrer Reife, zwingen die Kinder durch Erziehung (als Infektionsvehikel), in defensiver Identifikation ihre Projektionen zu verkörpern: „Die *Identifikation* mit dem Erwachsenen während der Kindheit ist gewissermaßen ein langsamer *Mord am Kind im Menschen*" (Mendel, 147, S. 174). Und dann kommt ein Theologe (Helmut Thielecke) daher und erklärt über „Das karnevalistische Motiv" in aller Unschuld:

> „Der Zigeuner in uns verlangt sein Recht, auch der Raubvogel, der Adler, dessen Flügelschlag selbst den verhockten Kleinbürger gelegentlich um Zentimeter hochlupft, vielleicht sogar der Aasgeier oder das Schwein" (zitiert im „Spiegel" vom 25. 11. 1974, S. 138).

Die Missionare wissen also, was sie tun, wenn sie sich in die Seelen anderer Menschen schleichen und prügeln, aber sie werden es, wahrscheinlich zu spät, bemerken, daß die vorgesehenen Ventile in unserer Kulturepoche nicht mehr ausreichen, daß wir in die Menschen keine Raubvögel und Schweine mehr hineinerziehen dürfen, sondern daß wir den Kindern ihre Chance bewahren müssen, sie selbst zu bleiben und spontanautonom zu lernen, was es zu lernen gibt, damit sie es bewältigen können, unverfälscht durch pädagogisches Gift, das den Gegenteileffekt als Folge ihrer (vergeblichen) Selbstrettungsversuche unweigerlich in Kraft setzt. Nur weil die Erwachsenen auf ihren guten Absichten bestehen, auf dem, nach Balint: „Ermahnen, Führen, Moralisieren und besonders Werten" (15, S. 212) — dieses letztere ist tatsächlich das entscheidende Element —, weil sie von der heiligen Kuh Pädagogik nicht lassen: was sicher nicht nett ist, aber kann man es noch gut nennen?
„Pädagogik ist ein Midas, der alle Erfahrung verdirbt, die er anrührt" (v. Hentig, 104, S. 69).

Kapitel VII
Zur Emanzipation der Eltern und Lehrer

Zwischenbilanz

Eine kurze Bilanz der drei letzten Kapitel müßte den „Gegensatz zwischen Trieben, welche der Erhaltung des Individuums, und solchen, die der Fortsetzung der Art dienen" (Freud, GW VIII, S. 410), nicht nur, wie es Freud an dieser Stelle tut, „aufs biologische Gebiet" fortsetzen, sondern auch auf das geistige und auf das soziale Gebiet. Ergebnis: In den fundamentalen ersten Lebensjahren wird der Autonomieanspruch der Kinder in einer erzieherischen Atmosphäre permanent frustriert, werden Kinder von ansonsten vielleicht netten, ihnen gegenüber jedoch aus dem Antrieb der (primären oder sekundären) pädagogischen Ambition heraus guten Erwachsenen *groß-gezogen.*

Der Ungeist dieser allenthalben gepflogenen Sprechweise kommt nicht von ungefähr; die Verkehrung von aktiv in passiv, wir sahen es schon, hat System. Als weiteres Beispiel zitiere ich Anna Freud, die wohl kaum als sadistische Kinderschänderin gilt und doch den Irrglauben widerlegen helfen kann, die Psychoanalyse werde von triebfreundlichen und denkfähigen Leuten vertreten. Anna Freud schreibt: „Das schwache Ich des Kindes hat an der Außenwelt, also an den erziehenden Einflüssen, denen es unterworfen ist, einen starken Bundesgenossen gegen sein Triebleben. Es kommt gar nicht in die Lage, seine eigenen geringen Kräfte an den sehr viel stärkeren Triebregungen zu messen, denen es allein sicher unterliegen müßte" (77, S. 110).
Auf diese Weise werden die kindlichen Triebe als gefährliche Bestien ausgegeben, gegen die das Kind in der erzieherischen Unterwerfung einen Bundesgenossen habe, damit es nur ja nicht in die Lage kommt, seine eigenen geringen Kräfte zu erproben. Man vergleiche nun die folgenden Aussagen derselben Autorin: „Der Trieb wird ihm dadurch gefährlich, daß seine Befriedigung von den Erzieherpersonen verboten ist; ... das Ich des Kindes fürchtet den Trieb, weil es die Außenwelt fürchtet" (77, S. 45). Nicht die kindlichen Triebe sind also das Problem, sondern die fürchter-

liche Außenwelt und die fürchterlichen Psychoanalytiker, die munter Ursache und Wirkung verkehren, damit ihre Theorien stimmen, und sich als Volkspädagogen aufspielen, damit ihre Sofas nicht leer bleiben, auf denen immer nur wehleidig Vergangenheit bewältigt werden soll, während ihre Theorien immer aufs Neue Erziehung rechtfertigen und Zukunft zerstören.

Im unablässig geführten Streit um „Kinderaufzuchtpraktiken" und „Erziehungsstile" wird das grundsätzliche Problem vertuscht oder als vorgeklärt ausgegeben, das im Erziehungsanspruch selbst liegt, nicht einmal nur bezüglich der Kinder, deren Seelen vergewaltigt und deren Lernprozesse verfälscht werden, so daß nur die Wirkung der nichtpädagogisierten Wirklichkeit (z. B. der „Erzieherin Not"; Freud, GW XI, S. 427) noch das volle Zurgeltungkommen der gegenteiligen Effekte erzieherisch gemeinten Tuns verhindert, sondern auch bezüglich der Erwachsenen, deren Erziehungsgeilheit durchaus nicht die erhoffte Befriedigung findet. Die Zeitschrift „psychologie heute" hat in ihrer Einführungsnummer (Juni 1974, S. 54—59) über die „Schulangst" der Lehrer berichtet — „weil die Ziele nicht erreicht werden". Die typischen Angstträume von Lehrern sind mehrfach untersucht worden, der Lehrerberuf gilt als der neurotisierendste Beruf überhaupt. „Sein Berufsrisiko ist eher größer als kleiner geworden. Und seine déformation professionelle spielt eine zunehmend verhängnisvolle Rolle" (Groothoff, 94, S. 121). Dieses Eingeständnis (zur Erklärung des vornehmen — Kinder werden einfach „verhaltensgestört" oder „Versager" genannt — Ausdrucks „déformation professionelle" mag man an die wunden Knie von Playboys denken) zeigt deutlich genug, daß sogar die Träger der Erziehungsideologie an ihr scheitern — bzw. an ihrem Gegenteileffekt, den sie ja täglich erfahren, auch wenn sie diese Erfahrungen unablässig verdrängen müssen, damit sie sich und die Kinder weiter deformieren können.

Aber auch Eltern, die ihre Probleme auf Kosten der Kinder lösen wollen, indem sie ihnen ihre Konflikte aufbürden, ernten Frustration. Horst-Eberhard Richter resümiert:

> „Sie durchschauen nicht, daß diese Taktik weder für die Kinder noch für sie selbst zu einem Erfolg führen kann. Es ist vielmehr eine gesicherte Erfahrung: Eltern, die sich von ihrem Kind die Lösung eines Problems vormachen lassen wollen, das sie selbst noch keineswegs bewältigt

haben, erleiden mit derartigen Experimenten immer Schiffbruch" (173, S. 86).

Wenn es aber so ist, daß Erwachsene unter der Erziehungsideologie ebenso leiden wie Kinder — unterschiedlich intensiv, je nach der Stärke der Erziehungsleidenschaft, aber eben in kausaler Beziehung mit ihrem Anspruch oder ihrer „Pflicht", aus minderwertigen Kinderwesen vollwertige Menschen herzustellen —, dann erscheint es sinnvoll, die verschiedenen Abhängigkeiten, die mit der Rolle des Erziehers verbunden sind, auf Emanzipationsmöglichkeiten hin zu untersuchen, damit wenigstens die gutwilligen (bzw. „nettwilligen") Erwachsenen sich und ihren Kindern/Schülern das allseits frustrierende Erziehungsgeschehen ersparen lernen können.
Die Rolle des Erziehers beinhaltet nach üblichem Selbstverständnis vier Hauptabhängigkeiten: die vom Auftraggeber (Gesellschaft), vom Zögling (Erziehungserfolg), von sich selbst (eigenes „Sozialisations"-Schicksal, pädagogische Ambition, Ausbildung und „Talent"), schließlich die von den zu vermittelnden Inhalten und Gegenständen. (Der Erzieher ist auch abhängig vom Wetter, von Launen, vom Fernsehprogramm, von Speis und Trank, sozialer Schicht und vielem anderen, aber dies alles vernachlässige ich hier, weil er sich darin weder vom Antipädagogen noch von Kindern unterscheidet.)
Im folgenden werden diese vier Hauptabhängigkeiten unter antipädagogischem Gesichtspunkt kurz diskutiert, anschließend wird erörtert, welche theoretische Grundlage für Unterricht und Ausbildung in Familie und Schule verbliebe, wenn das pädagogische Gift ihr entzogen wäre, die Erwachsenen sich von den vier Hauptabhängigkeiten emanzipiert hätten.

Die Abhängigkeit vom Auftraggeber

„Die Zukunft einer jeden Gesellschaft liegt in ihrer Fähigkeit, die Jugend zu trainieren, d.h. zu sozialisieren" (Hess, 107, S. 1). „Der Erzieher und Lehrer hat die Erziehung und den Unterricht im Auftrag der Gesellschaft und im Rahmen der Schule durchzuführen" (Groothoff, 94, S. 192). Und wehe, wenn sich der Pädagoge dieser „Außensteuerung" (Gamm, 82, S. 132) entzieht: „Die Gesellschaft verlangt Anpassung, nicht Anecken. Wer zu dieser Seite der Sozialisation nicht bereit ist, wird die Folgen tragen müssen" (Erlinghagen, 66, S. 16). Denn: „Es ist eben für die herrschenden Gruppen der Erwachsenen von allergrößtem Interesse, ob die nachfolgende Generation die politischen, kulturellen und gesellschaftlichen Einstellungen der Erwachsenen übernimmt oder nicht" (Giesecke, 85, S. 13). Daß diese Übernahme seit einiger Zeit nicht mehr so recht klappen will, wird meist auf „gesellschaftliche Veränderungen" zurückgeführt: die heutige Gesellschaft erfordere nicht mehr Untertanen, sondern mündige Bürger. Diese Behauptung wird von sozialistischen Pädagogen natürlich angegriffen. So sagt Hans-Jochen Gamm, daß „sich *gesellschaftlich* gesehen nichts verändert" habe; „die private Industrie hegt nur andere ökonomische Erwartungen gegenüber dem Ausbildungssektor" (82, S. 130). Auch Johannes Beck mißtraut den bürgerlichen Reformbestrebungen, weil „die Schule als Herrschaftsinstrument" bloß „repariert und reformiert" werde, „damit sich ihre Herrschaftsfunktion nicht ändert" (24, S. 94).

Nun geben allerdings auch Gamm und Beck ihren *pädagogischen* Herrschaftsanspruch nicht auf, ihre politische Alternative verbleibt innerhalb des erziehungsideologischen Rahmens, weshalb sie hier nicht interessiert; nur sollte ihre Kritik nicht unterschlagen werden, weil sozialistische Pädagogik zumindest nicht die *bestehende* Gesellschaft als Auftraggeber akzeptiert und insofern ein Stück weit nachahmenswert denkt, auch wenn ihre Vorstellungen von Erziehung, die „dem Wildwuchs von Individualität entgegenwirken" müsse (Gamm, 82, S. 81), mit der präfigurativen Kulturepoche ebensowenig übereinstimmen wie die ihrer erklärten Gegner. „Das Problem ist, *wer soll entscheiden*, was im besten Interesse der Gesellschaft liegt? Das Kind? Die Eltern? Wer weiß es am besten?" (Gordon, 90, S. 181). Der Glaube, dem „Eindringling Kind" als „Tradent gesicherter, erbmächtiger Werte" und „Abgesandter der Geschichte" entgegentreten zu müssen (Buber, 43, S. 26), oder aber Kinder durch „Kampferziehung" und „ideologische Festigung" (Claus, 44, S. 207 und 120) als Menschenmaterial zur Durchsetzung irgendeiner von erzogenen Erwachsenen erdachten Utopie ansehen zu sollen, setzt nicht nur jeweils den Gegenteileffekt in Kraft, er ist auch illusorisch, zum einen wegen der präfigurativen Kultur, in der nach Mead das ungeborene Kind die Zukunft symbolisiert und die *keinen*

Erzieher um Erlaubnis oder Kommando fragt, wann sie Wirklichkeit werden darf (sie wird es ohnehin, nur eben unter den heutigen erziehungsverseuchten Umständen mit durch sie höchst gefährdeten — und gefährlichen — Menschen), zum anderen wegen der Unmöglichkeit, mit demokratischen Mitteln Erziehungsziele durchzusetzen. Durch Erziehung kann *nichts* verbessert werden, nur immer mehr zerstört, z. B. via Selbstentfremdung. Mit Kupffer ist jedoch zu sagen:

> „Einem solchen Zwang zur Entfremdung ist der Erzieher aber nur in einem System ausgesetzt, dessen Struktur und Funktionsweise ihm nicht bewußt ist. Hat er dieses Bewußtsein erlangt, dann kann er nicht mehr in spezifisch pädagogischer Absicht aus der Gesellschaft ausscheren ... wollen. Er muß vielmehr den gesellschaftlichen Hintergrund der wahrgenommenen Entfremdung aufdecken. Damit unterläuft er den offiziellen Erziehungsauftrag" (130, S. 176).

Durchschaut man den „Allmachtsanspruch der Pädagogik", den „Aberglauben an die Allmacht der Erziehung" (Kupffer, 130, S. 29 und 18), dann befreit man sich von der ohnehin nicht zu tragenden Verantwortung für Gesellschaft, Kultur, Weltfriede oder Revolution und kann sich mitmenschlich verhalten. Damit allerdings löst sich der Erziehungsbegriff auf, wie, mit erkennbarer Wehmut, etwa so zugegeben wird:

> „‚Erziehung' kann deshalb nicht mehr sein als organisierte Aufklärung; darin liegt ihre Macht und ihre Ohnmacht" (Mollenhauer, 156, S. 81).

Oder:

> „Das Geschäft der Erziehung ist bescheidener geworden, es kann keine bestimmten Lebensversionen mehr planen, sondern ‚nur' noch Aufklärung über die *Voraussetzungen* möglicher Lebensversionen anbieten" (Giesecke, 86, S. 44).

Fanatiker aber ficht solche Erkenntnis nicht an (und ihre Konsequenzen können pädagogisch eingestellte Menschen offenbar nicht einmal denken):

> „Über den Zweck der Erziehung entscheiden heißt über die Zukunft des Menschen entscheiden, und über den Zweck des Bildungswesens entscheiden heißt über die Zukunft der Gesellschaft entscheiden" (Groothoff, 94, S. 62).

Von solcher Hybris und Arroganz, die Entscheidungen der Kinder nicht einmal erwägen kann, sich zu distanzieren müßte demjenigen gelingen, der die Erziehungsprogramme der Vergangenheit mit ihren Ergebnissen redlich vergleicht.

Die Abhängigkeit vom Erziehungsobjekt

Verhängnisvoller noch als die ohnehin recht abstrakte Verantwortung des Erziehers vor der Gesellschaft wirkt in der Praxis seine Verantwortung für den Zögling. Die Erziehungsideologie verführt Eltern und Lehrer dazu, sich mit den vermeintlichen Ergebnissen ihrer Bemühungen, also mit Verhalten und Persönlichkeit der Zöglinge, zu identifizieren. Die Logik ist zwingend: Wer Kindern mit pädagogischer Einstellung gegenübersteht, betrachtet sie zwangsläufig als Objekte, als zu bearbeitendes Material, und ist dann, wie etwa ein Automechaniker, für den Erfolg seiner Arbeit verantwortlich, bei Mißerfolg gar regreßpflichtig. Jedermann kann beobachten, wie Eltern irgendwelche „Unarten" ihrer Kinder in der Öffentlichkeit peinlich sind — was die Kinder häufig genug weidlich ausnutzen. Das Beispiel zeigt bereits den Teufelskreis, den der Erziehungsanspruch Erwachsener in Gang setzt: Indem der Erwachsene den Zögling zu lenken beansprucht, weil er die Macht dazu hat, liefert er sich dem Zögling aus. „In Wirklichkeit verleiht Macht daher ihren eigenen Opfern Macht" (Gordon, 90, S. 183). Erikson hat bemerkt, daß „Dressurprinzipien von Anfang an zum Scheitern verurteilt" sind, „da sie eine zu beständige Anpassung der Eltern an die gegebenen Zeitpunkte und Grenzen der kindlichen Dressierbarkeit voraussetzen. Sie werden schließlich zur Elterndressur ..." (62, S. 305). Man darf vermuten, daß die hohen Töne, in denen die Schwierigkeiten des Erziehens geschildert zu werden pflegen, wesentlich das Mitleid mit dressierten Erziehern singen. (Die soziale Geringschätzung für erziehende Mütter/Hausfrauen und Lehrer resultiert dagegen vermutlich aus ihrer offenkundigen Erfolglosigkeit, und das Widerstreben von Politikern, für den Bildungssektor und die Jugend überhaupt mehr zu tun, ist sicher auch Reflex auf den teils erlittenen, teils beobachteten sinnlosen Erziehungskrampf.)
Die Erziehungsideologie verstellt den Blick auf den Widerspruch

zwischen Toleranz (auch Menschenwürde, Friedensliebe, Recht auf Freude im mitmenschlichen Umgang) einerseits, erzieherischer Verantwortung andererseits. Man kann eben nicht, wie es Sigrid Mordi (191, S. 161) versucht, „Selbständigkeit und Initiative" der Kinder fordern und gleichzeitig Kinder als „Quittung" der Erzieher bezeichnen. Mit diesem „Bankiers-Konzept", in dem Kinder das „Anlage-Objekt", Lehrer aber „Anleger" sind (Freire, 76, S. 57), beansprucht man weiterhin die Verantwortung für andere Menschen und betreibt dann aus „moralischer Verantwortung", die nach Bertrand Russell (185, S. 148) „für manches Übel verantwortlich" ist, Erziehung *zur* Verantwortung, womit man eine weitere krankmachende Paradoxie, die „Sei verantwortlich!"-Paradoxie etabliert, so daß Kinder und Jugendliche, wie beobachtbar, immer verantwortungsloser werden.

Auch das affektive Anklammern der Eltern an ihre Kinder (vgl. z.B. Mendel, 147, S. 91) bringt in Wahrheit niemandem etwas ein, weil man, „je fester man sich anklammert, um so weniger vom Objekt gehalten wird" (Balint, 18, S. 66). „Wer sich selbst täuscht, muß auch andere täuschen" (Laing, 134, S. 154). Erikson nennt es „eine der tiefgreifendsten Störungen der interpersonalen Beziehung": „Das Individuum hofft zu bekommen, die Quelle wird entzogen, worauf reflektorisch versucht wird, festzuhalten und zu nehmen, aber je fester man hält, desto entschiedener entfernt sich die Quelle" (62, S. 69).
Nicht nur Therapeuten haben diesen Mechanismus durchschaut. Der Pädagoge Ernest Jouhy schreibt: „Die Familie wird zum Brutkasten der Langeweile und der verdrängten Spannungen, zum Ort, dem der Mann in die Kneipe, auf den Sportplatz oder in ein Bordell entflieht, zur Institution, in der die Frau ihren einzigen angeblich ‚weiblichen' Funktionssinn sucht, nämlich die Kinder festzuhalten. Sie entgleiten ihr und dem ‚trauten Heim' um so schneller, je mehr die sozial frustrierte Mutter sie spüren läßt, wie sehr sie sie aus eigener Liebesbedürftigkeit braucht" (119, S. 172). Der gleiche Mechanismus führt nach einem Bericht von Charles E. Silberman in amerikanischen Slumschulen für Schwarze dazu, „daß Lehrer fast 75 % ihrer Zeit damit verbringen, Ordnung, und sei es auch nur versuchsweise, aufrechtzuerhalten" (193, S. 106), was man mit Johannes Beck noch als beabsichtigt ansehen könnte, nämlich die Neger als „Knechte" zu behandeln, „damit sie das auch bleiben" (25, S. 93), aber nach Silberman gilt das gleiche ausdrücklich auch für die Schulen der Reichen. Auch diese „sind wie besessen auf Ruhe und Stillhalten aus. Im Grunde zwingt gerade dieses widernatürliche Insistieren auf Ruhe und Stillhalten die Lehrer dazu, so viel Zeit und Mühe darauf zu verwenden, die ‚Kontrolle' zu behalten, und macht es für sie derart schwierig, dies auch zu erreichen" (193, S. 106). Erst der Erziehungs*anspruch* schafft die Erziehungsprobleme, denn er

bringt die Erzieher mitsamt ihrer entmündigenden Verantwortung in die Abhängigkeit der Zöglinge, welche nämlich „die Macht haben, das was Lehrer als ihre primäre Belohnung betrachten, zu gewähren oder zu verweigern" (Silberman, 193, S. 318). Das gleiche gilt für Eltern, die die betrügerische Erziehungsideologie nicht durchschauen, nicht wissen, daß all ihr Getue zu nichts als zur ständigen Verschlechterung der einzig lernträchtigen basalen Beziehungen führt: „Sie halten Vorträge, schmeicheln, drohen, warnen, überreden, flehen, moralisieren und beschämen ihre Kinder, alles in dem Bestreben, sie zu zwingen, das zu tun, was sie für richtig halten. Eltern wenden sich tagein, tagaus erneut mit ihren erzieherischen oder moralisierenden Botschaften an ihre Kinder. Sie gestehen dem Kind nicht die Verantwortung zu, sich etwas zu eigen zu machen oder abzulehnen, maßen sich aber selber die Verantwortung für das Lernen ihrer Kinder an" (Gordon, 90, S. 260f.).

Wer für einen anderen Menschen im Innenverhältnis (nach außen — Stichwort z. B. Haftpflicht — stellt sich das Problem anders) die Verantwortung zu tragen meint/beansprucht, erhebt de facto einen totalen (totalitären) Herrschaftsanspruch. Die Absurdität, daß Eltern auch im Innenverhältnis ein Erziehungsrecht beanspruchen, eine Erziehungs- und Aufsichtspflicht akzeptieren, zwingt sie in eine beständige Angriffs- und Einmischungshaltung, durch welche das Kind via defensiver Identifikation unausweichlich zu seinem eigenen Aufseher entselbstet, enteignet, kolonisiert, faschisiert wird. Wenn die ach so verantwortungsbegierigen Erwachsenen für *ihr eigenes* Verhalten die Verantwortung übernähmen, statt sie im Zweifelsfalle doch immer wieder abzuwälzen (die meisten Eltern dressieren ihre Kinder ohne ein Fünkchen Respekt auf Teufel komm raus — womit sie ihn erst reinjagen —, wenn das Kind aber einmal nicht pariert und ein Nachbar kommt dazu, erklären sie blöde grinsend: ach Sie wissen ja, wie Kinder sind), dann hätten sie für ihr großartiges Pflichtgefühl ein reiches Betätigungsfeld und brauchten nicht *den Kindern* zu predigen, jeder kehre vor seiner eigenen Tür.

Vielen Eltern und Lehrern, die schon in der Ziehungspraxis stehen, wird es wahrscheinlich nicht möglich sein, die pädagogische Einstellung aufzugeben und Distanz zu ihren Kindern und Schülern zu gewinnen, die (allerdings sehr kurzsichtig) egoistische Ignoranz gegenüber deren Eigenrechten (Gastrecht) zu durchbrechen. Aber zukünftige Eltern und Lehrer haben eine gute Chance, und manche heutigen auch. In seinem Buch „Die Schule überleben" erzählt

James Herndon von einem Gespräch zwischen ihm als Lehrer und dem Vater eines „schwierigen" Schülers:

„Der Vater begann sehr heftig und entschlossen: er wisse, daß der Junge vor allem Disziplin brauche, und er werde seinen Teil dazu beitragen; er führte gleich eine ganze Liste von Strafen an, die er verhängen wollte und sagte, ich hätte ausdrücklich seine Erlaubnis, den Jungen scharf anzufassen und ihm ruhig ein paar zu knallen, wenn's nötig sei, und so weiter."

Dann intervenierte Herndon, der von der üblichen „Zusammenarbeit zwischen Schule und Elternhaus" eine eigene Meinung hat, nämlich die dahinterstehende menschenfeindliche Ideologie durchschaut.

„Und dann brach dieser Mann in Windjacke und Jeans, der sich von der Arbeit freigenommen hatte, um mit der Schule zusammenzuarbeiten, in Tränen aus. Das war eine große Erleichterung für uns beide. Nach einer Weile konnten wir über unsere eigene Schulzeit sprechen ... Und dann sagte er, er glaube wirklich, sein Sohn sei ein recht gutes Kind, wenn auch vielleicht ein bißchen wild und dickköpfig; und eigentlich hielt er ihn sogar für einen ziemlich gescheiten Kerl — wie gut kamen sie miteinander aus, wenn sie zusammen etwas arbeiteten oder irgendwohin gingen, falls er nicht gerade mit der Schule ‚zusammenarbeitete' und mit dem Jungen nicht rausging oder arbeitete und ihn für dumm und böse hielt.
Er hatte geglaubt, es sei seine Elternpflicht, seinen eigenen Jungen so zu behandeln, als liebte er ihn nicht, obwohl er sich klar war, daß er ihn liebte" (106, S. 130f.).

Indem der Vater sich aus eingebildeter Pflicht mit seinem Sohn (z.B. dessen Schulleistungen) distanzlos identifizierte, spielte er das menschenfeindliche Spiel der Schule, leugnete seinen empathischen Respekt vor dem Kind. Wer sich von seinen Kindern nicht distanzieren zu dürfen glaubt (distanzlose „Liebe" ist — via Besitzanspruch — ebenfalls menschenfeindlich; „Sentimentalität und Liebe können nicht zusammen existieren." Russell, 185, S. 54), dem werden sie tatsächlich zur „Quittung". Heinrich Kupffer benennt noch einmal den Betrug:

„Entweder gebrauche ich den traditionellen (durch Zweckhaftigkeit, Zwang und Herrschaft gekennzeichneten) Erziehungsbegriff: dann ist

> Selbstverwirklichung ausgeschlossen; oder ich meine es mit der Selbstverwirklichung ernst: dann läßt sie sich durch eine Erziehung, die noch dem Schema von Ziel, Mittel und Erfolg unterliegt, nicht erreichen. ... So kann in jedem Fall die Lösung nur heißen: mit dem Jugendlichen zusammen die Situation, in der wir beide uns befinden, zu reflektieren und zu gestalten. Jedes Abschieben dieses Imperativs in den Raum oder in die Zeit muß sich als Selbsttäuschung enthüllen" (130, S. 13).

Da man mit kleineren Kindern die von Kupffer gemeinte Situation (Erzieher/Zögling) nicht reflektieren kann, bleibt nur übrig, sie erst gar nicht entstehen zu lassen, sondern die Beziehung von Anfang an gleichberechtigt zu gestalten und gestalten zu lassen. Dazu reicht es allerdings nicht hin, wenn man sich klarmacht, daß Kinder auch von selbst „sauber" werden, heiße Öfen meiden oder in der Schule lernen: Es muß einem tatsächlich gleichgültig sein. Das klingt in sentimentalen Sadistenohren zwar grob und lieblos, aber es führt kein Weg daran vorbei, daß man ohne diese Gleichgültigkeit nicht aus dem „Schema von Ziel, Mittel und Erfolg" herauskommt, daß einem ohne diese Gleichgültigkeit ein Kind nicht unabhängig von seinen Leistungen gleich *gültig* sein kann — oder bei Lehrern: daß ihm ohne sie nicht mehrere Kinder unabhängig von der Unterschiedlichkeit ihrer Leistungen gleich *gültig* sein können. Der Verantwortungswahn der Erwachsenen, der ihnen, wenn man diesen Gedanken vorträgt, zunächst (wie sie später zugeben) ernstliche Magenbeschwerden verursacht, bis sie verstehen, daß es einen Kompromiß zwischen den Alternativen Gleichgültigkeit und Ungültigkeit nicht geben kann — dieser *Ver*antwortungswahn verhindert, daß Kindern in Not, auf Fragen, im Überschwang usw. mitmenschlich, d.h. respekt- und nur unter dieser Voraussetzung auch liebevoll, *ge*antwortet werden kann.

Die Person des Erziehers/Erwachsenen

Daß der Erzieher sich von sich selbst emanzipieren müsse, ist eine häufig erhobene Forderung. Alexander Mitscherlich etwa verlangt vom Erzieher „eine innere Distanzierung von den eigenen Strebungen im Ich" (152, S. 169), was zumindest auf Selbsterziehung hinauslaufen *kann.* — Der Unterschied zwischen Selbsterziehung und Ler-

nen ist der zwischen Selbstaggression und spontanautonomer Informationsverarbeitung; analoge Alternativpaare: Verkrampfung — Entspannung, Selbstmißtrauen — Selbstvertrauen, verinnerlichte Lebensfeindlichkeit — Kreativität; zur letzteren vgl. bes. Matussek (142).
Die Selbsterzieherei beherrschte viele Jahre die Diskussion vor allem um die Sexualerziehung, und sogar Helmut Kentler forderte noch 1970 zur „Veränderung des eigenen Selbst" auf (120, S. 12), hat das aber, z.B. in einer meiner Rundfunksendungen (SWF, SDR, SR vom 9. 4. 1973) korrigiert und schlichte Aufrichtigkeit verlangt. Denn erzieherische Heuchelei ist auch gegenüber der Sexualität das entscheidende Vehikel der Zerstörung (vgl. Koch, 125), und es ist bekannt, zu wie viel Krampf und Zucht „progressiven" Eltern ihr Kampf für die Unzucht geraten ist. Aber Aufklärung kann immer nur durch Aufrichtigkeit kommen, Aufrichtigkeit auch etwa über die eigene Scham (sogar Angst verliert ihre Gefährlichkeit, wenn man sie einfach zugibt, statt sie — und damit sich selbst und mittelbar seine Kinder — weiterhin zu bekämpfen). Nur wer sich selbst akzeptiert wie er ist, kann andere akzeptieren wie sie sind. Eine wenig beachtete Äußerung von Sigmund Freud (aus einem Brief an Sándor Ferenczi vom 17. 11. 1911) lautet:

> „Der Mensch soll seine Komplexe nicht ausrotten wollen, sondern sich ins Einvernehmen mit ihnen setzen, sie sind die berechtigten Dirigenten seines Benehmens in der Welt" (zitiert von Jones, 118, S. 203).

Es ist offensichtlich, daß nur, wer sich selbst pauschal akzeptiert wie er ist, sich auch besser kennenlernen, zu sich und anderen aufrichtig sein und damit spontanautonome Veränderungen *zulassen* kann, wie es z.B. Rogers, Schmidbauer, Gordon immer wieder erklären.

Ziehungswissenschaftler würden fraglos weniger unverschämt „berechenbar, zielsicher und -adäquat" „das Unwertige, Widerwertige zu bekämpfen" fordern (so Heid, 207, S. 281 f.; Heid sagt, „*jeder* Erzieher ‚manipuliert'", es käme nur darauf an, wie erfolgreich. Dimension und Folge der *Absicht* werden unterschlagen. Ich sah kürzlich einen Buchtitel: „Manipulieren, aber richtig". Dies ist der Geist unserer Zeit.) — *wenn* sie auch nicht in sich selbst so viel „ausrotten" (Freud) wollten, was sie dann flugs in die Kinder projizieren, während sie sich idealisieren. Gérard Mendel sagt: „Der Mensch müßte die Prozesse der Projektion und der Idealisierung in ähnlicher Weise beherrschen lernen, wie er die Gravitation zu meistern gelernt hat. Nicht dadurch, daß er die Schwerkraft ignorierte (bzw. mit ihr unzufrieden war, sie zu ändern versuchte; EvB), hat er Flugzeuge zum Fliegen gebracht, sondern indem er sie in seine Berechnungen einbezog. Nicht dadurch, daß er sein Schuldgefühl und seine Aggressivität verleugnet, wird sich der Mensch davon befreien (von ihren schädlichen Aspekten, die sie dem Nichtakzeptieren und der Unaufrichtigkeit verdanken; EvB), sondern indem er sie besser kennen- und handhaben lernt" (147, S. 128).

Ich will nicht behaupten, es könne jedem Menschen von heute auf morgen gelingen, die unbewußten Anteile seiner Persönlichkeit anzunehmen. Mit den Worten Erich Neumanns (160): „Das Annehmen der eigenen Unvollkommenheit ist eine außerordentlich schwere Aufgabe. Jeder Mensch, unabhängig vom psychologischen Typ und vom Geschlecht, hat seine minderwertige Funktion und seinen Schatten, und die Assimilierung dieser Seite der Persönlichkeit fällt deswegen jedem Menschen gleich schwer" (S. 75). „Aber die Liebe zum Schatten und sein Annehmen ist psychologisch erst die Basis für eine realisierbare ethische Haltung auch dem Du gegenüber, das außer uns ist" (S. 92). „Das Hauptaugenmerk legt die neue Ethik nicht darauf, daß das Individuum ‚gut' sei, sondern daß es seelisch autonom, das heißt gesund und produktiv, aber auch seelisch nicht infektiös sei. Die Autonomie der ethischen Persönlichkeit besteht darin, daß die Verarbeitung und Verwendung der in jeder Struktur vorhandenen negativen Kräfte bewußt innerhalb der Persönlichkeitsverwirklichung erfolgt. Häufig, wenn nicht gesetzmäßig, geschah es in der alten Ethik, daß die starke ‚ethische' Persönlichkeit ihre eigenen negativen Kräfte nicht lebte, sondern an die schwachen Stellen der Umgebung hinausdrängte, so daß in der nächsten Umgebung, der Familie oder im Kollektiv, die negativen verdrängten und unterdrückten Inhalte kompensatorisch sich auswirkten, ohne daß die ‚Verdränger'-Persönlichkeit ihre moralische Zuständigkeit für dieses Phänomen auch nur geahnt hätte" (S. 100 f.).

Wieder die Ahnungslosigkeit, von der schon Mitscherlich sprach. Aber nicht „Distanzierung von eigenen Strebungen im Ich" verspricht Abhilfe, sondern das aufrichtige Bekenntnis zu ihnen und Distanzierung von der infektiösen Erziehungsideologie, dem Hauptgrund aller Verdrängung. Karl Abraham, erster Psychoanalytiker in Deutschland, schrieb 1908: „Die Erziehung des Menschen ist nichts als ein erzwungenes, systematisches Verdrängen angeborener Regungen" (2, S. 291).

Erst wenn Erwachsene ihren unbewußten Schatten (den ja das Licht der guten Erziehung geworfen hat, die genossen zu haben sie so stolz sind) pauschal annehmen, können sie partiell, zum Beispiel gegenüber wehrlosen Kleinkindern, über ihn springen, insofern er das Gift der primären pädagogischen Ambition enthält. Dies ist alles andere als ein Patentrezept, aber die Erfahrung lehrt, daß Selbsterziehungsappelle nur neue Verdrängungen und neuen Krampf zustande bringen. Wer dagegen zu sich selbst bei wachem Verstand und Gefühl *nett* zu sein wagt, wird erleben (lernen), daß er anderen Menschen gegenüber weniger verbissen versucht, gut zu sein (scheinen). Eine Hoffnung, die nur der Einzelne in seiner konkreten Erfahrung realisieren kann. Antipädagogik hat lediglich die Aufgabe, den theoretischen Rahmen zu widerlegen, der fast alle Informationen zum Thema (noch) umspannt und theoretisch und praktisch verhindert, daß Erwachsene ihr Schicksal annehmen lernen, sich gerade dadurch ihrer Erziehung wieder so weit ent-ziehen, um wenigstens dem teufelskreisenden Wiederholungszwang eine Schnippe schlagen zu können.

Die Abhängigkeit von Inhalten und Gegenständen

Die vierte Bezugsgröße von Erziehung wird gemeinhin „Kultur" genannt und umfaßt einerseits die Normen, Werte, Ideale einer Gemeinschaft, andererseits die wissenschaftlichen, technischen, künstlerischen Errungenschaften der „Zivilisation". Anatole France urteilt:

> „Da Reichtum und Kultur ebenso viele Anlässe zu Kriegen gegeben haben wie Armut und Barbarei, da die Torheit und Bosheit des Menschen durch nichts zu heilen sind, bleibt nur noch eine einzige gute Tat übrig. Der Weise wird genügend Dynamit sammeln, um damit diesen Planeten auseinanderzusprengen" (zitiert von Gabor, 81, S. 145).

Ich hätte, schon mangels Gelegenheit, nichts gegen einen solchen Weisen, wenn er zur Tat geschritten ist; vorher aber kann ich ihm seine Weisheit noch bestreiten. „Torheit und Bosheit des Menschen" sind evident und oft genug konstatiert worden, aber wer oder was ist schuld daran? Ich sehe Weisheit, solange es noch geht, eher in der Meinung von Günther Nenning:

> „Wir strampeln uns ab in privaten Dramen. Das Spiel geht so: Du bist schuld! Nein, du bist schuld! Nein, du! usw. Die wahren Schuldigen sitzen außerhalb. Sie haben in unseren Köpfen — das nennt man Erziehung — ihre Gedankenpolizei hinterlassen" (170, S. 87).

Gewiß ist dies eine privatistische Perspektive, aber im politischen Rahmen wird dasselbe Spiel gespielt, und zwar von erzogenen Individuen, deren gegen sie durch Erzieher von Kultus' und Mammons Gnaden angestrengte Prozeß („Erziehungsprozeß") auch für unterwürfigste „Lehrlinge" nur zum Schein mit der „Freisprechung" endet; in Wahrheit ist sein Vorurteil schon längst vollstreckt, und „Urteilsschelte" ist solange nicht möglich, wie die verinnerlichte Gedankenpolizei von — fast — allen Beteiligten mangels Alternative als „Freund und Helfer" angesehen wird.
Aber die Vervorurteilten werden bald nicht mehr mitspielen. Sie fühlen sich nach Beobachtungen Mendels zunehmend „‚abgestempelt' wie ein Stück Vieh, das gebrandmarkt wird, bevor man es in die Herde aufnimmt" (147, S. 101). Mendel, der aus guten Gründen einen neuen Klassenkampf ankündigt: den Altersklassen-Kampf (Zuchtvieh gegen Züchter) meint in seinem Buch „Le Manifeste Educatif" (das in Deutschland bezeichnenderweise — noch? — nicht publiziert wurde) mit drohendem Unterton sogar:

> „Tatsächlich hat die Schwächung des ankonditionierten Autoritätsreflexes dazu geführt, daß sich die Augen der gesamten Jugend für die Wirklichkeit der kapitalistischen Gesellschaft zu öffnen beginnen, denn die bürgerliche Ideologie — ihrer Autorität beraubt — hat ihre mystifizierende Dynamik und ihre Schuldgefühle erzeugende Wirkung verloren" (148, S. 137; Übersetzung von Frank M. Müller).

Ich glaube, diese Sichtweise erklärt manche Erscheinungen, die nicht mehr einfach als Jugendprotest, den es immer schon gab, heruntergespielt werden können. Zu klar erkennt die Jugend heute das Scheitern der Erwachsenen. Aber statt rationaler Reformimpulse werden von ihr in Zukunft in verstärktem Maße mörderische Polarisierungen ausgehen, die die Gesellschaft zu den entsprechenden (polizeistaatlichen) Abwehrmaßnahmen zwingen, *solange* Erziehung und Schule mit ihrem „latenten oder manifesten sozialen und kulturellen Terrorismus" (Mendel, 146, S. 251) die „übermächtige pädagogische Urabsicht der Gesellschaft" (v. Hentig, 104, S. 15) auszuführen *versuchen*. „Die Gesellschaft — das sind die Erwachsenen — sieht ihre Ordnungen immer durch die unerfahrenen Jungen gefährdet" (ebenda), verweigert ihnen aber gerade realitätsgerechte (nicht pädagogisierte, fremdbestimmte) Erfahrungen — so früh und so vollständig wie möglich. Was sind eigentlich, so muß man fragen (und so fragt die Jugend) Ordnungen und Werte wert, die solches Mißtrauen verdienen?

„Was wir sicher wissen, ist, daß die moralische Tendenz im Menschen sich nicht entwickelt ohne die Erregung eines gewissen dauernden Zweifels und einer gewissen, wahrhaft schrecklichen — wenn auch (nein: weil! vgl. Neumann; EvB) weitgehend unterdrückten — Wut gegen alles und jeden, die diesen Zweifel verstärken (hier: gegen die Jugend, unter pädagogischen Vorwand; EvB). Das ‚Niedrigste' im Menschen ist also imstande, im Gewand des ‚Höchsten' wieder zu erscheinen. Irrationale und vorrationale Kombinationen von Gutsein, Zweifel und Wut können beim Erwachsenen in jenen bösartigen Formen der Rechtschaffenheit und des Vorurteils wieder auftauchen, die wir als Moralismus bezeichnen können. Im Namen hoher moralischer Prinzipien kann all die Rachsucht in der Form der Verachtung, der Folter und der Massenvernichtung angewendet werden. Man muß entschieden zu dem Schluß kommen, ... nicht nur ... den Menschen gegen die offenen Angriffe seiner Feinde zu schützen, sondern auch gegen die Rechtschaffenheit seiner Freunde" (Erikson, 64, S. 202f.).

Ein Beispiel solcher Rechtschaffenheit gibt der Soziologe Roland Eckert in seinem Referat über eine Tagung in der Evangelischen Akademie Loccum im Juni 1971:

„Es muß aber immerhin so viel an Sinnverständnissen, Einstellungen, Fertigkeiten und Kenntnissen tradiert werden, daß die Nachkommen ihr Leben fristen und untereinander und mit anderen kommunizieren können. ... Jede Gesellschaft muß daher im Sozialisationsprozeß sicherstellen, daß die einzelnen Individuen befähigt und bereit sind, gewisse Aufgaben in einem so oder so gearteten System sozialer Handlungsverteilung (Arbeitsteilung) zu übernehmen" (72, S. 13). „Wenn sich die Schule primär den einzelnen Individuen und ihren Chancen verpflichtet fühlt, dann muß offen bleiben, ob Individuen ihre Chancen im Bereich einer spezialisierten Berufsausübung denn überhaupt finden. ... Darum ist die Erzeugung von Lern- und Leistungsfähigkeit nicht nur aus der Sicht der Gesellschaft, sondern auch aus der Sicht des Individuums Aufgabe der Erziehungseinrichtungen" (72, S. 17f.).

Mit solch grandios-dummer, mißtrauisch-rechtschaffener Arroganz wird die Jugend sich nicht lange mehr abfinden. Aber Emanzipation von Inhalten und Gegenständen der Erziehung bedeutet nicht Bilderstürmerei, sondern stellt die Vertrauensfrage. Entweder vertrauen die Erwachsenen (außer dem Lebenswillen der Kinder auch) ihrer Kultur und Zivilisation — dann können sie die Kinder diesen (dem funktionalen Lernen) anvertrauen und Erziehung ist überflüssig —, oder sie vertrauen ihrer Kultur und Zivilisation nicht — dann ist Erziehung um so verbrecherischer, weil sie die Möglichkeiten zur Humanisierung der Welt hintertreibt. Konsequenz: Distanz zu dieser Bezugsgröße müßte auf das mittelalterliche „Tradieren", „Sicherstellen", „Erzeugen" (Eckert), welches alles Kinder zu fremdbestimmten Objekten passiviert, verzichten und das „Offenbleiben" riskieren.

Daß dies keine revolutionäre oder anarchistische, sondern einfach eine logisch korrekte Forderung ist, bestätigen z. B. die Pädagogen Giesecke („die Rede von Erziehung *zu* etwas ist unkorrekt") und Flügge, der die Verbindlichkeit von Lernzielen, sogar schon die Vorgabe von „Erwünschtem" in seinem Loccumer Beitrag (den Eckert wohl aus lauter Sorge um Gesellschaft und Individuum verschlief) schlicht „geplante Entmündigung" nennt (72, S. 30—50). Dagegen fordert z. B. Gamm „pädagogisch-politische Verbindlichkeit" (83, S. 176), und in den als revolutionär geltenden Hessischen Rahmenrichtlinien LS-SI (108, S. 58) wird an „der Verbindlichkeit aller Lernziele für alle Schüler" mit Nachdruck festgehalten. Wiederum dagegen meint der ungewöhnlich seriös denkende Pädagoge Herwig Blankertz: „Die Inhalte dürfen mit ihren Ansprüchen den Educandus nicht determinieren ... Mit anderen Worten: Was die Jugend aus den ihr von der Erwachsenengeneration angewiesenen und als Vorwegnahme der Zukunft gedachten Inhalten der Bildung macht, bleibt dieser Jugend überlassen" (33, S. 41).

Blankertz fügt (gegen die „Wegnahme der Zukunft") zwei wichtige Gedanken hinzu: „Nun ließe sich freilich ironisch einwenden, so sei das ohnehin, und zwar infolge der geringen Effizienz pädagogischer Bemühungen. Diese Frage für die Vergangenheit zu beantworten, bedürfte einer ausführlichen problemgeschichtlichen Untersuchung (das Studium des Gegenteileffektes täte es auch; EvB). Was aber die Zukunft betrifft, so ist wenigstens wahrscheinlich, daß wir an der Schwelle zu einem Zeitalter stehen, in dem die lückenlose Bewußtseinmanipulation technologisch möglich wird (deshalb melden sich jetzt noch schnell die Antipädagogen, bevor man für das Bewußtsein auch im Westen Irrenhäuser einrichtet; EvB). Es liegt auf der Hand, was es bedeuten müßte, wenn die Didaktik gerade in diesem Augenblick die mit dem Bildungsbegriff gesetzte Norm der humanen Mündigkeit und personalen Autonomie preisgeben wollte" (33, S. 42).

Diese Überlegungen haben besondere Bedeutung für den Umgang mit (tatsächlich korrumpierbaren) Kleinkindern, für die der ironische Einwand ja nur sehr bedingt gilt. Die Unverbindlichkeit jedweder Bildungsangebote,

Normen usw. meint aber in diesem wie in jedem anderen Alter nicht Kulturverzicht, sondern Verzicht auf den „Kulturterror“ (Mendel, 145, S. 122), den Erziehung/Pädagogik unweigerlich ausüben. Er ist aus logischen Gründen ebenso von am Wert ihrer Werte zweifelnden Erwachsenen zu verlangen wie von den ganz Gewißlichen. Denn je überzeugter ein Mensch von einer Über-Zeugung überzeugt ist, desto leichter muß es ihm fallen, sie für sich zu behalten (wenn er nicht gerade Publizist ist), nicht mit ihr hausieren zu gehen (schon gar nicht Abhängige masturbatorisch-spermiensprühend zu überzeugen), sondern auf Anfrage umfassend die Fakten darzustellen, aus denen er sie gewonnen hat. Wer erzieht, statt zu informieren, *verrät* seinen eigenen Glauben.

Eines ist freilich zuzugeben: Die hier skizzierte Unverbindlichkeit könnte die Wirkung des Heiligen Geistes behindern. Jedenfalls wenn August Hermann Francke (1663—1727), der als einer der Begründer der wissenschaftlichen Pädagogik gilt und dessen Name noch heute über deutschen Schuleingängen (z.B. in Wiesbaden) prangt, recht hat:

> „Am meisten ist wohl daran gelegen, daß der natürliche Eigenwille gebrochen werde. Daher am allermeisten hierauf zu sehen. ... Wenn aber die Eltern mit den Kindern zärteln, sich nicht getrauen, ihren Eigenwillen zu brechen, so doch in solchen Jahren, da er noch nicht gestärkt ist, am leichtesten geschehen mag, ... ist es unmöglich, daß sie an ihren Kindern die Wirkung des Heiligen Geistes sehen ...“ (zitiert von Scheibe, 187, S. 40f.).

Kleiner Zusatz für den Pädagogik-Laien, der sich über diese alten Zeiten erhaben fühlt: Wolfgang Ratke forderte im Punkt 7 seines im Jahre 1612 dem Reichstag in Frankfurt vorgelegten „Erziehungsplans“:

> „Alles ohne Zwang. Man soll die Jugend nicht schlagen zum Lernen. Durch Zwang und Schläge verleidet man der Jugend das Studieren. Du schlägst die Knaben, weil sie deine Lehren nicht behalten haben, hättest du aber recht gelehrt, so würden sie es schon verstanden haben“ (zitiert von Dirx, 53, S. 131).

Man kann sagen: der Mensch *muß* ungeheuer viel lernen; man kann sagen: der Mensch *will* ungeheuer viel lernen; man kann sagen: der Mensch *lernt* ungeheuer viel. Eltern und Lehrer glauben häufig, was ihnen von Leuten (z.B. Bildungsplanern) eingeredet wird, die auf einer ganz anderen, objektiven Ebene argumentieren, daß Kinder eben dies und jenes lernen *müssen* — und schon fangen sie mit jener Veranstaltung an, von der Horkheimer sagt,

> „daß jede Maßnahme der Erziehung, mag sie noch so vernünftig sein, an Zuckerbrot und Peitsche erinnern muß. Auf diese Alternative wird freilich keine heute denkbare Erziehung absolut verzichten können, denn die Entwicklung jedes Menschen vom Naturwesen zum Mitglied der Gesellschaft ist die unendlich abgekürzte, wenn auch veränderte Wiederholung eines jahrtausendelangen zivilisatorischen Prozesses, aus dem der Zwang nicht wegzudenken ist" (84, S. 42).

Warum aber ist das so? Warum z.B. *müssen* Kinder lesen lernen? Das Wort „müssen" erweckt den Anschein des Absoluten, der keine Legitimation besitzt. Wiederum sind nur Wenn-Dann-Aussagen möglich: Wenn die Mutter das Kind zum Lesenlernen dressiert (wie es Lückert in Doman, 57, propagiert), dann „muß" das Kind gehorchen, *wenn* es die Mutter nicht enttäuschen *will.* Ausschlaggebend ist sein Wille. Kinder *müssen* nicht einmal lernen, beim Spiel auf der Balkonbrüstung aufzupassen; korrekt wäre zu sagen: Kinder müssen dies lernen, *wenn* sie nicht abstürzen *wollen.* Unterstellt man ihnen aber dieses Wollen, dann stimmt das „Müssen" nicht mehr. Unterstellt man ihnen das Abstürzenwollen dagegen nicht, ist das Aufpassenlernen-„Müssen" nur auf einer abstrakten logischen Ebene wahr und legitimiert keinerlei Zieherei. Dann *lernen* Kinder aufzupassen. Basta.

Kinder „müssen" tatsächlich *dann* ungeheuer viel lernen, *wenn* sie in dieser Gesellschaft usw. usf. (alle Bedingungsgrößen, auch die Zukunftsdimension) ein befriedigendes Leben leben *wollen.* Welcher Art dieses Leben sein soll, entscheidet allein ihr Wille, und auf dieser Basis ist alles „müssen" sekundär und ihre eigene Sache. „Zuckerbrot und Peitsche" als Symbole auch der vernünftigsten Erziehung sollten genügen, den „jahrtausendelangen zivilisatorischen Prozeß", den Kinder objektiv nachvollziehen müssen, sie getrost subjektiv nachvollziehen *wollen* zu lassen — neben allem anderen: es *klappt* einfach besser so. Erzogene Schwachköpfe und Sklavenseelen gibt es gerade genug.

Gewiß, Kinder haben Fragen. Sie wollen Informationen. Sie wollen Übungsmöglichkeiten. Sie wollen sogar Meinungen hören, Vorbildern folgen; d.h. die „unbesetzten Räume" Comforts brauchen nicht leer zu sein — was es ohnehin nicht gibt (nur dürfen weder Kinder noch „Räume" zielstrebig verplant sein). All diese spontan-autonomen Wünsche kann man erfüllen, ohne unfair oder erzieherisch zu werden — wenn man dem Fragenden (auch über die Rolle des Übens) unverbindlich antwortet; und nicht beispielsweise jammert, „damit keine Macht über sein Gemüt und Gewissen" zu gewinnen (Rang, 84, S. 107), oder gar widerwillige Übungsarbeit „verlorene Zeit" nennt, aber den übungsunwilligen Schüler zu „bestrafen" fordert unter dem Motto: „Motivation muß sein" (Aebli, 7, S. 174f.). — Nicht einmal diesem „*muß*" gelingt es, Motivationen wegzuzaubern; nur werden sie bei gesünderen Schülern aus dem schulischen Raum fortgelenkt.

Rogers sagt über seine Einstellung: „sie ist dem Lehren gegenüber negativ" (179, S. 104). Denn er findet, „*daß die Ergebnisse des Lehrens entweder unwichtig oder schädlich sind*" (178, S. 271). Allerdings meint Rogers damit das übliche Lehren, dessen — kurz gesagt — erzieherische Komponente. Das heißt, er will ebenso wenig wie ich die Lehrer mit der Erziehung ausschütten, wie in den folgenden Sätzen deutlich wird:

> „Es gibt eine Menge wissenschaftlicher, technischer und theoretischer Ressourcen, die den Rohstoff für die praktische Verwendung konstituieren. Aus dem über die Therapie Gesagten leitet sich der Vorschlag ab, diese Materialien, diese Ressourcen Schülern zugänglich zu machen, sie ihnen jedoch nicht aufzuzwingen. ... Welche Ressourcen er (der Lehrer; EvB) auch immer anbieten mag — ein Buch, einen Arbeitsplatz, ein neues Werkzeug, eine Gelegenheit zur Beobachtung eines industriellen Prozesses, einen auf seinen eigenen Studien basierenden Vortrag, ein Bild, ein Diagramm oder eine Landkarte, seine emotionalen Reaktionen: er würde sie als Angebote betrachten, die im Falle ihrer Brauchbarkeit für den Schüler benutzt werden, und er würde hoffen, daß sie als Angebote wahrgenommen werden. Er würde diese Ressourcen weder als Leitlinien noch als Erwartungen, Befehle, Forderungen

oder Bedingungen empfinden. Er würde sich und alle anderen Ressourcen, die er entdecken könnte, zum Gebrauch anbieten" (178, S. 282f.).

Während Lehrer üblicherweise *die Schüler* nach ihrer Brauchbarkeit bewerten, *sie* als zu formenden Rohstoff ansehen, geht es hier um die Brauchbarkeit der Ressourcen *für den Schüler.* Die Personalität des Schülers tritt in den Hintergrund, nicht an ihr modelt der Lehrer herum, sondern er kümmert sich, die Schülerpersönlichkeit pauschal und selbstverständlich achtend, um seine Angebote, den Lehr-Roh-Stoff, er „kocht eine anständige Mahlzeit", sein Unterricht wäre „gegenstands-zentriert" zu nennen. Mit Nachdruck erklärt v. Hentig:

> „Es ist sinnvoll, wenn Kinder das lernen *wollen*, was für sie zu lernen nützlich ist, wenn es also den Lehrenden gelingt, sie dafür zu ‚motivieren'; aber diese Kunst muß sich in erster Linie auf den Gegenstand erstrecken und nicht auf das Kind; es hat keinen Sinn, ein Kind mit einem appetitanregenden Mittel zum Essen einer ungenießbaren Mahlzeit zu bringen — man muß eine anständige Mahlzeit kochen ..." (105, S. 106).

Nach meiner (sehr beschränkten) Kenntnis hat sich außer Wagenschein und Piaget vor allem Roth um anständige Mahlzeiten gekümmert und Methoden entwickelt zur „Herbeiführung einer fruchtbaren Begegnung zwischen Kind oder Jugendlichem und einem ausgewählten Ausschnitt der geistig erkannten oder gestalteten Welt, dem Kulturgut" (182, S. 109). Roth nennt es den „entscheidenden Punkt: die Kontaktaufnahme mit dem Gegenstand selbst muß vollzogen werden. Es darf nicht nur über den Gegenstand geredet werden, sondern der Gegenstand muß selbst da sein. Nicht nur da sein, sondern Ereignis werden, hereinleuchten, ergriffen werden" (S. 114). — Es leuchtet herein, daß z.B. in Klafkis Beispiel nicht „Ordnung" Ereignis wurde, sondern *Unter*ordnung. Die Emanzipation von der Erziehungsideologie ermöglicht Eltern und Lehrern, mit Kindern ohne Krampf mitmenschlich umzugehen: Ohne alle Autoritätsproblematik erklärt man auch seinem besten Freund ein schwieriges Problem, aber nicht so lange, bis man glaubt, er müsse es verstanden haben, sondern so lange, bis er es verstanden hat. Das heißt, auch intentionales Lehren muß das funktionale Lernen nicht stören, keinen Gegenteileffekt auslösen: *wenn* die Intention sich nicht auf das Kind, sondern auf den Gegenstand richtet, *wenn* der Antwortende kein Menschenverbesserer ist, kein mißtrauischer Feigling, kein herrschsüchtiger Sadist und Dummkopf (Klafki z.B. übersah, daß „Ordnung" nur aus ihrem Gegenteil erfahrbar wird, so daß seine Mutter eine „bildende Begegnung" geradezu verhinderte), der gar noch für die Fragenden die Verantwortung beansprucht (statt für seine Küche), sondern tatsächlich ein Dienstleistender, dessen Intention die Kinder nur sekundär, nämlich insofern gewissermaßen *streift*, als ihnen die Richterrolle über seine Kochkünste zusteht.

Freilich braucht der Koch für diese Einstellung das pauschale Zutrauen zu seinen Kunden, daß sie nicht verhungern wollen, daß sie aus sich heraus etwas sind, nicht gemästet werden müssen.

> „Diese Vorstellung, einem zuzutrauen, daß er aus sich etwas ist, hat zunehmende Bedeutung für mich. Ich spekuliere manchmal, wie ein Kind wäre, das von Anbeginn so behandelt würde“ (Rogers, 178, S. 319).

Diese wehmütige Anmerkung eines großen Psychotherapeuten kann zukünftigen Eltern vielleicht Mut machen, der Erziehungsideologie zu widerstehen. Scheuerl:

> „Der Erzieher muß wie der Gärtner, wo es nottut, auch Wildwuchs beschneiden; er kann dem Sprößling bestimmte Nahrung zuführen oder verweigern und ihn durch Pfropfen zu veredeln trachten“ (71, S. 327).

Ich spekuliere manchmal, wie die Menschen wären, wenn einige von ihnen zur Hölle führen, um den Dortigen zu veredeln. Aber dessen Wildwuchssprößlinge sind sie ja selbst ...

Kapitel VIII
Das – antipädagogische – Notwehrprinzip

Eine Gegenfrage

Bisher war sehr viel die Rede von einerseits Erziehungsbedürftigkeit, -notwendigkeit, Herrschaft, Unterwerfung, Anpassung voraussetzender Sekundärautonomie — andererseits Spontanautonomie, Autonomieanspruch, vorbehaltlosem Respekt, oder mit anderen Worten (denen des hypothetischen naiven Lesers): von hie „unwürdigem Gebaren", da „mitmenschlichen Selbstverständlichkeiten".
Meinem Gefühl nach würde ich es damit genug sein lassen und mich dem Schlußkapitel zuwenden, um anknüpfend an das erste noch einige Anregungen zu geben, welche Informationen und Gesprächsstoffe man Jugendlichen über die Enttabuierung des Kinderwunschmotivs hinaus anbieten könnte, um ihnen Gelegenheit zu geben, sich über ihre mögliche Elternrolle rechtzeitig Klarheit zu verschaffen, die Folgen sowohl der pädagogischen als auch der emanzipierten Einstellung zu bedenken. Meiner Erfahrung nach genügen Jugendlichen diese Aufklärungen, um sich zu entscheiden. (Keineswegs allen ist die antipädagogische Einstellung möglich, aber diese wissen dann wenigstens, was sie tun, wenn sie trotzdem Kinder in die Welt setzen. Ihr diesbezüglicher Eifer wird wohl auch etwas problematisiert.)
Damit das prophylaktische Denken aber eine Chance erhält und Jugendliche in größerer Zahl aus dem plumpen unbewußten Wiederholungszwang sich erlösen können, hat Antipädagogik es zunächst einmal mit Reifen und Überreifen zu tun, und diese (sowie einige besonders gut erzogene Jugendliche) stellen regelmäßig eine Gegenfrage, die zwar irrelevant ist, sobald die pädagogische Einstellung ihre Macht verloren hat, weil ein antipädagogisch eingestellter (oder einfach netter) Mensch sämtliche möglichen Situationen mit Kindern spontan, ohne auf irgendwelche Theorien rekurrieren zu müssen,

durchlebt, aber da es offenbar heute nicht genügend Erwachsene gibt, denen das einleuchten kann, obwohl sie ansonsten bereit wären, Jugendlichen beim Zerreißen des erziehungsideologischen Netzwerkes zu helfen, bedarf diese Gegenfrage einer Antwort.
Die Frage lautet etwa: Brauchen Kinder nicht Führung, Widerstände, Autorität schon deshalb, damit sie ein realistisches Selbstwertgefühl entwickeln können? Werden sie nicht in einer antipädagogischen Atmosphäre schlicht größenwahnsinnig und tanzen den Ausgewachsenen auf der Nase herum? Werden sie später, z. B. in der Schule, nicht um so brutaler frustriert, je mehr man Frustrationen zuvor von ihnen fernhielt?
Diese Frage (im Kern zielen die angegebenen Formulierungen auf nur eine) verbleibt zwar innerhalb der Erziehungsideologie und kann daher von außen nicht wirklich beantwortet werden — wenn ein Katholik einen Heiden fragt, wie er denn ohne Glauben leben könne, da es Gott schließlich gebe, wird ihn dessen Antwort auch nicht befriedigen —, aber ich will doch versuchen, eine Brücke zwischen den Positionen zu schlagen, um vielleicht einigen Erwachsenen, speziell Lehrern, wenn auch nicht antipädagogisches Denken schmackhaft zu machen, so doch die Skrupel zu nehmen, an seiner Ermöglichung mitzuarbeiten.

Für den Antipädagogen, der sich in jeder Situation authentisch, real zu verhalten gewohnt ist, stellt die Frage wie gesagt keine Frage dar: sie zeugt von nichts als Ängstlichkeit. Aber schließlich gab es gewisse Moden — z. B. die self-demand-Fütterung, das laissez-faire, einige antiautoritäre Spielarten —, unter denen Kinder wie Erwachsene entschieden leiden mußten, und viele Pädagogen sehen in diesen kinderfeindlichen Exzessen warnende Beispiele der Verantwortungslosigkeit. Sie übersehen, daß Erwachsene, die einen Säugling bei jedem Ton durch Nahrungszufuhr zum Schweigen bringen (es wird von bis zu 27 Fütterungen pro Tag berichtet!), die unbarmherzig zusehen, wie Kinder verbal oder averbal um Hilfe rufen (was im übrigen höchst ambitioniert als pädagogische Strategie verstanden wurde), oder die sich daran ergötzen, wenn Kinder sich gar nicht aggressiv genug benehmen können (mit welcher Erwartungshaltung sie die Kinder zum Terror erst anstiften), daß solche Erwachsene sich gerade nicht authentisch, real verhalten, schon gar nicht mitmenschlich, nett, sondern daß sie voller Absichten stecken, sich durchaus nicht auf ihre eigenen Angelegenheiten — und im übrigen auf die spontane Pflege unverfälschter Beziehungen — beschränken. In allen drei Fällen handelt es sich um grausame Dressur, an der Kinder unweigerlich erkranken, aber nicht, weil ihre Eltern nicht pädagogisch genug handelten, sondern weil sie besonders extrem unauthentisch agierten, nämlich Ratschlägern folgten, die ihnen die herrlichsten Ergebnisse versprachen. Ich sagte es schon: es gibt keine Zauberpädagogik, die Kinder irgendwie zu besonders wünschenswerten Wesen macht; es gibt keine Pädagogik, die nicht mehr oder weniger offener Terror ist; — an dieser Stelle erweist sich Erziehung als die andere Seite der Medaille Menschenfeindlichkeit, deren eine Verwahrlosung genannt wird. Ob man Kinder sticht oder im Stich läßt: beides kann, *pädagogisch*, je nach Situation, gut sein und wird entsprechend empfohlen. Nett ist beides nie — und im übrigen *empfiehlt* Antipädagogik nur zu denken und der zu sein, der man ist.

Ich möchte die Gegenfrage in zwei Schritten zu beantworten versuchen. Zunächst soll sie ins Extrem getrieben werden, wo sich die antipädagogische Einstellung am klarsten darstellen läßt. Dies führt, wenn von Dominanz und Autorität und Herrschaft schon gesprochen werden soll, zur Postulierung der Säuglingsdominanz, -autorität und -herrschaft. Anschließend wird das Notwehrprinzip diskutiert, und zwar besonders in Hinblick auf das auf der Ebene des Überbaus immerhin interessante Problem des „realistischen Selbstwertgefühls". Es mag sein, daß diese theoretischen Erwägungen es dem einen oder anderen Erwachsenen erleichtern, von der Pädagogik intellektuell Abschied zu nehmen, obwohl ich nicht recht weiß, wie viel damit gewonnen wäre. Denn wer für eine so konkrete Sache wie menschliche Authentizität eine theoretische Absicherung braucht, der läuft, im Besitze dieser Sicherung, bereits wieder Gefahr, bestimmte Ergebnisse anzuzielen und Verantwortung für seine Kinder zu beanspruchen. Andererseits kann diese Sicherung auch dazu dienen, das anvisierte *eigene* Fühlen, Denken und Tun als verantwortbar zu erfahren: dann hätte das Notwehrprinzip gewissermaßen als Übergangs- und Vermittlungshilfe eine sinnvolle Funktion.

Säuglingsautorität

Die Spekulation von Carl R. Rogers, einem Menschen von Anbeginn (also schon einem Säugling) „zuzutrauen, daß er aus sich etwas ist", wird von Pädagogen selbstverständlich zurückgewiesen. Zum Beispiel erklärt Erich Weniger:

„Zu allen Zeiten versuchte die ältere Generation auf die jüngere einzuwirken und mußte einwirken, damit etwas aus dieser wurde, was nicht durch die bloße Existenz der jüngeren Generation, durch ihr ‚Von-sich-aus-Leben', gesichert war" (176, S. 347).

Eine solche Behauptung ist nicht etwa wegen der präfigurativen Kulturstufe nur *veraltet*, sie war in sich seit jeher *falsch*, da die „bloße Existenz" der jüngeren Generation ideologische Fiktion ist: jeder Mensch wird in ganz bestimmte Bedingungen hineingeboren, findet sowohl konkrete Personen, Beziehungen, Strukturen in seiner intimen Umgebung vor als auch konkrete politische, gesellschaftliche, ökonomische, kulturelle, geistige Verhältnisse des Makrosystems in seinem jeweiligen historischen Zustand. Ein objektives „Von-sich-aus-Leben" ist illusorisch, rechtfertigt aber gerade deshalb kein sicherndes Einwirken (Weniger), oder höchstens dann, wenn die Tatsache der Sterblichkeit des Menschen das Morden rechtfertigt.

Die Fiktion der „bloßen Existenz" dient offensichtlich als Verschleierungsmanöver des Pädagogen, das funktionale, spontan-autonome Lernen an den Gegebenheiten der Umwelt, wie es Rogers mit dem „aus sich" meint, durch Erziehung verfälschen zu dürfen. Indem Weniger ein „Von-sich-aus-Leben" verabsolutiert, objektiviert, entsubjektiviert, erscheint es legitim, Kinder als Objekte zu behandeln und zu entsubjektivieren (entselbsten).

Ein anderer Erziehungswissenschaftler, Heinz-Joachim Heydorn, entlarvt in seinem Buch „Zu einer Neufassung des Bildungsbegriffs" (110) die Crux sämtlicher Erzieher, ihre „große Not mit dem Wort ‚Selbst'" (v. Hentig), indem er ständig von „Mündigkeit als Ziel" (S. 7) spricht, vom „Ziel, den Menschen zu seinem Bedürfnis freizusetzen" (S. 52), und mit dem Pestalozzi-Zitat endet:

„Wir kennen von der Sittlichkeit wenig außer dieser Arbeit an unserm verschütteten Selbst" (S. 151).

So kommt Heydorn nicht auf den Gedanken, das Verschütten des Selbst von Anfang an zu verhindern. Er kann nur eine „Befreiungspädagogik" (S. 120) als Bildungsprozeß (dieser „meint nichts anderes als fortschreitende Befreiung des Menschen zu sich selber, als Weg ins Freie"; S. 121) fordern.

„Erziehung ist Zucht, notwendige Unterwerfung, die wir durchlaufen müssen, Aneignung, um die wir nicht herumkommen; Bildung ist Verfügung des Menschen über sich selber, Befreitsein, das in der Aneignung schon enthalten ist, aus ihr schließlich hervortreten soll" (S. 120).

Dies klingt ähnlich wie Gustav Wynekens Spruch von der Kindheit als „Wahnsinn, durch den wir alle hindurch müssen." Aus dem Erziehungswahnsinn soll dann Bildung herausführen — ein gutgemeintes, aber tiefenpsychologisch gesehen (wie mehrfach dargestellt) naives Programm. Um so bewundernswerter erscheint die Folgerung, die Heydorn seiner Definition anfügt. Er sagt lapidar:

„Erziehung soll obsolet, Bildung Wirklichkeit werden."

„Obsolet" bedeutet zweierlei, „veraltet" und „außer Gebrauch", und so muß man fragen: wie kann die obsolete, veraltete Erziehung obsolet *werden*, außer Gebrauch kommen? Wie vertragen sich die Formulierungen „notwendige Unterwerfung", „durchlaufen müssen", „nicht herumkommen" mit der Bezeichnung „obsolet"?

Bildung als „Befreiung des Menschen zu sich selber" (Heydorn) steht dem „aus sich" von Rogers unversöhnlich gegenüber — Sekundärautonomie contra Spontanautonomie. Ich möchte nun Heydorns Programm (das sich von dem anderer Pädagogen prinzipiell nicht unterscheidet; schon Platos berühmtes Höhlengleichnis geht von identischen Prämissen aus: der gefesselte, im Dunkeln vegetierende Mensch muß ausdrücklich „mit Gewalt" ans Licht des Tages, des Guten, Rechten und Schönen gezerrt werden; vgl. z.B. Blättner, 32, S. 28f.) kurzerhand auf den Kopf (bzw. auf dic Füße) stellen, die Fremdbestimmung-vor-Selbstbestimmung-Konstruktion umkehren. Pädagogen sind sich darüber einig, daß im Umgang zwischen den Generationen die Ausgewachsenen dominieren und dominieren müssen. Sogar in dem aggressiven Buch „Schülerselbstbefreiung" protestiert Wellendorf nur gegen „archaische Praktiken der Autoritätsausübung in Familie und Schule" (138, S. 8), also nur gegen die Form, nicht gegen die Legitimation von Autorität, Herrschaft, Dominanz der Superreifen. Giesecke hatte geschrieben:

„Die einzige Legitimation von Herrschaft in der Erziehung besteht heute in der ... ontogenetisch bedingten Unmündigkeit" (85, S. 77).

Erlinghagen bestätigt „das ‚Recht' auf die Ausübung von Autorität und die Notwendigkeit, diese im Interesse des Kindes — auch gegen die Wünsche des Kindes — auszuüben" (66, S. 70), wie folgt:

„Der Rechtsgrund für die Anwendung der Autorität liegt allein in der totalen Hilflosigkeit des Kindes und der daraus entspringenden Fürsorgepflicht der Eltern" (S. 76).

Mollenhauer erkennt zwar „alles pädagogische Handeln als eine ‚gestörte' (Watzlawick u. a.) oder ‚verzerrte' (Habermas) Kommunikation" (156, S. 68f.) und nennt die Dominanz der Erwachsenen mehrfach „pädagogisch notwendig" (S. 70) — was stimmt —, konstatiert aber dann „das pädagogische Grundproblem überhaupt", „die ‚pädagogische Paradoxie'" unter Hinweis auf die angeblich „empirisch notwendigen Dominanz-Bedingungen" (S. 70).
Nun kann am Extrembeispiel des Säuglings gezeigt werden, daß die Konstruktion der erzieherischen Herrschaft und Autorität, der „empirisch" notwendigen Dominanz der Gewachsenen, der Realität nicht standhält. Die umgekehrte Konstruktion erweist sich als empirisch weitaus besser belegt. Denn in Wahrheit dominiert, wie jede einigermaßen „funktionierende" Mutter weiß, der Säugling. Eine vernünftige — im Gegensatz zu einer lieblosen oder erziehenden — Mutter beansprucht nicht Autorität oder Dominanz, sondern sie ist ihrem Säugling gehorsam, einfach weil er so abhängig und darauf angewiesen ist. Autorität legitimiert sich in einer Demokratie aus Kompetenz und freiwilliger Anerkennung. Ein Säugling allerdings *kann* noch nichts freiwillig anerkennen (weshalb Giesecke sein Lernen „Unterwerfung" nennt), aber eine Mutter, die nicht solche Anerkennung fordert (ihr Kind nicht unterwirft), sondern sich über die wirklichen Kompetenzverhältnisse Gedanken macht, kommt schnell auf antipädagogische Ideen. Sie erkennt, daß nicht sie, sondern der Säugling sowohl weiß als auch signalisiert, was ihm jeweils fehlt; d.h. der Säugling besitzt (vor aller Bewußtheit) die Wahrnehmungs- und Kommunikationskompetenz und ist *von Anfang an* zur Selbstbestimmung fähig.

In seinem Aufsatz „Vorbereitende Bemerkungen zu einer Theorie der kommunikativen Kompetenz" (96, S. 101—141) sagt Habermas: „Wenn wir einem Gegenüber als einem Subjekt und nicht als einem Gegenstand, den wir manipulieren können, begegnen, unterstellen wir ihm (unvermeidlich) Zurechnungsfähigkeit. ... Wir *müssen*, sofern wir uns überhaupt ihm gegenüber als einem Subjekt einstellen *wollen*, davon ausgehen, daß unser Gegenüber uns sagen *könnte*, warum er in einer gegebenen Situation sich so und nicht anders verhält. Wir nehmen also eine Idealisierung vor ..." (S. 118).

Habermas hebt hier gewiß nicht auf Säuglingsschreien ab, aber indem er ohnehin eine „Idealisierung" ausmacht und zudem zwischen „Diskurs" und „kommunikativem Handeln (Interaktion)" unterscheidet (S. 115), wobei er dem letzteren zubilligt: „An die Stelle von sprachlichen Äußerungen können auch Handlungen treten oder Erlebnisausdrücke (leibgebundene Expressionen)" (S. 114) — bestätigt er das spontane Gefühl der Mutter, die ihrem Säugling Zurechnungs- und Selbstbestimmungsfähigkeit unterstellt. Die Mutter muß nur *tun*, was der Säugling bestimmt, aber darauf ist jede Autorität angewiesen.

Um den Bestimmungen des Säuglings nachzukommen, besitzt die Mutter im Normalfall die Kompetenz, sie zu verstehen; sie *führt* also die Anweisungen des Säuglings *aus* — kraft ihrer komplementären Kommunikations- und Handlungskompetenz. Das bedeutet, in Wahrheit ist der Säugling die Autorität, der legitime Vorgesetzte. Ein Vorgesetzter kann ohne Frage von seinen ihm z.B. körperlich oder von der speziellen Ausbildung her überlegenen Angestellten die Ausführung von Handlungen verlangen, zu denen er selbst nicht in der Lage wäre. Aus der Tatsache also, daß die Mutter das Fläschchen bereitet und bringt, zu schließen, sie sei („empirisch notwendig") die Dominanz- und Autoritätsperson, mag zwar „pädagogisch" eine „Paradoxie" (Mollenhauer) stiften — außerhalb solchen Denkens ist es schlicht absurd. Wenn man von Herrschaft schon sprechen will, unterwirft also eine mitmenschlich (nett) eingestellte Mutter nicht ihr Kind zum Herrschaftsobjekt (Giesecke), sondern sich selbst. Dann braucht auch nicht „Erziehung" aus dem Objekt später ein Subjekt zu „machen" (wie sollte das gelingen?), sondern das Kind wächst und lernt. Es lernt, und erwirbt sich im Laufe der Zeit die Ausführungskompetenz, die ihm zu Beginn seines Lebens noch fehlte.
Mit dieser Konstruktion, die freilich Erziehern, die Kinder im Eifer der Pädagogik mit Hunden oder Ungeziefern zu verwechseln pflegen, wenig imponieren kann, nämlich eine Andeutung von konkreter Humanität voraussetzt, ist die immer wieder deklarierte Notwendig-

keit von Fremdbestimmung, die der Selbstbestimmung vorausgehen müsse (z. B. Heydorn), von Autonomie, welche Anpassung voraussetze (Brückner), von „harten Lernformen" (Rossman) überhaupt, widerlegt, die „Chance zum Gegeneinfluß" (Hartmann) nicht als fernes Ziel ins Nirgendwo verschoben, der Autonomieanspruch des „ziemlich kompetenten" (Erikson) Säuglings respektiert, das ewig wiedergekäute angeblich natürliche „Machtgefälle" zuungunsten des Kindes ad absurdum geführt.
Aber wie gesagt, auch die kompetenteste Autorität ist auf freiwillige Anerkennung angewiesen. In Kapitel II hatte ich Erlinghagen zitiert:

> „Im ‚Idealfall' wird der autoritäre Wille nicht mehr als solcher, das heißt als Ausprägung der Macht empfunden, sondern er wird fraglos verbindlich."

Weiter heißt es dann, „daß Autoritätsausübung sehr früh als Einengung des subjektiven Freiheitsraumes erlebt" wird (tatsächlich; die Eltern können z. B. nicht so lange ausgehen). Aber:

> „Aber das ist nur die eine Seite. Das mit positiven Qualitäten verbundene Erlebnis der Beglückung, des Zufriedenseins, der Bestätigung, der Freude, des Stolzes darüber, den Willen der Autoritätsperson erfüllt und gewissermaßen schon vorausgeahnt zu haben ... widerlegt die oft gehörte Behauptung, daß Autorität in jedem Falle mit unangenehmen Gefühlserfahrungen verbunden sei" (66, S. 75).

Jede einigermaßen intakte Mutter wird das bestätigen und damit beweisen, daß auch Jesuiten die Wahrheit sagen können — man muß ihnen nur manchmal das Wort im Munde umdrehen.

Tiefenpsychologische Einwendungen

Die erziehungsideologische Konstruktion der Erwachsenenautorität findet wesentliche Unterstützung ausgerechnet von der Wissenschaft, die sie zu widerlegen berufen gewesen wäre. Daß die hoffnungsvollen Ansätze einer „psychoanalytischen Pädagogik" seit 1908, als Ferenczi auf dem Ersten Psychoanalytischen Kongreß in Salzburg seinen noch heute aktuellen Vortrag „Psychoanalyse und Pädagogik" hielt

(69, S. 1—11), der jahrelang von seinen Kollegen ignoriert wurde, schließlich scheiterte — was Ferenczi 1927 (70, S. 212f.), Anna Freud 1937 (vgl. Balint, 15, S. 209f.) eingestehen mußten —, war bereits in Sigmund Freuds Menschenbild festgelegt. Ich lasse einige Zitate folgen, weil noch immer manche Leute glauben, die Psychoanalyse sei eine menschenfreundliche Theorie.

> „Auch die mildeste Erziehung kann nicht anders als Zwang ausüben und Einschränkungen einführen, und jeder solche Eingriff in seine Freiheit muß beim Kind als Reaktion die Neigung zur Auflehnung und Aggression hervorrufen" (GW XV, S. 132f.). — „Das Kind soll Triebbeherrschung lernen. Ihm die Freiheit geben, daß es uneingeschränkt allen seinen Impulsen folgt, ist unmöglich. Es wäre ein sehr lehrreiches Experiment für Kinderpsychologen, aber die Eltern könnten dabei nicht leben und die Kinder selbst würden zu großem Schaden kommen, wie es sich zum Teil sofort, zum anderen Teil in späteren Jahren zeigen würde. Die Erziehung muß also hemmen, verbieten, unterdrücken und hat dies auch zu allen Zeiten reichlich besorgt. Aber aus der Analyse haben wir erfahren, daß gerade diese Triebunterdrückung die Gefahr der neurotischen Erkrankung mit sich bringt. Sie erinnern sich, wir haben eingehend untersucht, auf welchen Wegen dies geschieht. Die Erziehung hat also ihren Weg zu suchen zwischen der Scylla des Gewährenlassens und der Charybdis des Versagens. Wenn die Aufgabe nicht überhaupt unlösbar ist, muß ein Optimum für die Erziehung aufzufinden sein, wie sie am meisten leisten und am wenigsten schaden kann" (ebenda, S. 160). — „Bei Völkern niedriger Kultur und in den unteren Schichten der Kulturvölker scheint die Sexualität der Kinder freigegeben zu sein. Damit ist wahrscheinlich ein starker Schutz gegen die spätere Erkrankung an individuellen Neurosen erzielt worden, aber nicht auch gleichzeitig eine außerordentliche Einbuße an der Eignung zu kulturellen Leistungen? Manches spricht dafür, daß wir hier vor einer neuen Scylla und Charybdis stehen" (GW XIV, S. 247). — „Der Barbar, erkennen wir, hat es leicht gesund zu sein, für den Kulturmenschen ist es eine schwere Aufgabe. Die Sehnsucht nach einem starken ungehemmten Ich mögen wir begreiflich finden; wie uns die gegenwärtige Zeit lehrt, ist sie im tiefsten Sinn kulturfeindlich" (GW XVII, S. 112).

Es verwundert nicht, daß Freud das Erziehen zu den „unmöglichen" Berufen zählt, „in denen man des ungenügenden Erfolgs von vornherein sicher sein kann" (GW XVI, S. 94). Eher könnte man sich darüber wundern, wie unverdrossen Freud und seine Nachfolger der Erziehungsideologie trotzdem den Rücken stärken. Eine für Psychoanalytiker typische Aussage (deren Autorin mit dem Wort „begreiflicherweise“ vorgibt, etwas begriffen zu haben):

„Wenn wir nie in das Lustverlangen des Kindes eingriffen, alle Wünsche erfüllten, nichts verböten, würden wir zwar vielleicht niemals diese negativen Reaktionen des Kindes erfahren, das Produkt solcher Kindererziehung würde jedoch begreiflicherweise kein zivilisiertes Kind werden“ (Fraiberg, 75, S. 20).

Vielleicht deutet es auf das schlechte Gewissen der Tiefenpsychologen, daß sie „die unausweichliche Notwendigkeit, in der sozialisierenden Hilfestellung für das Kind — also in der Erziehung — frustrieren zu müssen“ (Mitscherlich, 150, S. 54), so häufig wiederholen — als habe je ein ernstzunehmender Mensch behauptet, man *könne* Kindern oder sonstwem Frustrationen ersparen. Das alles durchdringende Mißtrauen hinter solchen Äußerungen ist nicht zu übersehen. Einige Beispiele: „Kinder, denen man einfach gestattet, zu tun und zu lassen, was sie wollen, entwickeln asoziale und kriminelle Tendenzen, werden unfähig zu guten mitmenschlichen Beziehungen“ (Bönner, 35, S. 68). — „Kinder hören auf, ihren primitiven Impulsen zu folgen, da sie die Liebe und Anerkennung ihrer Eltern suchen. Wäre es anders, würden sie wahrscheinlich in dem Entwicklungsstadium verharren, in dem sie geboren werden: als eigennützige, unzivilisierte, gierige und egoistische Wesen“ (Stevens/Freeman, 203, S. 12). — „Ohne Frustration ist die Entwicklung des psychischen Apparats nicht denkbar“ (Fornari, 73, S. 188). — „Die Versagungen und Verbote gegenüber Trieb- und Gefühlsregungen liefern im Verein mit den von den Eltern ausgehenden Forderungen und Anregungen sozialer und kultureller Betätigungen einen wichtigen Beitrag zur Entwicklung eines effektiven, unabhängig funktionierenden und selbstbewußten Ichs“ (Jacobson, 117, S. 66). — „Gegenseitige Entfremdung, die sich bis zur Feindschaft steigern kann, muß sich notwendig ergeben, wenn die ältere Generation nicht länger den Mut und die Kraft aufbringt, Autorität auszuüben, und die Jugend sich nicht unterordnen will oder den Mut dazu nicht aufbringt“ (Vanggaard, 209, S. 192). — „Wo der Druck von Schuldgefühlen fehlt, fehlt auch die normale Über-Ich-Entwicklung: schmerzliche innere Konflikte sind der Preis, den jedes Individuum für die Höherentwicklung seiner Persönlichkeit zu zahlen hat“ (Anna Freud, 78, S. 116). — Vater Freud zieht Bilanz: „Seitdem wir schärfer zu sehen verstehen, sind wir versucht zu sagen, die Kinderneurose sei nicht die Ausnahme, sondern die Regel, als ob sie sich auf dem Weg von der infantilen Anlage bis zur gesellschaftlichen Kultur kaum vermeiden ließe“ (GW XIV, S. 245).

Fast alle Psychoanalytiker (z.B. Reich nur sehr bedingt) vertreten, gelegentlich resigniert (Mitscherlich), überwiegend aber mit spürbarer Wollust (außer den zitierten z.B. Brocher, Hacker, Richter) den entsprechenden anthropologischen Standpunkt, sehen Kinder als wilde Tiere an, die zu Menschen erst in die Höhe gequält („domestiziert") werden müssen. Dagegen (ich will hier nur illustrieren, nicht die Diskussion der vergangenen Kapitel wiederaufnehmen) leitet Ronald D. Laing eine Analyse verschiedener Erziehungstechniken wie folgt ein:

> „Jeder ist zunächst einmal von der Konstitution her voller Leben. Ich bin noch nie jemandem begegnet, der so voller Leben ist, wie es die meisten Babys, zumindest in den ersten Wochen nach ihrer Geburt, immer noch sind, und der irgendeiner anderen Kreatur ihr Leben mißgönnt. Das Baby, das voller Leben ist, hat Freude am Leben. Rein von der Konstitution her tanzt das Leben mit dem Leben.
> Wir wollen uns nun mit einigen Methoden befassen, mit denen die Anderen in Wort und Tat Leben zerstören" (134, S. 148 f.).

Tatsache ist, daß Kinder keine realistische Selbsteinschätzung entwickeln könnten, wenn man alle Unlust, d.h. einen Teil der Realität, von ihnen fernhielte. Die Konsequenz der meisten Psychoanalytiker, Kinder deshalb gezielt und wohldosiert frustrieren (mit Laings Worten: ihr Leben zerstören) zu müssen, klingt zwar häufig genug zynisch bis sadistisch, wird aber vielleicht gerade deshalb von Pädagogen mit einer Begeisterung rezipiert, die man anderen psychoanalytischen Theoremen gegenüber vermißt. Es läßt sich jedoch zeigen, daß die antipädagogische Fortsetzung des Modells der Säuglingsautorität sowohl Scylla als auch Charybdis (Freud) und den gesamten anderen hochnäsigen Rotz in Nichts auflöst. Man braucht nur wieder erziehungsideologische Aussagen umzukehren. Wenn eine Psychoanalytikerin z.B. erklärt:

> „Je jünger das Kind ist, um so mehr braucht es das Gehorchen als Grundlage seiner kindlichen Existenz" (Wickes, 213, S. 98)

— dann ist diesem Satz zuzustimmen, sofern man das Subjekt des Gehorchens (Wickes meint natürlich das Kind) als die Mutter ansieht. Folge: In dem Maße, in dem das Kind älter wird und Handlungskompetenz erwirbt, kann die Mutter (und die übrige Umgebung) ihren Gehorsam relativieren, kann zunehmend trotzig werden, zunehmend mitbestimmen, sich zunehmend (defensiv statt aggressiv-pädagogisch) verweigern und gegen Übergriffe (angreifende Probierhandlungen der Kinder) verteidigen. Kinder brauchen keine erzieherischen Forderungen, Gebote, Verbote, ihnen gesetzte Grenzen, um ein realistisches Selbstwertgefühl zu entwickeln; die Erwachsenen brauchen lediglich in schlichter authentischer Selbstachtung nach einer Art Notwehrprinzip ihre Eigenbereiche abgrenzen und kindliche Übergriffe weder herausfordern noch sich gefallen lassen. Auf diese Weise erleben Kinder die allseits so eifrig geforderten personalen Widerstände (andere erleben sie ohnehin reichlich), ohne den Preis der Entselbstung zahlen zu müssen. (Und die Eltern können — was Freud und Konsorten in ihrer extremen Kinderfeindlichkeit nicht denken mögen — besser leben als mit irgendeiner Art der „mildesten“ Erziehung, mit der sie sich bloß Feinde machen.)

Drei Beispiele

1. Das Inzestverbot. Am „Fall Dominique“ der Psychoanalytikerin Françoise Dolto (56) kann der Hauptaspekt des Notwehrprinzips veranschaulicht werden. Der 14jährige Dominique wurde psychotisch vor allem deshalb, weil er von seiner infantilen Mutter als Sexualobjekt mißbraucht wurde, wenn ihr Ehemann, was sehr häufig vorkam, abwesend war. Die Mutter zitierte ihren Sohn seit 14 Jahren praktisch regelmäßig als „wärmespendenden Fetisch“ und „warmblütige Tierpuppe“ (S. 104) oder „Heizkörper“ (S. 177) zu sich ins Bett. Dolto interpretiert daher richtig: „Dominique ist niemals er selbst gewesen. ... Dominique war entfremdet, seiner Freiheit, seiner Autonomie beraubt“ (S. 139), „er hat eine vollständige Entnarzißierung erfahren“ (S. 141).
So weit so gut. Nun nennt aber Dolto diese Mutter „duldsam“ (S. 114), „allzu nachsichtig“ (S. 180) und behauptet ernsthaft, dem Jungen sei die „humanisierende Kastration“ (z.B. S. 10 und 174f.), das „Gesetz des Inzestverbots“ (z.B. S. 234) verweigert worden. Schließlich wirft sie aus: „All dies fordert der Geist der Erziehung; denn das Kind humanisiert sich im Laufe seiner Entwicklung nur zum Preis operationeller Kastrationen, d.h. die zur rechten und nicht zur unrechten Zeit kommen, ich meine, wenn die von den Verboten verdrängten Triebe zugleich fähig sind, sich in festen unbewußten Tabus zu organisieren“ (S. 249).
Der Bruch ist deutlich. Obwohl Dominique in extremer Weise ausgebeutet wird (und Heilung findet, weil die Analytikerin *der Mutter* das Inzestverbot auferlegt), preist Dolto die von einer Großmutter „dem jungen Knaben in Freiheit“ auferlegten „Verbote“, sogar „Unterdrückung“ (die Dominique vorübergehend entlastete), weil sie „Möglichkeiten kulturellen Lernens

freigesetzt" habe (S. 114), d.h. faktisch wird Dominique als der zu unterdrückende Bösewicht dargestellt, den die Mutter verwöhnt, nicht etwa vergewaltigt habe. (Bei Freud, GW X, S. 240f., findet sich die Beschreibung einer analogen Beziehung Mutter-Tochter, für die ebenfalls dem Kind die Alleinschuld zugesprochen wird.)
Die einfachste, fairste, netteste Möglichkeit zur Meisterung der ödipalen Situation (ihre Realität einmal unterstellt) tritt überhaupt nicht in den Blick. Wenn es stimmt, daß ein Junge seine Mutter sexuell begehrt, könnte die Mutter (wenn nicht „der Geist der Erziehung" sie benebelt) die entsprechenden Anträge und Annäherungsversuche einfach ablehnen, wie sie es im Falle eines Erwachsenen, mit dem sie sexuell nichts im Sinn hat, ebenfalls täte. Sie könnte eindeutig Nein sagen — ohne daraus eine Kastration, ein Gesetz oder allgemeingültiges Tabu zu konstruieren. Der Schritt vom „Ich will nicht" zum „Du darfst nicht!" und „Niemand darf!" ist der vom Notwehrprinzip zum pädagogischen Terror, aber gerade diesen Schritt erklärt Dolto für unbedingt erforderlich, ohne jede Begründung, abgesehen vom „Geist der Erziehung".

2. *Das Nein.* Erziehungsexperten berufen sich häufig auf René Arpad Spitz, z.B. seine gründliche Analyse „Nein und Ja — die Ursprünge der menschlichen Kommunikation" (200). Spitz rechtfertigt Aggressionen gegen ein Krabbelkind („Gebote und Verbote", „Drohen mit dem Finger", „das ‚Nein, nein!' der Erwachsenen"; z.B. S. 41f.), weil der Erwerb des Nein für das Kind emotional und intellektuell äußerst wichtig sei (was stimmt). So lerne das Kind das Nein auch selbst zu gebrauchen, um „innerhalb des Abwehrmechanismus der Identifikation mit dem Angreifer die Aggression auszudrücken. Der Aggressor ist in diesem Fall das versagende Objekt, dem nun sein eigenes ‚Nein' an den Kopf geworfen wird" (S. 44). Spitz erklärt: „Bei der Erwerbung des ‚Nein' ist das wesentliche Element die emotionale Versagung durch das Liebesobjekt und nicht die jeweilige Situation, z.B. die Süßigkeit, nach der das Kind verlangt oder der Topf mit kochendem Wasser, an dem es sich zu verbrühen droht" (S. 52). Unablässig schwärmt Spitz von „psychischen Versagungen", welche das Kind zu „Entwicklung" (z.B. S. 116) antreiben, obwohl er weiß, „daß das Kind beim erwachsenen Partner nur zwei Affekte unterscheidet, die ich den ‚für'- und den ‚gegen'-Affekt nennen will. In den uns geläufigen Begriffen ausgedrückt, fühlt sich das Kind vom Liebesobjekt entweder geliebt oder gehaßt. Der Mangel an feinerer Unterscheidung kann sehr deutlich durch Filmaufnahmen bewiesen werden" (S. 47).

Ich hatte im ersten Kapitel das „Wer nicht für mich ist, ist gegen mich" bereits erwähnt; vgl. noch: „Die primäre Objektbeziehung ist diffus, global, sensoriell und gestaltet sich ohne Nuancierung ausschließlich nach dem Gesetz des ‚alles oder nichts'" (Mendel, 145, S. 78). Ebenso — „Gesetz des Alles oder Nichts" — bei Fornari (73, S. 88). Folge: „Alle diese Formen der Verneinung sind Liebesentzug, sind — ob man das nun glauben will oder nicht — Angriff auf die personale Existenz des Kindes, sind geeignet, einen Menschen krank und lebensuntüchtig werden zu lassen. Durch das Nein der Eltern wird das Kind an sich selber irre, an seinem Wesen, an seinem Wert. Es bekommt Angst vor sich und vor der Welt" (v. Gagern, 111, S. 140f.).

Wiederum kommt die einfachste, fairste und netteste Möglichkeit (innerhalb der Erziehungsideologie argumentiert: zur Vermeidung der dargestellten Nachteile ohne Aufgabe der Vorteile) nicht in den Blick, nämlich das defensive oder auch rein sachliche Nein: Nein, das ist nicht der Onkel X, das ist der Onkel Y; nein, ich werfe dich nicht aus dem Fenster, bloß weil du fliegen willst.

Spitz und seine Kollegen haben natürlich recht, wenn sie sagen, ein Kind müsse sich als von der Mutter getrenntes Wesen erfahren — gerade die Antipsychiater betonen diese Notwendigkeit mit Nachdruck. Ich zitiere Cooper: „Wenn es der Mutter nicht gelingt, einen Bereich wechselseitigen Handelns zu schaffen, so daß der Säugling lernt, sie als einen anderen zu berühren, dann wird dem Kind die Voraussetzung für das Gewahrwerden seiner persönlichen Autonomie fehlen. Es wird für immer ein Ding, ein Anhängsel, etwas nicht ganz Menschliches, eine lebendige Puppe bleiben" (46, S. 35; vgl. z.B. auch Laing, 132, S. 229f.).

Die oben genannten aggressiven „Formen der Verneinung" (v. Gagern) wirken destruktiv, neurotisierend, faschisierend, kurz: entselbstend (Cooper nennt die Entselbstung bzw. Entfremdung „das empirische Nebenprodukt einer universalen Täuschung"; 46, S. 51), weil sie nicht nur Angst erzeugen, sondern zur Identifikation mit dem Angreifer zwingen. „Der kann sich selbst nicht leiden", hört man oft über Menschen sagen, und auch das Gegenteil, z.B. Überheblichkeit, ist Ausdruck des gleichen Phänomens. Adorno hat es besonders drastisch formuliert: „Bei vielen Menschen ist es bereits eine Unverschämtheit, wenn sie Ich sagen" (3, S. 57).

Durch erzieherische Frustrationen (also nach Spitz, Mendel und Fornari: durch blanken Haß) soll den Kindern entsprechend pädagogischer und psychoanalytischer Theorien die Bildung einer Ich-Identität ermöglicht werden, aber gleichzeitig wird dieses potentielle Ich von den Erzieherpersonen kolonisiert, enteignet. In einer nicht vom pädagogischen Syndrom aus Angst, Sentimentalität und Sadismus vergifteten Beziehung zwischen Erwachsenen und Kindern, in der die Erwachsenen außer den konkreten Pflege- und Versorgungsleistungen nicht ständig (angeblich oder wirklich) *um der Kinder willen* zu irgendwelchen Aktionen schreiten, brauchen sie sich um Widerstände und identitätsstiftende Trennungserlebnisse nicht zu sorgen, da in der Realität der „Bereich wechselseitigen Handelns" (Cooper) immer existiert; er braucht nur nicht pädagogisch verfälscht zu werden. Konkret: Wenn eine Mutter das Tändeln mit ihrem Kind unterbricht, weil sie zum Klo muß oder das Telefon klingelt, leidet das Kind, ohne aber entselbstet zu werden. Lauert die Mutter dagegen auf günstige Gelegenheiten zu wohldosierten Frustrationsaktionen (oder auch solchen der Verstärkung, Belohnung, Ermutigung), dann ist die Beziehung bereits kaputt, nämlich als terroristische und zur Entselbstung zwingende „definiert“ (Watzlawick u. a.; Haley; vgl. Kapitel VI), und was die Mutter je im einzelnen tun mag, spielt nur mehr eine marginale Rolle.

3. Das Problem der Unlust. In seinem Buch „Die Entstehung der ersten Objektbeziehungen“ betont Spitz: „Es ist ebenso schädlich, das Kind während des ersten Lebensjahres von den unlustbetonten Affekten fernzuhalten, wie ihm die lustbetonten Affekte zu entziehen. Die beiden wirken bei der Bildung der Psyche zusammen. Inaktivierung des einen oder anderen dieser beiden Affekte kann nur zu einer seelischen Gleichgewichtsstörung führen. Dies zeigt den Irrtum derjenigen Erzieher, die absolute Nachgiebigkeit gegenüber dem Kinde empfehlen. Die Bedeutung der Versagung für die Erziehung kann gar nicht überschätzt werden, denn sie ist von der Natur selbst über uns verhängt“ (201, S. 50).

Nun könnte man sagen, daß auch der Tod über uns verhängt ist, ohne daß wir unsere Kinder deshalb alle gleich erschlagen, aber der vorstehende Text ist noch unter einem anderen Gesichtspunkt merkwürdig. Zwar zieht Spitz zu Recht gegen die Kindertümelei zu Felde (nicht für die „Erziehung“, aber für das Lernen sind tatsächlich Erfolge und Mißerfolge gleichermaßen bedeutsam), von außerhalb der Erziehungsideologie betrachtet sagt er aber noch mehr, erklärt nämlich implizit Erziehung für überflüssig bzw. schädlich. Denn da die Natur Versagungen über uns verhängt hat, braucht man Kindern nur nicht die einen Affekte „fernzuhalten“, die anderen „zu entziehen“, also irgendwelche „Inaktivierung“ zu betreiben — was alles ohnehin äußerst unverschämte Einmischungen wären.

Gegen die „absolute Nachgiebigkeit“ (die nur Schwäche und Mißtrauen dokumentiert, nicht Nettigkeit: niemand läßt sich von seinem Freund terrorisieren, wenn ihre Freundschaft diesen Namen verdient) hat sich mit besonderer Leidenschaft Manès Sperber geäußert: „In törichter Berufung auf die Psychologie gibt es eine analphabetische Parodie der nichtautoritären Erziehung, die sogenannte *permissiveness*, die sich vor allem in den Vereinigten Staaten von Amerika schnell ausgebreitet hat. Sie droht eine pädagogische Katastrophe herbeizuführen, deren zerstörerische Wirkung bereits jetzt genau abzusehen ist. Nichts von dem, was das Kind oder der Zögling tut, darf kritisiert, zurückgewiesen oder gar untersagt werden — angeblich deshalb, damit seine Persönlichkeit nicht irgendeinem Druck ausgesetzt werde. Diesen gelte es um jeden Preis zu vermeiden, damit die kindliche Persönlichkeit sich frei und voll entfalte. Man könnte sich wohl kaum eine üblere, in ihrem Widersinn unerträglichere Karikatur der psychologischen Pädagogik als Theorie und Praxis vorstellen, als es diese von frenetisch kapitulierenden, ängstlich-wehleidigen Erwachsenen betriebene seelenverkrüppelnde Verzärtelung ist“ (199, S. 175 f.).

Diesem Text ist vollinhaltlich zuzustimmen, wenn man anstelle der „psychologischen Pädagogik“ von Antipädagogik spricht, denn die sog. „per-

missiveness“ ist ein *pädagogisches* Programm und als solches um keinen Deut akzeptabler als irgend ein anderes.
Tatsächlich sind jene Kinder bedauernswert, die keine Unlust ertragen können, weil ihre Eltern sich zu ihren Sklaven machten/machen ließen. Zahlreiche „progressive“ Bedürfnisbefriedigungsideologen (die sogar „Freie Schulen“ gründen, weil ihre Kinder der Normalschule nicht gewachsen sind — so ein Bericht von Ursula Lücking im HR am 1. 11. 1974 über Vorgänge in Frankfurt/Main) unterstellen ihren Kindern eine natürliche Schwächlichkeit und glauben, sie vor Belastungen schützen zu müssen — sei es aus pädagogischem Ehrgeiz, sei es aus eigener Schwäche. Jedenfalls zeigen viele Berichte, daß hier von wehleidigen „Revolutionären“ der gleiche Mißbrauch mit Kindern getrieben wird wie von ihren „reaktionären“ Gegnern, und daß die Kinder so werden, wie es ihre Eltern voraussetzten (nicht wie sie es bewußt *wollten*).

Ich brauche die hier angeschnittene Problematik nicht weiter zu vertiefen, halte es aber für bemerkenswert, daß René Spitz gegen Ende seines Lebens (er starb 1974) unter dem Stichwort „Dialog“ (vgl. „Psyche“ 1972, S. 249 bis 264; 1973, S. 697—717; 1974, S. 135—156) viele seiner früheren Äußerungen über den Wert von Einmischungen selbst widerlegt hat. Z.B. erkannte er die „Unterbrechung von Aktionszyklen vor der Konsumation“ als unlust- und angstauslösend („Psyche“ 1974, S. 144) und folgerte: „Wie steht es mit den Müttern, denen es nur um ihre eigenen affektiven Bedürfnisse geht?“ (S. 148). — Ich erinnere an die pädagogische Ambition. — „Die Kommunikation solcher Mütter mit ihren Kindern wird zum sinnlosen Dialog. Sie beginnen Aktionen, die den Bedürfnissen des Kindes nicht angemessen sind, und sie unterbrechen seine Reaktionen darauf vor ihrer Erledigung“ (S. 148 f.) ... „Wir können demnach schließen, daß die ständige Unterbrechung von Aktionszyklen psychologische Bedingungen schafft, die zu soziopathologischen Zuständen (d.h. Asozialität; EvB) führen“ (S. 151 f.).
Was beschreibt Spitz hier anderes als den unter Berufung auf seine früheren Mahnungen ständig sadistischer werdenden Erziehungsalltag? Wie *können* Eltern, die ihre Kinder gernhaben und achten, auf sog. wissenschaftliche Ratschläge, die Kinder um ihrer Glückseligkeit willen aggressiv zu frustrieren, anders reagieren als durch komplette Gefühlsverwirrung?
Die beiden „trotz“ in seiner folgenden Anklage sollten gründlich bedacht (durch „wegen“ ersetzt) werden: „Wenn ich auf meine eigene Lebenszeit zurückblicke, scheint mir, daß es zum raschen Anwachsen einer immer sadistischer werdenden Jugendkriminalität gekommen ist: Teenager-Verbrechen, weitverbreitete und gleichzeitig sozial geächtete Homosexualität, schwere Neurosen und Psychosen, seltsame Formen sozialer Gruppenbildung mit, gelinde gesagt, eigenartigen Sitten, immer ungeeignetere Praktiken der Kindererziehung. Dies alles geschah trotz außerordentlicher Fortschritte unserer psychiatrischen Therapie, unserer vorbeugenden und therapeutischen Maßnahmen auf sozialen und medizinischen Gebieten

und in der Säuglingspflege. Und all dies trotz der lawinenartig anwachsenden Milliardenbeträge, die für vorbeugende und therapeutische Maßnahmen aufgewendet werden. Ist es möglich, daß wir vor einer chronischen Entgleisung des Dialogs beim Menschen stehen?" (S. 146).

Spitz gesteht (und bezeichnet damit die psychologischen Erfordernisse der präfigurativen Kultur), diese Probleme könne der Mensch nur bewältigen, „*nachdem* er ein Ich und damit die Fähigkeit entwickelt hat, in neuen Situationen zu lernen und Mittel zu erfinden, sie zu bestehen" (S. 146). Die Ichstrukturierung beginnt nach Spitz, der hierin seine Übereinstimmung mit Piaget erwähnt, „um den achten Lebensmonat herum" und erreicht „ihre erste Stufe ungefähr mit achtzehn Monaten" (S. 147). Genau für diese Zeit erklärte er Angriffe und Verbote, die ein Ich, das diese Bezeichnung verdient, verunmöglichen, früher als natürlich und nötig. Genau diese Zeit aber ist es auch, in der das von mir angedeutete „Notwehrprinzip" Angriffe auf das Kind (bevor es krabbelt, braucht man seinen Erwachsenen-Bereich nur selten zu verteidigen) überflüssig macht und dadurch ein autonomes Ich sich entwickeln läßt. Es spart dem Kind nicht Unlusterfahrungen, aber Erziehung („sinnlosen Dialog") mit allen notwendigen Folgen.

Freundschaft mit Kindern

Der Begriff Freundschaft geht über den Begriff Freundlichkeit („Kinderfreundlichkeit") weit hinaus, und auch die besten Freunde sind nicht immer freundlich zueinander, aber eines scheint mir (auch ohne eine tiefschürfende Analyse des „Wesens" von Freundschaft) evident zu sein: Unter Freunden mag es freundlich zugehen oder eher herzlich (im Sinne von grob), sollte zwischen ihnen jedoch Freundlichkeit im Sinne von Höflichkeit, Heuchelei auftauchen, wäre es mit der Freundschaft aus. Freunde können sich kritisieren, spontan beschimpfen, helfen, streiten, erklären, sich Gedanken machen, wie sie dem andern eine Freude bereiten, einen Streich spielen, aber sobald einer auf pädagogische Ideen käme (sich z. B. über seinen Verhaltens- bzw. Erziehungsstil dem anderen gegenüber Gedanken machte), hätte er der Freundschaft den Boden entzogen. Wenn Freunde sagen, sie können sich aufeinander verlassen, so bedeutet dies im Kern, daß sie wissen, der andere akzeptiert sie, wie sie sind, der andere mischt sich zwar nicht unaufgefordert ein, aber er steht für jede mögliche Hilfeleistung auf Abruf zur Verfügung.

Nun kann man Freundschaft (wenn sie „echt“ sein soll, d.h. wenn man den Begriff ernst nimmt) nicht erzwingen oder sonstwie manipulativ herstellen. Freundschaft ergibt sich, Freunde finden sich, ohne sich gesucht zu haben. — Wenn sie sich gesucht haben, wird ihre Beziehung eine eheähnliche Pseudofreundschaft, d.h. es fehlt das Element der Unabhängigkeit, die Beteiligten „benutzen“ sich gegenseitig; man kann dann nicht von Freundschaft, sondern nur von Partnerschaft sprechen.
So gesehen ist der moderne Begriff der „partnerschaftlichen Erziehung“ nichts anderes als eine weitere List der Erziehungsideologie. Auch Herr und Knecht oder Freier und Dirne sind Partner. Freundschaft mit Kindern, so wenig sie sich erzwingen läßt, so total läßt sie sich verhindern, sobald Erziehung/Pädagogik mitspielt, denn dadurch wird Feindschaft konstituiert, wie freundlich es auch zugehen (und sogar gemeint sein) mag.
Diese Überlegungen sind deshalb wichtig, weil am Beispiel der Freundschaft gezeigt werden kann, daß Antipädagogik nicht jener „falschen Toleranzideologie“ (Mitscherlich, 150, S. 136) das Wort redet, gegen die Tiefenpsychologen und Pädagogen mit gutem Recht zu Felde ziehen. Gerade in einer funktionierenden Freundschaft (und gegen alles, was intergenerationelle Freundschaften mit Sicherheit *ausschließt*, hat Antipädagogik anzutreten) existiert ein, wenn auch selten bewußtes, reflektiertes, Notwehrprinzip. Freunde erziehen sich nicht, aber sie wehren sich gegen Übergriffe. Wer Übergriffe duldet, trägt seinen Teil zur Zerstörung der Freundschaft bei — und wenn man davon ausgeht, daß Übergriffe unter Freunden ohne gegen den andern gerichtete Absicht *passieren*, ist es sogar Freundes*pflicht*, Übergriffe als solche zu qualifizieren und abzuweisen; andernfalls ginge die Freundschaft an bloßen Mißverständnissen zugrunde.

Das Dilemma von teilweise durchblickenden Menschen, in deren Theorie aber das Notwehrprinzip fehlt, wird bei Alexander Mitscherlich sehr deutlich. Einige drastische erziehungskritische Äußerungen von ihm wurden bereits zitiert. Andererseits sagt er jedoch (mit mehr Zynismus als Logik): „Alle, die mit dem Kinde leben, müssen seine Selbständigkeitsstrebungen achten, anerkennen, unterstützen und beschränken“ (152, S. 213), — eine These, die nur immer mehr Unsicherheit und letztlich Haß erzeugen kann, wenn das „beschränken“ nicht objektive Beschreibung subjektiver Not-

wehr ist. Erst das Notwehrprinzip kann Mitscherlichs hilflose Frage beantworten: „Wie die notwendigen Frustrationen mit den notwendigen Gewährungen ins Gleichgewicht bringen?“ (153, S. 350).
Ich brauche nicht auf die zahlreichen Beispiele einzugehen, in denen Mitscherlich blanken Terror rechtfertigt und fordert, um etwa „Triebgehorsam“ in „Lerngehorsam“ zu verwandeln (das schlimmste Beispiel in 152, S. 212), weil das Notwehrprinzip die gesamte Gehorsamsproblematik in Luft auflöst. Unter Freunden (oder wenigstens Nicht-Feinden) macht man sich keine Gedanken über „notwendige“ Frustrationen und Gewährungen. Schon die genannte Frage ist terroristisch, und die zu ihr führende Einstellung (die pädagogische) ist dafür verantwortlich, daß gut erzogene Menschen mitsamt ihrer Selbstbeherrschung als „Lerngehorsam“ nur von einem Hitler beherrscht werden müssen, um jede Beherrschung zu verlieren.

Das Notwehrprinzip bezieht sich nicht nur auf personale Übergriffe, seine Bedeutung ist umfassend. Wenn der Therapeut und Eiferer A. S. Neill (dessen spezielle Position ich hier nicht erörtern kann) behauptet, Freiheit sei nicht Zügellosigkeit, es gäbe eine „falsche“ Freiheit, so verbleibt er damit innerhalb der Erziehungsideologie, denn Zügel sind nun einmal Symbole der Fremdbestimmung, und auch das englische Wort für Zügellosigkeit, „license“ oder „licence“, bedeutet „Erlaubnis“, stellt also die Bevorrechtigung der Erwachsenen nicht in Frage. Man kann es drehen und wenden wie man will: Menschenwürde ist mit Erziehung nicht vereinbar. Nicht um die Länge der Leine geht es, sondern um die Leine selbst. Alle Freundlichkeit bleibt Heuchelei, wenn Kinder doch nicht sein und tun dürfen, was sie wollen. Wer vor diesem Gedanken Angst hat, der mag sich mit dem Notwehrprinzip „trösten“, wenn er will. Kinder jedenfalls, die in einer Atmosphäre aufwachsen, in welcher es eine „Dürfen-Problematik“ überhaupt nicht gibt, *wollen* ihre Umwelt nicht schädigen, aber nicht aus Angst und Verweichlichung, sondern weil sie stark und klug und sozial-eingestellt sind, weshalb sie so etwas nicht nötig haben. Sie beweisen, daß „die Sehnsucht nach einem starken, ungehemmten Ich“ nicht „im tiefsten Sinn kulturfeindlich“ (Freud) ist. Sie sind, auch in der Schule, durch ihre mitmenschlich-solidarische Individualität zwar Privilegierte — und spüren das sehr genau —, aber ihre Privilegien (der primären Identität mit sich selbst, der nicht korrumpierbaren Anpassungsfähigkeit u. v. a.) sind *unverlierbar*, erzeugen daher keine Angst mit allen ihren asozialen Folgen.

Freundschaft mit Kindern? *Theoretisch* ist sie möglich, wenn man sowohl die (teuflische) Erziehungsideologie als auch die (mir oft hexenhaft erscheinende) Kindertümelei *überwindet* — meinethalben mit Hilfe des Notwehrprinzips, gegen die, nach einem Wort von Zulliger (219, S. 55), „wie Schnupfen" ansteckende Angst. *Praktisch* ist sie wohl nur möglich, wenn man solche Sicherung nicht mehr nötig, nämlich Erziehungsideologie und Kindertümelei schon *überwunden hat*, bevor man mit Kindern in Beziehung tritt.

Allerdings, dieses harte Entweder-Oder ist selbst wieder nur theoretisch korrekt. Antipädagogik ist kritische Theorie, also Information über behauptete und geglaubte Unwahrheiten. Ob ihre Informationen im konkreten Einzelfall mehr, weniger, nichts oder das Gegenteil bewirken, kann ihr nur gleich-gültig sein. Insofern ist sie eine *Zumutung*. Aber jedes Fünkchen Mut, das sie vielleicht freizulegen vermag aus der Angstlawine, mit der Erziehung uns zudeckte, hat schon vorher dort geglüht. Deshalb sind heute zwischen pädagogischer und antipädagogischer Einstellung *praktisch* unzählige Positionen möglich, und jeder gegen die modernen Tendenzen der Totalpädagogisierung durchgesetzte Fortschritt der Selbstgewinnung, jeder Schritt zur Entspannung und Entkrampfung der Beziehungen (z. B. durch zunehmende Aufrichtigkeit) hat seinen eigenen Wert. Nur muß es natürlich im prophylaktischen Sinne darum gehen, die genannte Lawine *rechtzeitig* unschädlich zu machen.

Kapitel IX
Der Weg zur kinderfreundlichen Gesellschaft

Ein möglicher Beitrag der Schule

In diesem letzten Kapitel möchte ich direkt an das erste anknüpfen und der Frage nachgehen, wie zukünftigen Eltern die Alternative zum pädagogischen Denken erschlossen werden kann. Der erste Schritt müßte sicherlich die Enttabuierung des Kinderwunschmotivs sein; irgendeine *Verhaltenslehre* würde den nicht nur menschenfeindlichen, antidemokratischen und kulturwidrigen, sondern auch illusionären *Anspruch* pädagogischen Denkens als realistisch ausgeben und damit Erziehungsfanatismus und Erwartungsdruck zukünftiger Eltern allenfalls steigern. Demgegenüber wäre die Bedeutung der basalen Beziehung, die Nichtigkeit, Fiktivität intentionaler Planungen deutlich zu machen. Um Jugendlichen Offenheit für neue Erfahrungen (und damit ihren Kindern primäre Identität und Zukunft) zu ermöglichen, brauchen Lehrer ihr eigenes, oft sehr pessimistisches Menschenbild nicht aufzugeben; es wäre von ihnen lediglich zu verlangen, die wissenschaftlich fundierten Wenn-Dann-Aussagen als denkmöglich nicht länger zu unterschlagen, die in ihrer allgemeinsten Form lauten: *Wenn* Kinder in eine Umgebung geboren werden, die ihnen Erziehungsbedürftigkeit unterstellt, *dann* werden sie erziehungsbedürftig. *Wenn* man ihnen aber das Recht zubilligt, sie selbst zu sein, sie selbst zu bleiben, spontanautonom zu lernen, *dann* erweisen sich Kinder als irgendwelcher Zieherei gänzlich unbedürftig.

Um es noch einmal zu sagen: Es geht nicht um eine Art Glaubensvermittlung etwa im Sinne des Zweckoptimismus. Trotz der eindeutigen Ergebnisse der kleinen Untersuchung zum Kinderwunschmotiv wäre es völlig verfehlt, wenn wohlmeinende Lehrer (und hier sind immer auch *Lehrerausbilder* mitgedacht) nun glaubten, zu einer Art

„Umerziehung" schreiten zu sollen. Heinrich Kupffer hat das nötige dazu gesagt:

> „Die Umerziehung sollte das faschistische Übel aus den deutschen Gehirnen ausmerzen und dient insofern einer ‚guten' Sache. Dennoch bleibt die Frage, ob nicht der Impuls zur Umerziehung selbst insofern einen faschistoiden Charakter trug, als er nach dem Modell des einseitigen, totalitären Zugriffs erfolgte" („Soziale Welt", Heft 2/1974, S. 235 f.).

Alle Informationsangebote — über die Kinderfeindlichkeit kinderfreundlicher Gefühle, über den Gegensatz zwischen Lernen und Erziehung, über das Phänomen der pädagogischen Ambition, über den Gegenteileffekt pädagogischer Aktionen oder über das Notwehrprinzip — können vom Lehrer ohne Sorge entsprechend seiner wirklichen Einstellung kommentiert werden, er mag sich für den einen Aspekt engagieren, über den anderen sich lustig machen — alle diese Reaktionen spielen nicht die geringste Rolle, haben nämlich auf die später tatsächlich zum Tragen kommende Einstellung keinen Einfluß. Es geht überhaupt nicht darum, Einfluß zu nehmen, sondern ausschließlich darum, einen wesentlichen Bereich der Humanität nicht länger durch Verschweigen und andere Tricks aus der Wirklichkeit ausgeschlossen zu lassen. Selbst wenn der Lehrer der Meinung ist, die Erde sei eine unbewegliche Scheibe (und sich entsprechend verhält), ist ihm zuzumuten, eine andere Möglichkeit wenigstens zu *erwähnen* und erörtern zu lassen — alles andere ist dann Sache der Schüler selbst.
Der Übergang zur präfigurativen Kulturstufe kann — eben *wegen* Erziehung, die das Unbewußte des Menschen zur „Dauerhaltung eines dreijährigen Kindes" (Comfort, 45, S. 204; vgl. auch Gamm, 82, S. 75) verurteilte — weder durch einen Gewaltakt noch durch einen Geniestreich durchgesetzt werden. Der pädagogische (durch Zuschreibungen, Projektionen, Induktionen gewissensstiftende, Kinder entselbstende) *Knoten* (vgl. z. B. Laing, 135, S. 158 ff.) kann zwar von der Theorie behandelt werden wie der gordische, aber „er ist *sehr, sehr* fest zugezogen — gewissermaßen um den Hals der Menschheit" (ebenda, S. 169), und deshalb würde das Schwert in der Praxis mit dem Knoten oft auch den Hals durchtrennen. Ich halte das Bild für hinreichend berechtigt um zu sagen: Es genügt,

die Behauptung, sogar das Opfer müsse den Knoten immer noch fester zuziehen, nicht mehr als einzig mögliche absolute Wahrheit erscheinen zu lassen, damit diejenigen ihn lockern und eines Tages abschütteln können, die unter ihm leiden. — Viele Menschen betrachten den pädagogischen Knoten als Schmuckstück; vergleichbar etwa dem Nasenring. Man kann ihnen dieses Schmuckstück nicht einfach wegreißen. Wenn es aber nicht mehr als absolut selbstverständlicher Teil des Menschen angesehen wird, können Angehörige einer späteren Generation auf solchen „Schmuck" verzichten, ohne den anderen, die ihn nach wie vor schön finden, unbedingt den Krieg zu erklären. Früher glaubte man eben, die Erde sei eine unbewegliche Scheibe und Kinder müßten erzogen werden ...

Das Querulieren derjenigen besonders Wohlerzogenen (d.h. völlig lernunfähig gewordenen), die den Verzicht auf Nasenringe (und entsprechende Errungenschaften und Gewohnheiten) als kulturelle Schande anprangern, muß als unvermeidlich zu ertragen hingenommen werden. Wenn diese Exemplare die Menschheit nicht vorher ausgerottet haben, wird man eines Tages über sie nur noch ungläubig lächeln wie über andere Sackgassen der Entwicklung auch. (Als unverfängliches Beispiel fallen mir die Saurier ein, die ebenfalls am „Mehr-desselben-Rezept" scheiterten.)

Die Quadratur des Kreises

Gegenwärtig aber sind Lehrer wie Schüler Erzogene; das Geschäft mit der Angst ist bankrott, die Angst jedoch wird nur desto größer. „Die Erziehung fordert, daß das Kind seine Triebe beherrscht, in gewissem Sinne also sich selbst bekämpft" (Fraiberg, 75, S. 102). Wie könnten nun erwachsene Selbstbekämpfer jugendlichen Selbstbekämpfern dazu verhelfen, mit der Selbstbekämpferei wie mit dem Kinderbekämpfen aufzuhören? Wird hier nicht die Quadratur des Kreises angestrebt?

Sie wird es. Nur sieht die Sache in der Psychologie nicht so hoffnungslos aus wie in der Geometrie. Die Quadratur des pädagogischen Teufelskreises heißt Antipädagogik (trotz Karl G. Zenke, der in einer großartigen Analyse sämtliche heutigen Pädagogiken, aber auch „Anti-Pädagogik“ verworfen hat; sie „entspräche nicht dem materialistischen Geschichtsverständnis der kritischen Theorie.“ 216, S. 202; tatsächlich opfert Antipädagogik Kinder nicht einmal diesem Geschichtsverständnis auf). Die vier Ecken des Quadrats heißen: Erfahrung, Denken, Mut und Aufrichtigkeit. Ihnen gemeinsam ist die angstvermindernde Wirkung. Die Grundlinie des Quadrats, Erfahrung-Denken, kann sich aus dem persönlichen Erleben und Miterleben der Beteiligten (Lehrer und Schüler) sowie aus der Reflexion über abstraktere Phänomene (Theorien, Texte, Definitionen) etablieren. Für die Schule genügt es, dieser Reflexion Nahrung anzubieten (einige Anregungen dazu folgen weiter unten). Die Seitenlinien Erfahrung-Mut und Denken-Aufrichtigkeit, die schließlich die antipädagogische Einstellung (Mut-Aufrichtigkeit) konstituieren können, darf man nicht etwa vorzeichnen wollen. Ob sie zustandekommen, hängt wesentlich vom Zentrum des Kreises/Quadrats ab, dem Interesse des Einzelnen, mit dessen Hilfe die Diagonalen gezogen werden können, die ebenfalls zur Linie Aufrichtigkeit-Mut führen, welche natürlich verfehlt wird, wenn das Interesse des Einzelnen nicht wirklich im Mittelpunkt steht, was ausschließlich Sache des Einzelnen sein kann. — Mit „Interesse des Einzelnen“ ist das Kinderwunschmotiv gemeint; im exakten Mittelpunkt steht es dann, wenn die Versprechungen, die sich der Jugendliche von seiner Elternrolle macht, nach Maßgabe von Erfahrung und Denken realistisch sind; ich möchte gleich hinzufügen, daß alle Erwartungen, die irgendwie an das Verhalten der späteren Kinder gebunden sind, diesem Anspruch nicht genügen: um diese Erwartungen dreht sich ja der Teufelskreis, sie können nicht im Verantwortungszentrum des Einzelnen ruhen, sie rutschen angstverstärkend, weil hilflos reaktiv, herum, und wer durch sie die Diagonalen von Erfahrung und Denken her legen wollte, käme nicht zu Mut und Aufrichtigkeit, sondern zu wechselnden Zuständen von Terror und Heuchelei. Was bleibt als mögliches Kinderwunschmotiv übrig, das als realistisch zu bezeichnen wäre? Ich glaube, es gibt streng genommen nur eines: das Motiv, aus einer Position der Stärke, des Überflusses heraus (beides primär psychologisch gemeint) Gastgeber sein zu wollen, wichtig sein zu wollen (ohne sich wichtig zu nehmen), gegenüber Abhängigen eine Zeitlang verantwortlich handeln zu wollen (ohne für sie Verantwortung zu beanspruchen), intime Bezie-

hungen einer einzigartigen Qualität pflegen zu wollen (als Gastgeber, Dienstleistender, ohne das Gastrecht schon im Motiv der Einladung prinzipiell verletzt, außer Kraft gesetzt zu haben).
Es versteht sich von selbst, daß dieses Motiv heute (unter lauter Selbstbekämpfern) selten existieren wird. Es wäre also absurd und verbrecherisch, es Jugendlichen vorzutragen mit dem Tenor: Seht ihr, solange ihr noch nicht so weit seid, solltet ihr keine Kinder bekommen. Ich habe es nur formuliert, um nicht den Eindruck zu erwecken, die Alternative zu Kinderfeindlichkeit sei heute notwendig Kinderlosigkeit. Das Gegenteil ist der Fall: Gelänge es der Schule (oder einzelnen Lehrern auf eigene Faust), Jugendlichen die Quadratur des Kreises zu ermöglichen, würden wieder mehr Kinder geboren, aus dem banalen Grund, weil unerzogene Kinder tatsächlich eine ungetrübte Freude für die Umwelt sind (den Neid einiger Mitmenschen kann man in Kauf nehmen; meiner Erfahrung nach vermindert er sich mit der Zeit), und allein dies verspricht eine Art Schneeballeffekt.

Die Folgen von Erziehung

Jugendliche haben zwar den Ungeist der Erziehungsideologie verinnerlichen müssen und viele von ihnen wagen es auch heute noch nicht, ihre Eltern dafür bewußt zu hassen, aber vergangenheitsbezogener Protest bringt sowieso nichts ein, und deshalb kann es fraglos nicht um irgendwelche Aufwiegelung gehen. In ihrer jeweiligen Gegenwart aber sind die meisten Schüler unter etwa 16 Jahren noch sehr konkret mit der pädagogischen Einstellung ihrer Eltern konfrontiert. Sie kennen die erziehungsgeilen Blicke, die absurden Predigten, die selbstbetrügerischen Tricks („ich meine es ja nur gut mit dir"), und es ist deshalb nicht schwer, sie für die Folgen dieser Einstellung zu sensibilisieren. Sie wissen, daß ihr Trotz oft Selbstzweck ist und verstehen normalerweise leicht, was es mit diesem *Selbst*-Zweck auf sich hat. Da es ihre Eltern in der Regel tatsächlich (bewußt) *gut meinen*, riskiert man keinen (zusätzlichen) Haß, wenn man es wagt, die Dialektik zwischen gutem Willen und gegenläufiger Induktion, also böser Folge, anzusprechen. Jugendliche beschäftigen sich z.B. mit den Hintergründen des Nationalsozialismus und anderer ähnlicher Phänomene. Zumal in der Phase der Pubertät sind sie darüber hinaus außerordentlich daran interessiert zu wissen, warum sie sind, wie sie sind, und Gespräche über ihre zukünftigen Kinder werden unweigerlich immer wieder zu persönlichen Rückschlüssen führen. Meiner Erfahrung nach haben sie dadurch neben der prophylaktischen eine hohe therapeutische Potenz: Wenn es ihr eigener Antrieb der Spontanautonomie war und ist, der seit ihren ersten Lebensjahren darüber entscheidet, wie sie die pädagogischen Angriffe ihrer Umgebung verarbeiteten, dann wird durch diese Erkenntnis sowohl das heute weitverbreitete Gefühl der Nicht-Identität, der personalen Zerrissenheit, abgebaut — denn damit kann man bis zu einem gewissen Grade Herr über die ungebetenen Gäste in seinem Haus werden — als auch das Märchen von der Erziehungsbedürftigkeit.

Aber solche Erkenntnisse können nur indirekt, „gegenstandszentriert", ermöglicht werden. Es empfiehlt sich daher, allgemeine Analysen über die Folgen von Erziehung auszusuchen und anzubieten. Die alten „Studien zum autoritären Charakter" von Adorno u.a. (6) sind sicher zu umfangreich und handeln auch nur von den Folgen bestimmter Erziehungs*methoden*, aber im Zusammenhang mit Adornos Satz von 1966:

> „Man fragt sich, woher heute irgend jemand das Recht sich nimmt, darüber zu entscheiden, wozu andere erzogen werden sollen" (5, S. 107),

lohnt der Hinweis auf sie ebenso wie der auf die Studie der amerikanischen Psychologen Bellak und Antell von 1974. „Psychologie heute", Heft 4/1975, S. 8, berichtet darüber:

> „Die Unmenschlichkeit und Aggressivität von Menschen ist ihre Rache für die Erniedrigungen und Mißhandlungen, die sie in ihrer Kindheit erlitten haben. Zu dieser Vermutung gelangten die Psychologen, als sie die Biographien führender Nazis analysiert hatten." Wie vergleichende Beobachtungen auf dänischen, italienischen und deutschen Kinderspielplätzen ergaben, „zeichneten sich die deutschen Kinder und Erwachsenen durch ein Übermaß an Aggression aus. ... Bellak und Antell stellen fest, daß sich in der Behandlung von Kindern in Deutschland seit der Nazi-Zeit nicht viel geändert zu haben scheint".

Die Frage eines Jugendlichen aus dem ersten Kapitel: „Wie setzt man eine Erziehung durch, ohne daß das Kind psychisch geschädigt wird?“ enthält bereits die Erklärung für das Übermaß an Aggression zwischen (in Deutschland wohl besonders perfektionistisch denkenden) Erwachsenen und Kindern. Man kann einem Menschen nicht den Schädel zertrümmern, ohne ihn umzubringen, und man kann ihn nicht erziehen, ohne seine Seele zu faschisieren.

Wer eine Erziehung durchsetzen will, reiht einen Kleinen Mord an den anderen, wobei es nicht auf die einzelnen Handlungen ankommt — wie noch Reinhart Wolff annimmt, der (in „päd. extra“, Nr. 4/1975, S. 9 bis 20) für „die Herausbildung eines Rechtes der Kinder auf Leben und Erziehung“ (S. 9) plädiert und nicht sieht, daß er damit seine eigene Intention unterläuft. Indem er ständig zwischen körperlichen und seelischen Mißhandlungen unterscheidet (eine allgemeine Übung), ignoriert er die entscheidende Rolle, welche die Art, Qualifikation, Definition der *Beziehung* zwischen Eltern und Kind spielt. Jugendliche wissen sehr genau, daß ein Boxhieb ein Kompliment, eine Belohnung dagegen eine Beleidigung sein kann, je nach der Qualität der Beziehung. Nicht einzelne Handlungen sind von Bedeutung, sondern die Einstellung entscheidet, und wenn sie eine pädagogische ist, dann gibt es keinen Unterschied zwischen physischer und psychischer Mißhandlung. Wer eine Erziehung durchsetzen will, muß seine Maßnahmen eskalieren, wenn das Kind nicht resigniert. Die Selbsteinschätzung, zu der das Kind gezwungen wird, ist die gleiche, ob sie durch milde Erzieherblicke oder Prügel induziert wird. *Erziehung in jeder Form ist Kindesmißhandlung.*

Die Mißhandelten reagieren. Die schockierenden Experimente von Stanley Milgram (149) über die verantwortungslose Gehorsamsbereitschaft der meisten Menschen beweisen es zur Genüge. Wenn Jugendlichen solche Fakten nicht verschwiegen oder erziehungsideologisch aufbereitet werden, bemerken sie, wie nebensächlich etwa der „Entwurf eines Gesetzes zur Neuregelung des Rechts der Elterlichen Sorge“ bleibt, den die Bundesregierung im Mai 1974 vorlegte. Nicht einmal das dort noch immer nicht beseitigte Züchtigungsrecht der Eltern wiegt entscheidend, sondern die trotz der Begriffsveränderung „Elterliche Sorge“ statt „Elterliche Gewalt“ als selbstverständlich angenommene Pervertierung der „Hilfsbedürftigkeit des Kindes“ zu seiner Unterdrückung. In der Begründung des Entwurfs heißt es:

> „Diese Abhängigkeit steht in notwendiger Wechselwirkung zu den Grundrechten des Kindes, die ihm mit zunehmendem Alter in wachsendem Umfang zur eigenen Ausübung zustehen“ (zitiert von Horst Petri in der „Frankfurter Rundschau“ vom 8. 3. 1975).

Anhand der alternativen Konstruktion der Säuglingsautorität wird klar, daß hier nur wieder Terror legitimiert werden soll, denn je älter das Kind wird, desto weniger *Rechts*schutz benötigen seine Interessen, da es sie zunehmend selbst vertreten kann. Je größer die faktische Abhängigkeit, desto größer der Bedarf nach Anerkennung der Grundrechte.
Im „Journal of Mental Science" von 1904, S. 272, steht der Satz:

> „Schizophrenie wird durch die Tatsache verursacht, daß junge Leute ihren Eltern nicht mehr gehorchen" (zitiert von Cooper, 46, S. 76).

Die Diskussion solcher Sätze kann eine wichtige Doppelfunktion erfüllen: eine therapeutische, indem sie Jugendlichen ihre Lage verständlich macht, ohne in die Wehleidigkeit des psychoanalytischen Denkens zu führen, da sie selbst (ihr Selbst, die in ihrem Namen symbolisierte Existenz) die Verantwortung für ihr Leben immer schon trugen, obwohl das von Erziehern nicht so gesehen wurde; eine prophylaktische, indem sie ihren eigenen Kindern mit einer anderen Einstellung entgegensehen. Der Wert der therapeutischen Komponente von Antipädagogik ist kaum zu überschätzen, wenn er auch hier nur angedeutet wird. Jugendliche, die sich nicht mehr erziehungsideologisch als bloßes Produkt von Anlage und Umwelt sehen, sondern der Wirkung ihrer wie immer bedrängten Spontanautonomie gewahr werden, erobern sich (z.B. über den *Stolz* auf den eigenen Ungehorsam) Selbst- und Identitätsbewußtsein zurück, die pädagogisches, psychoanalytisches und behavioristisches Denken gleichermaßen gar zu gerne aus der Welt schaffen würden. Das Jammern über die Schandtaten der Eltern führt bestenfalls zu guten Vorsätzen und, wenn es „ernst" wird, zu deren Gegenteileffekt. Antipädagogisches Denken über eigene Erfahrungen wie über die in diesem Buch angesprochenen Standpunkte und Probleme ermöglicht Mut zu sich selbst, zunächst pauschal, sodann Aufrichtigkeit auch im Detail und gegenüber Kindern — der pädagogische Teufelskreis zerschellt.

Aus dieser Möglichkeit, die Folgen von Erziehung in den je eigenen Griff zu bekommen, zu schließen, man brauche die Abschaffung der Erziehung nicht wichtig zu nehmen, vertuscht den im ersten Kapitel angesprochenen Unterschied der therapeutischen und der prophylaktischen Perspektive.

Entgangenes Glück läßt sich nicht nachholen und Narben bleiben immer zurück. Eine solche zynische Vertuschung entspräche dem Schluß derjenigen Geistesgrößen, die nach der Erfindung des Porzellankitts mit wahrhaft elefantöser Wollust alles Zerbrechliche zerschmeißen. Ob dies im Sinne des Erfinders war? (Ich spiele damit auf Sigmund Freud an.)

Zwei beispielhafte Texte

Es gibt unbegrenzt viele Möglichkeiten, die Menschenfeindlichkeit und Unseriosität des pädagogischen Denkens zu entlarven. Ich möchte aber keine Unterrichtsprogramme für einzelne Schulfächer vorschlagen, die „durchgezogen“ werden könnten, sondern nur noch einige Beispiele geben, anhand welchen Materials Lehrer initiativ werden können. Zunächst sollen zwei für die Geschichte der Pädagogik symptomatische Autoren zu Wort kommen, Jean-Jacques Rousseau und Ellen Key.
Rousseau gilt als der Begründer einer „negativen“ Erziehung/ Pädagogik des bloßen Wachsenlassens, und die Zieher aller Lager höhnen über solchen Unfug. Man sehe sich an, was im „Emile“ (183) wirklich geschrieben steht.

> „Die erste Erziehung muß also rein negativ sein. Sie besteht keineswegs darin, Tugend und Wahrheit zu lehren, sondern darin, das Herz vor dem Laster und den Geist vor dem Irrtum zu bewahren. Wenn es euch gelänge, nichts zu tun und nichts geschehen zu lassen, wenn es euch gelänge, euren Zögling gesund und kräftig bis zu seinem zwölften Lebensjahr zu bringen, ohne daß er seine rechte von seiner linken Hand zu unterscheiden vermöchte, so würden sich die Augen seines Verständnisses vom ersten Augenblick an unter eurer Obhut der Vernunft öffnen. Ohne Vorurteile, ohne Gewohnheiten wäre nichts in ihm, was euren Bemühungen entgegenwirken könnte. Bald würde er unter euren Händen der weiseste aller Menschen, und indem ihr zu Anfang gar nichts getan hättet, hättet ihr ein Wunder an Erziehung vollbracht. Tut das Gegenteil dessen, was Brauch ist, und ihr werdet fast immer das Richtige tun“ (S. 213).

Max Rafferty, ein berühmter amerikanischer Oberpädagoge, sagt, stellvertretend für seine Kollegen, wenn auch in besonders drastischer Ausdrucksweise im Zuge eines Angriffs auf A. S. Neill:

„Rousseau hat eine aberwitzige Erziehungstheorie ausgeheckt, die nun, nachdem sie zwei Jahrhunderte lang in den Wehen gelegen hat, noch einmal einen Bastard zur Welt gebracht hat: Neills steinzeitliche Version jener heiligen Hallen der platonischen Akademie — Summerhill. Nach der Auffassung des konfusen Franzosen besteht Erziehung im Herumrennen, Hüpfen, Schreien und darin, immer das zu tun, wozu man gerade Lust hat. Was den ersten natürlichen Impulsen entspricht, das ist das einzig Wahre. Man lasse Seele und Geist des Kindes so lange wie möglich unbeschäftigt. Und dergleichen Unsinn mehr. Dieser Quatsch ist so alt wie die Menschheit selbst. Das Kind ist ein ‚edler Wilder'. Man braucht es nur sich selbst zu überlassen — und für sein geistiges Heil ist gesorgt. Man verbiete ihm nichts. Man komme ihm nicht in die Quere, sonst entwickelt es im späteren Leben entsetzliche Neurosen" (205, S. 13 f.).

Wie es in den Hirnen *beider* Kontrahenten, in Pädagogenhirnen generell, aussieht, und wie seriös die Figuren sind, denen naive Leute ihre Kinder anvertrauen oder von denen sie sich Rat holen, zeigen die folgenden Stellen bei Rousseau:

„Folgt mit eurem Zögling dem umgekehrten Weg. Laßt ihn immer im Glauben, er sei der Meister, seid es in Wirklichkeit aber selbst. Es gibt keine vollkommenere Unterwerfung als die, der man den Schein der Freiheit zugesteht. So bezwingt man sogar seinen Willen. Ist das arme Kind, das nichts weiß, nichts kann und erkennt, euch nicht vollkommen ausgeliefert? ... Zweifellos darf es tun, was es will, aber es darf nur wollen, von dem ihr wünscht, daß er es tut" (S. 265 f.). „Das Kind muß sich ganz der Sache hingeben, aber ihr müßt euch ganz dem Kind hingeben, ihr müßt es ohne Unterlaß beobachten und belauern, ohne daß es dessen gewahr wird, ihr müßt alle seine Gefühle vorausfühlen und denen zuvorkommen, die es nicht haben darf" (S. 398). — Dann ist Emile erwachsen: „Soll der Jüngling in einem Augenblick sich selbst überlassen sein, da er am wenigsten weiß, wie er sich zu verhalten hat, und die größten Seitensprünge macht? ... Bisher habt ihr alles nur durch Gewalt oder List erreicht, die Autorität, das Gesetz der Pflicht waren ihm unbekannt; ihr mußtet ihn zwingen oder ihn täuschen, um ihn gefügig zu machen. Aber seht, in wieviel neue Ketten ihr sein Herz gelegt habt. Vernunft, Freundschaft, Dankbarkeit, tausend Gefühle sprechen eine Sprache zu ihm, die er nicht verkennen kann. Das Laster hat ihn noch nicht taub gegen sie gemacht. Noch ist er empfänglich für die Leidenschaften der Natur. Die erste von allen, die Selbstliebe, liefert ihn euch aus, und dazu die Gewohnheit. Wenn eine Augenblicksaufwallung ihn euch entreißt, bringt die Reue ihn euch sofort zurück" (S. 644 f.). „Ihr könnt euch nicht vorstellen, wie Emile mit zwanzig

Jahren fügsam sein kann. Wie verschieden sind eure Ansichten von den meinen! Ich kann es nicht fassen, wie er es mit zehn Jahren sein konnte, denn welche Gewalt hatte ich über ihn in diesem Alter? Ich habe fünfzehn Jahre Arbeit gebraucht, um mir diese Gewalt zu sichern. Damals erzog ich ihn nicht, ich bereitete ihn auf die Erziehung vor. Jetzt ist er lange genug erzogen worden, um fügsam zu sein; er erkennt die Stimme der Freundschaft und weiß der Vernunft zu gehorchen. Zwar lasse ich ihn in dem Glauben, unabhängig zu sein, niemals aber war er mir mehr unterworfen; denn er ist es, weil er es sein will. Solange ich mich nicht zum Herrn seines Willens machen konnte, blieb ich Herr über seine Person; ich folgte ihm auf Schritt und Tritt. Nun überlasse ich ihn manchmal sich selbst, da ich ihn immer beherrsche“ (S. 676).

In manchen Passagen unterscheidet sich Rousseau von dem heutigen Pädagogenpack nur durch eine gewisse Aufrichtigkeit: Er behauptet wenigstens nicht, sein Opfer irgendwann in eine angebliche Selbständigkeit zu entlassen, er bekennt sich (gelegentlich) zu seinem totalitären Motiv und Ziel. Ob ihn seine Nachfolger *deswegen* falsch darstellen? — Aber verfolgen wir noch den Dialog vom Ende dieses wahrhaft pädagogischen Erziehungskrimis. Zur Hochzeit hört der Zögling das Folgende:

„‚Lieber Emile, ein Mann braucht sein Leben lang Rat und Führung. Bis jetzt habe ich mein Bestes getan, diese Pflicht dir gegenüber zu erfüllen; jetzt ist meine lange Aufgabe beendet und die eines anderen beginnt. Heute entsage ich der Autorität, die du mir vertrauensvoll gabst, und hier ist die, die von nun an dein Erzieher sein wird‘“ (S. 953). „Nach einigen Monaten kommt Emile eines Morgens in mein Zimmer, umarmt mich und sagt: ‚Mein Lehrer, beglückwünschen Sie Ihr Kind; es hofft auf die Ehre, bald Vater zu sein. ... Aber bleiben Sie der Lehrer der jungen Lehrer. Beraten Sie uns, führen Sie uns, wir werden fügsam sein: ich werde Ihrer bedürfen, solange ich lebe. Jetzt, da meine Pflichten als Mann beginnen, bedarf ich Ihrer mehr als je. Sie haben die Ihren erfüllt; leiten Sie mich, daß ich es Ihnen nachtun kann; und ruhen Sie aus, es ist Zeit‘“ (S. 954).

Mit diesen hündischen (und faschistischen: leiten Sie mich, daß ich es Ihnen nachtun kann = Führer, befiehl, wir folgen) Worten endet der Text, an dessen Anfang der berühmte Satz steht:

„Alles, was aus den Händen des Schöpfers kommt, ist gut; alles entartet unter den Händen des Menschen“ (S. 107).

Übrigens ist auch das „entartet" eine einschlägige Vokabel, denn natürlich meint Rousseau nicht sich, sondern Menschen anderer Art und Meinung.

Zum zweiten Beispiel. Die Schwedin Ellen Key hat das unsere zum „Jahrhundert des Kindes" proklamiert. Ihre Kinderfreundlichkeit liest sich z. B. so:

> „Bevor nicht Vater und Mutter ihre Stirne vor der Hoheit des Kindes in den Staub beugen; bevor sie nicht einsehen, daß das Wort Kind nur ein anderer Ausdruck für den Begriff Majestät ist; bevor sie nicht fühlen, daß es die Zukunft ist, die in Gestalt des Kindes in ihren Armen schlummert, die Geschichte, die zu ihren Füßen spielt — werden sie auch nicht begreifen, daß sie ebenso wenig die Macht oder das Recht haben, diesem neuen Wesen Gesetze vorzuschreiben, wie sie die Macht oder das Recht besitzen, sie den Bahnen der Sterne aufzuerlegen. — Aber wenn die Mutter von derselben Ehrfurcht vor den unbekannten Welten, die ihr in den großen Blicken des Kindes begegnen, durchbebt wird, wie vor den Welten, die ihre weißen Blüten über das Dunkel des Himmels rieseln lassen; wenn der Vater in seinem Kinde den Königssohn sieht, dem er in Demut mit seinen eigenen besten Kräften dienen soll — dann kommt das Kind zu seinem Rechte!" (84, S. 55).

So brach also das Goldene Zeitalter der Kindheit an, die Erziehung hatte ausgespielt. Es gab kein Mißtrauen mehr, keine pädagogische Ambition, keinen Gegenteileffekt. Und es sieht so aus, als habe der Pädagogikprofessor Walter Eisermann mit seiner Behauptung recht, bei Ellen Key scheine es „das Problem der Autorität nicht zu geben" (72, S. 141).

Aber es sieht nur so aus; und wenn es nach mir ginge, würde ich die Frage aufwerfen, ob nicht sämtliche Pädagogikprofessoren, die mit der Wahrheit derart umspringen, als Betrüger bezeichnet werden müßten. Jugendliche könnten das dann nachprüfen – und meinetwegen auch Gerichte. Jedenfalls schreibt Key über die ersten, die fundamentalen Jahre, in denen die Induktionen am schlimmsten wirken:

> „Nur während der drei ersten Lebensjahre ist eine Art Dressur notwendig, um die Voraussetzungen zu einer höheren Erziehung zu schaffen. ... Das Kind muß ganz gewiß Gehorsam lernen, und zwar absoluten Gehorsam. Ist aber ein solcher Gehorsam vom zartesten Alter an Gewohnheit geworden, so genügt dann ein Blick, ein Tonfall, ein Wort um ihn aufrecht zu erhalten ... wenn das Kind älter und sein Eigenwille unangenehm wird!" (S. 56).

Gab es in der Zeit zwischen August-Hermann Francke und Ellen Key in Sachen Erziehung irgendeine Veränderung? Kann es je eine Veränderung geben, solange es Erziehung gibt? Wird nicht auch heute noch, wie von Key, die Isolationsfolter für Kinder empfohlen? — bei Key gegen schreiende Säuglinge, denn sie „ruft nach und nach eine Selbstüberwindung des Willens hervor" (84, S. 57); bei Dreikurs heißt das entsprechende die „Badezimmermethode" (59, S. 162 ff.).

Der Lehrer braucht solche Beispiele überhaupt nicht zu kommentieren oder zu interpretieren. Sie sprechen für sich selbst, wenn man sie Jugendlichen nur nicht verheimlicht, solange es noch rechtzeitig ist. Vielleicht wäre es sogar am besten, einfach pädagogische und antipädagogische Texte gegeneinanderzustellen. Um von dieser Möglichkeit einen Eindruck zu vermitteln, folgen auf Rousseau und Key hier noch einige antipädagogische Äußerungen:

> „Doch kann nicht einmal die von den besten Absichten erfüllte Führerschaft Unabhängigkeit als Geschenk bescheren. ... Jeder Versuch, Menschen nur als halbmenschliche Wesen zu behandeln, enthumanisiert sie" (Freire, 76, S. 52). „Echte Bildungsarbeit wird nicht von A *für* B oder von A *über* B vollzogen, sondern vielmehr von A *mit* B, vermittelt durch die Welt — eine Welt, die beide Seiten beeindruckt und herausfordert und Ansichten oder Meinungen darüber hervorruft" (S. 76 f.). „Bei der kulturellen Invasion (sprich Erziehung; EvB) ziehen die Akteure den thematischen Inhalt ihrer Aktion aus ihren eigenen Wertvorstellungen und ihrer Ideologie. Ihr Ausgangspunkt ist ihre eigene Welt, von der aus sie in die Welt jener eindringen, die sie überfallen" (S. 154). „Kooperation als Charakteristikum dialogischer Aktion ereignet sich nur zwischen Subjekten (die jedoch vielleicht unterschiedliche Funktionsebenen und damit auch Verantwortlichkeitsebenen haben können) und kann nur durch Kommunikation erreicht werden. Dialog, so wichtig wie Kommunikation, muß Grundlage jeder Kooperation sein. Die Theorie der dialogischen Aktion (vgl. „Säuglingsautorität"; EvB) hat keinen Raum für die Eroberung des Volkes (und Kindes; EvB) im Namen der revolutionären (oder irgendeiner; EvB) Sache, sondern nur dafür, seine Nähe zu gewinnen. Dialog nötigt nicht auf, Dialog manipuliert nicht, Dialog domestiziert nicht ..." (S. 143).

In seiner Einleitung zu Freires Buch „Pädagogik der Unterdrückten" erkennt Ernst Lange den Geist der Pädagogik. Der „pädagogische Todestrieb", die „Antikultur", die „kulturell-pädagogische Nekrophilie" sind „verliebt in den Tod, ins Verdinglichen, Besetzen und Besitzen" (76, S. 9). David Cooper verwendet ebenfalls Freires Begriff der „Invasion", der Mendels „Kolonisation" und Laings „Induktion" entspricht:

> „Bis in kleinste Dinge hinein wird uns beigebracht, das eigene Ich zu verleugnen und an anderen so zu kleben, daß an einem selbst Stücke von diesen anderen kleben bleiben und daß man schließlich den Unterschied zwischen dem Anderssein des Ich und dem Selbstsein des Ich nicht mehr erkennt. Dies ist Entfremdung im Sinne einer passiven Unterwerfung unter die Invasion anderer, die zuerst in der Familie stattfindet" (47, S. 11).

Zwei beispielhafte Begriffe

B. F. Skinner läßt seinen Protagonisten Frazier in „Walden two" (194) sagen:

> „Ich streite ab, daß es so etwas wie Freiheit überhaupt gibt" (S. 228). — „Was ist das, Liebe?" (sagte er achselzuckend). „Doch nur ein anderer Name für die Anwendung von positiver Verstärkung" (S. 266).

Die Begriffe „Freiheit" und „Liebe" werden gemeinhin — und besonders von Pädagogen — so undifferenziert verwendet, daß sie zur Rechtfertigung jeder Schandtat, speziell zur Mystifizierung der Erziehungsideologie sich eignen. Es ist daher von großem Wert, wenn Jugendliche das Schindluder, das mit diesen Begriffen getrieben wird, durchschauen lernen: Undifferenzierte und unklar definierte Begriffe hintertreiben das Denken.
These zu „Freiheit": Von hier irrelevanten Ausnahmen abgesehen läßt sich der Begriff Freiheit ersetzen durch Wörter wie Eigenmächtigkeit oder Selbstbestimmung in jeweils einer existentiellen Primärdimension und einer handlungsbezogenen Sekundärdimension. Ebenso erhält die abstrakte (absolute) Silbe „frei" konkreten Sinn, wenn sie durch „eigen" oder „selbst" ersetzt wird.

Ein Beispiel, wie Pädagogen mit Sprache jonglieren, um ihre Ambition zu rechtfertigen, ist etwa die „freiheitsorientierte Erziehung" von Kerstiens (121, S. 171 ff.). Sätze wie: „Der junge Mensch soll zu einer freien Existenz befähigt werden“ (S. 167) erweisen sich als Mittel der Unterdrückung, sobald man sieht, daß zu einer *eigenen* Existenz niemand erst befähigt zu werden braucht. Kerstiens erklärt: „Jeder Mensch wird immer wieder von seinem Sozialisationsschicksal und Anpassungsleistungen bestimmt, ohne daß er das jeweils bewußt aufarbeiten und in ein freies Entscheiden einbeziehen kann. Der Mensch wäre restlos überfordert, wollte man das von ihm erwarten“ (S. 178). Erst wenn man für „freies“ eigenes Entscheiden setzt, wird der Unfug erkennbar. Da der Mensch nicht frei ist (Freiheit ist ein absoluter Begriff), z.B. nicht fliegen oder durch Wände gehen kann, nimmt er Einschränkungen „der Freiheit“ relativ leicht hin und akzeptiert Sprüche wie den von Jaspers: „Wer wirklich frei wird, lebt in Autorität — wer wahrer Autorität folgt, wird frei. Freiheit wird durch Autorität gehaltvoll“ (zitiert in 84, S. 80). Wie harmlos klingt dann ein Satz wie der von Lückert: „Um die erfahrene Liebeszuwendung aufrechtzuerhalten, nimmt der kleine Mensch die gebotenen Beschränkungen seiner Freiheit fraglos an“ (84, S. 79). Jeder Terror ist so zu rechtfertigen, z.B. das Dressurprinzip der „kluggeregelten Freiheit“ (Rousseau, 183, S. 210), und jede Begriffsverwirrung zu vertreten, z.B. der Anfang des „Gesellschaftsvertrags“: „Der Mensch wird frei geboren und überall ist er in Ketten“ (Rousseau, 184, S. 30).

Hält man es dagegen mit Siegfried Landshut, der in einem Aufsatz über die „Menschenrechte“ schrieb: „Freiheit kann dabei nichts anderes bedeuten als die Bestimmung des Lebens dieses einzelnen durch nichts als durch ihn selbst“ (84, S. 44), dann sieht die Sache ganz anders aus. Dann geht es darum, ob der Mensch von Anbeginn nach seinen *eigenen* Gesetzen, Impulsen, Initiativen und Zielen leben kann oder nicht. Kerstiens sagt, „Bindungen und Verpflichtungen“ würden „die Freiheit des Menschen oft sehr empfindlich einschränken“ (121, S. 166). Wenn er aber *eigenmächtig* Bindungen und Verpflichtungen eingeht oder einer Autorität folgt (vgl. Jaspers), verliert er nichts von seiner Eigenmächtigkeit, und wenn er damit seinen eigenen Handlungsspielraum einschränkt, erlaubt das niemand anderem, seine Selbstbestimmungspotenz durch Fremdbestimmung zu zerstören (Lückert), ihn klug geregelt in Ketten zu legen (Rousseau), damit er nicht überfordert werde (Kerstiens).
Die wohl dämlichste Konstruktion totalitärer Berufsheuchler, die vom „Vakuum abstrakter Freiheit“ (Kerstiens, 121, S. 75) — „wo sich ein Machtvakuum andeutet, dringt neue Macht ein“ (Bath, 23, S. 50) —, mit der sie ihren Terror begründen, weil ja in das Vakuum der freien Kinderseelen sonst Konkurrenzerzieher eindrängen (Kerstiens klagt Giesecke an, er plädiere für Selbst- und Mitbestimmung, „aber es wird nicht gesagt, ob man eher nach Liebe, Latein oder Tourismus streben solle“; 121, S. 81; gegen Marcuse fragt er, „wer die Bedürfnisse neu bestimmt. Wird es Bedürfnis-Bestimmungs-Komitees geben?“ S. 122), diese Konstruktion ist ebenfalls nur zu durchschauen und zu widerlegen, wenn man die Seele nicht als zu füllenden Bauch, sondern als spontanautonome, *eigene* Instanz

des Individuums sieht, die ihre Bedürfnisse schlicht *selbst* bestimmt, zwischen Liebe, Latein und Tourismus *selbst* zu wählen weiß, der lächerlichen Sollenswissenschaft mittelalterlicher Möchtegerninquisitoren nicht bedarf (wenn diese nicht die Chance erhalten, das Kind in seinen ersten Jahren zu faschisieren).
Es können unendlich viele Redensarten und Texte auf den Umgang mit dem Freiheitsbegriff überprüft werden. Oft kommt es dabei zu lustigen Umkehrungen terroristischer in wirklichkeitsgetreue Aussagen; im folgenden Zitat sind z. B. nur die Säuglinge als „die Maßgebenden" zu sehen: „Zunächst einmal ist es klar, daß die Maßgebenden selbst — bei allen Abstufungen, die es dabei geben mag — meine Freiheit niemals lahmlegen oder ausrotten wollen (auch die totalitären Autoritäten wollen das — auf ihre Weise — nicht). Im Gegenteil: sie rechnen auf meine Freiheit, indem sie sie für sich in Anspruch nehmen. ... Der frei-willigste Gehorsam ist der beste und gründlichste" (Krüger, 84, S. 27).

Es ist evident, daß „frei"-williger Gehorsam im primären Sinne von „eigenmächtig" nicht möglich, ein Widerspruch in sich ist, d. h. der Begriff kaschiert pädagogische Unterwerfung. *Sekundär* eigenmächtigen Gehorsam kann z. B. die Mutter der Säuglingsautorität leisten: „Im Autoritätsverhältnis wird auch gehorcht. Aber auf Grund innerer Verbundenheit und Wesensverwandtschaft. Gehorchen wird eifervoller Dienst. Die Hingabe des Eigenwillens wird beglückend empfunden" (Lichtenstein, 84, S. 89). Von *Kindern* die Hingabe des Eigenwillens zu verlangen (was Lichtenstein natürlich meint, der die zitierten Sätze übrigens 1951 schrieb, also nicht etwa im Befehlsnotstand der eifervollen Jahre zuvor), ist Angriff auf ihre Spontanautonomie, ihre Identität, erzwingt die faschistische Seelenstruktur. Für die Mutter dagegen ist Gehorchen als „eifervoller Dienst" ein Sekundärphänomen, ihre eigene Entscheidung — wie ich etwa gehorsam bin, wenn ich meine Briefe frankiere oder dem Einheimischen „folge", den ich nach dem Weg zu *meinem* Ziel gefragt habe.
Entsprechende Analysen können verhindern, daß weiterhin mit einem abstrakten Freiheitsbegriff konkreter Terror verschleiert wird. „So hat sich die Freiheit ‚befreit' und behauptet sich gerade heute von neuem ..." (Krüger, 84, S. 29). — Die Existenz einer solchen Karikatur bestreitet Skinner zu Recht.

Mit der „Liebe" steht es nicht besser. Meine These lautet: Immer dann, wenn der Begriff Liebe nicht das gleiche oder mehr (z. B. Empathie) meint als Respekt vor dem Sosein des Geliebten, als Achtung oder Anerkennung also, dient der Liebesbegriff der Mystifizierung des Terrors. Jugendliche, die das Gefühl tiefer Verliebtheit kennen, wissen das sehr genau: Das Aufwühlende an diesem Gefühl besteht gerade darin, daß die Partner sich gegenseitig bedingungslos akzeptieren und wichtignehmen; eine Erfahrung, die ihnen aus dem familiären und schulischen Leben unbekannt war und deshalb so überwältigend ist. Die sexuelle Komponente spielt hier so wenig eine Rolle wie philosophische Probleme beim Freiheitsbegriff. Liebe mag mehr sein als Achtung, aber jeder Prozentsatz „Liebe", der nicht Achtung umgreift, ist Mißachtung, nicht Liebe. Der Bibelspruch „Liebe deine Feinde" hat nur so gesehen einen Sinn, und nur so gesehen wird klar, warum aus „Liebe" definitiv mehr Schandtaten vollbracht werden als aus offenem Haß: der Haß wird weniger mystifiziert, Haßobjekte werden mehr respektiert als Liebesobjekte.

Auch in diesem Fall gibt es beliebig viele Beispiele für eine entsprechende „Übersetzungsarbeit". „Sobald die Eltern lernen, wie sie mit dem Kind fertig werden können, kommt die Liebe, gewöhnlich durch den furchtbaren Streit und Kampf verdeckt, zum Vorschein" (Dreikurs, 30, S. 97). Nicht nur im Staate (wie Rousseau behauptet), auch in der Familie gilt, daß „die Lust zu herrschen die Liebe ersetzt, die der Herrscher für sein Volk nicht empfindet" (Rousseau, 184, S. 31). Denn nicht Liebe kommt zum Vorschein, wenn Eltern „mit dem Kind fertig werden", sondern die Befriedigung der „Lust zu herrschen". Diese Lust, nicht (wie Dreikurs unterstellt) die Bosheit der Kinder, erzeugt ja „den furchtbaren Streit und Kampf" erst, den man Erziehung nennt. Was Dreikurs und andere populärpädagogische Erfolgsautoren predigen, hat mit Liebe exakt so viel zu tun wie die Nazi-Ideologie mit Humanität. Was Dreikurs „Liebe" nennt, ist nichts anderes als trickreiche, aber desto bedingungslosere Unterjochung. „Ein dreijähriger Junge wird von seiner Mutter am Hals aus dem Fenster eines sechsten Stockwerks gehalten. Seine Mutter sagt: ‚Siehst du, so sehr liebe ich dich!' Sie demonstriert damit, daß sie ihn fallen ließe, würde sie ihn nicht lieben" (Laing, 48, S. 22). Laing bezeichnet diese Art elterlicher „Liebe" als „normal", sogar als „geradezu hypernormal" (S. 23), denn praktisch alle Eltern verlangen von ihren Kindern Dankbarkeit („Andere Kinder sind dankbar, wenn ihre Eltern eine Menge *weniger* für sie tun, als *wir* für dich getan haben." Ebenda). Liebe, von der es heißt, man müsse sie auf alle seine Kinder gleichmäßig verteilen (das Wort Achtung entzieht sich solch quantifizierendem Gebrauch), die Dankbarkeit erwartet und zu ihr erziehen will (weshalb alle einigermaßen gesunden Kinder undankbar sind), die hinter dem „fertig werden" zum Vorschein kommt (Dreikurs), solche „Liebe" als kinderfeindlich zu erkennen fällt Jugendlichen, die ihr häufig noch ausgesetzt sind, besonders leicht. Wer sich aus seinen Gründen Kinder wünscht (aus welchen sonst) und dann von den Kindern Dankbarkeit verlangt, der darf wahrlich nicht sich wundern, wenn er später z.B. ins Altersheim gejagt wird, falls ihn keine noch härtere (gerechtere) Strafe ereilt.

Die hier vorgeschlagene „Übersetzung" von Liebe in Achtung erklärt auch, warum Erziehung, wie in Kapitel IV gezeigt, aus Kindern Feinde macht, selbst wenn sie aus „Liebe" erfolgt, und warum Skinner mit seiner Gleichsetzung von „Liebe" und „Anwendung von positiver Verstärkung", wie schon Peter Gottwald sagte, Menschlichkeit verfehlt. Heutigen Eltern sind solche Gedanken schwer nahezubringen, weil zu grausame Schuldgefühle mobilisiert würden, aber Jugendliche — man braucht es ihnen nur zu ermöglichen — haben die Chance, dem Erziehungswahnsinn ein Ende zu bereiten. Man stelle z.B. einen Text des Menschenverächters Rousseau, der bezeichnenderweise fast durchgängig als unrealistisch menschen*freundlich* ausgegeben wird — Weinstock schreibt in seiner Einleitung zum „Gesellschaftsvertrag" (184): „Rousseaus Menschenbild ist die vollkommene Güte" (S. 16), „Rousseaus sanfte Seele" (S. 23), „Der Menschenfreund Rousseau" (S. 26) — man stelle etwa diesen Rousseau-Text zusammen mit den darauf folgenden von Fraiberg, Mitscherlich und Laing zur Diskussion!

> „Es gibt Fälle, wo ein Sohn, dem es irgendwie an Respekt vor dem Vater fehlt, zu entschuldigen ist. Wenn aber ein Kind, gleichgültig um was es geht, so entmenscht ist, seiner Mutter den Respekt zu verweigern, der, die es in ihrem Schoß getragen hat, die es mit ihrer Milch genährt hat, die sich in jahrelanger Selbstentäußerung nur um es allein gekümmert hat, so müßte man dieses Kind schleunigst strangulieren wie ein Ungeheuer, das nicht würdig ist, das Licht der Welt zu erblicken" (Rousseau, 183, S. 108).

> „Soll ein Kind aber in seiner Liebesfähigkeit wachsen und sich zu einem Erwachsenen entwickeln, fähig einer reifen Liebe, müssen die Eltern auch die Liebe ihrer Kinder fordern und sie beanspruchen. Die Eltern, die ihr Kind innig lieben, aber nichts als ‚Gegengabe' erwarten, qualifizieren sich vielleicht als Heilige, aber nicht als Eltern. Denn ein Kind, das Liebe fordert ohne die Verpflichtung, selbst zu lieben, wird zu einem egozentrischen Kind. ... In allen diesen Fällen können wir den Schluß ziehen: irgend etwas war verkehrt in der Erziehung zur Liebe. Diese Kinder haben nie die Selbstliebe der ersten Jahre aufgegeben. Sogar für kleine Kinder gibt es Verpflichtungen der Liebe. Die Liebe wird gewährt, muß aber auch verdient werden. Bei jedem Schritt in seiner Entwicklung muß ein Kind Teile seiner Selbstliebe (seines Selbst; Jugendliche mit einem Gespür für die Bestialität solcher Texte geraten gelegentlich in Wut. Aber zum Mut gehört auch der Mut zum Unmut; EvB) aufgeben, um die elterliche Liebe zu verdienen. Es muß diese Liebe sehr hoch einschätzen, damit es viele seiner privaten und selbstsüchtigen Wünsche aufgeben kann — das bedeutet: die Eltern dürfen ihre Liebe nicht nur als ein Recht der Kinder ansehen, sondern als einen mächtigen Anreiz für das Kind, sich zu ändern" (Fraiberg, 75, S. 202f.).

„Sich erziehen lassen, heißt doch immer, einwilligen in Opfer, die man seinem uranfänglichen Egoismus (seinem Narzißmus) abfordern muß. Erst den anderen zuliebe wird man Mensch“ (Mitscherlich, 151, S. 189).

„Die Doppelaktion, uns selbst zu zerstören und das noch Liebe zu nennen, ist ein Taschenspielertrick, über den man staunen kann. Menschen scheinen eine fast unbegrenzte Fähigkeit zur Selbsttäuschung zu haben — zur Selbsttäuschung, die eigenen Lügen für Wahrheit zu halten. Durch solche Mystifikation erreichen und erhalten wir unsere Anpassung, Adaption und Sozialisation. Doch das Ergebnis solcher Anpassung an unsere Gesellschaft — nachdem wir um unseren Geist betrogen wurden und uns selbst darum betrogen haben, um unsere eigene persönliche Erfahrungswelt, um jene einzigartige Bedeutung, die wir potentiell der externen Welt geben könnten — das Ergebnis solcher Anpassung ist, daß wir damit der Illusion verfallen sind, wir seien einsame ‚hautverkapselte Egos‘. Nachdem wir gleichzeitig unser *Selbst* verloren und die Illusion entwickelt haben, wir seien autonome *Egos*, erwartet man von uns, daß wir uns in innerem Konsensus äußeren Zwängen fügen bis zu einem fast unglaublichen Ausmaß“ (Laing, 131, S. 64 f.).

Der pädagogische Eros

Martin Buber, der in pädagogischer Terminologie gegen die pädagogische Einstellung erfolglos predigte (seine Analyse war nicht vollständig, verblieb innerhalb der Erziehungsideologie), sagte einmal:

„Ganz verklärungswidrig haben wir einzusehen, daß Eros — nämlich nicht ‚die Liebe‘, sondern eben er, der männliche, herrliche Eros —, was immer sonst ihm zugehören mag, eins notwendig einschließt: Menschen genießen wollen. Und daß das Erzieherische, die Sonderessenz dieses Namens, die aus keinem andern zusammengesetzt ist, eben dies ausschließt. Wie übermächtig auch ein Erzieher vom Eros heimgesucht und begeistert wird, — gehorcht er ihm auch noch, wenn er erzieht, dann erstickt er das Gewächs seiner Gnaden. ... Eine hohe Askese bedeutet also das Erzieherische“ (43, S. 27 f.).

Jugendliche, die nicht so gern Gewächse von Erziehers Gnaden sind (sei diese Gnade nun eine geile oder eine asketische), können aus solchen Texten erfahren, wie ihre Erzieher sie zu prostituieren versuchen und was sie tun, wenn sie dieses Spiel fortsetzen, sich z. B.

pädagogischen Rat holen, der immer (auf der Meta-Ebene) Zuhälterei bedeutet. Man kann Schülern ruhig sagen, welchen Status sie haben, denn die meisten *wissen* und alle *fühlen* sich prostituiert; Heimlichtuerei hätte also nur den Sinn, das Erziehungsbordell immer weiter auszubauen und mit allen möglichen Raffinessen auszustatten. Man braucht Schülern nicht zu verheimlichen, daß „das Erziehen" eine sexuelle Perversion im doppelten Sinne ist. Über den einen informieren z. B. die „St. Pauli-Nachrichten", über den anderen z. B. Tobias Brocher. Dieser sehnt

> „... jene ursprüngliche Freude am Lehren zurück ..., die einst das hohe soziale Prestige des Lehrers in der Gesellschaft bestimmte. Nicht ‚das Gehalt' macht's, sondern jene Fähigkeit, die mit Recht einst als pädagogischer *Eros* bezeichnet wurde. Niemand hat sich damals gescheut, sublimierte, kreative Sexualität als Eros beim Namen zu nennen und sie als besondere Auszeichnung des Erzieherberufes anzusehen. Ein Stück jener ursprünglichen Väterlichkeit und Mütterlichkeit des Lehrers wie der Lehrerin sollte als Bestandteil des Selbstbewußtseins in den Erzieherberufen wiederkehren" (42, S. 83).

So richtig es ist, wenn man heute die Pädophilie nicht mehr als Krankheit (vgl. „Sexualmedizin" 9/1972, S. 438 ff.), sondern als „Verbrechen ohne Opfer" („betrifft: erziehung" 4/1973, S. 20 ff.) bezeichnet, so überfällig ist es, das pädagogische Selbstbewußtsein, wie Brocher es preist, als verbrecherisch zu erkennen. Friedrich Hacker schildert (vgl. Kapitel I), wie harmlos zunächst die Erziehungsorgien beginnen, die dann oft genug in der Kindestötung enden. Der übermächtige, „herrliche" Trieb, gegen den keine Askese hilft, sondern nur eine andere Einstellung, die Emanzipation zur Antipädagogik, zwingt zu immer brutaleren Maßnahmen, sein Opfer unter Führung und Kontrolle zu halten. „Denn Erziehen heißt ja: das Kind von sinnlich triebhafter Reaktion allmählich zu geistig-sittlicher Motivation seines Handelns führen" (Reble, 169, S. 120 f.). Bis schließlich diese Führung und Kontrolle erst wieder hergestellt ist über den leblosen Körper des Kindes. Die kreative Sexualität des Erziehers (Brocher) hat sich entsublimiert: *der pädagogische Orgasmus.* Denn „letztlich ist das Tote das einzig garantiert ‚Sittliche', es kann nichts mehr in Frage stellen" (Horn, 115, S. 110).

Freud erkannte die „Phantasievorstellung: ‚ein Kind wird geschlagen'" als mit Lustgefühlen verknüpft, auf deren Höhepunkt bei den Erwachsenen „sich fast regelmäßig eine onanistische Befriedigung" durchsetzt (GW XII, S. 197), und vergleicht im Anschluß an Brunswick den „Wutausbruch" nach einem Klysma (also einem Eindringen in die körperliche Integrität; analog sind kindliche „Unarten" Angriffe auf das geschlossene Vorstellungs- und Anspruchssystem Erwachsener) „dem Orgasmus nach genitaler Reizung" (GW XIV, S. 531 f.). Interessant ist, daß Karl Abraham über die Ejaculatio praecox sagt, „diese Übererregbarkeit der Genitalzone" (die Analogie ist klar) sei nicht Zeichen der Kraft, „sondern im Gegenteil der Ausdruck ihrer Ohnmacht" (2, S. 47). Mit der entsprechenden Begründung verwerfen Pädagogen allgemein die Prügelstrafe, ohne doch den dahinter stehenden Antrieb erkennen zu wollen, der die Lawine erst auslöst, wenn das Kind sich nicht mit harmloseren Mitteln fertig machen läßt (den Erzieher befriedigt).

Und die Mörder erwachen und wissen nicht, was geschehen ist: Das Kind hat doch nur seine Hände nicht gewaschen oder Kekse auf den Teppich gekrümelt. Auch die anderen Triebmörder geben an, ein Kleinstes habe sie animiert, eine verrutschte Bluse, ein entblößter Schenkel. Daß Frauen seltener umgebracht werden, liegt daran, daß sie seltener Widerstand leisten (oder weglaufen können oder Hilfe bekommen). Die meisten Kinder wissen, daß sie sich mißbrauchen lassen müssen, um am Leben zu bleiben, statt zur ewigen Sittlichkeit geprügelt zu werden. Du sollst Vater und Mutter ehren, auf daß es dir wohlergehe und du lange lebest auf Erden.
Allerdings trägt, ich gebe es zu, die Parallele nicht allzu weit: Wie man *Frauen* schändet, wird nicht offiziell an Universitäten gelehrt.

Negative Pädagogik — intergenerationelle Politik

Nach Heinrich Weinstock gibt es „die Politik, der es um die Ordnung der Gesellschaft geht, und die Pädagogik, die das Individuum in Ordnung bringen will" (184, S. 3). Hartmut v. Hentig hatte (vgl. die Einleitung dieses Buches) „Pädagogik" definiert als „Maßnahmen, die unselbständigen Menschen helfen, selbständig zu werden". In dem gleichen Aufsatz definiert er auch den Begriff Politik:

> „*Politik* soll heißen: die gemeinsame bewegliche Regelung gemeinsamer Angelegenheiten unter Voraussetzung der Selbständigkeit der daran beteiligten Personen. Diese Selbständigkeit ist, wie man weiß, gerade

politisch meist nicht gegeben. Dann muß sie fingiert werden. Man zerstört die Politik, wenn man die vorausgesetzte, aber nicht gegebene Selbständigkeit durch herrschaftliche oder pädagogische Bevormundung ersetzt" („Neue Sammlung", 6/1974, S. 493f.).

Nun kann v. Hentig, da er immer nur von sekundärer Selbständigkeit spricht („*Jugend* soll der Lebensabschnitt heißen, an dessen Anfang Selbständigkeit erreicht oder vorgegeben wird", S. 494; dagegen müssen *Kinder* „besonderen Gewaltverhältnissen" unterworfen werden, weil in unserer Zivilisation „ein ganz normales Kind — wie ein alter Mensch oder wie ein Verbrecher ... — eine potentielle Gefahr" ist, so daß erst Jugendlichen „ein Spielraum eingeräumt werden" darf, S. 510), da er also in tiefenpsychologischen Dimensionen zu denken ablehnt (trotz seiner Not mit dem Wort „Selbst"), kann er die einzig mögliche Schlußfolgerung aus seiner eigenen Definition von Politik nicht ziehen. Jugendliche aber können es, wenn ihnen die antipädagogischen Begriffe Spontanautonomie und Säuglingsautorität zur Verfügung stehen. Denn dann ist schon das Verhältnis Mutter/Säugling ein *politisches*, ihre „Gegenseitigkeit der Funktion" (Erikson), ihre komplementäre Kommunikationsfähigkeit, die primäre Selbständigkeit des Säuglings lassen von Anfang an „herrschaftliche oder pädagogische Bevormundung" (v. Hentig) als Überbleibsel der vorgestrigen Erziehungsideologie erkennen. Ignoriert man nicht beständig die Wirklichkeit (was Pädagogen tun müssen, um sie durch ihre Wirk-ungen ersetzen zu können, bzw. den Versuch dazu zu machen), braucht man nicht einmal eine „nicht gegebene" (primäre) Selbständigkeit zu „fingieren".

Der Mensch ist von Anfang an ein soziales, also politisches Wesen. Politik als „die gemeinsame bewegliche Regelung gemeinsamer Angelegenheiten unter Voraussetzung der (primären; EvB) Selbständigkeit der daran beteiligten Personen" (v. Hentig) ist die optimale Beschreibung nicht nur für öffentliche Dinge, sondern auch für den intimen Umgang zwischen den Generationen. Wer das nicht akzeptiert (keinesfalls alle Jugendlichen akzeptieren es), plädiert für das Faustrecht, und das sei ihm unbenommen. Manche Menschen haben es nötig, sich stärker zu wissen als ein Baby. Sie müssen nur aufpassen und die Kinder erschlagen, bevor sie zu groß geworden sind, sich wehren, sich rächen können. „Es gibt Verdächte, die schaffen die Gespenster, das, was sie entlarven wollen" (v. Hentig, a. a. O., S. 504). Der Verdacht, Kinder seien für die Zivilisation („wie ein Verbrecher") „eine potentielle Gefahr, solange man seine Handlungsweise nicht vorhersagen und kontrollieren kann" (S. 510) — dieser Verdacht wird heute zunehmend gespensterschaffend, denn das „vorhersagen und kontrollieren" — Heinrich Kupffer weist unermüdlich darauf hin (vgl. z. B. das Kapitel „Der Schülerselbstmord als Chiffre der Erziehungsverweigerung" in 130, S. 157ff.) — ist nichts anderes als Vergewaltigung. Ulrich Sonnemann nennt dies das

> „Mißverständnis der Politik als eine Technik der Seelendressur. Dieses Prinzip kann mit dem der Freiheit um keinen Preis in Übereinstimmung gebracht werden, und wahrhaft schizophren wird der Zustand denn auch dort, wo die Freiheit gleichsam Aushängeschild ist: ein bequemer, entweder nie oder schon lange nicht mehr durchdachter ideologischer Wortfetisch" (196, S. 52).

Ich komme damit, abschließend, zu einer Interpretation generationenübergreifender Politik, mit der sich ältere Schüler oder Lehrerstudenten beschäftigen können. Ich beschränke mich auf Andeutungen.

Politisches Handeln ist (wie jedes andere auch) interessengeleitetes Handeln. Eltern und Lehrer haben zahlreiche Interessen, die mit denen von Kindern und Schülern nicht übereinstimmen. Eine Gesellschaft kann nicht kinderfreundlich sein, wenn solche Interessenunterschiede überdeckt werden von einem Vertretungsanspruch, der zu Entmündigung und „Seelendressur" führt. Der Anspruch, Individuen in Ordnung bringen zu wollen (Weinstock), ist nicht nur tatsächlich eine Kriegserklärung, er stiftet auch eine Beziehung, in welcher die Interessen der Beteiligten nicht mehr abgrenzbar und damit nicht mehr aushandelbar sind. Man kann die antipädagogische Einstellung als politische Einstellung ansehen, deren, quasiparadox gesagt: „Programm" oder „Strategie" sich in Weiterführung der Reihe „Negative Dialektik" (Adorno, 4) und „Negative Anthropologie" (Sonnemann, 197) als „Negative Pädagogik" bezeichnen ließe. Damit ist freilich nicht Rousseaus Etikettenschwindel gemeint, seine Bemerkung „Bildung ohne bestimmtes Ziel ist nichts" (183, S. 907) beweist seine Pädagogik als positivistisch. Adorno sagt:

„Freiheit ist einzig in bestimmter Negation zu fassen, gemäß der konkreten Gestalt von Unfreiheit. Positiv wird sie zum Als ob" (4, S. 228).

Rousseaus (fiktiver) Emile wäre ein Als-ob-Mensch, ein pädagogisches Ideal. Der antipädagogisch eingestellte Erwachsene orientiert sich in Grenzfällen, in denen ein Aushandeln der Interessen z.B. wegen mangelnder Informationen nicht möglich ist, statt an positiven Zielsetzungen (gar für einen *anderen* Menschen) an der jedem Menschen unmittelbar bewußten Erfahrung von Unfreiheit und Fremdbestimmung, und zwar unter Wahrung der von Sonnemann geforderten „Unbekümmertheit ums Ankommen" (197, S. 99).

Am von Spitz erwähnten Topf mit kochendem Wasser wird der Unterschied deutlich. Man kann ein Kind durch Verbote zu schützen versuchen, wie es pädagogisch eingestellte Menschen tun. In antipädagogischen Familien läßt sich beobachten, wie nette Erwachsene dem Informationsdefizit der Kleinkinder bei Gelegenheit abhelfen (gegenstands-zentriert; ein Topf kalten Wassers wird langsam erhitzt, während das Kind im Wasser planscht solange es mag) und sich dann um das Problem nicht mehr kümmern. Es gibt für jeden Fall angeblich notwendiger Verbote Möglichkeiten gegenstands-zentrierter Information; entscheidend ist, ob damit Fremdbestimmung beabsichtigt ist (durch diese Absicht ist sie, gegenüber Kleinkindern, bereits verwirklicht), oder ob dem Kind Informationen für seine Selbstbestimmung gegeben werden. Negativer Pädagogik kommt es also nicht auf die Herstellung irgendwelcher Tugenden an, sondern darauf, Hindernisse auszuräumen, die einem spontanautonomen Lernen und ersprießlichen Zusammenleben im Wege stehen. (Manche antipädagogischen Familien spielen z.B. das „Erziehungsspiel", wenn die Kinder wissen wollen, warum in anderen Familien so merkwürdige Sitten herrschen. Ich habe auch beobachtet, daß manche Mütter, wenn ihre Kinder zum ersten Mal sich allein in den Straßenverkehr stürzen wollen, Angst bekommen, dies zugeben und das Kind darum bitten, ihm nachgehen zu dürfen, um sich zu beruhigen. Hier brauchten also die Mütter eine Lektion und erhielten sie auch, so daß sich ihre Angst erledigte.) Für alle Interessenkonflikte gibt es politische Lösungen, die von antipädagogisch eingestellten Menschen mitermöglicht werden, wenn die Absichten der Erwachsenen negative Ziele verfolgen und damit eben jenes „Vakuum abstrakter Freiheit" (Kerstiens) dulden, das — man kann sich drauf verlassen: in statu nascendi — sehr konkret von dem Kind ausgefüllt wird, wodurch sich der — politische — Dialog konstituiert. (Es versteht sich von selbst, daß auch der Vorsatz, Kinder zu „fördern" — als wären ihre Eigenschaften keine *Eigen*schaften, sondern Kohle oder Öl —, unpolitisch, jedenfalls undemokratisch, ist. Kinder haben das Recht auf alle Materialien dieser Welt, und je mehr man ihnen zum Kennenlernen anbieten kann, desto besser, aber Antipädagogik sieht dahinter keine Förderungsabsicht, auch nicht die zur Herstellung von sog. Chancengleichheit — ohnehin Spekulationen auf der Überbau-Ebene —; wenn die Erwachsenen nett sind, also faire politisch-soziale Beziehungen mit Kindern pflegen, sind sie gegen Schatzsucherallüren immun. — Auf der Überbau-Ebene läßt sich sagen, daß niemand ein Kind besser „fördern" kann als wenn er es als Schatz ansieht, der sich selbst gehört. Alles andere ergibt sich — in einer netten Umgebung — von *Selbst.*)

Der theoretische Rahmen Negativer Pädagogik würde sich besonders in bezug auf Kindergruppen (also in Kindergarten und Schule) als Richtschnur antipädagogischer Politik (Informations- und Entspannungspolitik) eignen, aber dies auszuführen scheint gegenwärtig wenig sinnvoll. Otto F. Gmelin schreibt gegen David Cooper:

> „Die Anti-Psychiatrie, so wäre zu hoffen, muß auch die Negation ihrer Begriffe überwinden, um sich endlich aufzuheben" („Vorgänge", Nr. 5/1973, S. 67).

Nun kann man über die Dialektik zwischen Positivem und Negativem trefflich streiten. Hegel sagt:

> „Indem die Dialektik zu ihrem Resultat das Negative hat, so ist dieses, eben als Resultat, zugleich das Positive, denn es enthält dasjenige, woraus es resultiert, als aufgehoben in sich, und ist nicht ohne dasselbe" (zitiert in 4, S. 25).

Berücksichtigt man die historische Lage von Philosophie, Anthropologie, Psychiatrie und Pädagogik, so ist die Forderung, die Negation ihrer dialektischen Gegenbegriffe aufzuheben, geschichtsblind. Würden eines Tages keine pädagogisch eingestellten Menschen mehr ihr Gift verspritzen, würde sich die Negation der Begriffe erübrigen. So aber bedeutete es, einen x-ten Schritt vor dem ersten zu tun, wenn man gegenwärtig bereits eine Synthese anvisierte. Karl R. Poppers Maxime:

> „Arbeite lieber für die Beseitigung konkreter Übel als für die Verwirklichung abstrakter Güter" (161, S. 322)

hat für den Umgang zwischen den Generationen und den Übergang zwischen den Kulturepochen umso mehr Bedeutung, als pädago-

gisch eingestellte Menschen *in anderen* Menschen Übel beseitigen und Güter verwirklichen wollen, welches höchst konkrete Übel möglichst abzustellen (durchschaubar zu machen; wozu dieses Buch dient) eine sinnvollere Beschäftigung ist als irgendeine Utopie in den Wind der Geschichte zu schreiben. Alltäglich werden massenhaft konkrete Kinder geboren und konkrete Kinder zerstört, und in der Psychiatrie herrschen genauso wie in der Pädagogik (intergenerationellen Politik) praktisch wie theoretisch konkrete Zustände, die eben Cooper und viele andere (vgl. 100) veranlaßt haben, die Anti-Psychiatrie zu schaffen. Da gibt es noch lange nichts „endlich aufzuheben".
Ulrich Sonnemann sagt:

> „Nach Maßgabe einer Spontaneität von Vernunft, die sich selbst damit erst verwirklichen möchte, ist die Ausführung negativer Anthropologie daher Erschließung des Humanen aus seiner Verleugnung und Abwesenheit" (197, S. 248 f.).

Nach Lage der pädagogischen Dinge („pädagogisch" heißt heute noch so viel wie: für Kinder gut) setzt es eine antipädagogische Einstellung voraus, Kinder als Menschen anzuerkennen. Diese Kinder, von denen man eben nicht immer schon weiß, wie und was sie schließlich geworden sein werden, können tatsächlich „das Humane" erschließen: dies die durchaus *positive* Intention der Negativen Pädagogik, der antipädagogischen Einstellung (die freilich negativ definiert ist, wie etwa die Begriffe „Freiheit", „Wahrheit", „Zufriedenheit", „Gesundheit", „Mut", „Aufrichtigkeit"). Diese Kinder bleiben sie selbst, sie leben *ihr* Leben, sie *leben* ihr Leben, sie sind keine zerstörten Als-ob-Menschen, die aus innerer Angst („Innere Furchtsamkeit führt zur Sclaverei; äußere Besorgnis hält die Freiheit." — Seume, 198, S. 66) zum Totalitarismus neigen. „Wo von innen Sclaverei ist, wird sie von außen bald kommen" (Seume, a. a. O.). Nicht die Verantwortung der Erwachsenen kann dies verhindern, nicht ihre Spekulation auf „Erziehungsergebnisse" (damit sind sie reichlich auf die Nase gefallen). Nicht ihr Menschen- und Gesellschaftsbild. Nicht ihr guter Wille. Nicht ihre Sorte Liebe. Nichts was Erwachsene tun können, kann die kommende Sklaverei verhindern. Nur die Kinder selbst können es, wenn wir uns nicht in ihre Seelen hineinerziehen, sie versklavend.

Ein letztes Beispiel: Die berühmte fortschrittliche Bildungspolitikerin Hildegard Hamm-Brücher propagiert „nicht-autoritäre Erziehung“ als „eine konsequent freiheitliche und konsequent demokratische Erziehung, aber in keinem Moment ist dies mit Zügellosigkeit zu verwechseln“ (zitiert in Bleuel, 34, S. 72). In der Tat, Erziehung bleibt Erziehung, die Rede von „freiheitlich“ und „demokratisch“ ist leeres Geschwätz. Wie konsequent der Terror durchgehalten werden soll, sagt Hamm-Brücher im „Müttermagazin“ (Nr. 7/1969, S. 10): „Niemals etwas nachtragen! Wenn ein Kind ungezogen ist, wird es bestraft. Damit muß die Untat vergessen sein.“ Das ist der Geist moderner Bildungspolitiker: Jugendliche sollen emanzipiert oder was auch immer werden, aber an den kleinen Viechern darf sich die feige Ziehungsgeilheit austoben — obwohl schon lange bekannt ist, daß der pädagogische Coitus interruptus (Erziehungsakte, die vor dem Mord abbrechen und deren Initiatoren dann makabrerweise *dem Opfer* „nichts nachtragen“) noch abhängiger macht als schlichte Brutalität. Melitta Schmideberg schrieb 1931: „Wenn der Vater nach der Züchtigung freundlich ist, müssen die Haßregungen mehr verdrängt werden, und jede Liebkosung nach einer symbolischen Kastration drängt den Knaben stärker in die passiv-homosexuelle Einstellung“ (50, S. 110). Sándor Ferenczi hatte über diese heuchlerische Form des jemanden sich „Gefügigmachens“ schon 1913 geschrieben: „Aus der Reihe der so ‚gezähmten‘ Kinder rekrutieren sich die der übertragenen Vater- oder Muttersuggestion zeitlebens leicht zugänglichen Menschen und ein großer Teil der Neurotiker“ (69, S. 134). Und der Faschisten, die der Suggestion eines Führers (Vater) und einer Partei (Mutter) hilflos ausgeliefert sind und die gegenwärtige Demagokratie schwerlich weiterentwickeln können.

Es liegt auf der Hand, daß solche „Bildungspolitik“ keine Chance hat, Zukunft und lebendiges Leben zu ermöglichen. Man kann sich darüber streiten, ob unsere Welt heilbar ist. Durch irgendeine Erziehung, diesen alten Zopf, der Kinder als Menschenmaterial ansieht, dem irgendwelche Qualitäten reingejubelt werden sollen, gewiß nicht. *Wenn* wir dennoch Kinder in die Welt setzen, dann müssen wir die Hypothek, die wir ihnen ohnehin mitgeben, nicht gleich in ihren Seelen eintragen und ihnen damit *jede* Chance nehmen, vielleicht doch ein Stückchen von ihr abzutragen. Dies die eine Dimension.
Die andere ist, daß es totes und lebendiges Leben gibt. Kinder können auch unter schwierigen Bedingungen *lebendig* bleiben, wenn man sie nicht erzieht. Es macht glücklich, mit lebendigen Menschen umzugehen. Hat man Kinder schon aus egoistischen Motiven in die Welt gesetzt, ist nicht einzusehen, warum man sie sich plötzlich, indem man sie zerstört, zu Feinden machen soll, die einem das Leben

verbittern. Indem man sie achtet, was und wie immer sie sein mögen, schließt man „das Erzieherische, die Sonderessenz dieses Namens“ aus, so daß es sogar nach Martin Buber statthaft ist — und es läßt sich unter den geschilderten Bedingungen nach meinen Erfahrungen einfach nicht vermeiden —, seine Kinder zu *genießen.*

> „Was mir an der Art, Geschichte zu behandeln, nicht gefällt, ist, daß man in allen Handlungen Absichten sieht und alle Vorfälle aus Absichten herleitet. Das ist aber wahrlich ganz falsch. Die größten Begebenheiten ereignen sich ohne alle Absicht; der Zufall macht Fehler gut und erweitert das klügst angelegte Unternehmen. Die großen Begebenheiten in der Welt werden nicht gemacht, sondern finden sich“ (Lichtenberg, 198, S. 105).

In Anlehnung an Theodor Heuss könnte man den Pädagogen zurufen: Nun sucht mal schön! Vielleicht benutzt aber auch der eine oder andere Humanist seine Erziehungsfläche („Erziehungsfläche f Gesäß. Das Gesäß dient hier nicht zum Sitzen, sondern zum Erzogenwerden ...“; so Heinz Küppers „Wörterbuch der deutschen Umgangssprache“, Band I, 1963, S. 156) zum *Aufstand*, statt weiterhin einer Wissenschaft aufzusitzen, deren Praxis, wie gezeigt, der Genitalsphäre zugehört, während ihre Theorien eher Produkten der Analzone (Erziehungsfläche) zu gleichen scheinen. Daß sich pädagogische Wissenschaft mehr in den Windungen des Darmes als in denen des Gehirns abspielt, ist deshalb so empörend, weil viele nette Menschen (besonders auch der sog. Unterschichten; aber ebenso z.B. Politiker) heute die Ausscheidungen von ach so guten Fachleuten gläubig konsumieren, denen es gelungen ist, ihrer Ideologie im öffentlichen Bewußtsein den Status der Heiligen Kuh zu sichern.

Ich schlage deshalb als ersten provozierenden (Aufmerksamkeit erzeugenden und damit eine Neuorientierung auf breiter Front vielleicht noch ermöglichenden) Schritt vor, sich mindestens dafür aufzusetzen, daß der Artikel 3 (3) des Grundgesetzes der Bundesrepublik Deutschland, der lautet:

> „Niemand darf wegen seines Geschlechtes, seiner Abstammung, seiner Rasse, seiner Sprache, seiner Heimat und Herkunft, seines Glaubens, seiner religiösen oder politischen Anschauungen benachteiligt oder bevorzugt werden.“

— wobei das „benachteiligt oder bevorzugt“ ja eine Rechtsfloskel ist, die auf anderer Ebene gilt als z. B. Hilfsbereitschaft oder persönliche Sympathie —, daß also dieser Artikel ergänzt wird in: „Niemand darf wegen seines Alters, seines Geschlechtes usw.“ — Solange der Skandal, daß das Alter des Menschen seine Würde vor dem Gesetz beeinträchtigt, nicht beendet ist (in der Hessischen Verfassung gibt es z. B. den Artikel 129: „Niemand darf wegen Unzulänglichkeit seiner Mittel an der Verfolgung seiner Rechtsansprüche gehindert werden.“), kann niemand glaubwürdig machen (schon gar nicht unter Hinweis auf irgend einen „Jugendschutz“, der die Prostituierung der Kinder ebensowenig verhindert wie der § 218 StGB den Massenmord an Embryos), daß ihm an einer kinderfreundlichen Gesellschaft — und damit übrigens auch an freundlichen Kindern — gelegen ist.

Nachbemerkung zur 3. Auflage: Es hat sich allerhand getan in den viereinhalb Jahren, die dieses Buch jetzt (März 1980) existiert. War ein „Siegeszug“ der antipädagogischen Aufklärung angesichts der Brisanz des Problems, besonders auch seiner tiefenpsychologischen Dimension, von vorneherein nicht zu erwarten, hat sich inzwischen doch eine mit der nötigen Energie vorgehende deutsche Kinderrechtsbewegung konstituiert, die von Erziehungsfanatikern und -ideologen einfach nicht mehr ignoriert werden kann, weil sie sich auch vor massiven Aktionen nicht scheut (z. B. öffentlichen Zeugnisverbrennungen gegen den schulischen Erziehungsterror). In einer Presseerklärung des FREUNDSCHAFT MIT KINDERN-Förderkreises nach dem „Jahr des Kindes 1979“ vom 1. Februar 1980 heißt es u. a.:
„Das Kinderjahr hat bewiesen: Kinderfreundlichkeit kann nicht durchschlagen, solange man sich um die antipädagogische Aufklärung herummogeln will. ... Man versucht den Teufel mit Beelzebub auszutreiben, wenn Pädagogen/Erziehungswissenschaftler als Fachleute für Kinderfragen und als Berater für Kinderfreundlichkeit angesehen werden. Solange Kinder als Erziehungsobjekte (der Eltern oder auch des Staates und seiner Funktionäre), nicht aber als gleichberechtigte Mitbürger gelten, sind alle Bemühungen vergeblich, den Kindesmißhandlungen, Morden und Selbsttötungen, den Kriminalitäts-, Drogen-, Sektengefahren entgegenzuwirken.“

Gerade weil ich mit dem Erfolg meiner Arbeit, insbesondere auch dieses ersten Buches (z. B. seiner oft von Studenten erzwungenen Berücksichtigung an immer mehr Hochschulen) nicht unzufrieden sein kann, liegen mir zwei Korrekturen am Herzen, die sich aus meinen Erfahrungen seit seiner Niederschrift ergaben.

1. Ich möchte den Unterschied zwischen einem „netten" und einem „guten" Erwachsenen so nicht aufrechterhalten. Viele Reaktionen von Erwachsenen (nicht einmal speziell von Pädagogikprofessoren, mehr von Politikern und Bürokraten) ließen mich das Wort „gut" als für sie unpassend erkennen. Ich vermag mir das trotz längst möglichen besseren Wissens Beharren solcher angeblich „verantwortlicher" Persönlichkeiten auf erziehungsideologischen Positionen nicht zu erklären, ohne mit der Vermutung zu spielen, daß sie vielleicht doch nur gänzlich unverantwortliche, skrupellose Machtmenschen sind, deren *dem*agogische Einstellung und Ambition zwar ebenso krankhaft und zerstörerisch ist wie die *päd*agogische, aber auch ebenso tiefsitzend, unbewußt und verschleiert, so daß sie gegen die Entlarvung ihrer nahen Verwandten verbissen ankämpft. Allerdings erschrecke ich vor dem Gedanken, daß wir möglicherweise Bürokraten, Politiker, sogar massenweise Minister wählen oder dulden, die ihre (ihnen anerzogenen) persönlichen Perversionen zum Schaden von Millionen junger Menschen einfach so ausleben dürfen. Ich würde in diesem Falle lieber formulieren, daß sie vielleicht persönlich sogar „nett", in ihren Funktionen aber ausgesprochen *böse* sind.

2. Auf Seite 94 nannte ich mich „überzeugter Prophylaktiker". Viele neue Erfahrungen haben mir gezeigt, daß es doch auch für Erwachsene noch einen ganz einfachen Ausweg aus der Misere gibt. Ich meine das spezielle „Freundschaft-mit-Kindern-Encounter", das der genannte Förderkreis entwickelt hat und das tatsächlich einen Prozeß der emotionalen Selbstbefreiung aus seinem Erziehungs- und auch Erzieherschicksal in Gang setzt.

Es empfiehlt sich also nicht nur für diejenigen, die an der Abschaffung der Erziehung auf der politischen Ebene und um der Kinder willen mitwirken wollen, sondern auch für solche Leser, die ausschließlich an der Wiedergewinnung ihrer eigenen Lebendigkeit interessiert sind, mit einer der örtlichen Förderkreisgemeinschaften in Verbindung zu treten.

Die Kontaktadresse, über die eine Grundsatzbroschüre (mit ausführlicher Literaturliste), die ca. 100 nach 1975 erschienene teils explizit antipädagogische, teils inhaltlich gleichgerichtete Bücher nach Sachgebieten geordnet, enthält) und vielfältige Materialien (z. B. Tonband- und Videokassetten über die Arbeit der Antipädagogen, aber auch etwa Autoaufkleber ERZIEHUNG? NEIN DANKE, Informationen über die in Vorbereitung befindliche Groß-Aktion RETTET DAS LERNEN! u. v. a.) bezogen werden können, lautet für den deutschsprachigen Raum:

FREUNDSCHAFT MIT KINDERN-Förderkreis e. V.
Förderkreiszentrale
Wismarweg 2
4400 Münster

Literatur

1 Abendroth, Wolfgang u. a. (1974), Der antifaschistische Auftrag des Grundgesetzes, Frankfurt (Röderberg).

2 Abraham, Karl (1969), Psychoanalytische Studien, Band I, Frankfurt (S. Fischer), 2. Auflage.

3 Adorno, Theodor W. (1951), Minima Moralia, Frankfurt (Suhrkamp), 7. Tsd. 1964.

4 — (1966), Negative Dialektik, Frankfurt (Suhrkamp).

5 — (1971), Erziehung zur Mündigkeit, Frankfurt (suhrkamp tb).

6 — u. a. (1973), Studien zum autoritären Charakter, Frankfurt (suhrkamp tb).

7 Aebli, Hans (1961), Grundformen des Lehrens, Stuttgart (Klett), 8. Auflage 1974.

8 Aichhorn, August (1972), Erziehungsberatung und Erziehungshilfe, Reinbek (rororo).

9 Allport, Gordon W. (1958), Werden der Persönlichkeit, Bern (Huber).

10 Ammon, Günter (1970), Gruppendynamik der Aggression, Berlin (Pinel), 3. Auflage 1972.

11 — Hrsg. (1972), Gruppendynamik der Kreativität, Berlin (Pinel).

12 Argelander, Hermann (1972), Gruppenprozesse, Reinbek (rororo).

13 Bäuerle, Wolfgang (1971), Theorie der Elternbildung, Weinheim (Beltz), 2. Auflage 1972.

14 Baldwin, Alfred L. (1974), Theorien primärer Sozialisationsprozesse, 2 Bände, Weinheim (Beltz).

15 Balint, Michael (1969), Die Urformen der Liebe und die Technik der Psychoanalyse, Frankfurt (Fischer Tb).

16 — (1970), Der Arzt, sein Patient und die Krankheit, Frankfurt (Fischer Tb).

17 — (1970), Therapeutische Aspekte der Regression — Die Theorie der Grundstörung, Stuttgart (Klett).

18 — (1972), Angstlust und Regression, Reinbek (rororo).

19 — und Enid Balint (1962), Psychotherapeutische Techniken in der Medizin, München (Kindler Tb) o. J.

20 Barres, Egon (1972), Erziehung im Kindergarten, Weinheim (Beltz).

21 — (1974), Das Vorurteil in Theorie und Wirklichkeit, Opladen (Leske).

22 Bateson, Gregory u. a. (1969), Schizophrenie und Familie, Frankfurt (Suhrkamp), 15. Tsd. 1974.
23 Bath, Herbert (1974), Emanzipation als Erziehungsziel? Bad Heilbrunn (Klinkhardt).
24 Beck, Johannes u. a. (1970), Erziehung in der Klassengesellschaft, München (List Tb), 4. Auflage 1972.
25 — u. a. (1973), Ansichten pädagogischer Berufspraxis, Frankfurt (EVA).
26 Benjamin, Walter (1969), Über Kinder, Jugend und Erziehung, Frankfurt (edition suhrkamp), 4. Auflage 1973.
27 b:e Redaktion Hrsg. (1971), Familienerziehung, Sozialschicht, Schulerfolg, Weinheim (Beltz), 4. Aufl. 1974.
28 Berne, Eric (1970), Spiele der Erwachsenen, Reinbek (rororo), 61. Tsd. 1972.
29 Bernfeld, Siegfried (1967), Sisyphos oder die Grenzen der Erziehung, Frankfurt (Suhrkamp), 5. Tsd. 1970.
30 Biermann, Gerd, Hrsg. (1969), Handbuch der Kinderpsychotherapie, München (Reinhardt).
31 Bittner, Günther und Willy Rehm, Hrsg. (1964), Psychoanalyse und Erziehung, Bern (Huber).
32 Blättner, Fritz (1951), Geschichte der Pädagogik, Heidelberg (Quelle & Meyer), 14. Aufl. 1973.
33 Blankertz, Herwig (1969), Theorien und Modelle der Didaktik, München (Juventa), 8. Aufl. 1974.
34 Bleuel, Hans Peter (1971), Kinder in Deutschland, München (Hanser).
35 Bönner, Karl H. (1971), Nichtautoritäre Erziehung, Düsseldorf (Droste).
36 Brauneiser, Manfred, Hrsg. (1970), Attacken auf die pädagogische Provinz, Stuttgart (Klett).
37 Brenner, Charles (1967), Grundzüge der Psychoanalyse, Frankfurt (S. Fischer), 20. Tsd.
38 Brezinka, Wolfgang (1972), Die Pädagogik der Neuen Linken, Stuttgart (Seewald), 2. Aufl. 1973.
39 Brim, Orville G. jr. und Stanton Wheeler (1974), Erwachsenen-Sozialisation (mit einem Beitrag von Heinz Hartmann), Stuttgart (Enke).
40 Brocher, Tobias (1967), Gruppendynamik und Erwachsenenbildung, Braunschweig (Westermann), Neuauflage 1971.
41 — (1969), Das unbekannte Ich, Reinbek (rororo), 36. Tsd. 1970.
42 — (1971), Psychosexuelle Grundlagen der Entwicklung, Opladen (Leske).
43 Buber, Martin (1969), Reden über Erziehung, Heidelberg (L. Schneider), 9. Auflage.
44 Claus, Jörg u. a. (1973), Spiel im Vorschulalter, Frankfurt (EVA).

45 Comfort, Alex (1970), Natur und menschliche Natur, Reinbek (Rowohlt).
46 Cooper, David (1971), Psychiatrie und Anti-Psychiatrie, Frankfurt (edition suhrkamp), 2. Aufl. 1972.
47 — (1972), Der Tod der Familie, Reinbek (Rowohlt).
48 — Hrsg. (1969), Dialektik der Befreiung, Reinbek (rororo), 21. Tsd. 1970.
49 Cremerius, Johannes, Hrsg. (1971), Neurose und Genialität, Frankfurt (S. Fischer).
50 — Hrsg. (1971), Psychoanalyse und Erziehungspraxis, Frankfurt (Fischer Tb).
51 Dahmer, Helmut (1973), Libido und Gesellschaft, Frankfurt (Suhrkamp).
52 — u. a. (1973), Das Elend der Psychoanalyse-Kritik, Frankfurt (Athenäum).
53 Dirx, Ruth (1967), Das Kind — das unbekannte Wesen, Frankfurt (Fischer Tb).
54 Döring, Klaus W. (1970), Lehrerverhalten und Lehrerberuf, Weinheim (Beltz), 5. Aufl. 1973.
55 — und Heinrich Kupffer (1972), Die eindimensionale Schule, Weinheim (Beltz).
56 Dolto, Françoise (1973), Der Fall Dominique, Frankfurt (suhrkamp tb).
57 Doman, Glenn (1966), Wie kleine Kinder lesen lernen, Freiburg (Hyperion), 4. Aufl. 1968.
58 Dreikurs, Rudolf (1968), Psychologie im Klassenzimmer, Stuttgart (Klett), 2. Auflage.
59 — und Vicki Soltz (1970), Kinder fordern uns heraus, Stuttgart (Klett), 57. Tsd.
60 Eckensberger, Dietlind (1971), Sozialisationsbedingungen der öffentlichen Erziehung, Frankfurt (edition suhrkamp).
61 Elashoff, Janet D. und Richard E. Snow (1972), Pygmalion auf dem Prüfstand, München (Kösel).
62 Erikson, Erik H. (1957), Kindheit und Gesellschaft, Stuttgart (Klett), 4. Aufl. 1971.
63 — (1966), Identität und Lebenszyklus, Frankfurt (Suhrkamp), 8. Tsd. 1971.
64 — (1966), Einsicht und Verantwortung, Stuttgart (Klett).
65 — (1970), Jugend und Krise, Stuttgart (Klett).
66 Erlinghagen, Karl (1973), Autorität und Antiautorität, Heidelberg (Quelle & Meyer).
67 Erziehung wozu? (1956), Stuttgart (Kröner).
68 Fend, Helmut (1969), Sozialisierung und Erziehung, Weinheim (Beltz), 7. Aufl. 1974.

69 Ferenczi, Sándor (1970), Schriften zur Psychoanalyse, Band I, Frankfurt (S. Fischer).
70 — (1972), Schriften zur Psychoanalyse, Band II, Frankfurt (S. Fischer).
71 Flitner, Andreas und Hans Scheuerl, Hrsg. (1967), Einführung in pädagogisches Sehen und Denken, München (Piper), 15. Tsd. 1969.
72 Flügge, Johannes, Hrsg. (1972), Pädagogischer Fortschritt? Bad Heilbrunn (Klinkhardt).
73 Fornari, Franco (1970), Psychoanalyse des ersten Lebensjahres, Frankfurt (S. Fischer).
74 Foucault, Michel (1968), Psychologie und Geisteskrankheit, Frankfurt (edition suhrkamp), 2. Aufl. 1969.
75 Fraiberg, Selma (1972), Die magischen Jahre in der Persönlichkeitsentwicklung des Vorschulkindes, Reinbek (rororo).
76 Freire, Paulo (1973), Pädagogik der Unterdrückten, Reinbek (rororo).
77 Freud, Anna (1964), Das Ich und die Abwehrmechanismen, München (Kindler Tb), 5. Auflage.
78 — (1968), Wege und Irrwege in der Kinderentwicklung, Bern/Stuttgart (Huber/Klett).
79 Freud, Sigmund (ab 1940), Gesammelte Werke, 17 Bände, Frankfurt (S. Fischer).
80 Fürstenau, Peter (1967), Soziologie der Kindheit, Heidelberg (Quelle & Meyer), 4. Auflage.
81 Gabor, Dennis (1969), Menschheit morgen, Frankfurt (Fischer Tb).
82 Gamm, Hans-Jochen (1972), Das Elend der spätbürgerlichen Pädagogik, München (List).
83 — (1974), Einführung in das Studium der Erziehungswissenschaft, München (List).
84 Geißler, Erich E., Hrsg. (1973), Autorität und Freiheit, Bad Heilbrunn (Klinkhardt).
85 Giesecke, Hermann (1969), Einführung in die Pädagogik, München (Juventa), 2. Aufl. 1970.
86 — (1973), Bildungsreform und Emanzipation, München (Juventa).
87 Girschner-Woldt, Ingrid u. a. (1973), Soziologie für Pädagogen, Stuttgart (Enke).
88 Glasser, William (1972), Realitätstherapie, Weinheim (Beltz).
89 — (1974), Identität und Gesellschaft, Weinheim (Beltz).
90 Gordon, Thomas (1972), Familienkonferenz, Hamburg (Hoffmann und Campe), 3. Aufl. 1974.
91 Gottschalch, Wilfried u. a. (1971), Sozialisationsforschung, Frankfurt (Fischer Tb).
92 Grell, Jochen (1974), Techniken des Lehrerverhaltens, Weinheim (Beltz).
93 Groothoff, Hans-Hermann, Hrsg. (1964), Pädagogik, Frankfurt (Fischer-Lexikon), 3. Aufl. 1966.

94 — (1972), Funktion und Rolle des Erziehers, München (Juventa), 2. Aufl. 1974.
95 Habermas, Jürgen (1973), Legitimationsprobleme im Spätkapitalismus, Frankfurt (edition suhrkamp), 2. Auflage.
96 — und Niklas Luhmann (1971), Theorie der Gesellschaft oder Sozialtechnologie, Frankfurt (Suhrkamp), 21. Tsd. 1974.
97 Hacker, Friedrich (1971), Aggression, Wien (Molden).
98 — (1974), Materialien zum Thema Aggression, Reinbek (rororo).
99 Hartley, Eugene L. und Ruth E. (1955), Die Grundlagen der Sozialpsychologie, Berlin (Rembrandt).
100 Obiols, Juan (1978), Antipsychiatrie, Reinbek (rororo).
101 v. Hentig, Hartmut (1965), Die Schule im Regelkreis, Stuttgart (Klett), 2. Aufl. 1969.
102 — (1971), Cuernavaca oder: Alternativen zur Schule? Stuttgart/München (Klett/Kösel), 11. Tsd. 1972.
103 — (1973), Die Wiederherstellung der Politik, Stuttgart/München (Klett/Kösel).
104 — (1973), Schule als Erfahrungsraum, Stuttgart (Klett).
105 — (1974), Magier oder Magister? Frankfurt (suhrkamp tb).
106 Herndon, James (1972), Die Schule überleben, Stuttgart (Klett).
107 Hess, Robert D. und Roberta M. Bear, Hrsg. (1972), Frühkindliche Erziehung, Weinheim (Beltz).
108 Hessische Rahmenrichtlinien (1973), Sekundarstufe I/Gesellschaftslehre, Frankfurt (Diesterweg).
109 Hessischer Rundfunk (1975), Schulfunkheft Politische Bildung Februar-Juni 1975.
110 Heydorn, Heinz-Joachim (1972), Zu einer Neufassung des Bildungsbegriffs, Frankfurt (edition suhrkamp).
111 Hörl, Reinfried, Hrsg. (1972), Die Zukunft unserer Kinder, München (dtv).
112 Hoffer, Eric (1968), Die Angst vor dem Neuen, Reinbek (rororo).
113 Holt, John (1971), Wie Kinder lernen, Weinheim (Beltz), 2. Aufl.
114 Holzkamp, Klaus (1972), Kritische Psychologie, Frankfurt (Fischer Tb), 31. Tsd. 1973.
115 Horn, Klaus (1967), Dressur oder Erziehung, Frankfurt (edition suhrkamp).
116 — Hrsg. (1972), Gruppendynamik und der ‚subjektive Faktor', Frankfurt (edition suhrkamp), 2. Aufl. 1973.
117 Jacobson, Edith (1973), Das Selbst und die Welt der Objekte, Frankfurt (Suhrkamp).
118 Jones, Ernest (1962), Das Leben und Werk von Sigmund Freud, Band II, Bern (Huber).
119 Jouhy, Ernest (1973), Das programmierte Ich, München (List).
120 Kentler, Helmut (1970), Sexualerziehung, Reinbek (rororo), 36. Tsd. 1971.

121 Kerstiens, Ludwig (1974), Modelle emanzipatorischer Erziehung, Bad Heilbrunn (Klinkhardt).
122 Kimminich, Otto (1973), Menschenrechte, München (Langen-Müller).
123 Klafki, Wolfgang u. a. (1970), Funk-Kolleg Erziehungswissenschaft, 3 Bände, Frankfurt (Fischer Tb).
124 Klein, Melanie (1962), Das Seelenleben des Kleinkindes, Stuttgart (Klett).
125 Koch, Friedrich (1971), Negative und positive Sexualerziehung, Heidelberg (Quelle & Meyer).
126 Kohl, Herbert R. (1971), Antiautoritärer Unterricht in der Schule von heute, Reinbek (rororo), 66. Tsd.
127 Kupffer, Heinrich (1965), Berufserziehung als Lenkungsproblem, Ratingen (Henn).
128 — (1970), Gustav Wyneken, Stuttgart (Klett).
129 — (1971), Partner im Erziehungsfeld, Ratingen (Henn).
130 — (1974), Jugend und Herrschaft — Eine Analyse der pädagogischen Entfremdung, Heidelberg (Quelle & Meyer).
131 Laing, Ronald D. (1969), Phänomenologie der Erfahrung, Frankfurt (edition suhrkamp), 6. Aufl. 1973.
132 — (1972), Das geteilte Selbst, Köln (Kiepenheuer & Witsch).
133 — (1972), Knoten, Reinbek (Rowohlt), 10. Tsd. 1974.
134 — (1973), Das Selbst und die Anderen, Köln (Kiepenheuer & Witsch).
135 — (1974), Die Politik der Familie, Köln (Kiepenheuer & Witsch).
136 — mit H. Phillipson und A. R. Lee (1971), Interpersonelle Wahrnehmung, Frankfurt (edition suhrkamp), 2. Aufl. 1973.
137 Leonard, George B. (1973), Erziehung durch Faszination, Reinbek (rororo).
138 Liebel, Manfred und Franz Wellendorf (1969), Schülerselbstbefreiung, Frankfurt (edition suhrkamp), 4. Aufl. 1971.
139 Mager, Robert (1970), Motivation und Lernerfolg, Weinheim (Beltz), 4. Aufl. 1972.
140 — (1973), Zielanalyse, Weinheim (Beltz).
141 — und Peter Pipe (1972), Verhalten, Lernen, Umwelt, Weinheim (Beltz), 2. Aufl. 1973.
142 Matussek, Paul (1974), Kreativität als Chance, München (Piper).
143 Mayrhofer, Hans und Wolfgang Zacharias (1973), Aktion Spielbus, Weinheim (Beltz).
144 Mead, Margaret (1974), Der Konflikt der Generationen, München (dtv).
145 Mendel, Gérard (1972), Die Revolte gegen den Vater, Frankfurt (S. Fischer).
146 — (1972), Generationskrise, Frankfurt (Suhrkamp).
147 — (1973), Plädoyer für die Entkolonisierung des Kindes, Olten (Walter).
148 — und Christian Vogt (1973), Le Manifeste Educatif, Paris (Payot).

149 Milgram, Stanley (1974), Das Milgram-Experiment, Reinbek (Rowohlt).
150 Mitscherlich, Alexander (1969), Die Idee des Friedens und die menschliche Aggressivität, Frankfurt (Suhrkamp), 31. Tsd.
151 — (1972), Massenpsychologie ohne Ressentiment, Frankfurt (suhrkamp tb).
152 — (1973), Auf dem Weg zur vaterlosen Gesellschaft, München (Piper), Neuausgabe.
153 — und Margarete Mitscherlich (1967), Die Unfähigkeit zu trauern, München (Piper), 27. Tsd. 1968.
154 — und Gert Kalow, Hrsg. (1972), Über Treue und Familie, München (Piper).
155 Mollenhauer, Klaus (1968), Erziehung und Emanzipation, München (Juventa), 6. Aufl. 1973.
156 — (1972), Theorien zum Erziehungsprozeß, München (Juventa) 2. Aufl. 1974.
157 Montessori, Maria (1966), Von der Kindheit zur Jugend, Freiburg (Herder).
158 Moser, Tilmann (1972), Jugendkriminalität und Gesellschaftsstruktur, Frankfurt (Fischer Tb).
159 Müller-Eckhard, Hans (1962), Erziehung ohne Zwang — Kritik der Wunschbildpädagogik, Freiburg (Herder).
160 Neumann, Erich (1964), Tiefenpsychologie und neue Ethik, München (Kindler Tb).
161 Neusüss, Arnhelm, Hrsg. (1968), Utopie — Begriff und Phänomen des Utopischen, Neuwied (Luchterhand).
162 Nohl, Herman (1949), Pädagogik aus 30 Jahren, Frankfurt (Schulte-Bulmke).
163 Oerter, Rolf (1969), Moderne Entwicklungspsychologie, Donauwörth (Auer), 9. Aufl. 1971.
164 Piaget, Jean (1974), Theorien und Methoden der modernen Erziehung, Frankfurt (Fischer Tb).
165 Plack, Arno (1967), Die Gesellschaft und das Böse, München (List), 5. Aufl. 1969.
166 — (1974), Plädoyer für die Abschaffung des Strafrechts, München (List).
167 — Hrsg. (1973), Der Mythos vom Aggressionstrieb, München (List).
168 Rattner, Josef (1972), Gruppentherapie, Bergisch-Gladbach (G. Lübbe).
169 Reble, Albert, Hrsg. (1965), Das Strafproblem in Beispielen, Bad Heilbrunn (Klinkhardt).
170 Rein, Gerhard, Hrsg. (1971), Warum ich mich geändert habe, Stuttgart/Berlin (Kreuz).
171 Richter, Horst-Eberhard (1969), Eltern, Kind und Neurose, Reinbek (rororo), 51. Tsd. 1970.

172 — (1970), Patient Familie, Reinbek (Rowohlt).
173 — (1972), Die Gruppe, Reinbek (Rowohlt), 41. Tsd.
174 — (1974), Lernziel Solidarität, Reinbek (Rowohlt).
175 Riesman, David (1965), Freud und die Psychoanalyse, Frankfurt (edition suhrkamp), 4. Aufl. 1969.
176 Röhrs, Hermann, Hrsg. (1964), Erziehungswissenschaft und Erziehungswirklichkeit, Frankfurt (Akademischer Verlag).
177 Rössner, Lutz (1974), Erziehungswissenschaft und Kritische Pädagogik, Stuttgart (Kohlhammer).
178 Rogers, Carl R. (1973), Entwicklung der Persönlichkeit, Stuttgart (Klett).
179 — (1974), Lernen in Freiheit, München (Kösel).
180 Rosenthal, Robert und Lenore Jacobson (1971), Pygmalion im Unterricht, Weinheim (Beltz).
181 Rossman, Michael (1974), Lernen für eine neue Gesellschaft, Weinheim (Beltz).
182 Roth, Heinrich (1957), Pädagogische Psychologie des Lehrens und Lernens, Hannover (Schroedel), 14. Aufl. 1973.
183 Rousseau, Jean-Jacques (1968), Emile oder Über die Erziehung, Stuttgart (Reclam).
184 — (1968), Der Gesellschaftsvertrag, Stuttgart (Reclam).
185 Russell, Bertrand (1948), Erziehung, vornehmlich in frühester Kindheit, Düsseldorf/Frankfurt (Meridian).
186 Saß, Hans-Werner, Hrsg. (1972), Antiautoritäre Erziehung oder die Erziehung der Erzieher, Stuttgart (Metzler).
187 Scheibe, Wolfgang (1967), Die Strafe als Problem der Erziehung, Weinheim (Beltz).
188 Schleicher, Klaus, Hrsg. (1973), Elternmitsprache und Elternbildung, Düsseldorf (Schwann).
189 Schmidbauer, Wolfgang (1974), Emanzipation in der Gruppe, München (Piper).
190 Schmidt, Hans Dieter u.a. (1973), Frauenfeindlichkeit, München (Juventa).
191 Schweim, Lothar, Red. (1972), Vorschulzeit, Weinheim (Beltz).
192 Seibert, Katharina (1974), Rechtlose Kindheit, Weinheim (Beltz).
193 Silberman, Charles E. (1973), Die Krise der Erziehung, Weinheim (Beltz).
194 Skinner, Burrhus Frederic (1972), Futurum Zwei — „Walden Two", Reinbek (rororo), 19. Tsd. 1973.
195 — (1973), Jenseits von Freiheit und Würde, Reinbek (Rowohlt).
196 Sonnemann, Ulrich (1964), Die Einübung des Ungehorsams in Deutschland, Reinbek (rororo).
197 — (1969), Negative Anthropologie — Vorstudien zur Sabotage des Schicksals, Reinbek (Rowohlt).

198 — Hrsg. (1971), Der kritische Wachtraum, Icking/München (Kreißelmeier).
199 Sperber, Manès (1971), Alfred Adler oder das Elend der Psychologie, Frankfurt (Fischer Tb).
200 Spitz, René Arpad (1969), Nein und Ja — Die Ursprünge der menschlichen Kommunikation, Stuttgart (Klett), 2. Auflage.
201 — (1973), Die Entstehung der ersten Objektbeziehungen, Stuttgart (Klett), 3. Auflage.
202 Stelly, Gisela (1972), Die Dummen und die Klugen, München (Bertelsmann).
203 Stevens, Anita und Lucy Freeman (1972), Ich hasse meine Eltern, Bergisch Gladbach (Lübbe).
204 Stirnimann, Fritz (o. J.), Psychologie des neugeborenen Kindes, München (Kindler Tb).
205 Summerhill: Pro und Contra (1971), Reinbek (rororo), 31. Tsd.
206 Tausch, Reinhard und Anne-Marie (1963), Erziehungspsychologie, Göttingen (Hogrefe), 6. Aufl. 1971.
207 Ulich, Dieter, Hrsg. (1972), Theorie und Methode der Erziehungswissenschaft, Weinheim (Beltz).
208 Unterrichtsmaterialien (1973) zu den RRL Gesellschaftslehre SI/Lernfeld Familie, hrsg. vom Hessischen Kultusminister.
209 Vanggaard, Thorkil (1971), Phallos, München (List).
210 Watzlawick, Paul, Janet H. Beavin und Don D. Jackson (1969), Menschliche Kommunikation, Bern (Huber), 4. Aufl. 1974.
211 Watzlawick, Paul, John H. Weakland und Richard Fisch (1974), Lösungen — Zur Theorie und Praxis menschlichen Wandels, Bern (Huber).
212 Wellendorf, Franz (1973), Schulische Sozialisation und Identität, Weinheim (Beltz), 2. Aufl. 1974.
213 Wickes, Frances G. (1969), Analyse der Kindesseele, Zürich (Rascher), 2. Auflage.
214 Wilhelm, Theodor (1967), Pädagogik der Gegenwart, Stuttgart (Kröner).
215 Wünsche, Konrad (1972), Die Wirklichkeit des Hauptschülers, Köln (Kiepenheuer & Witsch), 9. Tsd. 1973.
216 Zenke, Karl G. (1972), Pädagogik — kritische Instanz der Bildungspolitik? München (List).
217 Zulliger, Hans (1967), Horde, Bande, Gemeinschaft, Stuttgart (Klett).
218 — (1967), Einführung in die Kinderseelenkunde, Bern (Huber).
219 — (1969), Die Angst unserer Kinder, Frankfurt (Fischer Tb).